KB212464

동아시아 법화경 세계의 구축 II

본서는 2007년 한국정부(교육과학기술부)의 재원에 의하여 한국연구
재단의 지원을 받아서 간행된 출판물입니다(NRF-2007-361-AM0046).

동아시아 법화경 세계의 구축 Ⅱ

금강대학교 불교문화연구소 편
Geumgang Center for Buddhist Studies

**금강대학교 불교문화연구소
금강학술 총서 20**

어리

| 서문 |

종교는 기본적으로 사상과 믿음을 저변에 두고 변화하며 발전한다. 그 변화와 발전은 종교가 발생한 지역에 국한되어 일어나기보다는 오히려 전파과정 속에서 일어난다. 전파과정에서 종교사상에 대한 논의가 활발해지면서 교의(教義)가 더욱 탄탄해지고, 믿음의 형태는 전파지역의 기존 믿음체계와 결합하면서 더욱 다양화된다. 불교역시 예외가 아니어서 전파과정 속에서도, 수용한 지역에서도 이러한 현상이 극대화된다. 이 책에서는 바로 이러한 현상들에 대한 다양한 결과로 나타나는 사상 가운데 특히 법화·천태사상에 대한 여러 가지 논의들을 다루고 있다.

『법화경』 속에는 방편(方便)으로서의 여러 표현들이 묘사되어 있다. 그리고 여기서부터 비롯되는 약초와 같은 역할이 곧 종교성(宗教性)으로 발전하게 하며, 이것은 대승불교의 사상과 믿음에 대한 확고한 지지대 역할로 이어지게 된다. 이를 바탕으로 인도에서는 볼 수 없었던 동아시아만의 '법화사상' 그리고 그것을 바탕으로 하는 동아시아만의 '천태사상'이 발전하게 된다. 천태사상은 사상과 실천이 함께 겸비되어 있는, 다시 말해 이론이 뒷받침된 실천사상이다.

『법화경』은 대승불교의 큰 획을 긋는 회삼귀일(會三歸一)의 사상, 즉 성문·연각·보살승의 삼승이 일불승(一佛乘)으로 통합되는 사상 체계를 제시하였다. 이 회삼귀일의 사상에는 방편과 진실이라는 대립 혹은 화합의 구도가 잠재되어 있다. 그리고 그것을 어떻게 이해하는가에 따라서 사상의 전개는 다양한 양상을 보이게 된다. 중국불교 초기, 곧 남북조 시대의 『법화경』 이해는 이러한 문제들과 관련되어 있다. 그리고 이러한 다양한 이해의 양상들이 남북조 시대의 후반기와 수대(隋代)를 거치면서 천태사상이라고 하는 새로운 그리고 중국적인 사상체계를 낳게 된다. 하지만 천태사상이 단순히 『법화경』 이해의 다양성을 통합해가는 과정에서 등장한 것은 아니다. 무엇보다도 그것은 『법화경』을 어떻게 믿고 실천할 것인가의 문제와 깊이 연관되어 있기 때문이다. 천태대사 지의의 『마하지관(摩訶止觀)』 등에서 보이는 지관(止觀)의 체계, 그리고 삼매참의 실천은 그러한 문제에 대한 천태종의 응답이라고도 할 수 있을 것이다. 곧 6세기 후반에 등장한 천태종은 남북조 시대 중국인들의 『법화경』에 대한 이해와 『법화경』에 의한 실천을 종합한 것이고, 나아가서 당대 중국인들의 불교 이해와 실천을 『법화경』에 대한 독자적인 해석체계에 의해 종합한 것이라고 할 수 있는 것이다.

본서는 그러한 관점에 입각하여 『법화경』이 추구하는 방편과 진실의 문제, 그리고 『법화경』이 추구했음직한 실천의 문제에 대한 『법화경』 자신의 이해와 함께 그것을 동아시아인들이 어떻게 이해하고 실천해나갔는가 하는 문제에 관심을 두고 있다. 곧 사상과 실천에 대한

『법화경』자체의 관점과 그것에 대한 중국 불교인 나아가 동아시아 불교인들의 관점은 어떤 것이었으며, 사상과 실천의 양면에서 그들이 추구했던 것은 무엇이었는가 하는 점을 부분적으로나마 밝히려고 했던 것이 본서 기획의 첫 번째 목적이다. 이 부분을 반영하고 있는 것이 본서의 제1편과 제2편이다.

중국과 한국 그리고 일본이라는 동아시아 삼국 내에서 법화 · 천태사상은 그 이론과 실천상에 있어서는 각각의 시대와 장소에 따라 다양한 모습을 보이고 있다. 하지만 그러면서도 초기의 천태종이 담지하고 있던 전통적인 관점의 핵심을 추궁하는 모습 또한 역력하다고 생각한다. 삼국의 다양한 천태 사상가들이 보여주는 사상과 실천의 양상은 동시대의 다른 불교사상가들과는 차이를 보이는 것이 일반적이다. 그리고 그러한 차이의 대부분은 그들 천태 사상가들이 세계를 바라보는 관점을 취함에 있어서 초기의 천태종 곧 천태 지의가 제시했던 관점에 유의하고 있기 때문이라고 생각된다. 그러나 천태의 근본적인 관점에 유의하고 있다고 해도, 그 구체적인 이해와 실천에 있어서는 변주를 보일 수밖에 없는데, 그들이 당면했던 현실을 외면할 수 없었을 것이기 때문이다. 이것은 중국불교인들만의 문제는 아니었으며, 한국과 일본의 천태사상가들 역시 마찬가지였다고 생각된다. 본서의 제3편과 4편은 이처럼 한국과 일본에 있어서 법화천태사상의 수용과 실천이 어떻게 전개되고 있는지를 보여주는 논문들을 함께 수록한 것이다.

법화천태사상에 대해서는 국내외에서 지역 · 시기 · 사상 · 실천의 각 분야를 연구하는 학자 및 연구소들이 다수 존재한다. 그러나 이를 통합적으로 고찰한 결과물은 그리 많지 않다. 때문에 금강대학교 불교문화연구소 인문한국(HK)연구센터에서는 이에 대한 다층적인 연구를 목적으로 총 세 차례에 걸친 학술대회와 총서를 기획하였다.

지난 2012년 10월, "동아시아적 불교신앙 구축:법화경 세계의 문화적 형상화"라는 주제로 개최하였던 첫 번째 학술대회를 통해 『법화경』 내에서 구현될 수 있는 신앙 및 문화적 발현의 다양한 문제들을 검토하였다. 이 학술대회의 성과물과 관련 주제의 연구논고들을 추가하여 2013년 5월 금강학술총서 제10권, 『동아시아 법화경 세계의 구축』을 간행하였는데, 이것이 첫 번째 기획에 해당한다.

그리고 2013년 10월 대한불교천태종의 총본산인 구인사에서 "법화·천태사상의 동아시아적 전개"라는 주제로 두 번째 학술대회를 개최하였다. 이 책은 바로 이 두 번째 학술대회에서 발표된 연구 성과를 중심으로 기획된 것이다. 당시 학술대회에서는 기조발제를 포함하여 모두 7편의 연구 성과가 발표되었다. 학술대회에서 발표된 7편은 다음과 같다.

기조발제: 동아시아의 법화천태사상 전개/ 스에키 후미히코(末木文美士, 國際日本文化研究센터 교수)

1. 거짓말, 터무니없는 거짓말, 그리고 방편(方便)–『법화경』의 '온정주의적 거짓말(paternalistic deception)'에 대한 추가적인 고찰–/ Damien Keown(Emeritus Professoror Buddhist Ethics, History Department University of London, Goldsmiths)

2. 도생의 법화경관/ 하유진(금강대학교 불교문화연구소 HK연구교수)

3. 『묘법연화경』「제바달다품」후대 삽입설 재고/ 최기표(금강대학교 불교학부 교수)

4. 종교실천으로서 '소신(燒身)'은 계율에 위반되는 것인가?–『속고 승전(續高僧傳)』「승애전(僧崖傳)」성립에서 살펴보는 중국 불교수용의 한 단면–/ 치리메이(池麗海, 鶴見大學 교수)

5. 천태종(天台宗) '안심(安心)' 사상 의론고(議論考)/ 린밍위(林鳴宇, 東京電機大學 講師)

6. 고려 백련사의 사상적 연원과 성격에 대하여–보운 의통과 백련 요세를 중심으로–/ 석길암(한국, 금강대학교 불교문화연구소 HK교수)

그러나 이상의 7편만으로 언급한 주제를 모두 망라하기에는 적지 않은 무리가 있었다. 또 중국과 한국 그리고 일본에 있어서의 사상적 전개양상을 모두 망라하는 것 또한 여러 사정 때문에 쉽지 않았다. 때문에 두 번째로 간행하게 되는 이 책에서는 국내의 관심사를 반영하여 한국에서의 사상적 전개에 대한 연구 성과를 집중적으로 추가하는 것을 고려하기로 결정하였다. 이 과정에서 고려후기와 조선 초기에 걸쳐서 나타나는 법화천태사상에 대한 연구 성과 세 편을 선정하게 되었는데, 다행히도 필자들의 흔쾌한 허락을 얻어 함께 수록하기에 이르렀다. 이렇게 해서 본서에는 모두 10편의 연구 성과를 수록하게 되었는데, 편집의 의도와 순서에 대해서 간단히 언급해두고자 한다.

제1편 '법화경, 그리고 방편'에 수록한 데미언 키온 선생의 「거짓말, 터무니없는 거짓말, 그리고 방편(方便)–『법화경』의 '온정주의적 거짓말(paternalistic deception)'에 대한 추가적인 고찰–」은 의료윤리적 입장에서 『법화경』의 '방편' 설을 검토한 것이다. 선생 자신의 표현을 빌자면 '어떠한 조건에서, 만약 가능하다면, 속은 사람에게 이

익을 주는 거짓말이 정당화될 수 있는가?' 의 고민을 주제로 한 것인데, 『법화경』 해석의 전통에서 중요한 문제인 삼승방편 일승진실의 문제에 대한 『법화경』 자체의 관점이 보여주는 논고라고 생각되어 제1편에 수록하였다.

제2편에는 '법화천태사상의 중국적 이해' 라는 제목 아래 네 편의 논고를 모았다. 이 중에서 하유진 선생의 「도생의 법화경관」은 가장 이른 시기에 이루어진 『법화경』 주석서 중의 하나인 도생의 『법화경소』에 나타난 법화경관을 분석하고 있다. 최기표 선생의 「『묘법연화경』「제바달다품」 후대 삽입설 재고」는 단순히는 「제바달다품」의 후대 삽입설을 검토한 것이지만, 고민을 확장하면서 『법화경』 전래 이후 남북조 시대부터 당대(唐代)에 이르기까지 중국인들의 『법화경』 이해와 그 전승을 둘러싼 고민들을 문제의식의 배경으로 삼고 있다. 이 두 편의 논고에는 『법화경』의 이해와 그 전승을 둘러싼 남북조 시대 중국 불교인들의 관심사가 제시되어 있다고 생각된다. 그리고 치리메이 선생의 「종교실천으로서 '소신(燒身)'은 계율에 위반되는 것인가?—『속고승전(續高僧傳)』「승애진(僧崖傳)」 성립에서 살펴보는 중국 불교수용의 한 단면—」은 법화행자의 '소신(燒身)' 문제에 대한 승전(僧傳)의 관점을 매개로 『법화경』 나아가 대승불교의 실천에 대한 중국인들의 해석관점이 어떻게 변화했는가를 다룬 것이다. 린밍위(林鳴宇)의 「천태종(天台宗) '안심(安心)' 사상 의론고(議論考)」는 송대(宋代) 천태종이 불교수행 실천 속에서 생산해낸 '안심(安心)'의 과제를 어떻게 인식하고 있는지 그리고 그 점에 있어서 선종과 어떻게 인식을 달리하고 있는지에 초점을 맞추고 있다.

제3편에는 고려후기에서 조선 전기까지 법화천태사상의 전개양상

을 고찰한 네 편의 논고를 함께 묶었다. 이 중 석길암의 논고를 제외한 뒤의 세 편은 학술대회에서 발표되지는 않았지만 본서의 구성을 위해 저자들의 허락을 구하고 수록한 것이다. 석길암의 「고려 백련사의 사상적 연원과 성격에 대하여–보운 의통과 백련 요세를 중심으로–」는 백련결사의 사주였던 요세 사상의 연원을 보운의통–사명지례로 이어지는 산가파의 전통에서 추궁하고, 그것으로부터 요세의 백련사 결성이 가지는 성격을 해명한 것이다. 박광연 선생의 「고려후기 '법화경계환해(法華經 戒環解)'의 유통과 사상사적 의미: 고려후기 천태종(天台宗)의 사상 경향에 대한 일고찰」은 고려후기 백련사의 사상적 성격의 중요한 일단을 보여준다고 생각되는 『법화경계환해』의 유통 문제와 그 사상사적 의미를 해명한 것이다. 황인규 선생의 「고려후기 조선초 강진 백련사의 고승과 사세」는 고려후기 천태종의 본산이었으면서도 의외로 관심의 영역에서 배제되어 있던 백련사의 고승들과 사세의 변화를 드러내었다는 점에서 주목되는 연구이다. 차차석 선생의 「설잠의 연경별찬에 나타난 법화천태사상 고찰: 특히 불신관을 중심으로」는 조선 초기의 선가(禪家)인 설잠의 『법화경』 이해에 나타난 특징을 검토한 것이다. 이 연구는 천태종이 아닌 선가(禪家)의 인물이 『법화경』의 사상을 어떻게 받아들이고 있는지를 보여준다는 점에서, 앞의 백련사 곧 고려 후기 천태종의 사상적 관점을 보여주는 세 편의 논문과 다른 시각을 발견할 수 있다는 점에서 함께 수록하였다.

　이상 제3편에 수록한 논고들은 한국불교사에서 천태법화사상이 가장 활발하게 논의되고 실천되던 시대의 사상적 전개양상을 보여주는 것들이다. '한국 천태법화신행의 전개'를 다룰 다음 책에서는 형편상 집중적으로 다루는 것이 불가능하기 때문에 본서의 제3편에 반영한 것임을 미리 밝혀 둔다.

　마지막 제4편에는 '법화천태사상의 일본적 전개'라는 제목 아래 스에키 후미히코(末木文美士) 선생의 「동아시아의 법화천태사상 전개」를 수록하였다. 이 논고는 본래 학술대회에서 기조발제로 발표되었던 것이다. 그러나 선생이 일본불교사를 전공하는 입장에서 일본 천태사상의 전개에 대부분을 할애하고 있다. 때문에 전체를 묶는 주제로서 제일 앞에 수록되어야 하지만, 내용상 본서 편집과정에서는 제일 뒤에 두어서 중국과 한국에서의 법화천태사상의 흐름을 되돌아보게 하는 한편, 일본 법화천태사상의 전개 흐름을 개관할 수 있도록 하였다.

　전체적으로 순서나 편차에 무리가 있을 수도 있고, 또 책의 제목에 표현된 내용을 충분히 담아내지 못한 점도 눈에 뜨일 것이라고 생각된다. 그러나 이 책이 전체 3부작으로 구성되는 총서의 두 번째 책임을 고려하여, 이미 간행된 『동아시아 법화경 세계의 구축』을 함께 참조한다면 부족한 부분이 많이 줄어들 것이라 양해를 구한다.

　방대한 주제임에도 불구하고 1년여의 시간 동안 연구를 진행한 결과를 학술대회에서 발표해주시고, 본서를 위해 다시금 옥고를 다듬어주신 여러 선생님들의 노고가 있었기에 총서가 발간될 수 있었다. 이 자리를 빌려 학술대회에 발표해주시고 옥고를 다듬는데 애써주신 선생님들께 깊이 감사드린다. 또한 총서의 완성도를 높이기 위해 기꺼이 옥고의 수록을 허락해주신 박광연, 차차석, 황인규 교수님께도 머리숙여 감사드린다.

　마지막으로 본 학술대회의 전체 기획과 진행은 물론 본 총서의 기획편집을 담당하고 교정 및 교열에 심혈을 기울여주신 한지연 교수님, 그리고 바쁜 와중에도 교정에 시간을 내어준 금강대학교 대학원

박사과정에 재학중인 강은행 선생에게도 감사의 말씀을 드린다. 그리고 책을 만들 때마다 불교문화연구소 기획 · 편집자들의 재촉을 묵묵히 들어주시고, 책에 한땀 한땀 정성을 기울여주신 도서출판 여래의 정창진 사장님께도 감사의 인사를 드린다.

1년이 넘는 시간동안 연구를 진행하고, 원고를 다듬었음에도 불구하고 단 한권의 책에 담아내기에는 방대한 역사와 그 속에서 발전했던 법화 · 천태사상이기 때문에 여전히 미흡한 부분도 존재할 것이다. 그러나 불교사상사적 측면에서 본다면 동아시아 전반에 걸친 흐름을 제시하는 두 권의 책이 이제 간행되었기에 앞으로의 법화 · 천태사상 연구에 조금이나마 보탬이 될 것으로 기대해마지 않는다.

2014년 10월
저자를 대표하여
금강대학교 불교문화연구소 석길암

차례

법화천태사상의 일본적 전개

법화경, 그리고 방편

거짓말, 터무니 없는 거짓말,
그리고 방편方便: −『法華經』의 "온정주의적 거짓말paternalistic

deception" 에 대한 추가적인 고찰−

데미언 키온

거짓말, 터무니 없는 거짓말, 그리고 방편(方便):

−『법화경(法華經)』의 "온정주의적 거짓말paternalistic deception"에 대한 추가적인 고찰 −

데미언 키온

　　제목에 인용된 문구에 친숙하지 않은 이들을 위해 설명하자면, 이것은 빅토리아 시대 영국의 수상이었던 벤자민 디즈레일리가 말했고 마크 트웨인에 의해 유명해진 격언에서 인용된 것이다. 전하는 바에 따르면 디즈레일리는 다음과 같이 말하였다고 한다. "세상엔 세 가지 거짓말이 있다. 거짓말, 터무니 없는 거짓말, 그리고 통계." 이 격언의 골계미는 속임수에도 여러 층차가 있으며 종종 가장 객관적이고 믿을 만한 증거들−사실이나 수치와 같은 −이 실제로는 가장 조작하기 쉽다는 점에 있다. 조작과 기만은 본고의 중심 주제이다. 나는 불교 또한 거짓말의 여러 층위를 인식하고 있었으며, 불교의 거짓말은 통계의 경우에서와 같이 가장 그럴 법하지 않은 데에서 발견될 수 있다는 것을 보이고자 한다. 게다가『법화경(法華經)』에 의하면, 역사적인 붓다의 말은 거짓말을 담고 있다. 그리고 이러한 거짓말은 대승 불교도들에 의해서 포용되고 용인되어진 것이었다. 나는 이 문제의 윤리적인 측면을 탐구하기 위해『법화경』에서 인정된 온정주의적 거짓말과 그것을 거부하는 현대의 의료 행위를 대조시키고, 왜 전자에 의해서는 도덕적으로 받아들여질 수 있는 거짓말이 후자에서는 그렇지 않았는지에 대한 이유를 고찰하고자 한다. 또한 나는 온정주의적 거짓말을 허용할 것이라 확신할 수 있는 하나의 의료 영역—즉 위약(僞藥)placebo의 사용—을 논할 것인데, 이에 수반되는 원칙을 『법화경』의 거짓말을 정의하는 데에도 활용할 수 있을 것이다.

내가 이 문제를 제기한 것은 처음이 아니다.[1] 필자는 1997년 7월 일본 입증교성회(立正佼成會)에 의해 열렸던 『법화경』 관련 학회에 참여하였다. 그 중 윤리학과 어느 정도 관련된 논문이 다섯 편이었고, 다시 그 중 두 편, 즉 로버트 플로리다Robert Florida와 나의 논문은 보건 윤리에 중점을 두고 있었다. 우리 둘은 모두 잘 알려진 의료 윤리의 "4대 원칙" 모델을 출발점으로 삼아 『법화경』의 방편에 나타난 거짓말의 윤리학, 그리고 의료 행위와의 유사성을 고찰하였다. 이 다섯 논문은 플로리다의 서문과 함께 *Journal of Buddhist Ethics*에서 출판되었으며,[2] 같은 주제가 2009년 찰스 굿맨Charles Goodman에 의해 비의학적 관점에서 재차 다루어졌었다.[3]

---

1) Keown, Damien. "Paternalism in the Lotus Sūtra." *Journal of Buddhist Ethics* 5 (1998): 190-207. 이 글의 몇 구절이 이하에 담겨 있다.

2) Florida, Robert E. "Ethics in the Lotus Sūtra." *Journal of Buddhist Ethics* 5 (1998): 167-169.

3) Goodman, Charles A. 'Paternalism in the Lotus Sutra: A Normative Assessment,' *Journal of Buddhist Ethics* 18 (2011): 1-30. 필자는 『법화경(法華經)』에 나타난 온정주의의 특징을 '약한 온정주의weak paternalism'로 규정하였는데, 왜냐하면 속음으로써 이익을 얻은 인물들이 모두 완전히 이성적이지 않거나, 아이이거나, 정신이 상이거나, 억압받고 불안정한 마음 상태를 가진 이들이 아니기 때문이다. 그러나 굿맨은 이 경전이 또한 '강한 온정주의', 혹은 어떠한 상황에서 이성적인 성인들의 이익을 위해 그들을 속이는 기만에 대한 옹호를 보여준다고 주장한다. 정치학에서 쓰이는 온정주의 개념에 주의하면서, 왜냐하면 정치가들은 "그러한 힘을 휘

고대 불교 텍스트에 대한 관심과 현대 의료 행위에 대한 관심은 시간적으로 멀리 떨어져 있지만 이 둘 사이의 거리는 얼핏 생각할 수 있는 것보다 멀지 않다. 플로리다가 지적하였듯이, 『법화경』은 약(藥)에 대한 많은 내용을 담고 있다. 14장은 솜씨 좋은 의사의 우화를 들고 있으며 2장은 약초에 물을 주는 것이 얼마나 은혜로운지를 설명한다. 또 2장의 범본에는 네 가지 신묘한 약초로 치료받은 맹인의 우화가 담겨 있다. 약왕보살(藥王菩薩, Bhaiṣajya-rāja)이 수차례 언급되며, 23장 마지막 즈음에 "누구라도 이 경전을 듣는 이는 병(病)·노(老)·사(死)의 질병이 치료된다."고 선언하는 데에서 우리는 경전의 의학적 효과에 대한 기술을 볼 수 있다. 26장은 모든 열병을 막는 다라니(dhāraṇī)를 가르쳐 주고, 14장과 18장은 이 경전을 믿는 이들의 건강상 이익을 설명한다. 3장에 따르면 이 경전을 비방하는 자는 기형과 질병에 고통 받을 것이며, 누구도 치료할 수 없고, 그들이 받는 치료는 그저 상태를 악화시킬 것이다. 이와 호응하는 텍스트의 가장 마지막 부분에 의하면 이 경전을 훼손하는 자들은 실명, 기형 혹은 문둥병과 같은 끔찍한 질병에 의해 괴롭힘 당할 것이다.

이러한 의학적인 공통점을 언급한 후, 결론에서 플로리다는 서구에서 보편적으로 받아들이고 있는 의료행위의 네 가지 원칙, 즉 자율성autonomy, 선의benevolence, 위해 금지non-malfeasance 그리고 정의justice를 언급한다. 그는 이 중 두 가지가 불교의 중요한 가치, 즉 선행은 자비(karuṇā)와 악행 금지는 불살생(ahiṃsā)과 합치된다고 말한다. 나머지 두 가지 자율성과 정의는 딱 맞는 것이 없으며, 이러한

<hr />

두를 자격이 없으므로", 그는 이것=이 "몇몇 영적인 스승들"의 경우에는 가능하다고 인정한다. 그들은 그들의 학생들을 속여서 이익을 주는 것이 도덕적으로 용인될 수 있기 때문이다.

『법화경』 자체의 모습에서 나는 4대 원칙 중 앞의 두 가지-자율성과 선행-사이의 선명한 갈등관계를 볼 수 있다고 생각한다. 여기에서 내가 논하려 하는 도덕적 화두가 대두되는 것이다. 이 윤리적 문제에 대한 핵심은 다음과 같다: 어떠한 조건에서, 만약 가능하다면, 속은 사람에게 이익을 주는 거짓말이 정당화될 수 있는가?

'방편'의 네 가지 의미

이 문제를 다루기 전에, 우선 초기 불교와 대승 불교의 방편 개념에 대해 필자가 고안한 범주를 다시 언급하고자 한다. 나는 우리가 불교 자료에 나타난 방편을 네 가지 의미로 구분할 수 있다고 주장하였다. 물론 여기에서 논하고자 하는 것은 역사적인 발전 단계가 아니라 논리적 혹은 개념적인 발전에 대한 것이다. 이러한 발전은 일련의 문헌 자료들에서 나타나는 것이지만 그 시간적인 순서는 분명하지 않기 때문이다. 방편의 첫 번째 의미는 초기 불교에 보인다. 빠알리 경전에 의하면, 성도 후 붓다는 그의 경험을 설명하는 것이 얼마나 어려운지를 숙고하고, 처음에는 그것을 가르치지 않는 쪽으로 마음이 기울었었다고 한다(이 이야기는 『법화경』에서 2장에 보다 극적인 형태로 재서술된다). 그러나 그가 가르침을 펼치기로 마음먹었을 때, 탁월한 솜씨를 가진 스승 붓다는 일화와 우화, 은유, 상상과 상징을 가지고, 혹은, 경전에 설한 바대로 "많은 방법과 많은 형태로" 그의 교리를 설명하였다. 예를 들어 *Tevijjasutta*와 *Soṇadaṇḍasutta*에서는, 붓다가 브라흐마 계층을 가르칠 때 브라흐마니즘의 개념을 빌려와 이해하기 쉽도록 적용한다.[4] 비록 "방편"이라는 용어 자체는 빠알리 경전에 몇 번 등장하지 않지만, 그것은 이후 대승불교에서 크게 꽃피울 사상의 맹아를 담고 있었던 것이다.

　방편의 개념적 발전 두 번째 시기는 『법화경』에서 발견되는데, 이 경전에서는 분명하고 명쾌하게 방편 개념을 교법의 전수를 위한 하나의 방법론으로서 이해하도록 한다. 본 텍스트의 기저에 깔려있는 물음은 다음과 같다: 구원론적으로 효과적인 방법으로, 표현 불가능한 것을 어떻게 표현할 것인가, 혹은 근본적인 경험, 즉 깨달음을 어떻게 알려줄 것인가. 『법화경』에는 근본적으로 새로운 교리가 들어

---

4) 굿맨은 *Tevijjasutta*에서 붓다는 와세타Vāseṭṭha가 믿고 있는 브라흐마와의 합일이 마지막 종교적 목표가 아니라고 말하지 않음으로써 그를 오해하게 만들었다고 믿었다. 그는 다음과 같이 말한다. "붓다는 와세타의 행복을 위해 의도적으로 와세타 자신의 영적 수행에 대한 목적을 잘못 이해하게 만들었다. 이것은 엄격한 의미에서 온정주의적 거짓말이라고 볼 수는 없으나 충분히 그것과 가깝다. The Buddha is promoting Vāseṭṭha's welfare by deliberately bringing it about that he will have an uncorrect understanding of the nature of the goal of his own spiritual practice. This may not be paternalist deception in a strict sense, but it's reasonably close to it" (2011:27). 필자는 이것을 "거짓말"이라고 말하는 것은 과하다고 생각한다. 붓다가 한 일이라고는 와세타가 질문한 목표, 즉 브라흐만과의 합일에 어떻게 도달할 수 있는가를 말해준 것뿐이다. 이것은 엄밀히 말해 生天道(Brahma-vihāra)를 의도한 것이다. 이것을 수행하는 이는 브라흐마 신의 천국에서 태어나게 된다. 와세타가 브라흐마의 본질에 대해 올바른 이해를 가지지 못했을 것이라는 사실은 별개의 문제이며, 이것은 붓다가 "초래한" 것도 아니다. 그것은 와세타가 붓다에게 가기 이전부터 그의 마음 속에 있던 것이었다. 붓다가 와세타의 잘못된 이해를 '바로 잡았어야 하는가'의 문제는 논의할 만하지만, 나는 그가 그렇게 한 데에 도덕적 책임이 있다거나 그렇게 하지 않은 데에 합당한 이유가 있을 것이라고 생각하지 않는다. 예를 들어 그는 그러한 주제가 핵심을 잡기에는 너무 나아간 것이라고 판단했을 수도 있다. 그리고 텍스트에서 말하고 있는 것처럼, 수계를 받기 위한 예비 단계로 sīla와 jhāna가 브라흐만과의 합일이 가능하거나 이해되기 전에 완료되어야 한다고 판단했을 수도 있다. 이것은 좋은 교수법일 수는 있어도 온정주의는 아니다.

있지는 않다. 대신, 이 경전의 특징은 초기의 가르침이 방편적인 것이며 궁극적으로 해체되어야 할 것이라는 강력한 주장에 있다. 또한 내가 생각건대, 우리가 『법화경』의 몇몇 은유를 통해서 알 수 있는 것 또한 모호함, 그리고 방편이 가르침의 한 방법에서 보살의 윤리적 원칙으로 이행하기 시작한다는 것이다. 이처럼 『법화경』은 3단계와 4단계 방편 개념의 윤리화라는 이후의 전개에 있어 중추적인 역할을 담당하게 된다.

『법화경』에서 방편이란 교법의 본성에 대한 가르침을 의미한다. 그러나 이 개념의 세 번째 발전에 대한 예시로 활용될 『유마경(維摩經)』에서 방편이란 보살들의 일상생활에서 이루어지는 일종의 수행과 관련된 것이다. 이것은 보살이 타자와 관계하는 방식을 지배하며, 그들을 윤리적으로 모호한 영역으로 인도한다. 예를 들어 유마(維摩)는 의도를 숨기고 병이 든 척 한다. 그는 사창가, 술집, 도박장을 방문하고 첩들과 이야기를 나눈다. 속가자의 신분으로 유마가 계율을 어기지 않았다 하더라도, 그의 행위는 초기 불교의 관점에서 보자면 태풍으로 배를 몰고 가는 행위에 비견될 만한 것이었다. 네 번째 단계는 유마가 아슬아슬하게 걸치고 있던 선을 넘어가 버린다. 우리는 모호한 영역을 떠나, 전통적인 도덕적 규범에서 보자면 가차 없이 잘못되었다고 말해질 영역으로 들어간다. 여기에서 우리는 보살이 의도적으로 계율을 어기고 있음을 알 수 있다. 이 계율은 부차적이고 사소한 것이 아니라 가장 중요한 몇몇 가지 계율을 말한다. 예를 들어 몇몇 텍스트에 따르면, 보살은 살생, 투도, 성적 행위와 거짓말을 할 수 있다. 이 맥락에서 방편은 일상의 도덕적 요구를 무시할 수 있고 심지어 보살이 이것을 어거도 처벌을 받지 않을 수 있는 비장의 무기와 같은 역할을 한다. 예를 들어 「보살지(菩薩地)」에서는 보살에 의한 방편 훈련 과정 중 특정한 상황에서 처음 네 가지 계율을 어기는 것을 허락하며, 일반적 윤리의 규칙 하에 방편을 세울 것을 분명히 요구한다. 이보다 이전의 텍스트로 자주 인용되는 *Upāyakauśalya Sūtra*에서는[5] 붓다가 전생에 선장이었을 때 500인의 상인을 구하기 위해 강도를 죽인 일화를 이야기한다.[6] 이후 본고에서는 앞서 고찰했던 방편(方便)의 의미 중 앞의 두 가지만을 다룰 것이다. 그리고 특히 『법화경』에서 초점을 맞추고 있는 두 번째 단계, 즉 초기의 가르침은 그저 방편적인 것이었다는 주장에 집중할 것이다.

『법화경』의 기만

기만의 윤리적 지위는 경전에서 우화의 형태로 드러나는데, 『법화경』의 두 군데에서 방편의 사용에 관련한 그러한 거짓말이 비도덕적인가 아닌가 하는 문제가 분명히 제기된다. 두 경우 모두 우화의 끝에 질문이 등장하며 이것은 붓다의 대리인이 계율을 어기는 부분이다. 첫 번째는 경전 제3장에 나타난 불타는 집에 대한 우화에서, 두 번째는 16장의 멀리 여행을 떠난 의사에 관한 우화에서 나타난다. 불타는 집의 우화 마지막에 노인이 망어(妄語)의 죄를 지은 것인지에

---

5) Katz는 "이것이 저술된 시기는 기원전 1세기까지 소급될 수 있다."고 말한다. *The Skill in Means (Upāyakauśalya) Sūtra.* Trans. Mark Tatz. Delhi: Motilal Banarsidass, 1994: p. 1 (1994:1).
6) 이 이야기는 Katz(1994:73ff)에 기술되어 있다.

대해 묻고, 사리불(Sāriputra)은 그렇지 않다고 대답한다. 왜냐하면 노인의 의도는 "방편을 가지고 자식들을 빼내리라"는 것이었기 때문이다.[7] 두 번째 의사의 우화에서, 노인은 사람을 돌려보내 그가 죽었다고 말하게 한다. 이 부분 바로 후에 노인이 망어(妄語)의 죄를 지었는가를 묻는 질문이 나오고, 그렇지 않다는 대답이 돌아온다. 그리고 붓다는 선언한다. "나 또한 그러하다. 내가 붓다가 되었을 때부터 …… 모든 중생들을 위해 나는 나의 방편력으로 열반에 들어야 한다고 설하였다. 그러나 아무도 내가 죄를 지었다고 말할 수 없다."[8]

초기의 윤리 규범적 맥락에서는 붓다가 거짓말을 했는지를 묻는 것 자체가 혁명적인 것이었다. 초기 불교는 도덕적인 법규 하에 거짓말과 기만을 금지하였으며, 빠알리 경전의 붓다는 누구에게도 거짓말을 하지 않는다. 붓다고사(Buddhaghosa)는 그를 평하길, 그는 언제나 진실을 이야기하며,[9] 아라한이라는 단계는 계율을 깨뜨리는 것이 불가능하다고 하였다.[10] 이러한 입장에서 보자면, 붓다가 망어(妄語)의 죄를 지었을 수도 있다고 말하는 것은 거의 이단에 가까운 것이다. 불타는 집의 경우, 거짓말의 책임에 대한 경전의 대답은 충분치 않다. 거짓말이 '상대를 속이기 위한 의도를 가지고 거짓을 고의적으로 말하는 것'을 의미한다면, 노인이 거짓말을 했다는 것은 반론의 여지가 없다. 결국, 그는 집 밖에 세 가지 다른 수레가 아이들을 기다리고 있다는 것이 사실이 아님을 잘 알면서도 그렇게 말하지 않았던가? 그

7) Pye, Michael. *Skilful Means: A Concept in Mahayana Buddhism.* London: Duckworth, 1978: p.37 참조.
8) ibid: p. 57.
9) DA. i, 914.
10) D. iii, 235; D. iii, 133.

의 동기가 선의에서 나왔다 하더라도, (그의 계획을 실현시키려는 의지를 향한) 그의 의도는 분명 속이고자 하는 것이었다. 그리고 두 번째 예에서, 어떻게 의사가 그가 죽었다는 소식을 보낸 것이 망어의 죄가 아닐 수 있겠는가? 이 경우 그가 사실을 헷갈렸을 수 있다고 상상할 수 있겠는가! 그렇다면 어째서 경전은 노인과 의사가 망어의 죄를 저지르지 않았다고 주장할 수 있는가?

선의 vs. 자율성

나는 우리가 이 텍스트를 볼 때, 이것이 거짓말이 없었다고 주장하는 것이 아니라 그러한 거짓말이 정당화될 수 있다고 주장하는 것으로 이해해야 한다고 생각한다. 각각의 경우에 제시된 타당한 이유—좋은 의도를 가지고 행동하는 지혜로운 사람은 어떻게 해야 할지를 가장 잘 알고 있다—는 온정주의적인 것으로 특징 지워질 수 있을 것이다. 윤리적으로 이러한 행위는 궁극적으로 선의의 원칙에 기반하고 있는 것으로 보인다. 서구의 의료 윤리에서 선의의 원칙은 가장 중요한 것으로 합의되어 왔으며,[11] 전통적으로 의사가 환자의 상태를 최우선으로 둔 판단에 따른 행위는, 특정한 상황에서, 어떤 것이라도 정당화될 수 있음을 의미하는 것이라고 이해되어 왔다. 심지어 그것이 사실을 조작하는 것이라 해도 말이다. 이러한 정당화는 의사가 환

---

11) 히포크라테스의 글 *Epidemics*에서 이것은 '질병에 대해서 두 가지 습관을 가져라. 환자를 돕거나, 그렇지 않다면 적어도 그에게 해를 끼치지는 마라.'는 형태로 표현된다. Beauchamp, Tom L. and James F. Childress, *Principles of Biomedical Ethics*, Third ed. Oxford: University Press, 1989:209에서 인용.

자의 상태에 대해 그보다도 더 잘 알고 이해하고 있다는 사실, 그리고 환자의 안녕을 위해 헌신하고 있다는 사실에 달려 있다. 보샹Beauchamp과 차일드리스Childress는 다음과 같이 말한다.

아버지의 우화가 전문가 혹은 건강관리자의 역할을 밝히는 데 사용될 때, 이것은 아버지의 역할 중 두 가지 특징을 전제한다: 아버지는 애정(즉 그의 자식들에 대한 관심에 따른)을 가지고 있으며, 자식들이 선택을 스스로 하도록 놔두기 보다는 그가 모든 것, 혹은 자식들의 안녕과 관계된 몇몇 결정을 내린다는 것이다. 전문적인 관계에서, 이 논의는 전문가가 더 뛰어난 훈련, 지식, 그리고 통찰력을 가졌으며, 그가 환자에게 있어서 가장 중요한 것이 무엇인지를 결정하는 데 더 권위 있는 위치에 있음을 말한다. 요약하자면, 이러한 관점에서 전문가는 독립적이고 종종 무지하며 두려움에 떠는 환자들을 다룰 때 마치 부모와 같은 입장에서 행동해야 한다는 것이다.[12]

의료적 맥락에서 온정주의의 타당성은 그 상황에 대한 의사의 판단이 환자의 그것보다 더 정확할 것이라는 사실에 기인한다. 환자들은 약물과 치료의 영향으로 괴로워하고 우울할 수 있으며, 모든 적당한 환경을 고려해 완전히 이성적인 결정을 내릴 수 없을지도 모른다. 어떤 환자들은 치료 및 기타의 것을 결정할 수도 있겠지만, 이것은 의사들이 보기에 만족스럽지 못하거나 심지어 해로운 것일 수도 있다. 의사들에게 있어, 자율성을 지지하여 환자의 선택이 아무리 불합리하더라도 그것을 존중할 것인가, 아니면 선의에 더 무게를 두고 온정적으로 개입을 해야 하는가라는 것이 문제가 된다.

---

12) ibid: p. 212 f.

『법화경』 도처에 나타난 방편의 사용에 대한 정당화는 온정적인 약물의 사용과 유사해 보인다. 상기한 『법화경』의 두 가지 예시(그 중 하나는 분명히 의사의 이야기이다), 그리고 경전에 나타난 또 다른 우화들은 분명 그러한 경우이다. 예를 들면 4장에 나타난 자신이 누구인지 모르는 아들의 이야기, 7장에 나타난 마법 도시, 또는 16장에 나타난 붓다의 전생담과 같은 것들이 이에 해당된다. 모든 경우에서, 등장인물들 중 한 사람은 다른 이들보다 더 지혜롭고 더 지식이 풍부하며 다른 이들이 가지지 못한 지식이나 정보에 접근할 수 있는 특권을 가지고 있다. 또한 불타는 집의 노인, 의사, 길잡이와 같은 더 지혜로운 이들은 선의의 동기를 가지고 다른 이들의 더 나아간 안녕을 위해 사실을 조작하기도 한다.

의료 행위에서 보편적인 '자비로운 온정주의'라는 전통적 모델은 최근 30년간 급속도로 도전받게 되었으며, 이것은 의료 종사자의 권위보다 환자의 자율성을 더 강조하는 새로운 의료 윤리의 등장에 따라 크게 후퇴한 것으로 보인다. 이 논쟁의 중심에는 두 원칙 간의 충돌이 있으며, 이것은 『법화경』에서 발견되는 것과 동일한 갈등이다. 첫 번째는 자비심이며 두 번째는 자율성이다. 자비심은 의료 전문가들이 환자에게 가장 이익이 된다고 간주하는 것을 할 수 있는 권위를 부여하는 반면, 자율성은 환자 자신이 직접 결정을 하는 것에 최우선적인 책임을 둔다. 이 두 가지 원칙이 충돌할 때 자율성에 우선권을 주어야 한다는 것이 오늘날 널리 받아들여지는 규칙이다. 다음 '약품, 생물의학, 그리고 행동 연구에서의 윤리적 문제에 관한 대통령 위원회(President's Commission for the Study of Ethical Problems in Medicine and Biomedical and Behavioral Research)'의 발췌문은 이러한 입장의 전형적인 기술이다.

> 일반적으로 건강 관리의 최고 목적은 환자들 각각의 웰빙을 극대화하는
> 것이다. 그러나 그저 환자의 최고 이익을 위할 뿐 핵심적 결정자인 개인을
> 인정하지 않는다면, 자기 결정권을 가진 개인의 이익을 존중하는 데에 실
> 패할 것이다 …… 결정자인 환자와 그/그녀의 분명한 웰빙 사이에 일어난
> 충돌이 충분한 숙고 후에도 미해결 상태일 때, 보통은 결정자인 환자의 자
> 기 결정권이 그 개인의 웰빙에 대한 타인들의 입장보다 더 무게를 가져야
> 한다 …… 결정자인 환자의 자기 결정권을 존중하는 것은 특히 중요하다
> …… 환자는 결정에 대한 최종적인 권위를 가져야 한다.[13]

온정주의에 반대하는 이들은 이러한 온정적 개입이 정당화될 수
없다고 주장할 것이다. 왜냐하면 이것은 개인의 권리에 대한 폭력을
담고 있으며 과도하게 자유 결정권을 침해하기 때문이다. 그들은 조
작자가 아닌 자신의 삶이 조작될 위기에 놓인 개인에게 권위를 부여
하는 것이 마땅하므로 온정주의를 받아들일 수 없다고 주장한다. 반
온정주의자들의 일반적인 입장은 자율성을 존중해야 하고, 부득이한
이유가 없는 한 개인이 원하는 대로 행위 할 자유를 주어야 한다는
것이다.

---

13) ibid: p. 210.

위약PLACEBOS

이전에 논문에서 나는 이 입장을 받아들였고, 거짓말을 할 때에 수반되는 위험을 논의하였다. 심지어 그것이 『법화경』에 나타난 것처럼 선의를 수반한다 해도 말이다. 나의 관심은 이것이 대승불교를 네`번째 단계의 방편—파계의 정당화가 비일비재한—을 향한 일방통행로 위에 올려놓았다는 것에 있었다. 내가 보기에 이러한 정당화로의 방향은 자율성을 충분할 만큼 중시하지 못한 것이었다. 그리고 나는 현대 의료 윤리에서 자율성에 우선권을 부여하는 당대의 새로운 평가를 옹호하였다. 나는 이러한 입장을 바꾸지는 않았다. 그러나 이후 우리가 『법화경』에서 찾을 수 있는 기만과 흥미로운 유사점을 가진 것으로 보이는 특정한 의료 행위를 알게 되었고, 이것은 나의 초기 입장을 몇 가지 측면에서 완화시킬 수 있는 것이다.[14] 바로 위약의 사용에 대한 논의이다.

위약 처방이란 의학적 치료로 가장하고 있으나 사실은 무해한 대체물을 치료제로 사용하는 것이다. 그것은 약일 수도, 주사일 수도 혹은 관리방법일 수도 있으나 실상 전혀 약물이 아니다. 이것은 진짜 치료처럼 보이게 고안되어 있지만 어떠한 물리적인 방식으로도 직접적으로 영향을 주지 않는다. 그럼에도 불구하고 위약은 종종 증상을 완화시키는 데 유용한 효과를 발휘하며, 어떤 환자들은 이러한 처방

---

14) 이후의 글은 Foddy, Bennett, "A Duty to Deceive: Placebos in Clinical Practice," *The American Journal of Bioethics* 9, no. 12 (2009): 4-12에 크게 의지하였다.

에 의해 실제로 좋아지기도 한다. 이것은 소위 "위약 효과placebo effect"로 알려져 있는데, 일반적으로는 임상 실험에서 환자의 반응차를 평가하거나 실험의 결과에 대한 일종의 기준선을 제공하기 위해 사용된다. 위약 처방에 대해서 이것이 어떻게, 얼마나 효과가 있는지에 대한 충분한 합의나 다양한 결과에 대한 연구는 그다지 많지 않다. 그러나 이것은 정신적 혹은 정신-육제적 요소가 조건에 들어 있을 때 가장 큰 효과를 발휘하는 것으로 보인다.

수세기 동안 위약은 의사들의 처방 중 하나로 활용되어 왔지만, 이러한 처방은 최근에 환자의 자율성과 관련되어 문제가 제기되기 시작하였다. 사실 2006년 미국 의료 협회American Medical Association는 환자의 사전 동의 없이 위약을 처방하는 것을 엄격히 금지시키는 윤리 정책을 도입하였다. 그러나, 위약 효과란 환자들이 스스로 제대로 된 치료를 받고 있다는 기대에 준해 일어나며, 그들이 복용한 약이 설탕을 입힌 알약 모양의 대체물이라는 것을 알려주는 것은 위약의 효율성을 대폭 감소시킬 수 있다는 진퇴양난의 상황에 놓이게 된다. 이러한 등등의 이유로 몇몇 의사들은 AMA의 정책이 너무 나아간 것이며 위약 처방이 최상의 의학적 선택일 수 있는 다양한 상황이 있다고 믿는다. 예를 들어 부작용 때문에 환자가 항우울제를 거부할 때가 있다. 모든 치료를 완전히 포기한 환자는 위약의 효과를 받은 이보다 더 심각해질 수 있다. 보다 일반적으로는, 위약은 또한 진단 결과가 불확실할 때도 처방될 수 있다. 사실 진단의 반 가까이가 이러한 경우이고, 이 경우 위약은 잘못 처방된 치료보다 덜 해롭다. 나아가 많은 경우 환자들은 그저 경제적인 이유로 요구되는 처방을 받지 못하는데, 그들이 아주 외진 곳에 살거나 전쟁터와 같은 특이한 상황에 놓여 있을 수도 있기 때문이다. 이러한 경우 보통 그들에게 위약을 처방하는 것이 빈손으로 돌려보내는 것보다 낫다.

그런데 문제는 현재의 윤리적 가이드라인(적어도 미국에서는)이 어떠한 이유에서건 환자에게 거짓말을 하는 것을 금지한다는 것이다. 그렇다면 어떻게 위약 처방이 거짓말의 책임에서 자유로울 수 있을까? 하나는 위약 처방이 환자의 자율성을 해치지 않기 때문에, 이러한 법칙에 정당한 예외라고 주장하는 것이다. 분명 이러한 상황에서는 환자를 도구화시킬 가능성은 없다. 환자는 그/그녀의 의지로 치료를 받기 위해 왔으며 의사가 효과적이라고 생각하는 처방을 받아들일 것이다. 환자는 여전히 그 처방이 그/그녀가 원하지 않는 경우 거절할 자유가 있다. 어떻게 처방이 효과를 발휘하는가에 대한 포괄적인 이해는 필요하지 않다. 일반적으로 모든 환자들이 원하는 것은 증상의 완화이다. 마치 차를 수리하러 보냈을 때, 고객이 일반적으로 결함에 대한 구체적이고 기술적인 설명을 요구하지 않는 것과 같다. 모든 고객들이 바라는 것은 차량이 잘 굴러가는 것이기 때문이다. 아마도 "트랜스미션에 문제가 있었는데 지금은 잘 작동합니다." 정도의 일반적 설명이면 충분할 것이다. 보통의 운전자들은 정확하게 기술자가 어떻게 수리했는지에 대해 크게 관심을 가지지 않는다. 이와 같이, 환자를 더 편안하게 만드는 위약 또한 환자의 자율성을 해치지 않고도 문제를 해결하는 것이다.

만약 다른 처방의 선택을 제한한다면, 위약 처방도 환자의 자율성에 영향을 줄 수 있다. 그러나 책임감 있는 의사라면 오직 다른 대안이 없을 때에만 위약을 처방할 것이다. 또한 어떤 의사는 그것이 확실한 진단을 내리는 것보다 쉽기 때문에 위약을 제안할 수도 있지만, 동시에 같은 상황에서 의사는 실직적인, 그러나 해로울지도 모르는 치료를 처방할 수도 있다. 이러한 위험성은 위약에만 한정된 것이 아니라는 말이다.

위약에 대한 논의는 나아가 강압의 문제와 연관된다. 예를 들어, 제반 사항을 안내받은 환자는 위약이 최상의 처방이라는 의사의 평가에 동의하지 않을 수 있으며 그것을 거부할 수 있다. 반면 완전히 안내받지 못한 환자는 의사에 의해 그 처방을 받아들이도록 강요받은 것으로 보인다. 그러나 이미 언급했던 것처럼, 환자는 일반적으로 위약, 혹은 다른 처방을 선택하라고 강요받지 않는다. 게다가 위약은 일반적인 의료적 견지에서 진정한 치료가 아니다. 이것은 의사가 환자를 안심시키거나 그에게 용기를 북돋아주는 형태인 "정신적 위약"과 유사한 방식의 긍정적인 제안 정도로 이해하는 것이 가장 바람직할 것이다. 이러한 대인 관계에서 부드러운 강압이 있을 수 있지만, 이런 것까지 금지한다면 의료 행위가 현재까지 어떻게 살아남을 수 있었는지 상상하기 힘들다. 위약을 옹호하는 마지막 이유는, 그것이 환자가 효과가 없거나 더 위험할 수 있는 치료를 받는 것을 막고, 더 효과적인 처방이 가능하기 전까지 임시방편으로 활용될 수 있다는 것이다.

위약의 책임감 있는 사용이 유의미할 정도로 환자의 자율성을 훼손하지 않는다면, 그리고 그것이 환자의 이익에 도움이 된다면, 위약의 처방에 반대하는 심각한 도덕적 문제는 없는 것으로 보인다. 그렇다면 이것은 『법화경』과 어떻게 연관되는가? 『법화경』의 우화가 자주 의료 행위를 언급하기는 하지만, 그들의 관계는 의사와 환자의 관계가 아니라 스승과 제자의 관계, 혹은 종교적 스승과 추종자의 관계로 보는 것이 더 합당할 것이다. 그럼에도 불구하고 이 두 그룹 간에는 긴밀한 대응관계가 존재한다. 예를 들어 이 둘은 모두 동등한 관계가 아니라 상호간의 의무를 수반하고 있다. 따라서 이들을 앞서 언급한 4대 원칙을 가지고 분석하는 것이 타당할 것이라 생각한다.

붓다의 자비에는 선의의 증거가 분명하게 나타난다. 이것이 그가 중생들을 버리지 않고 적극적으로 그들을 구원으로 이끌었던 이유이다. 그는 그들에게 어떠한 물질적 혹은 정신적 위해를 끼치지 않았다. 우리는 정의와 관련해서는 자세히 말할 것이 없다. 붓다의 행위는 자비심에서 나온 것이지 책임이나 의무에 의한 것이 아니었던 것이다. 그런데, 식물의 우화에서 분배의 정의에 대한 내용을 찾을 수 있는데, 붓다는 그의 가르침을 지위의 고하를 막론하고 모두에게 공평하게 전해주기 때문이다. 자율성이라는 측면에 대해 말하자면, 우리는 역사적 붓다의 행위를 의료 행위에서 위약의 사용과 대비시켜 그것이 도덕적으로 합당하였다고 말할 수 있다. 즉, 초기의 가르침들은 위약이었다는 것이다. 그것들은 위해가 되지는 않으나 가짜인 어떤 것들이었다. 지금 드러낸 극적이고, 근본적이고 어쩌면 두려운 이 새로운 가르침에 비교하면, 초기의 가르침은 설탕을 입힌 알약 형태의 대체물이었던 것이다. 그것을 전하는 데 있어 어느 정도의 기만과 부드러운 강압이 수반되었다. 그러나 이것은 오직 환자의 이익을 의

도한 것이었고, 그들이 대승의 가르침이라는 강력한 약을 견딜 수 있을 만큼 건강해질 때까지 처방된 임시적인 성질의 것이었다. 이렇게 이해한다면, 나는 붓다가 사용한 방편과 의사가 사용하는 위약 간의 관계가 매우 가까우며, 경전 자체에 나타난 여러 우화에서 보이는 것과 같이 붓다의 행위에 분명한 기만이 수반된다 하더라도, 그에 대한 도덕적인 평가를 합의할 수 있다고 믿는다. 즉 붓다는 망어의 죄를 짓지 않았다는 것이다.

결론

『법화경』에 나타난 가르침과 현대의 의료 윤리의 비교에서, 우리는 온정주의적 선의와 개인의 자율성 간에 긴장관계를 발견할 수 있다. 이러한 긴장 관계는 일상생활에서 드물지 않게 일어나는 것이지만, 나는 우리가 또한 아시아와 서구(혹은 적어도 서구의 "앵글로" 지역)의 문화적 차원이라는 더 넓은 경향을 볼 수 있다고 생각한다. 역사적으로 아시아에서는 온정주의가 표준이었다. 이것은 정치적 권위가 정의로운 왕, 혹은 Dhammarāja로부터 아래로 흘러 내려가는 불교국가에서는 사실이다. 아쇼카(Aśoka)가 그의 칙령에서 "모든 사람은 나의 자식이다"라고 말하는 것과 같이 말이다.[15] 역사적으로, 정치적 영역에서 왕은 거의 전능한 힘을 발휘하였으며, 사회에서 스승이나 의사의 권위가 그들의 아랫 사람들에 의해 문제가 제기된 적은 거의 없었다. 근대 시기 민주주의의 도래 이후에야 비록 더디긴 하지만 그

---

15) 1st Kaliṅga 석주 비문.

러한 행위들이 도전받게 되었다. 반면 서구에서는, 적어도 계몽 시기 이후부터, 기존에 군주에게 위탁되었던 권리를 개인들이 조금씩 되찾기 시작하였고, 자유와 자율성의 증대를 모색해 왔다.

선의와 자율성은 모두 중요한 가치이므로 이 둘 사이의 갈등은 완전히 해결될 수 있는 것이 아니다. 우리가 할 수 있는 일이란 "중도(中道)"를 걸어가는 길이 존재하고 또 최대한 모색해야 함을 인정하는 것이다. 이러한 관점에서 나는 『법화경』이 온정주의라는 한 쪽에 너무 가깝게 움직이고 있다고 생각한다. 내가 보기엔 위약의 사용에 대한 우화를 가지고 초기 가르침에 대한 수정적인 입장을 옹호하였다면 더 강력한 윤리적 기반을 가지게 되었을 것이라고 본다. 이것은 의도적인 거짓말을 수반하지 않기 때문에 경전에 기재된 다른 우화보다 기만의 사용을 더 잘 옹호할 수 있다. 또한 이것은 몇몇 대승 문헌에서 확인되는 명백한 계율 침해를 정당화하는 패러다임으로 『법화경』을 사용하는 것을 막을 수도 있을 것이다.

법화천태사상의 중국적 전개

도생(道生)의 법화경관(法華經觀)

하유진

『묘법연화경』「제바달다품」후대 삽입설 재고

최기표

종교실천으로서 '소신(燒身)'은 계율에 위반되는 것인가?

—『속고승전(續高僧傳)』「승애전(僧崖傳)」성립에서 살펴보는

중국 불교수용의 한 단면—

치 리메이(池 麗梅)

천태종(天台宗)의 '안심(安心)' 사상(思想)에 대한 의논고(議論考)

린밍위(林鳴宇)

도생(道生)의 법화경관(法華經觀)

하유진

1. 시작하며

구마라집(鳩摩羅什), 승가제바(僧伽提婆), 불타발타라(佛陀跋陀羅) 등에 의해 중국불교 교리상 가장 중요한 불전(佛典)들이 역출(譯出)되던 시대에 여산(廬山), 장안(長安), 건강(建康) 등 당시의 문화적 중심지를 편력하면서 각지의 불교교단의 구체적인 특색과 사상적 조류를 접한 축도생(竺道生, 355?~434)은 혜원(慧遠), 승조(僧肇), 승예(僧叡), 혜관(慧觀) 등 개성적인 한인사문(漢人沙門)들의 학설을 자극제로 삼아 자신의 독특한 사상적 입장을 제시하였다. 도생은 축법태(竺法汰, 320~387)에게 출가한 이래 도안(道安)의 제자인 여산 혜원(334~416)과 함께 승가제바로부터 유부(有部)의 학설을 배웠으며[1], 구마라집이 장안으로 왔을 때(401~409)에는 그에게서 최신의 대승반야학을 수학하기도 하였다. 의희(義熙) 5년(409)에 남방의 건강으로 돌아온 이후 각지의 대

---

1) 『名僧傳抄』「名僧傳說處」에 "여산혜원이 유종을 익힌 일 廬山慧遠, 習有宗事"(『新纂續藏經』77, p.360中14)이라는 목차가 있다.

소승경론을 수집하고 연구한 결과, 도생은 수많은 학설과 이론들이 모두 문자의 의미에 통달하여[盡意] 진리로 들어간[入理] 다음에는 문자가 더 이상 필요 없다는 것을 강조한다는 점에서는 일치하고 있다는 확신을 얻게 되었다.[2] 그는 이러한 확신을 바탕으로 다양한 저술 활동을 펼친 것으로 알려져 있다.

『출삼장기집(出三藏記集)』권12의 「송명제칙중서시랑류징찬법론목록(宋明帝勅中書侍郎陸澄撰法論目錄)」은 도생이 저술한 「열반삼십육문(涅槃三十六問)」, 「석팔주초심욕취니원의(釋八住初心欲取泥洹義)」, 「변불성의(辯佛性義)」 등과 도생에 관련된 기타 7가지의 저술목록을 수록하고 있다.[3] 그밖에 『광홍명집(廣弘明集)』의 「답왕위군서(答王衛軍書)」가 도생의 저작으로 전한다. 도생은 또한 『유마경(維摩經)』, 『법화경(法華經)』, 『니원경(泥洹經)』, 『소품경(小品經)』의 의소(義疏)를 찬술하였는데, 이들 가운데 『묘법연화경소(妙法蓮花經疏)』(이하 『법화경소(法花經疏)』로 약칭) 2권만이 온전히 전해지며, 『유마경의소(維摩經義疏)』와 『니원경의소(泥洹經義疏)』의 일부가 현존하는 『대반열반경집해(大般涅槃經集解)』 71권과 『주유마힐경(注維摩詰經)』 10권에 도생주(道生注)의 형태로 수록되어 있다. 『법화경소』는 도생의 사상을 가장 온전히 보존하고 있을 뿐만 아니라 저술연대 또한 사망하기 직전이라 말년에 지은 사상적 총화의 결과물이라고 보아도 무방하다. 그의

---

2) 『出三藏記集』「道生法師傳」(『大正藏』55, pp.110下29-111上3), "遊學積年, 備總經論. …… 博以異文, 約以一致. …… 夫象以盡意, 得意則象忘, 言以寄理, 入理則言息."

3) 도생과 관련된 7가지 저술은 다음과 같다. :「與竺道生書」, 「與竺道生慧觀二法師書」, 「問竺道生諸道人佛義」, 「范重問道生往反三首」, 「竺道生答王問」, 「沙門竺道生執頓悟」, 「述竺道生善不受報義」. 이외에 「善不受報義」, 「頓悟成佛義」, 「二諦論」, 「佛性當有論」, 「法身無色論」, 「佛無淨土論」, 「應有緣論」 등을 저술하였다고 『고승전(高僧傳)』과 『출삼장기집』에서 전하나 모두 현존하지 않는다.

실상론(實相論)과 불성론(佛性論)은 각각 『주유마힐경』과 『대반열반경집해』에 주로 나타나며, 『법화경소』에는 일승(一乘) 사상과 돈오의를 바탕으로 한 감응의(感應義)가 집중적으로 나타나고 있다.

　도생의 『법화경소』는 현존하는 『법화경』 주석서 가운데 가장 오래된 것이다. 따라서 중국 법화학자들의 『법화경』에 대한 최초의 이해를 잘 보여준다고 할 수 있다.[4] 그의 『법화경소』는 구마라집이 번역한 『묘법연화경』을 저본으로 하였으며, 「제바달다품(提婆達多品)」을 제외한 27품에 대하여 주석한 것이다. 도생이 『법화경소』의 저본으로 삼은 것이 구마라집의 역본이긴 하지만, 당시 이미 서진(西晋) 태강(太康) 7년(286)에 축법호가 번역한 『정법화경(正法華經)』이 널리 유통되고 있었으므로, 도생이 구마라집의 강경(講經)을 접하기 이전에 『법화경』의 내용에 대해 어느 정도 숙지하고 있었을 것으로 추정된다. 승예와 혜관이 지은 『법화경』 서문에 따르면 구마라집이 『묘법연화경』을 번역한 것은 홍시(弘始) 8년(406) 여름이다.[5] 도생이 『법화경소』 서문에서 밝힌 바에 따르면, 『묘법연화경소』는 그가 구마라집의 『법화경』 강경에 참여할 당시 적어 놓은 것을 바탕으로 하여 원가(元嘉) 9년(432) 3월

4) 도생의 법화사상에 대한 연구는 주로 천태법화사상의 연구자들에 의해 이루어지고 있다. : 橫超慧日編, 『法華思想』(平樂寺書店, 1975) ; 橫超慧日, 『法華思想の硏究』(平樂寺書店, 昭和46) ; 坂本幸男, 『法華經の中國的展開』(平樂寺書店, 1975) ; 平川彰外 編, 『法華思想』(春秋社, 1983) ; 菅野博史, 『中國法華思想の硏究』(春秋社, 1994). 도생의 『법화경소』에 대한 신뢰할 만한 번역서로는 다음을 들 수 있다. : Young-Ho Kim, *Tao-sheng's Commentary on the Lotus Sūtra*(Albany : State University of New York Press, 1990).

5) 『出三藏記集』, 「法華宗要序」(『大正藏』55, pp.57中6-8), "秦弘始八年夏, 於長安大寺集四方義學沙門二千餘人, 更出斯經, 與衆詳究." ; 『出三藏記集』, 「法華經後序」(『大正藏』55, pp.57下14-18), "旣遇究摩羅法師, 爲之傳寫, 指其大歸, 眞若披重霄而高蹈, 登崐崙而俯眄矣. 于時聽受領悟之僧八百餘人, 皆是諸方英秀, 一時之傑也. 是歲弘始八年歲次鶉火."

에 여산 동림정사(東林精舍)에서 완성한 것이다.[6] 그러므로 도생이 구마라집의 역경과정에 참여하여 『묘법연화경』의 내용을 접한 뒤 20여 년이 지난 후에야 자신의 소(疏)를 완성하였음을 알 수 있다. 본 논문에서는 도생의 『법화경소』을 중심으로 하여 도생의 『법화경』의 종지에 대한 해석 및 경명에 대한 해석, 『법화경』의 분과(分科)에 대해 살펴보고, 이를 바탕으로 하여 도생의 일승 사상, 불지견(佛知見)에 대한 견해, 감응설(感應說) 등을 살펴보고자 한다.

2. 『법화경』의 종지(宗旨)에 대한 해석

도생은 『법화경소』 첫머리에서 사종법륜설(四種法輪說)을 제시하여 원시적인 형태의 교판을 제시하였다. 그의 사종법륜설은 부처님의 가르침을 『법화경』이 설하는 바에 의거하여 단계적으로 정리한 것이다.

보리수에서 시작하여 열반에서 마칠 때까지 [부처께서는] 무릇 네 종류의 법륜을 말씀하셨다. 첫째는 선정법륜이니, 처음에 하나의 선에 대한 말씀에서 시작하여 사공[7]에 대한 말씀으로 끝난다. 삼악도(지옥, 아귀, 축생)의 더러움을 제거하도록 하므로 깨끗하다고 말한다. 둘째는 방편법륜이니, 37가지 무루도품에 의해 두 종류(성문, 연각)의 열반을 얻으므로 방편이라고 말한다. 셋째는 진실법륜이니, 삼승의 거짓을 논파하여 일승의 아름다움을

---

6) 『妙法蓮花經疏』(『新纂續藏經』27, pp.1中11-14), "聊於講日, 疏錄所聞, 述記先言, 其猶鼓生. 又以元嘉九年春之三月, 於盧山東林精舍, 又治定之, 加採訪衆本, 具成一卷."
7) 사공(四空)이란 사공처(四空處)에서 태어나기 위해 닦는 선정(禪定)으로, 사무색정(四無色定)을 말한다.

이루므로 진실이라고 말한다. 넷째는 무여법륜이니, 이는 [일승으로] 귀의하
는 말씀에 이어서 상주의 오묘한 종지를 설하므로 무여라고 말한다.[8]

선정법륜(善淨法輪)이란 삼악도(三惡道)를 벗어나 인천(人天)의 과
보(果報)를 얻으므로 인천승(人天乘)을 가리킨다. 방편법륜(方便法輪)
이란 삼계육도(三界六道)의 괴로움을 벗어나므로 성문연각의 이승(二
乘)에 대해 말하고 있다. 진실법륜(眞實法輪)이란 삼승(三乘)의 차별을
버리고 일승(一乘)을 성취하여 모든 중생이 평등하게 성불함에 대해
말하므로 법화의 일승을 가리킨다. 무여법륜(無餘法輪)이란 일승에
회귀한 데 이어서 불과상주(佛果常住)를 설하니 인과(因果)가 모두 진
실한 일승에 귀의하여 남김이 없으므로 무여(無餘)라고 하였다. 도생
은 사종법륜설을 통하여 부처님의 가르침에 대한 시간적 선후관계에
따른 단계적인 해석을 시도하였다는 점에서 중국적 교판의 최초의
모습을 보여주고 있다고 할 수 있다.
　　승예는 「법화경후서(法華經後序)」에서, "여러 부처의 비밀한 법장
이며, 여러 경전의 진실한 요체"[9]라고 하여 『법화경』의 가치에 대하
여 높이 평가하였다. 도생과 동시대에 활동한 법화학자인 혜관 역시
『법화경』에 대한 서문을 남겼는데, 그 안에서 『법화경』의 종지에 대
하여 다음과 같이 설명하였다.

　　이 경전은 우매한 자를 일깨우려면 궁극을 말로 할 수 없으므로 방편으

---

8) 『妙法蓮花經疏』(『新纂續藏經』27, pp.1中19-24), "始於道樹, 終于泥曰. 凡說四種法輪.
　一者善淨法輪, 謂始說一善, 乃至四空, 令去三塗之穢, 故謂之淨. 二者方便法輪, 謂
　以無漏道品, 得二涅槃, 謂之方便. 三者眞實法輪. 謂破三之僞, 成一之美, 謂之眞實.
　四者無餘法輪. 斯則會歸之談, 乃說常住妙旨, 謂無餘也."
9) 『出三藏記集』 「法華經後序」(『大正藏』55, p.57中17), "諸佛之祕藏, 衆經之實體也."

로 응하는 이유를 설명하고, 종극으로 나아가려면 깊은 뜻을 숨길 수 없으므로 진실을 열어 종지를 드러냄을 밝힌다. 방편으로 응함이 이미 뚜렷하니 치우친 마음이 저절로 물러난다. 종극의 이치가 이미 드러나니 참된 깨달음이 저절로 생겨난다. 그러므로 만 가지 분류를 합하여 삼승이 함께 가도록 할 수 있다. 함께 가는 셋이 모여서 하나가 되니 승(乘)의 시작이다. 깨달음의 지혜가 원만히 성취되니 승(乘)의 전성기이다. 자취를 소멸시켜 정신을 맑게 하니 乘의 마침이다. 비록 만법을 승(乘)으로 삼지만 그것을 통괄하는 주인이 있으니 그 으뜸의 요지를 들자면 지혜라고 이름한다. 그러므로 『법화경』은 참된 지혜를 요체로 삼아 묘일(妙一)이라고 칭한다.[10]

혜관은 『법화경』이 나타내는 종극의 이치를 승(乘)으로 보고, 승을 다시 세 단계로 분류하였다. 삼승을 일승으로 귀결시키는 것이 승의 처음 단계이고, 깨달음의 지혜가 원만한 것이 승이 극성한 단계이며, 세상에 현신(現身)한 부처의 구체적 모습을 소멸시켜 마음을 청정하게 하는 것이 승의 최종 단계이다. 혜관은 『법화경』의 궁극적 이치인 승을 만법(萬法)으로 설명하였는데, 만선(萬善)을 쌓는 수행을 통하여 성불할 수 있기 때문이다. 그리고 만선을 통한 성불은 지혜가 있어야 가능한 것이므로 경전의 요체를 지혜라고 하였다. 도생은 『법화경』의 종지에 대하여 다음과 같이 천명하였다.

  이 경전은 대승을 종지로 삼는다. 대승이란 평등한 큰 지혜를 말하니,

---

10) 『出三藏記集』 「法華宗要序」(『大正藏』 55, pp.57上12-19), "其爲經也, 明發矇不可以語極, 釋權應之所由, 御終不可以祕深, 則開實以顯宗. 權應旣彰, 則局心自廢. 宗致旣顯, 則眞悟自生. 故能令萬流合注, 三乘同往. 同往之三, 會而爲一, 乘之始也. 覺慧成滿, 乘之盛也. 滅景澄神, 乘之終也. 雖以萬法爲乘, 然統之有主, 擧其宗要, 則慧收其名. 故經以眞慧爲體, 妙一爲稱."

일선(一善)에서 비롯하여 궁극의 지혜에서 마치는 것이 이것이다. 평등함이란, 이치에는 다른 취지가 없고 일극으로 함께 돌아감을 말한다. 큰 지혜란, 마침으로 나아가 일컬은 것일 따름이다. 만약 처음과 끝을 통합하여 논한다면 한 터럭의 선이 모두 이것이다. 승이란, 이치가 중생들을 [피안으로] 실어다 준다는 것이니, 그들의 고통을 대신한다는 뜻이다.[11]

도생은 『법화경』의 종지가 대승에 있으며, 대승이란 중생이 평등하다는 대지대혜(大智大慧)임을 밝혔다. 평등한 대혜(大慧)란 불리(佛理)를 시작으로 삼고 만선(萬善)을 마침으로 삼아 궁극의 지혜에 도달하는 것으로, 중생이 최종적으로 동일한 불과(佛果)를 성취함을 말한다. 한 터럭의 선과 불과의 대혜 사이에는 별다른 차이가 없으니, 일선과 대혜는 모두 불법을 수습함으로써 고해를 벗어나기 때문이다. 이처럼 도생은 궁극적인 불과로서의 지혜를 대혜로 간주하고, 대혜가 『법화경』의 종지가 됨을 천명하였다. 도생과 비슷한 시기에 활동한 혜관은 『법화종요서(法華宗要序)』에서 만법(萬法)을 통하여 불승(佛乘)을 성취할 수 있으며, 부처의 진혜(眞慧)야말로 『법화경』의 근본 종지라고 하였는데,[12] 일선, 곧 만선[13]과 만법, 진혜와 평등대혜라는 용어상의 차이가 있을 뿐, 혜관의 『법화경』의 종지에 대한 해석은 도생의 입장과 크게 다르지 않음을 알 수 있다.

---

11) 『妙法蓮華經疏』(『新纂續藏經』27, pp.1中24-1下3), "此經以大乘爲宗. 大乘者, 謂平等大慧, 始於一善, 終乎極慧, 是也. 平等者, 謂理無異趣, 同歸一極也. 大慧者, 就終爲稱耳. 若統論始末者, 一豪之善, 皆是也. 乘者, 理運彌載代苦爲義也."
12) 『出三藏記集』「法華宗要序」(『大正藏』55, pp.57上17-19), "雖以萬法爲乘, 然統之有主, 擧其宗要則慧收其名. 故經以眞慧爲體, 妙一爲稱."
13) 도생의 『법화경소』에서 일선은 만선과 통용된다. : "萬善之始爲末. 佛慧之終爲本."(『妙法蓮華經疏』「方便品」(『新纂續藏經』27, pp.4中16-17)

3. 경제(經題)에 대한 해석

도생은 『묘법연화경』의 경제(經題)를 묘(妙), 법(法), 연화(蓮花), 경(經)으로 구분한 다음, 순서에 따라 다음과 같이 해석하였다.

묘(妙)란 만약 여래가 말씀을 토해내고 가르침을 펼친 것에 대해 논한다면 어떤 경전이 묘(妙)가 아니겠는가. 이 경전이 묘(妙)를 유독 언급하는 까닭은 예전의 방편으로서의 삼승(三乘)의 말씀은 진실이 아니라는 것이다. 지금 삼승이 없다고 말하니 이는 곧 말씀이 합당하고 이치가 들어맞아 예전의 허구와 거짓이 없음을 묘(妙)라고 말할 따름이다. 법(法)이란 내용 가운데 법이 아닌 것이 없고 진실되어 허물이 없다는 것이다.[14]

도생의 묘(妙)에 대한 해석에 따르면 『법화경』 이전의 부처님의 말씀, 즉 삼승은 방편이므로 진실이 아니며 오직 『법화경』에서 설하는 일승만이 진실된 가르침이다. 세 가지가 없다는 것은 삼승의 가르침은 진실이 아님을 가리킨다. 이처럼 일승진실(一乘眞實), 삼승방편(三乘方便)은 『법화경』의 종지이기도 하다. 혜관 역시 『법화경』 서문에서 묘법(妙法)에 대하여 도생과 유사한 해석을 밝히고 있다.

이런 까닭에 처음에 부처를 얻음으로부터 이 경전에 이르기까지 비로소 중생에 응하여 출발점을 열기 때문에 삼승이라고 구별하여 분류한다. 구별

---

14) 『妙法蓮花經疏』(『新纂續藏經』 27, pp.1下3-6), "妙者, 若論如來吐言陳敎, 何經非妙. 所以此經偏言妙者, 以昔權三之說非實. 今云無三, 斯則言當理?, 無昔虛僞, 謂之妙耳. 法者, 體無非法, 眞莫過焉."

하여 분류한 것은 진실이 아니니 마지막에 모일 것을 기약한다. 모이면 반
드시 근원을 함께하니 그 참된 승은 오직 하나이다. 오직 하나이고 더할 나
위 없으므로 묘법(妙法)이라고 말한다.[15]

혜관에 따르면 처음에는 중생의 근기에 응하여 가르침을 열기 때
문에 삼승의 구별이 있다. 하지만 삼승의 구별은 진실한 가르침이 아
니며, 삼승은 결국에는 일승이라는 유일한 가르침으로 귀결된다. 그
러므로 일승의 가르침을 설하는 『법화경』에 대하여 오묘한 법이라고
일컫는다는 것이다. 혜관이 묘법(妙法)의 내용을 유일한 최고 존재로
서의 승으로 규정하였음을 알 수 있다. 다음으로 연화(蓮花)에 대한
도생의 설명을 살펴보자.

연화란 이 경전을 찬탄한 것이다. 모양을 갖춘 것들 가운데 연꽃보다 더
오묘한 것은 없다. 연꽃의 아름다움은 비로소 피어날 때에 있다. 피어나기
시작하여 만개할 때에 씨앗이 안에 가득 차 있고 색깔과 향기와 맛이 그윽
한 것을 분타리라고 말한다. 셋이 없다는 말씀이 이것과 같다. 헛된 말들이
사라지고 참된 말씀이 남는다. 참된 말씀이 이미 퍼졌으니 하나로 돌아가
는 열매가 그 가운데에서 드러난다.[16]

흰 연꽃은 『법화경』을 찬미하여 비유한 것이다. 연꽃은 처음 봉오

15) 『出三藏記集』「法華宗要序」(『大正藏』55, pp.57上6-8), "是以從初得佛曁于此經, 始應
物開津, 故三乘別流. 別流非眞則終期有會, 會必同源, 故其乘唯一. 唯一無上, 故謂
之妙法."
16) 『妙法蓮花經疏』(『新纂續藏經』27, pp.1下6-10), "蓮花者, 嗟茲經也. 然器象之妙, 莫踰
蓮華. 蓮華之美, 榮在始敷. 始敷之盛, 則子盈於內, 色香味足, 謂之分陀利. 無三之
唱, 事同之也. 虛談旣亡, 眞言存焉. 誠言旣播, 歸一之實, 顯乎其中矣."

리를 맺을 때부터 만개할 때까지 씨앗을 안에 품고 있는데, 이것은 성문연각과 같은 방편법문에 처음부터 궁극의 진실이 내포되어 있다는 것을 의미한다. 또 만개하였을 때 색, 향, 미가 한데 어우러져 가장 아름다운 모습을 드러내니 삼승의 구분이 없는 것과 같다. 그러므로 참된 일승의 가르침으로 돌아가는 이치가 여기서 드러난다. 경(經)의 의미에 대하여 도생은 다음과 같이 설명한다.

경(經)이란 세상의 씨실과 날실로부터 흰 비단이 만들어지는 것을 말한다. 경전의 씨실과 날실은 수행자의 참된 빛의 비단을 드러낸다.[17]

수행자의 진광(眞光)이란 불성을 가리킨다고 볼 수 있으므로, 도생이 경(經)을 통하여 수행자의 불성이 드러나는 것으로 파악하였음을 알 수 있다. 승조의 경우 『주유마힐경』에서 경(經)을 상(常)으로 해석하였는데,[18] 경(經)이란 이치 자체이며, 그러한 이치에 통달하는 것을 경(經)이라고 한다는 것이다. 승조와 도생의 경(經)에 대한 해석을 비교해보면, 승조가 경전이 담고 있는 이치를 강조한 데 비하여, 도생은 경전에 의한 수행을 통하여 수행자의 불성이 드러날 수 있다는 점을 강조하였음을 알 수 있다. 승조와 도생의 경(經)에 대한 해석상의 차이는 승조가 반야성공(般若性空)의 이치를 강조하는 반야중관학자인 반면 도생은 중생의 성불을 강조하는 열반불성학자였다는 점과 관련된다고 볼 수 있다.

---

17) 『妙法蓮花經疏』(『新纂續藏經』27, pp.1下10-11), "經者, 世之經緯, 成自素帛, 斯之經緯, 顯乎行者眞光之綵也."
18) 『注維摩詰經』(『大正藏』38, pp.327下13-14), "經者常也. 古今雖殊, 覺道不改. 群邪不能沮, 衆聖不能異, 故曰常也."

4. 『법화경』의 분과(分科)

도생은 『법화경』에 대한 분과(分科)를 논하면서 인(因), 과(果), 인(人)의 세 부분으로 나누어 설명하였다.

> 이 경전이 밝히는 바로는 무릇 세 단락이 있다. 서품에서부터 안락행품까지의 이 13품은 삼인(三因)이 일인(一因)이 됨을 밝힌다. 용출품에서 촉루품까지의 8품은 삼과(三果)가 일과(一果)가 됨을[19] 변별한다. 약왕본사품에서 보현품까지의 6품은 모두 삼인(三人)이 일인(一人)이 됨을 밝힌다.[20]

먼저 삼인(三因)이 일인(一因)이 된다는 것은, 삼승각별(三乘各別)에 집착하여 삼승인행(三乘因行)을 만들어낸 것에 대하여, 『법화경』에서는 사실상 삼승의 구별이 없고 일승의 인행(因行)으로 함께 돌아간다는 요지를 밝히고 있다. 삼승의 인(因)이 최종적으로 일승의 인(因)으로 판명되는 점은 『법화경』 전반에 걸쳐 변함없이 적용된다. 다음으로 삼과(三果)가 일과(一果)가 된다는 것은, 인(因) 가운데의 삼승의 인(因)이 일승의 인(因)으로 귀결되는 것과 마찬가지로 과(果) 역시 삼승의 구별이 없으며 일승의 불과로 함께 돌아간다는 것이다. 마지막으로 삼인(三人)이 일인(一人)이 된다는 것은, 앞에서 인과가 모두 일승

---

19) 『妙法蓮花經疏』「踊出品」(『新纂續藏經』27, p.14上9), "此品, 壽量之亂序, 欲明三果爲一果也." ; 『妙法蓮花經疏』「隨喜功德品」(『新纂續藏經』27, p.15中22), "上來明三果爲一果義."

20) 『妙法蓮花經疏』(『新纂續藏經』27, pp.1下14-17), "此經所明, 凡有三段. 始於序品, 訖安樂行, 此十三品, 明三因爲一因. 從踊出, 至于屬累品, 此八品辨三果. 從藥王終於普賢, 此六品均三人爲一人."

의 이치로 귀결됨을 밝혔으므로 이제 이러한 이치를 인간의 실제 품행(品行)에 적용한 것이다. 일인(一人) 단락에 대한 설명은 약왕본사품 첫머리에 보다 상세한 내용이 실려 있다.

위에서 인과의 이치가 하나이니 취지가 다르지 않음을 밝혔다. 궁극의 종지가 드러나니 깨달음이 있게 된다. 이 아래로는 모두 삼인(三人)이 일인(一人)이 된다는 것이니 이승의 아들이 大□(乘?)과 다르지 않음을 밝힌다. 경전을 설하여 마쳤으니 지금 유통하는 사람을 밝힌다. 이전에 경전을 행하는 자가 없었던 것이 아니다. 지금 여러 사람들의 행적을 드러내어 법화를 알린다.[21]

도생의 과단에 따르면, 「서품(序品)」에서 「촉루품(屬累品)」까지는 인과의 이치가 하나임을 밝힌 것이다. 그 구체적인 내용을 품별로 살펴보면, 「서품」은 일인(一因) 단락에 대한 서(序)이고, 「용출품(踊出品)」은 일과(一果) 단락에 대한 서이다. 일인 단락 가운데 「방편품(方便品)」에서 「수학무학인기품(授學無學人記品)」까지는 정설(正說)이고, 일과 단락 가운데에서는 「수량품(壽量品)」과 「분별공덕품(分別功德品)」이 정설이다. 일인 단락에서 「법사품(法師品)」은 유통(流通)이며, 일과 단락에서는 「수희공덕품(隨喜功德品)」이 유통이다. 다시 『법화경』 전체를 놓고 보면, 「서품」에서 「촉루품」까지가 정설이라고 할 수 있으며, 「약왕본사품(藥王本事品)」 이하는 유통이 된다.
　이상과 같은 『법화경』에 대한 도생의 과단은 이후 법운(法雲,

---

21) 『妙法蓮花經疏』, 「藥王本事品」(『新纂續藏經』27, pp.16中17-20), "上明因果理一, 則無異趣, 宗極顯然, 領會有在. 自下均三人爲一人, 明二乘之子, 不得不同爲大□也. 說經旣竟, 今明流通之人. 前來非不有證行經者. 今者標數人, 顯其行迹, 以證法華."

467~529)의 『법화의기(法華義記)』 가운데에서 계승되어 더욱 조직적으로 세분화되어 나타난다.[22] 법운은 『법화경』 전체를 서(序), 정설(正說), 유통(流通)의 세 단락으로 나누었다. 각 품별로 살펴보면, 그는 「서품」을 서로 보고, 「방편품」부터 「분별공덕품」의 전반까지를 정설로 보았으며, 「분별공덕품」의 후반부터 「보현보살권발품(普賢菩薩勸發品)」까지를 유통으로 보았다. 그리고 서는 다시 통서(通序)와 별서(別序)로 나누고, 정설은 다시 인의(因義)와 과의(果義)로 나누었으며, 유통은 다시 화타(化他)와 자행(自行)으로 나누었다. 도생과 법운의 분과를 비교해 보면, 도생은 『법화경』을 인(因), 과(果), 인(人)으로 나누고, 법운은 서(序), 정설(正說), 유통(流通)으로 나누어 관점상의 차이는 있으나 모두 『법화경』을 세 단락으로 나누었다. 도생은 자신의 분과 안에서 부분적으로 서(序)와 유통(流通)에 대해 언급하고 있으며, 법운은 정설(正說)을 인의(因義)와 과의(果義)로 나누어 도생이 인과론(因果論)으로써 『법화경』의 사상을 해석한 것을 받아들이고 있음을 알 수 있다. 이렇게 볼 때 도생의 분과는 그 명칭이 아직 정립되지 않은 단계이긴 하나 내용상으로 법운의 분과에 영향을 미친 것으로 파악된다. 이상으로 살펴본 도생과 법운의 분과는 이후의 법화학자들의 『법화경』에 대한 분과에 영향을 미치게 되며, 길장(吉藏)의 『법화의소(法華義疏)』, 지의(智顗)의 『법화문구(法華文句)』 가운데에서 더욱 상세한 분과로 전개된다.

---

22) 법운의 『법화경』 분과에 대한 내용은 금강대·인민대·동양대 공동주최 제2회 한중일불교학술대회에서 발표된 菅野博史의 논문 『光宅寺法雲의 法華經觀』 (2013) 및 그가 역주한 『法華義記』(大藏出版, 1996)에 실린 해설 부분을 참조.

5. 일승(一乘) 사상

「용광사축도생법사뢰(龍光寺竺道生法師誄)」와 「도생법사전(道生法師傳)」에 따르면 도생은 "구마라집의 대승의 취지와 승가제바의 소승의 요지에 두루 통달하여 그 오묘한 종지를 선창하고 드러냈으며"[23], "공(空)과 유(有)를 교열하고 인과(因果) 문제에 대해 깊이 사고하였다"[24]고 한다. 이것은 구마라집에게 대승을 수학하고 승가제바에게 유부(有部)의 교학을 배운 학문상의 전력이 도생의 사상형성에 매우 중요한 계기가 되었음을 말해준다. 그러나 그는 라집과 제바의 사상을 그대로 답습하거나 절충하는 데 머무르지 않고[25], 대소승을 관통하여 인과론(因果論)에 입각한 새로운 학설을 세웠다. 대승과 소승 사이에 우열을 가리지 않고 대소승을 통합적으로 사유하려는 도생의 사상적 경향은 삼승을 일승으로 통합하는 『법화경』의 사상과도 잘 맞아 떨어진다. 도생의 일승사상은 그의 저작 가운데 『법화경소』에 집중적으로 나타나고 있는데, 그의 일승사상이 『법화경』을 사상적 기반으로 삼고 있음을 알 수 있다. 『법화경』은 일반적으로 일승진실(一乘眞實), 삼승방편(三乘方便)의 입장을 설한 것으로 알려져 있으며, 도생 역시 자신의 소(疏)에서 『법화경』의 견해와 같은 입장을 천명하고 있다.

---

23) 『廣弘明集』「龍光寺竺道生法師誄」(『大正藏』52, pp.265下23-24), "羅什大乘之趣, 提婆小道之要, 咸暢斯旨, 究擧其奧."

24) 『出三藏記集』「道生法師傳」(『大正藏』55, p.111上5), "校練空有, 研思因果."

25) 『廣弘明集』「龍光寺竺道生法師誄」(『大正藏』52, pp.265下25-26), "상(象)은 리(理)의 거짓된 모습이요, 상에 집착하면 리를 미혹시킨다. 가르침은 교화의 원인이지만 가르침에 얽매이면 교화를 어리석게 만든다. 象者理之所假, 執象則迷理. 教者化之所因, 束教則愚化."

이미 삼승이 방편임을 설하였으니 지금 일승을 밝힌다. 부처는 일극이
니 하나를 드러내기 위하여 나타나셨다. 만약 이치에 삼승이 있다면 성인
역시 삼승을 위하여 나타날 것이다. 그러나 이치 가운데 삼승이 없으니 오
직 오묘한 하나일 뿐이다.[26]

도생은 방편으로서의 삼승은 참된 이치라고 할 수 없으며 오직 오
묘한 하나, 즉 일승만이 유일한 진리임을 강조하였다. 그렇다면 부처
가 일승만을 설하지 않고 굳이 삼승을 설한 까닭은 무엇일까?

성인은 스스로 삼승의 가르침을 설정하고자 한 것이 아니다. 다만 중생
이 거칠고 탁하여 한번에 깨닫기 어려우니 그들을 위하여 삼승을 설한 것
이다.[27]

도생이 보기에 중생의 마음은 거칠고 탁하기 때문에 불교의 진
리를 단번에 모두 이해하기가 어렵다. 삼승이란 중생 각자마다 깨달
음의 능력이 서로 다른 것을 고려하여 진실의 일승을 구분하여 설명
한 것이다. 따라서 삼승과 일승의 관계는 "비록 삼승을 설한다고 하
지만 항상 일승을 설한[雖曰說三, 恒是說一]"[28] 것이며, "삼승이 곧 일승
[三卽是一]"[29]이고, "삼승이 일승의 이치[三是一理]"[30]인 것이다.

---

26) 『妙法蓮花經疏』(『新纂續藏經』27, pp.4下23-5上1), "旣云三乘是方便, 今明是一也. 佛
爲一極, 表一而爲出也. 理苟有三, 聖亦可爲三而出. 但理中無三, 唯妙一而已."
27) 『妙法蓮花經疏』「方便品」(『新纂續藏經』27, pp.5上17-18), "聖人非自欲設三教, 但衆生
穢濁, 難以一悟, 故爲說三乘."
28) 『妙法蓮花經疏』(『新纂續藏經』27, p.5中1).
29) 『妙法蓮花經疏』(『新纂續藏經』27, p.6上5).
30) 『妙法蓮花經疏』(『新纂續藏經』27, p.7上17).

옛날에 [부처께서 일승을] 삼승의 자취로 감추니 사람들이 [삼승이] 올바른 가르침이라고 생각하였다. 지금 일승을 드러내어 참된 바름을 보이고자 한다. 그릇됨으로써 올바름을 밝히므로 방편품이라고 표시한다. 이미 예전의 삼승이 방편임을 지적하였으므로 일[승]이 여기서 드러나니 말하지 않아도 스스로 드러난다.[31]

그릇됨 가운데서 올바름을 판별해낸다는 것은 방편에 대한 해석이다. 참된 바름을 보이는 방법은 직설적인 것이 아니라 말씀 가운데에서 거짓을 제거함으로써 바름이 자연히 드러나도록 하는 우회적인 것이다. 그릇됨을 판별한다는 것은 옛날의 삼승이 방편임을 판별한다는 것이고, 이를 통하여 지금의 일승이 진실임이 자연히 밝혀진다는 것이다. 따라서 방편을 펼치면[開權] 곧 진실이 드러난다[顯實]는 것이 도생이 일승사상을 드러내는 방법임을 알 수 있다.

6. 불지견(佛知見)에 대한 해석

도생의 『법화경』에 대한 해석 가운데 주목할 부분이 불지견(佛知見)에 대한 해석이다. 승예는 「유의(喩疑)」에서 『법화경』이 비록 불성이라는 용어는 사용하고 있지 않으나, 불지견이 곧 불성을 의미하는 것으로 볼 수 있다고 지적한 바 있다.

---

31) 『妙法蓮花經疏』 「方便品」(『新纂續藏經』 27, pp.4上2-4), "昔晦迹三乘, 群徒謂是. 今欲顯乎一, 示以眞正. 以非明是, 故標方便目品, 旣指昔三乘爲方便, 所以一顯茲處, 不言而自顯."

『법화경』에서 불지견을 열었으니 역시 모두 불성이 있다고 말하였다고 할 수 있다. 만약 불성이 있다면 다시 무엇 때문에 모두 부처가 될 수 없겠는가. 다만 이 『법화경』에서는 오직 불승만이 있고 이승과 삼승은 없음을 밝혔을 뿐이고 일체중생이 모두 부처가 될 것이라는 점은 밝히지 않았다. 모두 부처가 될 것이라는 구절을 내가 아직 보지는 못했지만 그러한 말이 아예 없다는 것은 아니다.[32]

도생 역시 승예와 마찬가지로 『법화경』의 불지견 개념이 불성의와 상통한다는 점을 밝히고 있다.

'중생에게 불지견을 열도록 하고자 함이니'[33] 미묘한 말씀과 취지의 뜻이 여기서 드러난다. 이 사구(四句)는 처음부터 끝까지 하나의 뜻을 나타내기 위함이다. 중생은 본래 불지견의 본분을 가지고 있으나 번뇌의 장애에 의해 드러나지 않을 뿐이다. 부처가 [불지견을] 열어서 [번뇌의 장애를] 제거하

---

32) 『出三藏記集』 「喩疑」(『大正藏』55, pp.42上26-42中1), "法華開佛知見, 亦可皆有爲佛性. 若有佛性, 復何爲不得皆作佛耶. 但此法華所明, 明其唯有佛乘無二無三, 不明一切衆生皆當作佛. 皆當作佛我未見之, 亦不抑言無也."

33) 도생의 주에 인용된 『법화경』 경문의 해당부분이 범본(梵本)에는 교화(敎化, saṃādāpana)라고 되어 있는데, 구마라집은 이를 令衆生開佛知見使得淸淨이라고 풀어서 설명하였다. saṃādāpana라는 단어는 『묘법연화경』의 다른 부분에서는 敎化菩薩이라고 번역되고 있다. 또한 이어지는 부분의 범본에 따르면 교화의 단계로서 제시(saṃdarśana)→이해(avatāraṇa)→깨우침(pratibodhana)→入道(mārgāavatāraṇa)의 4가지가 설명되고 있는데, 구마라집은 두 번째 단계를 생략하고 示衆生佛之知見→令衆生悟佛知見→令衆生入佛知道만을 설명하였다. 이러한 구조는 도생 역시 그대로 따르고 있다.(씨谷定產, 『法華經一佛乘の思想』(大阪: 東方出版, 昭和60), pp.88-104) 이렇게 볼 때 범본이 부처의 교화에 중점을 두었다면, 구마라집은 교화과정에서 중생의 역할(開→示→悟→入)을 강조하였으며, 중생의 역할에 대한 강조가 도생에 이르러 중생의 깨달음의 능력(佛知見分)에 대한 강조로 발전된다는 것을 알 수 있다.

면 [중생은] 그것을 성취할 수 있다. 일설에서 말하길, 초주에서 칠주에 이르기까지 번뇌를 점차적으로 제거하는 것을 '연다(開)'고 하고, 밝게 비춤에서 벗어나지 않는 것을 '청정하다(淸淨)'고 하였다.[34]

사구(四句)란 『법화경』의 사불지견(四佛知見), 즉 '욕령중생개불지견고(欲令衆生開佛知見故)', '욕시중생불지지견(欲示衆生佛之知見)', '오지견(悟知見)', '입불지견(入佛知見)'을 가리킨다. 사불지견이 처음부터 끝까지 하나의 뜻을 나타낸다는 것은 사불지견이 총괄적으로 돈오(頓悟)를 의미함을 말한다. 중생이 본래 가지고 있다는 부처의 지혜(佛知見), 즉 깨달음의 본분(分)이란 불성을 가리킨다. 불성은 인간이 태어나면서 자연으로부터 물려받은 본성[自然之性]으로서 인간이 지닌 본분[本分=性]이라고 할 수 있다.[35] 불지견에 분(分)을 더하여 불성의 의미로 사용한 것은 도생에게서 나타나는 독특한 용법이라고 할 수 있다. 분(分)이라는 용어는 『법화경』 경문에도 등장한다. 「비유품(譬喩品)」 첫머리에 보면 사리불이 부처에게 고백하는 장면이 나온다.

---

34) 『妙法蓮花經疏』(『新纂續藏經』27, pp.5上2-6), " '欲令衆生開佛知見故.' 微言云旨, 意顯于茲, 此四句始終爲一義耳. 良由衆生本有佛知見分, 但爲垢障不現耳. 佛爲開除, 則得成之. 一義云, 初住至七住, 漸除煩惱曰 '開', 無出照耀曰 '淸淨'."

35) 이를테면 왕필(王弼)은 "만물은 스스로 그러함을 본성으로 삼는다. 萬物以自然爲性,"(『老子王弼注』, 29章), "도는 자연을 거스르지 않으니 이에 그 본성을 얻는다. 道不違自然乃得其性,"(『老子王弼注』, 25章)고 하였으며, 곽상(郭象)은 "천성으로 받은 바에는 각각 本分이 있어서 피할 수도 없고 더할 수도 없다. 天性所受, 各有本分, 不可逃, 亦不可加."(郭慶藩撰, 『莊子集釋』(北京: 中華書局, 1997), p.128), "본성(本性)에는 각각 分이 있으니 …… 어찌 능력 가운데 그 본성을 바꿈이 있겠는가. 性各有分, …… 豈有能中易其性者也."(같은 책, p.59)라고 하였다. 이러한 分개념은 유가(儒家)의 천인지분(天人之分)에서 유래한 것으로서 천인합일(天人合一)의 문제와 관련된다고 볼 수 있다.

오늘에야 제가 참으로 부처님의 아들이며 부처님의 입으로부터 태어났으며 법으로부터 태어났으며 부처님의 법분(法分)을 얻었음을 알겠습니다.[36]

경문에 따르면 부처와 아들의 관계는 법분을 나눠 주고 나눠 받는 관계로 묘사되고 있다. 그러므로 불(佛)→불자(佛子), 법(法)→법분(法分)이라는 관계가 세존과 사리불 간에 성립되는데 이것이 바로 부처와 중생의 관계이다. 그리고 깨달음은 법분을 얻음(得法分)이라고 표현된다. 도생이 불성을 나타낼 때 분(分)이라는 용어로써 표현하는 것은 「용출품(踊出品)」에서도 찾아볼 수 있다.

중생은 모두 큰 깨달음의 본분을 가지고 있다.[37]
중생의 깨달음의 본분은 번뇌의 아래에 있다.[38]
중생의 깨달음의 본분은 가려질 수 없으니 반드시 번뇌를 깨뜨려서 나오도록 하여 법을 지키게 한다.[39]

불지견과 분(分)의 조합이 대오(大悟)와 분(分), 오(悟)와 분(分)의 결합 양상으로 전개됨을 알 수 있다. 도생은 불지견에 대하여 이어서 다음과 같이 설명한다.

'중생에게 불지견을 보이도록 하고자 함이니', 앞에서 [중생이] 본래 그

---

36) 『妙法蓮華經』(『大正藏』9, p.10下), "今日乃知眞是佛子, 從佛口生, 從法化生, 得佛法分."
37) 『妙法蓮花經疏』(『新纂續藏經』27, p.14上17), "衆生悉有大悟之分."
38) 『妙法蓮花經疏』(『新纂續藏經』27, p.14上20), "衆生悟分, 在結使之下."
39) 『妙法蓮花經疏』(『新纂續藏經』27, pp.14上21-22), "衆生而悟分, 不可得蔽, 必破結地, 出護法矣."

본분을 가지고 있다고 말한 것이 지금의 가르침에서 성취된다. 만약 가르침으로부터 성취된다면 이는 밖에서 보여준 것이다. 보여주면 반드시 깨닫도록 하고, 깨달으면 반드시 그 도에 들어간다. 일설에서 말하길, 팔주에서 관불삼매를 얻으니 영원한 즐거움이 부처의 지혜를 보여준다고 하였다.[40]

'불지견을 깨닫도록 하고자 함이니', 일설에서 말하길, 구주보살이 선혜를 얻어 불지견을 깊이 깨닫는다고 하였다.[41]

'불지견으로 들어가도록 하고자 함이니', 일설에서 말하길, 십주보살이 금강삼매로써 번뇌와 습기를 깨부수고 부처의 지혜로 들어간다고 하였다. 연유를 논하고 내용을 비교한다면 이와 같이 단계적으로 구분할 수 있다. 요약하면, 수행자가 성취하는 하나의 깨달음에는 이 네 가지 의미가 있다.[42]

도생이 불지견을 설명한 부분에서 언급한 "일의운(一義云)"의 내용을 종합하면, 초주에서 칠주까지는 번뇌를 제거하여 불지견을 열고[開], 팔주에서는 관불삼매를 얻어 불지견을 보이며[示], 구주에서는 선혜를 얻어 불지견을 깨닫고[悟], 십주에서는 금강삼매로써 불혜로 들어가 불지견으로 들어간다[入]. 이것은 수행자의 일오(一悟), 즉 돈오에 대하여 단계적으로 설명한 것이며 불지견에 대한 점오(漸悟)적 해석으로 볼 수 있다. 돈오와 점오의 결합양상은 앞서 인용한 「용출품」의 구절에 이어지는 다음 구절에서도 나타난다.

---

40) 『妙法蓮花經疏』(『新纂續藏經』27, pp.5上6-8), "'欲示衆生佛之知見.' 向言本有其分, 由今教而成. 成若由教, 則是外示. 示必使悟, 悟必入其道矣. 一義云, 八住得觀佛三昧, 常樂示佛慧."

41) 『妙法蓮花經疏』(『新纂續藏經』27, pp.5上8-9), "'悟知見.' 一義云, 九住菩薩爲善慧, 深悟佛之知見也."

42) 『妙法蓮花經疏』(『新纂續藏經』27, pp.5上9-11), "'入佛知見.' 一義云, 十住菩薩以金剛三昧, 散壞塵習, 轉入佛慧. 由論體況, 階級如此, 丈而辨之, 就行者一悟, 便有此四義也."

이 깨달음의 본분은 반드시 배움을 축적하여 배움이 없음에 이르러야 한다.[43]

적학(積學)은 점오를 의미한다고 볼 수 있으며, 무학(無學)이란 더 이상 배움이 필요없는 경지로서 돈오를 의미한다. 도생이 『법화경소』에서 보이는 점오에 대한 수용적 태도와 아울러 도생이 『열반경』에 자주 등장하는 불성이나 여래성(如來性), 진아(眞我) 등의 표현을 사용하지 않고 불지건분(佛知見分), 대오지분(大悟之分), 오분(悟分) 등의 독특한 표현을 사용한 것은 주목할 만한 점이다. 승예는 「유의」에서 『반야경』, 『법화경』, 『열반경』 등의 대승경전에 대하여 기본적으로 평등한 입장을 견지하는 가운데 『반야경』, 『열반경』, 『법화경』 세 경전 간의 관계에 대하여 상호보완적 관계임을 강조하였다.[44] 반면 도생은 『법화경』의 중생성불 사상을 해석할 때에 『니원경』의 불성의와 같이 외부로부터 그 근거를 찾기보다 『법화경』 자체 내에서 그 근거를 찾고자 하였다. 도생이 『법화경』이 지닌 사상적 포용성과 완결성에 주목하고, 『반야경』, 『열반경』에 비하여 『법화경』의 사상적 가치를 매우 높이 평가하였음을 알 수 있다.

7. 감응설(感應說)과 기(機)

도생의 감응(感應) 사상은 『주역(周易)』과 『장자(莊子)』에서 전개된

---

43) 『妙法蓮花經疏』(『新纂續藏經』27, pp.14上23-24), "此悟分必須積學以至無學也."
44) 『出三藏記集』「喩疑」(『大正藏』55, pp.42上14-16), "此三經者, 如什公所言, 是大化三門, 無極眞體, 皆有神驗, 無所疑也."

감응사상에 영향받은 것이다.[45] 그러면 이들과 도생의 감응의의 상이점을 살펴보도록 하자. 『주역』의 감응사상은 음양이 서로 감응하거나 천지가 만물에 감하는 것, 그리고 성인(聖人)이 인심(人心)에 감(感)하는 것으로 나타난다.[46] 음양이 서로 감응하는 경우 감응의 주체가 상호 전환적이므로 감(感)과 응(應)의 주체와 대상은 엄격히 구분되지 않는다. 천지가 만물에 감하거나 성인이 인심에 감(感)하는 경우에는 감(感)의 동작만을 강조하여 만물과 중생의 수동성이 강조된다. 『주역』의 감응설에서는 감(感)과 응(應)의 주체가 모호하거나 감(感)의 주체만 설정되고 있다는 점에서 감(感)과 응(應)의 명확한 구분이 아직 일어나지 않고 있다고 할 수 있다.

『장자』의 감응설에서 감응의 주체는 성인이 되지만 그 내용을 보면 만물이 운행하는 자연법칙에 대한 인간의 순응 내지 수동적 반응을 의미하고 있다.[47] 또한 감(感)과 응(應)의 주체가 모두 성인으로서 여기서도 감(感)과 응(應)의 구분이 일어나지 않고 있다. 이상을 종합하면 『주역』과 『장자』에 나타나는 감응사상에는 천지(天地)나 성인이 감(感)하는 경우는 있으나 감(感)의 대상이 만물 또는 중생이 되거나 자연의 법칙에 대한 인간의 순응을 의미한다는 점에서 중생이 능동적으로 감(感)하는 모습은 찾을 수 없다. 이렇게 볼 때 감응사상이 『주역』이나 『장자』에서 유래하는 것은 사실이지만 도생이 부처의 응(應)에 대하여

---

45) 도생의 감응의에 대해서는 森江俊孝, 「竺道生の感應思想」, 『印度學佛教學研究』 v.21-1(日本印度學佛教學會編, 昭和47). ; 菅野博史, 「竺道生における機と感應について」, 『印度學佛教學研究』 v.32-1(日本印度學佛教學會編, 昭和59)를 참조.

46) 『周易』「繫辭傳」, "寂然不動, 感而遂通天下之故." 『周易』「咸卦」, "柔上而剛下, 二氣感應而相與. …… 天地感而萬物化生, 聖人感人心而天下和平."

47) 『莊子』「刻意篇」, "聖人之生也天行, 其死也物化. …… 感而後應, 迫而後動, 不得已而後起."

중생의 주체적인 감(感)의 활동을 강조한 것은 유(有)에 의지하지 않고는 무(無)가 드러나지 않는다는 왕필(王弼)의 이무위용(以無爲用)사상을 주체적 차원에서 계승한 것이라고 봄이 타당할 것이다.

도생은 '물이 없다면 그릇이 드러나지 않으며[器若無水則不現矣]', '중생의 감(感)함이 없으면 [부처가] 드러나지 않는다.[衆生若無感則不現矣]'고 하여 반드시 중생이 감(感)해야 만이 부처의 존재가 드러난다는 당위성을 주장하였다. 그리고 '중생의 감(感)이 있어야만 이것에 부처가 응한다[唯感是應]'[48]고 함으로써 깨달음의 행위에서 중생의 적극적인 능동성을 강조하였다. 진제(眞諦)는 한편으로는 속제(俗諦)의 존재성을 설명해주는 근거가 되지만 다른 한편으로는 속제의 능동적 실천을 기다려야 하는 수동적 존재인 것이다. 그래서 도생은 다음과 같이 말하고 있다.

> 사물에는 깨달음의 기(機)가 있어서 성인을 두드리고 성인에게는 [사물의 두드림에] 통하는 도(道)가 있다.[49]
>
> 옛날에 교화의 기(機)가 성인을 두드리니 성인이 부응하였다.[50]
>
> 사물의 기(機)가 성인에 감하니 성인은 응함을 드리울 수 있다.[51]
>
> 감함이 있으면 오고 감함이 다하면 가버린다.[52]
>
> 대승의 기(機)를 안고 있어서 성인을 두드리는 것을 '아버지를 본다'고 한다.[53]

---

48) 『注維摩詰經』卷2(『大正藏』38, p.343上).
49) 『妙法蓮花經疏』(『新纂續藏經』27, pp.16下24-17上1), "物有悟機扣聖. 聖有遂通之道."
50) 『妙法蓮花經疏』(『新纂續藏經』27, p.7下9), "昔化之機扣聖, 聖則府應."
51) 『妙法蓮花經疏』(『新纂續藏經』27, p.2上2), "物機感聖, 聖能垂應."
52) 『注維摩詰經』卷9(『大正藏』38, p.411中), "有感爲來, 感盡則去也."
53) 『妙法蓮花經疏』(『新纂續藏經』27, pp.9上9-10), "含大之機. 扣聖爲見父."

그윽한 (機)는 은미하게 이른다.[54]

도생은 감(感)의 주체를 물(物), 또는 기(機)로 놓고 응(應)의 주체를 성(聖)으로 놓아 물(物)의 감(感)하는 행위에 성(聖)의 응(應)하는 행위가 따라간다는 것을 주장하고 있다.[55] 도생의 감응의는 기(機)라는 단어와 함께 자주 사용되고 있는데 기(機)는 분(分)과 마찬가지로 불성을 의미하는 도생 특유의 용어이다. 불성을 표현할 때 도생이 선택한 분(分)과 기(機)는 지칭하는 바는 같지만 의미상의 차이가 있다. 분(分)에는 부처로부터 나눠 받은 것, 즉 부여받았다는 수동적인 의미가 강하다. 따라서 분(分)은 불성의 근거를 설명하는 용어로 사용된다. 그러나 기(機)는 현실세계의 관찰을 통해 성립된 주역적 세계관에서 나온 말로서 물리적 반응의 주체라는 의미를 가지고 있다.[56] 기(機)가 은미함을 통해 반응하게 되는 것도 물리적 속성 때문이다.[57]

---

54) 『妙法蓮花經疏』(『新纂續藏經』27, p.9上17), "冥機微至."

55) 이와 같은 구도는 지도림(支道林)에게서도 발견된다. : "萬物感聖, 聖亦寂以應之." (『出三藏記集』「大小品對比要抄序」(『大正藏』55, p.56上)) 또한 도생의 감응사상은 『대반열반경집해』 속에서 승량(僧亮), 법요(法瑤), 지수(智秀) 등에 의해서 계승되고 있다. : "機來扣佛"(『大般涅槃經集解』卷7(『大正藏』37, p.409上)), "應由物感, 感息則謝" (『大般涅槃經集解』卷5(『大正藏』37, p.394下)), "善扣法身, 法身垂應"(『大般涅槃經集解』卷18(『大正藏』37, p.450上)). 한편 『주유마힐경』 내의 승조나 구마라집의 글 가운데서도 機에 관한 용례가 자주 등장하고 있다. : "冥機潛應"(『注維摩詰經』(『大正藏』38, p.344上)), "順氣而作"(『注維摩詰經』(『大正藏』38, p.344下)), "玄機必察"(『注維摩詰經』(『大正藏』38, p.362下)), "默領懸機"(『注維摩詰經』(『大正藏』38, p.381中), 이상 승조注), "機神微動, 則心有所屬"(『注維摩詰經』(『大正藏』38, p.377下), 구마라집注). 그러나 이들에게서 중생 개인에게 내재된 성격은 드러나지 않으며 『주역』이나 『장자』의 감응사상과 같은 자연의 조짐이라는 물리적 의미를 띠는데 그치고 있다는 점이 구별된다.

56) 그 일례로 Young-Ho Kim은 '悟機'라는 도생의 용어를 'subtle triggering-mechanism of enlightenment'라고 해석하였다.(YOUNG-HO KIM, Tao-sheng's Commentary on the Lotus Sūtra,(Albany: State University of New York Press, 1990), p.328)

그의 기(機)에 대한 용례를 살펴보면 명기(冥機), 함대지기(含大之機), 도기(道機), 오기(悟機), 신기(神機), 구일지기(扣一之機), 석화지기(昔化之機), 회대지기(懷大之機) 등으로 도(道), 깨달음, 대승, 그윽함, 신령함, 교화 등과 같이 기(機)가 도달할 지향점을 가리키는 말들과 함께 사용되고 있다. 이것은 도생의 기(機)가 대상에 대한 적극적 반응을 전제로 하고 있음을 의미한다.

또한 도생의 기(機)에 대한 용례는 『법화경』 「비유품」의 화택(火宅)의 비유와 삼거(三車)의 비유, 「신해품(信解品)」의 장자(長者)와 궁자(窮子)의 이야기, 그리고 「관세음품(觀世音品)」의 관세음보살의 이름을 듣기만 하여도 성불하리라는 예언에 대한 주석 속에서 두드러지게 나타난다. 이들 경문은 『법화경』 내에서도 특히 중생 구제의 의지가 강하게 드러나는 부분인데 여기서 도생은 기(機)라는 용어를 통해 중생의 깨달음에 대한 믿음과 확신을 표현하고 있다. 이와 같은 중생의 깨달음에 대한 확신은 장자가 세 아들과 궁자에게 지니는 믿음과 확신으로부터 유추된 것이다. 장자는 부처를 의미한다. 세 아들과 궁자는 중생을 의미한다. 부처와 중생의 관계를 아버지와 아들의 관계로 비유하고 중생에 대한 부처의 무한한 자비심을 아버지의 아들에 대한 무한하고 헌신적인 사랑으로 비유한 것은 도생의 종교적 믿음을 간접적으로 드러내 주는 것이다.

이처럼 일체의 중생에게는 모두 성불할 수 있는 능력[機]이 있지만 부처가 감(感)하는 정도는 중생의 기(機)에 따라 다르다.

경전을 다르게 하고 주장을 다르게 하는 것이 어찌 리(理)가 그러한 것

---

57) 『周易』 「繫辭下」, "幾者, 動之微, 吉之先見者也."

이겠는가? 중생의 기(機)가 감하는 정도가 같지 않기 때문에 깨달음을 이끌어내는 방법이 만 가지로 다른 것이다.[58]

　　나라에 우열이 있고 수명에 길고 짧음이 있는 것이 어찌 성인이 그러한 것이겠는가? 기가 그것을 보아야 하므로 그 차이를 제시하는 것이다.[59]

　　무릇 성인은 등불을 매달아서 방편으로써 인도한다. 그러나 여기에 [정해진 방편은 없으니 혹은 신기(神奇)에 의존하기도 하고 혹은 명호(名號)에 의존하기도 한다. 참으로 기(機)에 차이가 있어 취하고 버림이 다를 뿐이다.[60]

　이것은 『법화경』에서 설하는 이치는 하나이나[理一, 곧 一乘], 가르침은 중생의 근기에 따라 방편적으로 다르다[敎多, 곧 隨機方便]는 사상에 의거한 것이다. 이를 중생의 입장에서 바꿔 말하면 중생이 처한 인연의 상황에 따라서 부처가 응하기 때문이다.

　　도생법사가 말하였다. 인연을 비추어 응(應)하니 응함은 반드시 지(智)에 달려 있다. 응함이 반드시 지(智)에 달려 있다는 것은 곧 작심(作心)하여 응한다는 것이다.[61]

　부처는 원래 중생과 달라서 모든 것에 무심(無心)하지만 일단 방편으로 사물에 응하게 되면 중생이 처한 다양한 인연에 따라서 자유자

---

58) 『妙法蓮花經疏』「序品」(『新纂續藏經』27, pp.1中17-18), "所以殊經異唱者, 理豈然乎. 寔由蒼生機感不一, 啓悟萬端."

59) 『妙法蓮花經疏』「授記品」(『新纂續藏經』27, pp.10下24-11上1), "所以國有優劣, 壽有修短者, 聖豈然耶. 機須見之, 故示其參差."

60) 『妙法蓮花經疏』「觀世音品」(『新纂續藏經』27, pp.16下17-18), "夫聖人懸燭, 權引無方. 或託神奇, 或寄名號. 良由機有參差, 取捨不同耳."

61) 『大乘四論玄義』卷6(『新纂續藏經』46, pp.594下21-22), "生法師云, 照緣而應, [應]必在智. 此言應必在智, 此卽是作心而應也."

재로 반응한다. 도생은 이를 작심(作心)이라고 하여 그 의도성을 강조
하였다. 그러나 이것은 이승(二乘)이나 범부의 유상지심(有相之心)과
는 다르다. 반면에 도안, 승조, 법요는 성인은 어디까지나 무심으로
응한다고 하여 성인의 응함이 중생의 조건에 달려있는 것이 아니라
고 하였다.

> 도안과 승조 두 법사와 법요법사가 말하였다. 성인은 무심으로 응하니
> 응함이 반드시 智에 달려 있는 것은 아니다.[62]

　　승조, 법요 등은 부처의 중생에 대한 응(應)에 연인(緣因)의 의미가
있다는 것을 인정하지 않고 오직 무연(無緣)・무상(無相)・무자성(無
自性)의 부처를 강조하는 응무연론(應無緣論)을 주장하였다. 반면에
도생의 응유연론(應有緣論)은 인연의 세계에서만이 감응이 이루어질
수 있음을 주장하였다. 혜달(慧達)의 『조론소(肇論疏)』는 도생의 감응
의가 반드시 인연을 기다려야 이루어진다는 것을 말하고 있다.

> 도생법사가 말하였다. 감응에는 인연이 있으니 혹은 고통으로 가득 찬
> 곳에 태어남으로써 슬픔과 근심을 함께 하고 혹은 애욕으로써 굴레를 함께
> 하며 혹은 선법(善法)으로써 도(道)를 여는 것으로 돌아간다. 그러므로 [부처
> 는] 유심(有心)으로 응한다.[63]

---

62) 『大乘四論玄義』卷6(『新纂續藏經』46, pp.594下23-24), "二安肇二師與搖法師云. 聖人無
心而應, 應不必在智乎."
63) 『肇論疏』(『新纂續藏經』54, pp.51上2-4), "生法師云. 感應有緣, 或同生苦處, 共於悲愍,
或因愛欲, 共於結縛, 或因善法, 還於開道. 故有心而應也."

여기서 '함께 한다[共刊'는 것은 중생과 부처가 부자(父子)의 관계처럼 천성(天性)적인 근원을 공유한다는 뜻이다. 그러므로 인간이 처한 현실 속의 선악과 고락이 모두 감응의 원천이다. 그렇기 때문에 오로지 애욕만을 추구하는 인간(icchantika, 一遮案提 : 一遮는 '탐욕'의 뜻, 案提는 '오로지'의 뜻)인 일천제일지라도 애욕의 악연(惡緣)을 빌어 부처를 감하게 할 수 있는 것이다. 도생은 아무리 낮은 가능성일지라도 악연은 소멸할 수 있으며, 소멸한 후에는 선연(善緣)으로 된다는 점을 인식하고 있었다. 왜냐하면 모든 인간에게는 부처로부터 주어진 불성이 있고 이러한 불성은 부처와 마찬가지로 영원히 변하지 않는 인간에게 주어진 성불의 가능성을 의미하기 때문이다.

그래서 도생은 '한 터럭의 선(善)이라도 모두 쌓으면 성도(成道)하게 된다'[64], '만(萬)가지 선의 시작은 말(末)이 되고 불혜(佛慧)의 종지는 본(本)이 된다'[65], '대승이란 평등과 대혜를 말하니 한 터럭의 선에서 시작하여 극혜(極慧)에서 마친다는 것이 이것이다'[66]라고 하여 인간의 실천을 통한 부처에의 귀의가 필연적인 것임을 역설한 것이다. 이처럼 극미[極微, 즉 一善]와 극대[極大, 즉 大慧]를 하나로 꿰뚫는 도생의 시각은 『주역』의 기(幾)개념과 전통적인 본말(本末) 사상, 『법화경』의 일승(一乘) 사상, 불지견(佛知見) 사상 등 중국전통사상과 불교사상이 종합된 가운데 나온 것으로서 도생의 인류에 대한 보편적인 평등사상을 엿볼 수 있다. 도생은 중생이 처한 고통과 번뇌에 대한 냉철한 현실 인식, 그리고 그 가운데서도 끈질기게 살아 있는 고(苦)와 악

---

64) 『妙法蓮花經疏』(『新纂續藏經』27, p.5中21), "一毫一善, 皆積之成道."
65) 『妙法蓮花經疏』(『新纂續藏經』27, pp.4中16-17), "萬善之始爲末. 佛慧之宗爲本."
66) 『妙法蓮花經疏』(『新纂續藏經』27, pp.1中24-1下1), "大乘者, 爲平等大慧, 始於一善, 終乎極慧, 是也."

(惡)으로부터의 해방의 가능성을 불성에 대한 탐구를 통해 규명함으로써 인간 각자의 주체적인 각성을 촉구하였다.

8. 마치는 글

진송연간(晉宋年間)에 구마라집의 『묘법연화경』 번역 과정에 참여했던 승예, 혜관, 도생을 비롯한 불교학자들은 『법화경』이 지닌 경전적 가치와 중요성에 대하여 인식을 공유하였다. 승예와 혜관은 『법화경』에 대한 서문을 남겼으며, 도생은 자신의 말년의 사상의 총화인 『법화경』 주석서를 남겼다. 이들은 대체로 『법화경』의 개권현실(開權顯實) 사상, 곧 방편으로서의 삼승을 열어 진실한 일승의 가르침을 드러낸다는 입장에 동의하였다. 도생은 중생의 근기에 맞게 교화함으로써 모든 중생을 궁극의 지혜로 이끌 수 있다는 『법화경』의 가르침이야말로 당시 사람들에게 가장 필요한 교화의 방법론이라고 생각하였다. 그는 불지견(佛知見)에 대한 개시오입(開示悟入)이라는 단계적 해석을 통하여 불성사상이 중생들에게 구체적으로 다가갈 수 있다고 보았으며, 감응설을 통해서는 교화와 깨달음이라는 부처와 중생간의 교감의 과정이 어떠한 방식으로 이루어지는가에 대해 고민하였다. 도생은 『법화경』의 일승(一乘) 사상, 불지견(佛知見) 사상, 감응(感應) 사상을 바탕으로 근기에 따른 깨달음의 단계적 과정을 중생의 현실에 맞게 해석하여 제시함으로써 당시 불교계에 구체적이고 현실적인 수행의 방법론을 제시하였다고 볼 수 있다.

『묘법연화경』「제바달다품」 후대 삽입설 재고

최기표

Ⅰ. 문제의 소재

현재 전해지고 있는 세 가지 한역 법화경 가운데 가장 많이 읽히고 있는 구마라집(鳩摩羅什) 번역의 『묘법연화경』은 총 7권 28품으로 이루어져 있다. 이 가운데 열두 번째에 안치되어 있는 「제바달다품」(이후 「제바품」으로 약칭)은 제바달다가 성불의 수기를 받는 것과 용녀가 찰나에 성불하는 것이 주된 내용이다. 악인성불과 축생 혹은 여인성불이 가능함을 보여주고 있어서 모든 가르침이 성불을 위한 것이고 일체 중생이 궁극적으로 이 길로 향한다는 법화의 일불승(一佛乘) 교설을 단적으로 보여준 사례로 잘 알려져 있다.

그런데 이 품은 구마라집이 번역할 당시에는 빠져 있다가 후대에 보충된 것이라는 내용이 『개원석교록』을 비롯한 몇몇 목록집과 법화 주석서에 기록되어 있다. 현대 학계에서는 이러한 기록을 근거로 삼고 몇 가지 추론을 덧붙여서 별도로 성립한 「제바품」이 『묘법연화경』

에 추가되었다는 듯이 설명하고 있다. '「제바달다품」 후대 삽입설'이라고 부르는 이러한 주장에는 「제바품」 자체에 대한 의혹이 강하게 느껴진다. 실제로 법화경 성립사를 연구하는 학자들은 이 품을 아예 제외하고 있음을 볼 수 있다.

「제바품」의 후대 삽입설에 대한 논의를 잘 정리해 놓은 연구로는 일본의 학자 후세 고오가꾸가 저술한 『법화경성립사(法華經成立史)』가 있다. 그는 '현행(現行) 법화(法華)의 성립'이라는 장에서 『개원석교록』에 「제바품」을 삽입하였다는 기록이 있고 『첨품법화』의 서문에도 같은 내용이 기록되어 있으며 쇼요토쿠 태자의 『법화의소(法華義疏)』에는 「제바품」이 결여되어 있다는 사실 등을 이유로 이 품이 후세에 삽입되었다는 마츠모토(松本文三郎, 『佛典批評論』)의 주장을 소개하며 공감을 표하고 있다.[1] 그리고 「제바품」에 보이는 '사갈라(娑竭羅)'와 '육반진동(六反震動)'이라는 번역어가 '사가라(娑伽羅)' '육종진동(六種震動)'이라고 번역한 다른 품과 차이를 보이기 때문에 이 품이 구마라집의 번역이 아님이 명확하다는 자신의 견해를 덧붙이고 있다.[2]

이러한 「제바품」 후대 삽입설의 견해는 거의 정설로 굳어져 홍정식 박사는 "제바달다품 제12가 후세 첨가삽입된 것임은 학계 주지의 사실이고 ……"[3]라 기술하고 있다. 또 일본 불교학계의 거장 히라카와 아끼라는 "『묘법화』는 「제바달다품」을 결여하고 있고 27품이다 …… 법운(法雲)의 『법화경의기(法華經義記)』와 쇼요토쿠 태자의 『법화의소(法華義疏)』에는 「제바달다품」의 주석을 결여하고 있으므로 「제바달다품」은 520년경 이후에 추가된 것"[4]이라고 서술하고 있다.

1) 布施浩岳[1934 : 316].

2) 布施浩岳[1934 : 320-327].

3) 洪庭植[1974 : 13].

그런데 「제바품」과 관련한 옛 기록은 구마라집이 『법화경』을 번역할 때 「제바품」 없이 27품만 있었다는 것과 본래 28품이었지만 특별한 사정으로 빠진 채 유포되었다가 뒤에 다시 합쳐졌다는 것으로 나누어진다. 전자의 입장에 서 있는 것은 첫째, 「제바품」을 따로 구해 와서 번역하였다는 『개원석교록』 등 목록집의 기사, 둘째 구마라집의 번역본에는 원래 「제바품」이 없었다는 길장(吉藏)과 규기(窺基)의 주석서 및 『첨품법화경』의 서문, 셋째 「제바품」에 대한 해설이 빠져 있는 도생(道生)과 법운(法雲)의 주석서 등이 있다. 후자의 편에 선 내용으로는 구마라집이 이 경을 번역한 직후 장안(長安) 궁인(宮人)의 부탁으로 이 품이 빠진 채 유통되었다는 지의(智顗)의 『법화문구』 및 이를 주석한 담연(湛然)의 『법화문구기』가 있다. 그리고 당 승상(僧詳)이 편집한 『법화전기(法華傳記)』 가운데 실린 승조(僧肇)의 「법화번경후기(法華翻經後記)」에 구마라집이 28품을 번역하였다고 명기한 기사가 있다.

앞서 연구한 여러 학자들도 28품을 지지하는 기록들을 모르지는 않았다. 마츠모토는 지자대사와 같은 이가 이런 잘못된 내용을 설할 리 없다며 이 기사가 후대에 추가된 것임을 시사하고 있고 후세 고오가꾸는 이는 지의의 잘못이 아니라 지의가 인용한 목록의 기사가 잘못된 것으로 보아야 한다고 서술하였다.[5] 하지만 이들은 『법화문구』에 나오는 '장안 궁인 엄류(淹留)' 운운의 기사를 당연히 잘못된 것으로 전제한 채 논의를 이끌고 있고 그 신빙성 여부는 전혀 고려하지 않고 있다. 또한 27품설의 기본적 자료가 되는 여러 목록집에 대해서도 자세한 검토를 하지 않고 있다.

---

4) 平川彰[1989 : 94], 이 글은 『東洋學術研究』 23권 1호(1984)에 실린 '大乘經典の成立'에 가필한 것임.

5) 布施浩岳[1934 : 317~318].

본고에서는 「제바품」과 관련하여 여러 경전목록에 나타난 기사들을 세밀하게 분석하고, 길장과 규기의 주장도 새롭게 검토할 것이다. 그리고 진(陳)과 수(隋)의 양 왕조에서 국사(國師)로서 존경 받은 천태대사의 권위와 『법화경』의 여러 주석서 가운데에서 차지하는 『법화문구』의 무게를 감안할 때 '장안 궁인' 등등의 기록을 '창작'이라고 보기 어렵다는 전제 아래 이 내용의 신빙성 여부를 추론해 보려고 한다. 이를 통해 「제바품」이 어떠한 과정을 거쳐 현행의 모습대로 『묘법연화경』의 제12품으로 정착하게 되었는지 고찰하려고 한다.

II. 목록부에 나타난 기사의 검토

1. 『출삼장기집』과 『역대삼보기』의 검토

현존하는 경전 목록 가운데 가장 오래 된 양(梁) 승우(僧祐, 445~518)의 『출삼장기집』에서는 「제바품」의 내력에 대해 다음과 같이 기록하고 있다.

> 觀世音懺悔除罪呪經 一卷 (영명8년 12월 15일 역출)
>
> 妙法蓮華經 提婆達多品 第十二 一卷
>
> 위의 두 부 도합 두 권은 제 무황제 시절에 돌아가신 법헌(法獻) 승정께서 서역을 유력하다가 우전국에서 관세음참회주 호본(胡本)을 얻어 경도(京都)에 돌아와 와관(瓦官)선방의 삼장법사 법의(法意)를 청하여 함께 역출하였다. 유사(流沙) 서쪽에는 묘법연화경에 모두 제바달다품이 있지만 중하(中

夏)에 전해진 것은 이 품이 결여되어 있었다. 스승께서 고창군(高昌郡)에 이르러 거기서 책을 얻어 베껴 쓴 뒤 경도로 돌아왔는데 지금 별도로 한 권으로 되어 있다.[6]

법헌(423~497)은 『출삼장기집』을 편찬한 승우의 스승이다. 그가 남제(南齊) 무제(武帝) 때 서역의 우전국에서 호본, 즉 서역어로 된 『관세음참회제죄주경』(『관세음주』) 1권을 갖고 수도인 건강(建康, 지금의 남경)에 돌아와 법의와 함께 무제 영명 8년(490)에 번역하였다는 것이다. 이어서 「제바달다품」에 대해 설명하고 있는데 유사, 즉 타클라마칸 사막 서쪽 지역에는 『묘법연화경』에 「제바품」이 포함되어 있지만 중국에 전해진 것은 결여되어 있어서 법헌이 고창에서 이 품을 얻어 경도로 돌아와 한 권으로 되어 있다고 한다. 기사의 내용은 우전국에서 『관세음주』를, 고창에서 「제바품」을 얻어 돌아온 것으로 해석되는데 조금 모호한 점이 있다. 우전국은 사막 남도, 즉 타클라마칸 사막 남서쪽, 파미르 고원 동쪽의 타림분지에 있었고 고창은 사막 북도의 여정에 있는 타클라마칸 사막 북쪽에 자리하고 있다. 두 지방을 한 여로에 다녀온 것으로 보이는데 이 두 가지 경전을 각각 기록하고 있다. 즉 『관세음주』에 대해서만 번역자와 시기가 밝혀 있고 「제바품」은 번역에 대한 언급이 없는 것이다. 또한 『묘법연화경』에 결여되어 있었다면서 합치지 않고 별도로 한 권으로 있다는 내용도 쉽게 이해

---

6) 『出三藏記集』2 「新集經論錄」1 [T55 : 13b-c], "右二部 凡二卷 齊武皇帝時 先師獻正 遊西域 於于闐國 得觀世音懺悔呪胡本 還京都 請瓦官禪房 三藏法師法意 共譯出 自流沙以西 妙法蓮華經 並有提婆達多品 而中夏所傳 闕此一品 先師至高昌郡 於彼 獲本 仍寫還京都 今別爲一卷." ( ) 속의 글은 割註임. 띄어쓰기는 필자. 이에 앞서 『법화경』에 대해서는 '新法華經七卷 (弘始八年夏 於長安大寺 譯出)' 이라 기록되어 있다.

하기 힘든 대목이다.

　여기서 또 주목할 것은 제목이 ‘묘법연화경 제바달다품 제12’로 되어 있다는 점이다. 현행 『묘법연화경』 「제바품」의 품제목과 품차가 정확히 일치하는 이 문구는 얼핏 생각하기에 「제바품」이 이때 번역되어 삽입된 것으로 이해하기 십상이다. 하지만 마지막에 “별도로 한 권으로 되어 있다”는 구절을 상기할 필요가 있다. 주지하듯이 축법호(竺法護)가 서기 286년에 번역한 『정법화경』에는 「제바품」의 내용이 앞의 「견보탑품」11에 합쳐져서 별도의 품으로 독립되어 있지 않으므로 서역에서 새로 얻어온 경전을 『묘법화』에 합쳤다면 ‘제12’로 하지 않았을 것이다. 가지고 온 원본에 「제바품」의 품차가 ‘12’로 기록되어 있었다고 생각할 수도 있지만 현재 전해지고 있는 범어본은 모두 『정법화경』과 마찬가지로 앞의 「견보탑품」에 합쳐져 있다.

　『출삼장기집』보다 백 년 쯤 뒤인 수(隋) 개황(開皇) 17년(597)에 비장방(費長房)이 찬술한 『역대삼보기(歷代三寶紀)』에서 이 기사를 계승하여 다음과 같이 기록하고 있다.

　　　觀世音懺悔除罪呪經　一卷　(영명8년 12월 출간. 觀世音所說行法經이라고도 함. 寶唱錄과 三藏記에 보임.)

　　　妙法蓮華經提婆達多品　第十二　(사문 법헌이 우전국에서 이 범본을 얻어 왔다. 道慧의 宋齊錄과 삼장기에 보임)

　　　위의 두 품 도합 두 권은 무제 치세에 외국 삼장법사 달마마제, 제나라 말로 법의(法意)가 영명연간 사문 법헌을 위해 양주 와관사에서 역출하였다. 법헌은 당시 승정(僧正)이었다. 법헌은 앞서 송 원휘 3년에 서역을 유력하여 우전국에서 이 경의 범본과 불아(佛牙)를 얻어 가지고 왔다. 번역된 경

전이 세상에 퍼졌고 지금까지 전해진다.[7]

이 기록은 『출삼장기집』과 유사하지만 주의할 만한 차이가 발견된다. 『출삼장기집』에서는 『관세음주』 호본을 우전국에서 얻어 법의와 함께 번역하였다고 분명히 밝히고 있고 「제바품」은 고창군에서 필사하였다는 것만 명확할 뿐 원본이 어느 나라 말인지, 누가 번역했는지 등은 모호하다. 그런데 『역대삼보기』에서는 경명의 설명에서는 번역자와 시기를 밝히지 않으면서도 아래의 부연설명에서 두 가지 모두 우전국에서 범본을 얻어 법의가 번역했다고 기록하고 있는 것이다. 그리고 법헌이 서역을 유력한 시기가 송(宋)의 원휘 3년(475)이고 두 경전을 구해 와서 법의가 번역한 때는 제(齊)의 무제 영명연간(483~493)이라고 시기를 조금 더 상세하게 밝히고 있다. 할주에 『삼장기』 외에 지금은 전해지지 않는 『보창록』과 『송제록』을 참조하였다고 되어 있으니 이곳에서 정보를 더 얻었을 수 있다.

비장방이 참조하였는지 모르겠으나 혜교가 천감(天監) 18년(519)에 저술한 『(양)고승전』의 '석법헌(釋法獻)' 조에 이에 대한 상세한 기사가 있다. 이에 따르면 법헌이 서역을 향해 금릉(金陵)(지금의 남경)을 출발한 것은 원휘 3년이고 우전국에서 길이 막혀 더 나아가 총령을 넘지 못하고 불아와 불사리, 그리고 두 경전을 가지고 귀국한 것은 55세, 즉 서기 477년이라고 한다.[8] 이 기록에도 법헌이 「제바품」을 가지고 온 것만 기록하고 있을 뿐 이를 번역하였다는 기사는 없다.

---

7) 『歷代三寶紀』11 [T49 : 95c-96a). "右二部 合二卷 武帝世 外國三藏法師 達摩摩提 齊言法意 永明年 爲沙門法獻 於揚州瓦官寺譯出 獻時爲僧正 獻初以宋元徽三年 遊 歷西域 於闐國 得此經梵本 來幷佛牙 經譯流行 相傳至今." 『대정장』본은 문맥이 통하지 않아 송·원·명·궁본에 의거하여 교정한 내용임.

8) 『高僧傳』13 [T50 : 411b-d].

2. 『중경목록』과 『대당내전록』 등의 검토

『중경목록(衆經目錄)』은 시대별로 여러 번 찬술되었지만 현재 전해지는 것 가운데 가장 시기가 이른 것은 수(隋) 개황14년(594)에 조칙으로 법경(法經) 등이 편집한 것이다. 이 목록집에는 앞의 두 목록과 달리 다음과 같이 『관세음주』와 「제바품」이 분리되어 기록되어 있다.

> 觀世音懺悔除罪咒經 一卷 (남제 영명년 사문 법의 번역)……[9]
>
> 提婆達多品經一卷 / 觀世音經一卷 / 右二經 出妙法蓮花經[10]

『관세음주』만 앞의 두 목록집과 같이 법의가 번역한 것으로 기록하고 「제바품」은 번역자와 시기가 밝혀져 있지 않다. 그런데 『관세음주』는 '중경일역(衆經一譯)'이라는 장제(章題) 아래 배열되어 있고 「제바품」은 「관세음경」과 함께 권2에 '중경별생(衆經別生)'이라는 제목 아래 기술되어 있음을 눈여겨볼 필요가 있다. 즉 『관세음주』는 한 번만 번역된 경전이고, 「제바품」은 별도로 번역한 것이 아니라 「관세음보살보문품」처럼 『묘법연화경』의 한 품을 독립시킨 것이라는 의미이다. 「보문품」은 하서왕(河西王) 저거몽손(沮渠蒙遜)이 관세음보살에게 가피를 입은 연유로 별도로 유통되기 시작한 것은 잘 알려진 사실이다. 또한 「견보탑품」의 일부와 「제바품」을 담고 있는 『살담분다리경』1권은 '중경이역(衆經異譯)'에 포함되어 "이 경은 법화경의 별도의 품으로서 다른 번역"[11]이라는 설명이 첨가되어 있는 것과 비교해

---

9) 『衆經目錄』1, 「衆經一譯」1 [T55 : 116c].
10) 『衆經目錄』2 「衆經別生」4 [T55 : 124a].

도 「제바품」이 『묘법연화경』에 담겨있던 것을 독립시킨 것으로 인식하고 있음이 분명하다.

이러한 내용은 수(隋) 문제(文帝) 인수(仁壽) 2년(602)에 여러 사문과 학사들이 재차 편집한 『중경목록』(仁壽錄)에도 그대로 전재되고 있으니 「제바품」은 권3의 '대승별생(大乘別生)' 조에 열거되고 있다. 다만 『관세음주』 1권은 권5의 '궐본(闕本)(舊錄有目而無經本)'에 기재되어 있어서 앞의 목록이 찬술된 서기 594년 이후에 일실되었음을 알 수 있다.[12] 이러한 상황은 당(唐) 시대에 들어서 정태(靜泰)(~663~)가 편찬한 목록집, 일명 『대당동경대경애사일체경논목(大唐東京大敬愛寺一切經論目)』에도 똑같이 재연되고 있음을 볼 수 있다. 권3 「별생(別生)(於大部內 鈔出別行)」장에 "提婆達多品經 一卷 / 觀世音經 一卷 / 右二經 出妙法蓮華經"이라 기록되어 있고, 권5 「闕本(舊錄有目 而無經本)」장에 "觀世音懺悔除罪咒 一卷 南齊永明年沙門法意譯"이라 되어 있는 것[13]이다.

한편 도선(道宣)(596~667)이 당 고종 인덕(麟德) 원년(664)에 편찬한 『대당내전록(大唐內典錄)』에서는 『관세음주』와 「제바품」에 대해 다시 "사문 법헌 운운"의 『역대삼보기』 기사를 거의 그대로 전재하고 있다.[14] 반면에 『관세음주』는 일실되었고 「제바품」은 별도의 번역이 아니라 『묘법연화경』의 한 품이 별행된 것이라는 『중경목록』의 내용은 전혀 반영하지 않고 있다. 그런데 이 인용 기사는 '역대중경전역소종록(歷代衆經傳譯所從錄)' 제1 가운데 '전제조전역불경록(前齊朝傳譯佛

---

11) 『衆經目錄』1 「衆經異譯」2, [T55 : 120a]. "薩曇分陀利經一卷(是法華經寶塔品少分 及提婆達多品) 右一經是法華經別品殊譯."

12) 『衆經目錄』 [T55 : 162c 및 175d].

13) 『衆經目錄』 [T55 : 197b 및 213b].

14) 『大唐內典錄』4 「前齊朝傳譯佛經錄」11 [T55 : 262b-c].

經錄)’ 제11에 담긴 것이다. 즉 경전들이 전래되고 번역된 과정을 전대의 목록집에서 발췌하여 왕조별로 소개한 것이므로 본 고찰에서 큰 의미를 갖지 못한다고 할 것이다. 오히려 『묘법연화경』에 대해서는 "妙法蓮華經 (七卷或八卷 一百四十八紙) 後秦弘始年 羅什於常安譯"[15]이라 하여 「제바품」의 내력에 대한 설명이 전혀 없음을 눈여겨 볼 필요가 있다.

3. 『개원석교록』의 검토

성당(盛唐)대에 이르면 다시 주목할 만한 목록집이 편찬되니 지승이 개원 18년(730)에 편찬한 『개원석교록(開元釋敎錄)』이 그것이다. 이 책은 분량이 20권이나 되어서 기술이 꽤 상세한 편인데 관련 기록을 보면 다음과 같이 되어 있다.

> 妙法蓮華經 提婆達多品 第十二 一卷 (지금 묘법화에 편입되어 5권 초에 있다. 사문 법헌이 우전국에서 범본을 얻어 왔다. 도혜의 송제록에 보임. 승우록에는 고창군에서 범본을 얻었다 하였으니 누가 바른지 알 수 없다.)
>
> 觀世音懺悔除罪咒經 一卷 (영명8년 12월 15일 역출. 승우록과 보창록에 보임.)
>
> 右二部 二卷 (제바달다품은 현재 있고 관세음주경은 궐본이다.)
>
> 사문 달마마제는 제나라 말로는 법의이니 서역인이다 …… 사문 법헌을 위하여 양도 와관사에서 제바달다품 등 두 부를 번역하였다. 법헌은 …… 우전국에서 경의 범본과 불아를 얻었다 …… 제 영명 연간에 사문 법의와 함께 역출하였다.[16]

---

15) 『大唐內典錄』6 [T55 : 286c].

이 기사의 핵심은 법헌이 가져온 「제바품」이 『묘법연화경』에 합쳐
져 있다는 것이다. 또한 그 원본을 구한 곳이 우전국과 고창군으로
설이 나누어짐을 명확히 지적하고 있으면서 어느 쪽이 옳은지 알 수
없다고 하고 있다. 하지만 그 원본의 언어는 범어라고 단정하고 있
다. 그리고 법헌과 법의가 제나라 영명연간에 와관사에서 이를 역출
하였다는 『삼장기집』과 『삼보기』의 기사를 거의 그대로 전재하여 이
들 경전에 대해 부연설명하고 있다. 또 이에 앞서 『묘법연화경』을 설
명하는 곳에서는 다음과 같이 기록하고 있다.

妙法蓮華經 八卷 (승우록에서는 신법화경이라 하였다. 처음 7권 27품이었으나
후인이 천수품을 더하여 28품이 되었다. 홍시8년 여름 …… 二秦錄과 승우록을 볼 것).[17]

'천수품'은 「제바품」을 가리키므로 구마라집이 번역한 『묘법연화
경』이 27품이었으나 뒤에 다른 사람이 「제바품」을 추가하여 28품이 되
었다는 내용이다. 이 기술에는 구마라집의 제자인 승예가 저술한 『이진
록(二秦錄)』도 전거가 되고 있는데 이 책은 『역대삼보기』와 『대당내전
록』에서도 인용하고 있는 것이다. 그런데 후반부에 보면 번역되었으나
전해지지 않는 경전을 나열하는 부분에 『관세음주』가, 대부(大部)의 경
전에서 발췌한 별행경을 나열하는 부분에서 「제바품」이 열거되고 있다.

觀世音懺悔除罪呪經 一卷 簫齊 西域三藏 達摩摩提譯

16) 『開元釋教錄』6 [T55 : 536a]. "今編入妙法華 在第五卷初 沙門法獻 於于闐國 得梵本
來 見道慧宋齊錄 僧祐錄云於高昌郡獲梵本 未詳執正" …… "沙門達摩摩提 齊言
法意 西域人 …… 爲沙門法獻 於楊都瓦官寺 譯提婆達多品等二部 獻 …… 於于闐
國 得經梵本 幷及佛牙 …… 至齊永明中 共沙門法意譯出"
17) 『開元釋教錄』4 [T55 : 512b].

提婆達多品經 一卷 (出妙法蓮花經 第五卷)[18]

이러한 기술은 『중경목록』의 방식과 같은 것으로서 기존 『묘법연화경』에 있던 「제바품」을 별도로 한 권으로 필사하여 유행하고 있다는 내용이라 할 것이다. 『개원석교록』은 『출삼장기집』 계통의 기사와 『중경목록』 계통의 기사를 모두 반영하고 있는 것이다.

지금까지 살펴본 목록집의 「제바품」 관련 기사들을 종합하면 크게 두 가지 부류로 대별된다고 할 수 있다. 첫 번째는 구마라집이 번역한 『묘법연화경』에 「제바달다품」이 빠져 있었는데 서역에서 구하여 보충하였다는 기사이고 두 번째는 「제바달다품」이 『묘법연화경』 가운데서 별행되어 유행되고 있다는 기사이다.

III. 길장의 27품설과 그 비판

이제 『묘법연화경』의 여러 주석들에서 「제바품」을 어떻게 기술하고 있는지 살펴보자. 『묘법화』의 주석서는 매우 여러 가지가 찬술된 것으로 기록되어 있지만 전술하였듯이 현재 전해지고 있는 것 가운데 가장 이른 시기에 찬술된 두 가지, 즉 축도생(355~434)의 2권짜리 『묘법연화경소(妙法蓮華經疏)』(X27)와 광택사(光宅寺) 법운(法雲)(467~529)의 8권본 『법화의기(法華義記)』(T33)에는 「제바품」이 결여되어 있고 이에 대한 언급도 전혀 없다. 「제바품」의 내력에 대해 설명해 놓은 주석가로는 시대 순으로 보면 지의, 길장, 규기, 담연 등이 있는데 길장과 규기는 구

---

18) 『開元釋敎錄』[T55] 권14 '有譯無本錄'[634c]와 권16 '大乘別生經'[652c].

마라집 번역본에 「제바품」이 없었다 하고 지의와 담연은 본래 있었다
고 설명하고 있다. 길장의 주석부터 살펴보자.

1. 『법화의소』의 27품설

가상(嘉祥)대사 길장(吉藏)(549~623)은 삼론종의 고승이지만 법화에
도 심혈을 기울여 주석서를 네 가지나 남기고 있다. 그는 『법화의소』
에서 이 품에 대해 다음과 같이 기록하고 있다.

> 구마라집이 경을 번역할 때는 다만 27품만 있었다. 뒤에 다시 제바달다
> 품이 있게 된 사정은 다음과 같다. 도혜의 송제록에 이르기를 상정림사 법
> 헌이 우전국에서 이 품을 얻었다. 와관사 사문 법의가 제 영명8년 12월에
> 번역하여 제바달다품경이라 하였지만 법화경에 속에 두지는 않았다. 양조
> 말엽에 서천축 우선니국의 파라말타, 이곳에서 진제(眞諦)라 부르는 사람이
> 이 품을 번역하여 비로소 견보탑품 뒤에 놓았다.[19]

「제바품」을 법헌이 서역에서 구해 와서 법의가 번역하였다는 기술
은 앞서의 목록집들에 있던 내용이다. 다만 '영명 8년 12월 번역'이
라는 구절은 앞의 모든 목록에서 『관세음주』에 대한 설명이었는데
길장이 혼동한 듯하다.

이보다 주목할 것은 진제가 이 품을 번역하여 비로소 견보탑품 뒤

---

19) 『法華義疏』 1 [T34 : 452a]. "羅什翻經 但有二十七品 後更有提婆達多品者 釋道慧宋
齊錄云 上定林寺 釋法獻 於闐國 得此一品 瓦官寺沙門 釋法意 以齊永明八年十
二月 譯出爲提婆達多品經 未安法華內 梁末有西天竺 優禪尼國人 名婆羅末陀 此
云眞諦 又翻出此品 始安見寶塔品後也."

에 두었다는 내용이다. 진제(Paramārtha; 499~569)는 서북인도 출신의 학식이 풍부하기로 유명한 역경승이므로 별도로 있는「제바품」을 보고 새롭게 번역하여『묘법연화경』의 제 위치에 두는 것은 충분히 가능한 일이다. 번역한 시대가 양 말엽이라 하였으므로 시기적으로도 상충되지 않는다. 다만 진제의 행적이 꽤 상세히 알려져 있는데도 이러한 사실이 다른 기록에 전혀 보이지 않는다는 점은 의문이다. 지금은 전하지 않지만 길장이 참고한 도혜의『송제록』가운데 이러한 내용이 있을 수도 있다. 하지만 앞에서 보았듯이『역대삼보기』와『개원석교록』등에서도 이 목록을 인용하고 있는데 진제와 관련한 이야기는 전혀 없다.

길장은 위 인용문의 서술에 이어서 "축법호가 번역한 정법화경에는 견보탑품 뒤에 제바달다의 기사가 있는데 라집은 왜 이를 번역하지 않았는가?" 하는 질문에 대하여 다음과 같이 자신의 견해를 내놓고 있다.

> 이 일은 밝히기 어렵지만 세 가지로 해석을 시도해 보겠다. 첫 번째는 외국에서 전하는 말로 유사(流沙) 서쪽에는 대부분 이 품이 있지만 유사 동쪽에는 대부분 이 품이 없다고 한다. 왜냐 하면 소승의 부류들이 대승경을 제바달다가 지은 것이라 하므로 간혹 대승경을 빠뜨린 나라가 있기 때문이다. 나집은 구자국에 있었으므로 이 품을 보지 못하여 번역하지 않은 것이다. 두 번째 나집이 경전을 번역할 때 근기와 성정을 관찰하여 생략하는 경우가 있는데 …… 정법화경은 도합 10권이지만 번잡한 문장을 삭제하여 7축으로 축약하였다. 세 번째는 견보탑품(제11)에서 수지할 것을 명하고 권지품(제13)에서 명에 응하여 흐름이 이어지는데 홀연 중간에 제바달다품이 끼

면 문세가 맞지 않아 말세에 의혹을 일으킬까 걱정하여 삭제한 것이다.[20]

첫 번째 해석은 『출삼장기집』과 『역대삼보기』에 나오는 설명과 유사한데 구마라집이 전래한 원본 자체에 「제바품」이 없었다는 것이다. 두 번째와 세 번째는 원본에는 있었지만 구마라집이 근기에 맞추어 일부러 번역하지 않았다는 견해이다. 길장은 이러한 세 가지 가능성을 소개하면서 분명한 자신의 태도는 보이지 않고 있다.

2. 규기와 담연의 길장 비판

당 시대 법상종 고승인 자은대사 규기(窺基, 632~682)도 『묘법연화경현찬(妙法蓮華經玄贊)』이라는 10권짜리 주석서를 남기고 있는데, 그는 「제바품」의 내력에 대해 다음과 같이 기술하고 있다.

진 요흥 시절 구마라집이 번역한 것은 27품으로 제바달다품이 없었다. 사문 도혜의 송제록에 이르기를, 상정림사 석 법헌이 우전국에서 이 경의 범본을 얻었는데 이 품이 있었다. 와관사 사문 법의가 제 영명 8년 12월에 이 품을 역출하였는데 법화경 안에 안치하지는 않았다. 양 말기에 이르러 서천축 우선니국의 사문 구라나타 이곳 말로 가의(家依), 또 파라말타 이곳 말로 진제라고도 하는 사람이 이 품을 번역하여 비로소 견보탑품 뒤에 안치하였다. 다시 돈황사문 축법호가 진무(晉武) 시대에 정법화를 번역하였는

20) 『法華義疏』1 [T34 : 452a-b]. "事又難明 今且以三義往釋 一者外國傳云 流沙以西 多有此品 流沙以東 多無此品 所以然者 小乘之流 皆謂諸方等經 並是調達所作 是以諸國 或有闕之 羅什旣在龜茲國 不見此品 故不翻之 二者羅什譯經 觀察機情 每多存略 …… 故正法華經 凡有十卷 刪彼煩文 略爲七軸 三者見寶塔品命持 而持品應命 言勢相接 而忽間以提婆達多 則文似非 次恐末世多惑 所以刪之也."

데 제바달다품은 역시 견보탑품 뒤에 안치되어 있다.[21]

길장의 『법화의소』와 마찬가지로 진제가 번역한 품이 『묘법연화경』 안에 안치되었다는 내용을 담고 있는데 문장이 앞에서 본 길장의 인용문과 거의 같음을 알 수 있다. 다만 다른 것은 길장은 법헌이 「제바품」만을 얻어온 듯이 묘사하고 있는데 비해 규기는 『묘법연화경』을 얻어 왔고 그 안에 「제바품」이 포함되어 있었다고 기술하고 있다는 것과 뒤에 축법호가 번역한 『정법화경』의 내용이 추가되어 있다는 점이다.

규기 역시 전거를 도혜의 『송제록』에서 구하고 있지만 어디까지가 인용문인지 모호하다. 지금 전해지지 않는 『송제록(宋齊錄)』은 제목으로 보아 송과 제 시대의 역경목록으로 생각되는데 남조 제(齊)의 승려인 도혜(道慧)가 찬술한 1권짜리 저술이다.[22] 인용문 끝까지가 『송제록』의 내용같이 되어 있지만 전술하였듯이 이 목록의 같은 부분을 인용하고 있는 『역대삼보기』 『대당내전록』과 『개원석교록』에는 진제와 관련한 언급이 없다. 또한 이 내용을 똑같이 인용한 담연의 『법화문구기』의 문장은 이와 또 다르므로[23] 전체를 인용문으로 볼 수는 없다.

---

21) 『妙法蓮華經玄贊』1 [T34 : 659a]. "秦姚興時 鳩摩羅什所翻 二十七品 無提婆達多品 沙門道慧宗(一宋)齊錄云 上定林寺 釋法獻 於闡國 得此經梵本 有此一品 瓦官寺 沙門法意 以齊永明八年十二月 譯出此品 猶未安置法華經內 至梁末 有西天竺優禪尼國沙門 拘羅那陀 此云家依 亦云婆羅末陀 此云眞諦 又翻此品 始安見寶塔後 復有燉煌沙門竺法護 於晉武之世 譯正法華 其提婆達多品 亦安在見寶塔品後."

22) 『역대삼보기』15 [T49 : 127d], 『개원석교록』10 [T55 : 573a] 등.

23) 담연은 齊宋錄(송제록의 잘못일 것)을 인용하고 있는데 "상정림사 석 법헌"으로 시작하여 "인하여 별행된다"로 단락이 끝나고 이어서 승만이 소신공양한 것(지의의 기사), 진제가 거듭 번역하여 보탑품 뒤에 두었다는 것(길장의 기사)을 이어서 기술하고 있어서 역시 어디까지가 인용문인지 모호하게 처리하고 있다. [T34 : 321b].

이 목록을 인용한 저술들을 종합하면 『송제록』의 내용은 "상정림사 석 법헌"부터 "법화경에 안치하지는 않았다"까지일 것이다.

규기는 또한 「제바품」이 구마라집 역본에 없었던 것에 대해 다음과 같이 자신의 견해를 기술하고 있다.

옛 해석에 "총령[24] 서쪽은 대부분 이 품이 있지만 동쪽은 대개 없다. 나집공은 구자국인이므로 이 품이 없다."고 하였다. 그렇다면 우전 역시 총령동쪽인데 법헌은 우전국에서 어떻게 이 품을 얻었는가. 또 해석에 "보탑품에서 수지를 명하고 권지품에서 명에 응하면 흐름이 연결되는데 돌연 천수품이 끼어들면 문세가 끊어진다. 라집공이 말세에 의혹이 많을까 염려하여 삭제한 것이다." 하였다. 그렇다면 진문(眞文)을 취사하는 것이 라집에 말미암고 간략하고 번잡한 것이 일개인에 달린 것이니 이는 불가하다 …… 범본에는 그것이 있었는데 …… 다만 라집공의 범본이 잘못 탈락되어 있는 것은 변방국은 사투리가 많고 외져서[訛鄙] 탈락과 착오가 많기 때문이다.[25]

규기가 '옛 해석'이라고 하면서 인용한 내용은 앞서 본 길장의 세 가지 해석 가운데 첫 번째와 세 번째를 지칭한 것이라 생각된다. 규기는 이 두 가지 및 의미상 길장의 두 번째 해석도 포함하여 길장의 견해를 모두 비판하고 있다. 그리고 구마라집이 가지고 온 범본은 변

---

24) 총령은 길장의 글에 나오는 유사(流沙), 즉 타클라마칸 사막이 끝나는 서쪽에서 시작하는 파미르 고원을 지칭한다.

25) 『妙法蓮華經玄贊』1 [T34 : 659a-b]. 古傳解云 蔥嶺已西 多有此品 已東多無 什公旣 在龜茲 故無此品 若爾 法獻於于闐國 如何得此品 于闐亦在蔥嶺東故 又有解云 塔 品命持 而持品應命 言勢相接 而忽聞出天授 則文勢疎斷 什公恐末葉多惑 所以刪 之 若爾卽取捨眞文 並由羅什 刪繁好醜 倂在一人 斯爲未可 …… 但知梵本有之 …… 但是什公梵本差脫 邊國訛鄙 多脫錯故

방국에 있던 것이어서 「제바품」이 탈락된 것이었으리라는 견해를 보이고 있다. 길장의 첫 번째 해석과 비교하면, 길장은 유사(총령)를 중심으로 서쪽은 대개 「제바품」이 있고 동쪽은 없다는 것에 비해 규기는 본래 이렇게 구별되는 것이 아니라 변방국에 더러 빠진 것이 있다는 차이이다.

한편 천태대사의 삼대부(三大部)에 주석을 더하여 침체한 천태종을 부흥시킨 형계(荊溪) 담연(湛然, 711~782)은 『법화문구』 주석서에서 직접 길장을 거명하며 그 견해를 비판하고 있다.

> 가상(嘉祥)이 세 뜻으로 헤아린 것에 준하자면 첫째, 외국에서 전하기를 유사로부터는 대개 이 품이 없다고 하니 집공이 보지 못했을 것이라 하였다. 집공은 친히 오천축을 다녔는데 어찌 유사만 갔다 하는가. 둘째 집공이 번역할 때 대지도론이나 백론과 같이 생략하기를 좋아한다 하였는데 이 또한 그렇지 않다. 서방은 자세한 것을 좋아하는데 (라집은) 중복된 것만 생략할 뿐 어찌 정문의 한 품을 온전히 뺄 수 있는가. 셋째 보탑품에서 명하니 권지품에서 응한다 하면 사이의 제바품은 완전히 잉여의 경이 되는데 어찌 (지금) 이 자리에 있는가, 또 진제가 거듭 번역하였다 하지 않았는가?[26]

이어서 담연은 진제가 이 품을 거듭 번역하여 안치하였다면 어찌 이것이 강동에 전해지지 않아서 남악선사가 보지 못했는가 하고 반문하고 이 품의 문체가 구마라집의 문체와 완전히 같기 때문에 진제

---

26) 『法華文句記』8 [T34：312c], "若準嘉祥三義度量 一者外國相傳 流沙已來 多無此品 恐什公未見 今謂什公親遊五竺 豈獨流沙 二者什公譯經 多好存略 如智度百論之流 此亦不然 西方好廣 但略其重 豈可全除正文一品 三云 寶塔命人 持品應命 以提婆 間者 全成剩經 何以安此 今文不云 眞諦重譯."

의 번역이 아닐 것이라는 견해를 보였다.

이 둘의 견해를 정리하면 규기와 담연은 길장의 세 가지 해석을 모두 비판하는 것은 같지만 규기는 기본적으로는 원래 27품이었다고 생각하고 있는 반면 담연은 28품이었다고 주장하는 점이 다르다.

IV. 지의의 28품설과 그 검토

1. 『법화문구』의 28품설

그런데 법화경의 주석에 있어서 최고의 권위를 인정받는 천태대사 지의(智顗, 538~597)의 『법화문구(法華文句)』에는 「제바품」의 내력에 대해 다음과 같은 설명이 있다.

보창(寶唱)의 경목에 법화경은 도합 네 번 번역되었는데 둘은 있고 둘은 없어졌다고 한다 …… 구마라집이 …… 8년 여름에 이르러 초당사에서 이 묘법연화를 번역하였고 …… 당시 28품이었는데 장안의 궁인이 이 품을 (궁) 안에 오래 머물러 두도록(淹留) 청하여 강동에 전해진 것은 단지 27품뿐이었다.[27]

본래 구마라집이 번역한 『묘법연화경』은 「제바품」을 포함하여 28품이었는데 궁인의 청으로 이 품을 빼고 유통시켰다는 내용이다. 지금

---

27) 『妙法蓮華經文句』8 [T34 : 114c], "寶唱經目云 法華凡四譯 兩存兩沒 …… 鳩摩羅什 …… 至八年夏 於草堂寺 譯此妙法蓮華 …… 當時二十八品 長安宮人 請此品 淹留在內 江東所傳 止得二十七品."

까지 살펴본 목록집에서는 전혀 볼 수 없었던 새로운 내용이다. 이 글에서는 양 천감 17년(518)에 칙명을 받은 장엄사(莊嚴寺)의 보창(寶唱) 등이 편찬한 『(梁世)중경목록』을 인용하고 있는데 이 책은 이미 오래전에 일실되어 어디까지가 인용문이고 어디까지가 지의의 견해인지 모호하다. 또한 궁인이 왜 「제바품」을 궁 안에 두도록 요청했는지, 그리하여 한 품이 빠진 채 유통될 수 있는 것인지 의구심이 들기도 한다. 『법화문구』에는 이 글에 이어서 다음과 같은 서술이 보인다.

> 양(梁) 시대에 만(滿)법사가 있었다. (묘법연화)경을 1백 차례 강의하였는데 장사군에서 소신(공양)을 하였다. 그는 일찍이 이 품을 (얻어) 권지품 앞에 두었는데 개인적(인 의견)으로 둔 것일 뿐 세상에 알려지지는 않았다. 진(陳)에 남악선사가 있었는데 이 품을 견보탑품 뒤에 두었다. 만년에 정법화경으로 교감해 보니 잘 상응하였다. 이제 천하가 통일되어 장안의 구본(舊本)을 보니 두 스승이 경의 뜻을 깊이 이해하고 있음을 알겠다.[28]

이곳에 나오는 만법사란 승만(僧滿)법사를 말하는데 당(唐) 승상(僧祥)이 편찬한 『법화전기』에만 행적이 보인다.[29] 남북조 시대 남조의 세 번째 왕조인 양이 존속한 시기는 서기 502년에서 557년까지이다. 또 남악선사는 지의의 스승 혜사(慧思, 515~577)를 가리키는데 북제 출신이지만 만년에는 남조 지역인 남악 형산에 머물렀다.
이 기사를 위의 내용과 합쳐 이해하면 본래 구마라집이 번역한 『묘

---

28) 『妙法蓮華經文句』8 [T34 : 114c~115a]. "梁有滿法師 講經一百遍 於長沙郡燒身 仍以此品 安持品之前 彼自私安 未聞天下 陳有南嶽禪師 次此品在寶塔之後 晚以正法華 勘之甚相應 今四瀆混和 見長安舊本 故知二師 深得經意."
29) 『法華經傳記』2 [T51 : 56c].

법연화경』은 28품이었는데 궁인의 요청으로 「제바품」은 빠진 채 27품만 강동 지방, 즉 남조의 왕도인 금릉(金陵) 서쪽에 위치한 양주(揚州) 부근[30]에 전해졌다. 그러다가 양(梁) 시대쯤 별도로 전해져 오는 「제바품」을 승만은 「권지품」 앞에, 혜사는 「견보탑품」 뒤에 두었다는 것이다. 실제로는 같은 위치가 되지만 승만은 이를 「권지품」의 일부로 하였고 혜사는 「견보탑품」의 일부로 하였다는 차이가 있다.

여기에 적시되어 있지는 않아도 내용상 유추할 수 있는 것이 있다. 먼저 따로 전해지고 있던 「제바품」은 품의 순서가 매겨져 있지 않았다는 것과 「제바품」의 위치를 알 수 있는 『정법화경』이 당시에 널리 유행되지 못하였다는 점이다. 두 번째로 「제바품」이 갖추어 있는 28품본 『묘법연화경』, 혹은 품의 순서가 적혀 있는 「제바품」이 통일 이전 북조의 지역에 있었으며 통일 후 지의는 이 경전을 보게 되었다는 점이다.

지의는 서기 589년에 수(隋)에 의해 남북조가 통일되어 장안과 금릉 간의 왕래가 가능해진 뒤 '장안의 구본'을 얻어 비교해 보니 앞의 두 조사가 비정한 위치가 정확하였다고 하였다. 여기서 '장안의 구본'이란 「제바품」이 온전하게 있는 28품본이어야 전후 문맥이 맞는다. 이를 '구역', 즉 축법호가 번역한 『정법화』로 생각하면 혜사가 만년에 정법화로 교감하였다는 앞 문장과 맞지 않는다. 또한 길장의 견해대로 진제가 번역하여 안치하였다 하여도 이것을 가리키는 것은 아니다. 진제는 양 무제 때 수도인 건업(建業)(=남경)에 들어가 진(陳) 태건 원년(569)에 입적하였으므로 남조가 활동 무대이기 때문이다. 그렇다면 통일 이전 북조에서는 「제바품」이 다시 합쳐져 28품본으로

---

30) 홍승현 [2006 : 285-288].

된 것이 유통되고 있었거나, 유통되지 않았다면 장안의 궁에 「제바품」이 포함된 원래의 번역본이 보관되어 있었다고 볼 수 있다.

2. '장안궁인(長安宮人) 엄류(淹留)'설의 타당성 검토

지의의 해설에 따르면 구마라집이 번역한 『묘법연화경』은 28품이었는데 장안 궁인의 요청으로 「제바품」을 오래 궁속에 두어 강동에는 27품만 전해졌고, 1백여 년이 흐른 뒤 별도로 전해진 「제바품」을 보고 그 품차를 승만과 혜사가 추정하였다는 것이다. 이는 내용이 비교적 상세하고 자체적으로 모순되거나 다른 기록들과 상충되지 않는다.

길장이 지의에게 법화 강의를 요청하는 서신이 『국청백록』에 실려 있는데 이 시기가 수 개황 17년 8월이다.[31] 이 때 지의는 천태산에 있었고 3개월 뒤에 진왕의 거듭된 요청에 마지못해 하산하다가 입적하므로 길장은 지의의 강의를 듣지 못하였다. 그리고 제자 관정이 스승의 강의를 기록해 두었다가 『법화문구』 10권으로 정리한 것은 길장 입적 후인 당 정관(貞觀) 3년(629)의 일이므로 길장은 지의의 '장안 궁인 엄류'설을 전혀 알지 못하였을 것이다. 규기 역시 이 설을 몰랐다고 생각된다. 당시 천태종은 수도 장안과 멀리 떨어진 동남쪽의 외진 곳에 근거하여 교세가 크지 못하던 시기로서[32] 장안에서 활동하던 규기는 천태 주석서들을 보지 못했을 가능성이 높기 때문이다. 규기가 이 설을 알았다면 한 마디라도 언급이 있었을 것이다.

---

31) 『國淸百錄』 4 '吉藏法師請講法華經疏' [T46 : 822a].
32) 지의가 강의한 천태 삼대부를 정리·출가한 관정이 입적하고 난 뒤 삼대부에 다시 주석을 가한 형계 담연까지 1백여 년간을 천태종의 암흑시대라고 한다. 이 시기는 현장의 서역구법에 힘입은 법상종을 위시하여 화엄종과 선종 등이 세력을 크게 떨치던 때이다. 日比宣正 [1966 : 28].

수(隋)가 남북조를 통일하기까지의 정치상황을 보면 서기 406년에 『묘법연화경』이 번역된 얼마 뒤 전쟁이 시작되고 요진(姚秦)은 결국 서기 417년에 동진(東晋)의 장군 유유(劉裕)에게 수도 장안을 함락당한 뒤 멸망한다. 이어서 남북조의 어지러운 시기가 이어져 금릉에 수도를 둔 남조의 학승들과 장안 및 낙양 등지를 중심으로 하는 북조의 승려 사이에는 불전의 전래나 불학의 교류가 거의 이루어지지 않았다. 게다가 이 사이 북위 태무제의 폐불(446)과 북주 무제의 폐불(574) 사건 등도 겹쳐 경전보전 자체도 매우 어려운 시기였다. 이 무렵에 찬술된 두 가지 법화 주석서—「제바품」이 빠진 주석서의 저자인 축도생과 법운은 모두 남조 강동 지방 부근에서 활동한 이들이다.

그렇다면 장안의 궁인이 「제바품」을 궁 안에 오래 머물게 해달라고 한 이유는 무엇이며 한 품을 뺀 채 유통하는 것이 가능할까?

『법화경소』를 찬술할 무렵[33] 축도생은 일천제도 성불할 수 있다는 삿된 주장을 한다고 승단에서 쫓겨난 일이 있다. 이는 '一切衆生 悉有佛性'의 명문을 담고 있는 완전한 『열반경』이 아직 전해지기 전, 남·북본 『열반경』의 앞 부분만 담고 있는 『대반니원경』이 번역되었을 때(418) 일어난 꽤 유명한 일화이다.[34] 당시 중국 불교계 최고 고덕들의 불교 이해상태가 이러한 수준에 머물러 있을 때 오역죄 가운데 세 가지나 범한 제바달다가 성불의 수기를 받는다는 것은 도저히 납득하기 어려웠을 것이다. 또한 8세밖에 되지 않은 소녀, 그것도 용왕의 딸로서 축생에 속하는 용녀가 순식간에 성불한다는 내용도 받아들이기 쉽지 않았을 것이다. "청차품 엄류재내(請此品 淹留在內)"라

---

33) 『법화경소』의 서문에 따르면 元嘉9년(432) 3월에 盧山 東林精舍에서 글을 다듬어 책으로 완성했다고 되어 있다[X27 : 1b].
34) 『고승전』7 [T50 : 366c].

할 때 '淹留'란 '久留' 즉 '오래 머물러 둔다'는 의미이다.[35] 이 품을
잠깐 빌어본다거나 하는 것이 아니라 상당 기간 유통시키지 않는 것
이 좋다는 의견을 궁인이 내었고 구마라집 및 당시 경가(經家)들이
수긍한 것이라 생각된다. 구마라집 자신도 대승을 강의하면서 "지금
(대승을) 깊이 이해하는 이가 적으니 논서를 저술해야 무슨 소용이 있
겠는가"[36] 하고 탄식하였다고 정사(正史)는 기록하고 있다.

　『묘법연화경』을 번역하는 역장에 참여하였고 구마라집 문하의 뛰
어난 제자였던 축도생이 법화를 주석하면서 「제바품」에 대해 전혀
언급이 없는 것은 오히려 이러한 상황을 반증하는 것이라 보인다. 라
집이 번역할 때 8백 명 내지 3천 명의 고승들이 참석한 가운데 황제
요흥(姚興)이 직접 옛 번역본과 대조하면서 경청하였다는데[37] 구역인
『정법화』에 있는 한 품이나 되는 분량의 내용이 라집 번역 때 없었다
면 당연히 이에 대한 의문이나 설명이 부연되어야 했을 것이다. 「제
바품」이 아직 당시 대중들의 근기로서는 받아들이기 어려운 상황을
잘 이해하고 있는 도생으로서 27품만 주석하고 이에 대해 언급하지
않는 것이 자연스럽다고 생각된다.

---

35) 『中文大辭典』 '淹留' 항목 [1973].
36) 『晉書』95, 「열전」65. "羅什雅好大乘 志在敷演 常歎曰 吾若著筆作大乘阿毗曇 非
　　迦旃子比也 今深識者旣寡 將何所論."
37) 『역대삼보기』8 [T49 : 79a] 등.

V. 「제바달다품」 별행의 내력

1. 제반 기사의 종합

이외에 선행 연구에서 라집 번역본에 「제바품」이 없었다는 근거로 삼는 것으로서 인수 원년(601)에 편찬된 『첨품법화경』의 서문이 있다.[38] 반대로 「제바품」이 포함되어 있었다는 근거로서는 당 승상이 편집한 『법화전기』[39] 가운데 승조(僧肇)가 찬술한 것으로 되어 있는 「법화번경후기」[40] 가운데 구마라집이 번역한 것은 28품이라는 기사가 있다.[41] 그러나 「제바품」의 내력에 관한 한 이 두 기사는 새로운 정보를 제공하는 것이 없으므로 본고에서 자세히 다루지 않아도 될 것이라 판단된다.

지금까지 살펴본 목록집과 주석서들의 내용을 요약해 보자. 먼저 가장 이른 시기에 편찬된 『출삼장기집』에서는 『묘법연화경』에 「제바품」이 결여되어 있는데 법헌이 호본(범본)을 구해왔다는 것과 이 품이 별도로 한 권으로 되어 있다는 것을 기술하고 있다. 이 내용은 1백

---

38) 『添品妙法蓮華經』 [T9 : 134d]. "什所闕者 … 提婆達多品 普門品偈也."

39) 僧祥(詳)에 대한 전기가 남아 있지 않아 정확한 편찬연대를 알 수 없는데 『(望月) 佛敎大辭典』 '法華傳記' 항목에서는 천보13년(754)에 입적한 玄朗의 기사가 '新錄'으로 있는 것으로부터 현랑과 비슷한 시대임을 추정할 수 있다고 하였다.

40) 「법화번경후기」는 『묘법연화경』의 譯場에 참여한 승조가 번역 당시의 모습을 묘사한 것으로 글 가운데 후진의 왕 요흥이 구마라집에게 "그대가 번역한 28품을 보면"이라는 구절이 있어서 위찬이라는 주장이 있다. 그러나 위찬설의 주요 근거가 나집이 번역한 것은 본래 27품이었다는 것에 있으므로 선결문제요구의 오류(Begging the question)를 범하고 있다. 『佛書解說大辭典』 '法華傳記' 항목 및 金炳坤 [2012] '『法華飜經後記』の綜合的硏究' 편 참조.

41) 『法華經傳記』2 [T51 : 54b]. "興諮什曰 君觀所譯二十八品…."

년쯤 뒤(597)에 찬술된 『역대삼보기』에 이어지면서 번역자와 번역시기가 증보되고, 『개원석교록』(730)에서는 이것이 『묘법연화경』에 안치되어 있다고 서술하고 있고 별행된 『제바달다품경』에 대해서도 기록하고 있다. 이와는 다른 흐름으로 『법경록』(594), 『인수록』(602), 『정태록』(~663~) 등의 역대 『중경목록』에는 법헌(法獻) 운운 등의 기사는 없고 『제바달다품경』이 『묘법연화경』에서 별출된 것으로 기록하고 있다. 한편 주석서들은 나집역본이 원래 28품이었다는 지의 및 담연의 설과 27품이었다는 길장 및 규기의 설로 나누어진다.

상호 모순되는 것처럼 보이는 기술들이지만 이 저자들의 권위나 신앙적 경건함을 감안할 때 어느 한 쪽을 완전히 '창작' 또는 '허위'라 할 수는 없고 약간의 와전이 있는 정도로 생각해야 할 것이다. 이렇게 긍정적 자세로 기사들을 대하면 이들의 설이 양립 불가능한 것은 아니다. 이들 기사를 종합하여 「제바품」의 내력을 시기별로 기술하면 다음과 같은 내용이 된다.

서기 286년에 축법호가 진(晉)의 수도 장안에서 『정법화경』을 번역한다. 이 때 「제바품」은 「견보탑품」의 뒤에 합쳐 있으며 따로 분장되지 않았다. 406년에 구마라집이 『묘법연화경』을 번역할 때는 품이 분장되어 「제바달다품」 제12로 독립하였다. 이 때 후진의 황제 요흥은 직접 역장에 참가하여 『정법화경』과 비교하면서 들었다. 그런데 '개유불성(皆有佛性)'의 대승 교설이 알려지기 전인 당시로서 「제바품」은 수긍하기 어려운 파격적 내용이었다. 그리하여 '궁인'이라고 표현된 누군가의 건의를 받아들여 당분간 이 품을 뺀 채 유통시키기로 하였는데 이후 이어진 전란과 폐불 등으로 이 기간이 상당히 오래 이어지게 되었다. 강동 지방에는 이 27품본이 전해졌는데 이 지역에서 활동하던 법헌은 서기 475년에 금릉을 출발하여 서역에서 『관세음주』와 「제바달다품」을 얻어서 돌아온다. 조금 불확실하기는 하지만 이 품은 외국 승려 법의(法意)가 번역하였고 『묘법연화경』과 합치지 않고 별도로 두었다. 아직 남조의 불교계에서 이 품을 『묘법연화경』의 일부로 공인하지 않았거나 합치는 것이 적당하지 않다고 판단하였을 수 있다. 이후 승우가 이러한 내용을 『출삼장기집』에 기록하면서 '묘법연화경 제바달다품 제12'라고 표현한 것은 장안에 따로 전해지고 있는 나집역 「제바품 제12」에 대한 이전 목록의 기사와 혼동한 것일 가능성이 높다.

『묘법화경』은 여전히 27품본만 있고 품차가 기록되어 있지 않은 「제바품」도 유통되고 있던 남조의 상황에서 서기 550년부터 560년 사이의 무렵에 승만과 혜사가 이 품의 위치를 비정한다. 이 「제바품」은 법의(法意)가 번역한 것일 수도 있고 길장의 말대로 진제가 번역한 것일 수도 있다. 혜사는 이후 『정법화경』을 보고 자신의 비정이 옳음을 확인한다. 수가 중국을 통일할 무렵 지의는 '장안의 구본(舊本)'을 보고 「제바품」 제12가 포함된 『묘법연화경』에 대해 주석을 한다. 지의가 본 이 '구본'이란 「제바달다품 제12」라고 품차가 명기된 구마라집역의 단품본일 수도 있고 북조에서 이미 합쳐놓은 28품본 『묘법연화경』일 수도 있다. 이때의 상황을 반영한 것이 수당대에 편찬된 『중경목록』으로서 이제 제대로 갖추어진 『묘법연화경』에 대해서는 내력을 기술하지 않고 여전히 단품으로 남아있는 법의, 혹은 진제역본을 따로 기술하고 있다고 보인다.

지의가 해설해 놓은 장안 궁인 엄류의 내력을 전혀 모르는 길장과 규기는 옛 목록을 가지고 나름대로 설득력 있는 해석을 가한다. 또한 지승 역시 이러한 상황을 모른 채 기존의 목록집 위주로 고찰하여 법헌이 가지고 온 범본이 『묘법연화경』에 포함되어 있다고 『개원석교록』에 기술하고 있는 것으로 보인다. 지의의 『법화문구』가 연구되었다면 목록집이 달리 쓰였을 것이지만 수 통일 이후로는 불교 중심이 장안으로 옮겨져 1천9백 킬로미터나 떨어진 동쪽 끝 항주를 중심으로 하는 천태종의 장소(章疏)들은 담연이 삼대부 주석을 써서 종학을 부흥시키기까지 널리 읽히지 못하였다.

2. 현행 「제바품」의 역자에 대해서

지금까지 제기된 번역자에 대한 내용이 모두 사실이라고 가정하면 「제바품」의 번역은 세 차례 이루어졌다. 구마라집과 법의(와 법헌), 그리고 진제이다.[42] 그리고 적어도 수 통일기 무렵 이전에 구마라집 역이 다시 『묘법화경』에 합쳐졌거나 법의나 진제역이 『묘법화경』에 삽입되었다. 그렇다면 현재 우리가 보통 접하고 있는 7권 28품본 『묘법연화경』의 「제바품」은 누구의 번역일까?

먼저 법의(法意)를 검토해 보자. '외국 삼장법사', 혹은 '서역인'으로서 본명이 달마마제(達摩摩提)라는 법의는 여러 기록에서 영명 8년에 『관세음주』 1권과 「제바품」 1권을 번역한 것으로 되어 있다. 그러나 전술하였듯이 이에 대한 첫 기록인 『출삼장기집』에는 『관세음주』만 명확히 법의의 번역으로 기록되어 있고 「제바품」은 역자 기록 없

---

42) 僧祥의 기록에 의하면 「제바품」의 별행본이 나집역, 법의역과 라집본을 진제가 윤색한 것 등 세 가지가 있다고 한다. 진제가 윤색하였다는 것은 길장의 견해를 조금 수정한 것이다. 『法華傳記』1 [T51 : 52c]. "妙法蓮華經提婆達多品一卷 羅什譯 長安宮人 除大部內別行 妙法蓮華經提婆達多品一卷 陳沙門眞諦 修補什本加潤色 又同品一卷 蕭齊永明年 沙門法獻 于闐國得梵本來 與寶意於揚州瓦官寺譯."

이 모호하게 되어 있다. 이 기사에 앞의 목록집을 참조하라는 내용이 없는 것으로 보아 승우가 전해들은 내용이라고 보인다. 이후의 기록들은 전술하였듯이 이를 근거로 점차 부연되고 혼동된 것으로 보이므로 의거하기에는 부족하다. 특히 이 품이 별도로 있었다는 기록이 이어지다가 한참 후대의 『개원석교록』에서만 『묘법연화경』에 합쳐져 있다고 하였으므로 법의의 번역본이 『묘법화』에 첨가되었다는 것은 더욱 신빙성이 낮다고 할 것이다. 법의가 번역한 『관세음주』가 현재 전해지지 않으므로 번역 문체로 비교할 수는 없다.

길장은 법헌이 가져온 것을 진제가 새로 번역하여 비로소 『묘법연화경』에 안치되었다고 하였다. 진제의 번역문은 많이 남아 있으므로 문체가 잘 알려져 있는데 구마라집과는 적지 않은 차이를 보인다. 용이한 이해를 위하여 양자가 모두 번역한 『금강경』으로 번역 용어를 대조해 보면 正遍知/正遍覺知, 恒河(沙)/恒伽(沙), 善逝/修伽陀, 三十二相/三十二大人相 등의 차이를 쉽게 발견할 수 있다. 앞에 놓인 것이 구마라집의 역어이고 뒤가 진제의 역어인데 현행 「제바품」을 보면 앞의 역어가 사용되고 있다.

다만 서론에서 밝힌 후세 고오가꾸의 지적처럼 「제바품」의 '사갈라(娑竭羅)'와 '육반진동(六反震動)'이라는, 다른 품과는 다른 번역어가 문제가 된다. 그런데 현행 『묘법화경』 안에는 이 외에도 원어가 같지만 다르게 번역한 사례가 종종 있다. 예를 들면 '군생(群生)'과 '중생(衆生)', '여래응공정변지(如來應供正遍知)'와 '다타아가도아라하삼막삼불타(多陀阿伽度阿羅訶三藐三佛陀)' 등의 역어가 혼용되고 있는 것이다. 번역용어가 혼재되어 있는 사례와 원인에 대해서는 조금 더 정밀한 연구가 필요하지만 적어도 한, 두 가지 사례를 가지고 번역자가 다르다고 판단하기에는 성급하다고 생각된다.

　　그러나 전체적으로 살펴보면 담연도 지적하고 있듯이[43] 「제바품」의 문체는 구마라집의 문체와 같으며 따라서 현행 「제바품」은 구마라집이 번역한 것이라고 봄이 타당하다고 판단된다. 그리고 무엇보다도 구마라집이 번역할 때 없던 것을 구해 와서 삽입한 것이라면 「제바품」은 제12품으로 두지 않고 앞서 번역된 『정법화경』이나 다른 범본들과 같이 앞의 「견보탑품」에 포함되어 있어야 할 것이다. 결국 구마라집이 총 28품의 온전한 『묘법연화경』을 번역하였지만 「제바품」이 한동안 빠진 채 유통되었던 것은 대승불교의 심오한 교리가 중국 땅에 전해지는 과정에서 겪어야 했던 우여곡절의 한 사례라고 보는 것이 타당할 것이다.

---

43) 『법화문구기』8 [T34 : 312c], "若觀所譯 全似什公文體."

종교실천으로서 '소신(燒身)'은 계율에 위반되는 것인가?

－『속고승전(續高僧傳)』「승애전(僧崖傳)」 성립에서 살펴보는
중국 불교수용의 한 단면－

치 리메이(池 麗梅)

一. 서론

1. 선행연구와 문제의 소재

『속고승전』(30권)[1]은 중국 남산율종(南山律宗)의 개조로서도 알려진

---

1) 『속고승전』의 텍스트에 대장경의 종류만큼 다양한 변화가 있는 것은 이미 널리
알려져 있는 사실이다. 이처럼 다양한 텍스트가 발생하게 된 데에는 이 문헌이
현행본의 형태에 이르기까지 여러 단계의 증보·편찬이 이루어지는 복잡한 성립
과정에 원인이 있다는 것은 종래에 지적된 대로이다. 현존하는 여러 본은 문헌의
형태·텍스트의 계보 및 유통된 지역 등에 기반하여 크게 중국·한국 간본 대장
경 계통본과 일본 고사경 계통본으로 나누어진다. 이 가운데 간본 대장경 계통은
① 개보장開寶藏과 ② 그 복각에 해당하는 고려장高麗藏(초조·재조)이나 금장金藏,
거란장契丹藏, 그리고 ③ 강남의 여러 지역(복주福州·호주湖州·항주杭州)에서 조조
雕造된 여러 대장경의 세 종류로 나누어진다. 일본 고사경본, 개보장 계통본, 거란
장본『속고승전』은 모두 30권으로 구성되어 있지만 송대宋代의 복주판과 호주판
(사계장思溪藏)을 주로 하는 강남의 여러 대장경에 수록된 텍스트는 모두 31권본이
다. 현재, 개보장 계통본인 고려재조장본을 저본으로 성립된『大正新脩大藏經』(제
51책) 수록『속고승전』텍스트가 가장 널리 사용되고 있다. 간본 대장경본『속고
승전』의 계보에 관한 근래 연구로서 伊吹敦[1989]「『속고승전』의 증광에 관한 연구

당대(唐代)의 불교 역사가 도선(道宣, 596~667)이 6세기 초부터 7세기 중반까지 활약한 고승들의 사적을 모아서 저술한 전기이다. 도선의 서문에 의하면 이 책은 남조 양(梁) 혜교(慧皎)의 『고승전(高僧傳)』(불교가 처음 전해진 이후 519년까지의 고승 전기)을 이어서 당(唐) 정관(貞觀) 19년(645)까지 144년간 활약한 수백 명의 고승 전기를 수록하고 있다고 한다.[2] 수록된 모든 전기는 고승의 사적에 기반하여 「역경편(譯經篇)」, 「의해편(義解篇)」, 「습선편(習禪篇)」 등 열 분야(十科)[3]로 분류되며 각 과의 말미에는 반드시 '논왈(論曰)'이라는 문구 뒤에 저자에 의한 평론이 붙어 있다. 그 중 제27권 수록 「유신편(遺身篇)」[4]에는 수대(隋

(『續高僧傳』の增廣に關する研究)」, 『東洋の思想と宗教』 제7호, 58-74쪽], 또 池麗梅 [2013A]「『속고승전』 연구서설-간본 대장경본을 중심으로」(『續高僧傳』研究序說-刊本大藏經本を中心に)」, 『鶴見大學佛教文化研究所紀要』 제18호, 203-258쪽], 池麗梅[2013C]「홍성사본 『속고승전』-간본 대장경본과 일본 고사경본의 교차(興聖寺本 『續高僧傳』-刊本大藏經本と日本古寫經本との交差)」, 2013년 8월 31일부터 9월1일까지, 일본 시마네현(島根縣) 마츠에시(松江市)에서 개최되는 일본 인도학불교학회 제64회 학술대회에서 발표예정을 들 수 있다.

2) 『속고승전』(권1)에 "始岠梁之初運, 終唐貞觀十有九年, 一百四十四載, 包括嶽瀆, 歷訪華夷, 正傳三百四十人, 附見一百六十人."(大正藏 제50책, 425下21~24)라고 되어 있다. 이 가운데 보이는 '正傳三百四十人'이란 고려재조본에 의한 숫자이지만 송宋 복주판 이후에서는 모두 '正傳三百三十一人'로 되어 있다. 그런데 이미 여러 선행연구도 지적한 바와 같이 이 책이 수록하는 전기의 실제 수는 저자 본인이 서문에서 알린 총 수보다 상당히 늘어나 있으며 또 저술이 완성된 645년 이후의 기사도 존재하고 더군다나 도선 입적 후에 일어난 일도 언급되어 있다. 만약 정전正傳의 수록자 수에만 주목한다면 일본 고사경본은 385개로 가장 적기 때문에 성립 연대가 가장 이르다고 생각된다. 한편 간본 대장경본은 초기 개보장 계통본(고려 초조장본)이 대략 395개이지만 후기 개보장 계통본(고려재조장본, 대정장본)이 되면 합계 19개의 정전이 증보되어 전체 수록 정전수는 최종적으로는 414개에 이른다. 후에 복주판 및 사계판 등을 시작으로 하는 송판본이 되면 후기 개보장 계통본보다 전체 수록 정전수는 다시 72개가 늘어서 결과적으로는 486개에 도달하게 된다. 자세한 내용은 池麗梅[2013A]를 참조.

3) 『속고승전』의 십과분류를 전부 들면, 「譯經篇」(권1~4), 「義解篇」(권5~15), 「習禪篇」(권16~20), 「明律篇」(권21~22), 「護法篇」(권23~24), 「感通篇」(권25~26), 「遺身篇」(권27), 「讀誦篇」(권28), 「興福篇」(권29), 「雜科聲德篇」(권20)이다.

종교실천으로서 '소신(燒身)'은 계율에 위반되는 것인가? __99

代) 지자대사(智者大師) 지의(智顗, 538~597) 문하의 한 사람인 대지(大志, 567~609)와, 나중에 정토교의 조사로 숭앙되는 선도(善導, 613~681)의 사적에도 함께 언급되고 있어서 중요시되는 회통(會通, 생몰년 미상)[5]의 전기 등, 죽음에 이르는 종교적 실천[遺身]을 다양한 방법으로 행한 고승의 전기가 10명 또는 12명 분 수록되어 있다.[6] 이 중에 특히 6세기 북주(北周) 시대의 익주(益州, 현재의 四川省 成都)에서 소신(燒身)하여 입적한 승애(僧崖, 493이전~562)의 전기는 매우 자세하게 기술되어 있으며 연구자들이 가장 주목해 온 전기 중 하나이다. 예를 들면 마루야마 히로시(丸山宏)[1986][7]은 육조수당대의 사천(四川)에서 불교와

---

4) 『속고승전』의 십과분류는 기본적으로 혜교 『고승전』의 분류를 대체로 받아들인 것이지만 다만 몇 곳에 부제의 변경도 보인다. 「유신편」은 그 가운데 하나이다. 본래 『고승전』은 「망신亡身」과 「유신遺身」이 혼용되지만 『속고승전』에서는 「유명편遺命篇」(일본 고사경본)을 거쳐서 최종적으로 「유신편遺身篇」(모든 간본)으로 정착하게 된다. 「유명편」에서 「유신편」으로의 변경을 최초로 주목한 것은 국제불교학대학원대학의 落合俊典교수로서, 이전에 이 변경에 대해서 落合교수가 질문했을 때는 대답하지 못했지만, 이 원고를 집필하면서 육조六朝 시대의 사신행捨身行과 신불멸론神不滅論과의 관계성을 검토한 岡本天晴[1974]「육조에서 사신의 한 측면(六朝における捨身の一側面)」, 『印度學佛敎學硏究』 44호, 330-336쪽으로부터 『고승전』 및 『속고승전』에 공통으로 보이는 신체론의 근저에는 '신멸체불멸身滅體不滅' 또는 '신멸명불멸身滅命不滅'이라는 생각이 흐르고 있다는 것을 알게 되었다. 자세한 내용은 이 글의 후반부에서 다루었다.

5) 『속고승전』의 증보와 선도의 전기 사이의 관계에 대해서는 柴田泰山[2006]『선도교학의 연구(善導敎學の研究)』(東京: 山喜房佛書林)의 제1부 제1장 「『속고승전』 수록 선도전(『續高僧傳』 所收の善導傳)」(19-51쪽)을 참조.

6) 일본 고사경본과 고려초조장본 『속고승전』의 「유신편」은 「승애僧崖」・「보원普圓」・「보제普濟」・「보안普安」・「대지大志」・「지명知命」・「현람玄覽」・「법광法曠」・「회통會通」・「도휴道休」의 열 사람의 정전으로 된 것이었지만 이것이 복주관 이후가 되면 「승애전」 앞에 「법응전法凝傳」이 추가되고 마지막의 「도휴전」 직전에 「소도리전紹闍梨傳」이 새롭게 추가되어서 정전의 총수는 12가 되며 본래 처음이었던 「승애전」은 「법응전」 다음 두 번째에 나타나게 된다.

7) 丸山宏[1986]「불교수용에 관한 접촉적 고찰-육조수당기의 사천을 테마로 하여(佛敎受容に關する接觸的考察-六朝隋唐期の四川をテ-マとして-)」, 野口鐵郎(編)『중국사에서 난의 구도(中國史における亂の構圖)』, 雄山閣出版, 65-95쪽.

비한민족(非漢民族)과의 접촉에 대해서 고찰하며 한족의 승려에게 가서 출가한 비한민족 출신 승려의 대표로서 승애의 사례를 들고 있다. 더욱이 중국불교 소신사 분야에서 저명한 연구자인 James A. Benn 은 불교의 소신을 다루는 저서[8] 간행에 앞서서 승애에 대한 주요전기 전체의 영역이 부가된 연구논문[9]을 공표, 면밀한 고증과 함께 중요한 문제제기를 함으로써 이 분야 연구의 기반을 굳건히 다졌다. 필자의 승애 연구는 이러한 선행연구에 힘입은 바가 매우 크다.

이 주제에 대한 필자의 대응은 『속고승전』 수록 「승애전」이 텍스트 종류에 따라서 현저한 변용을 이루는 과정을 따라가면서 시작되었다.[10] 이어서 승애의 입멸 직후인 6세기 중반부터 18세기에 걸쳐서 성립된 승전을 비롯하여 각종의 불교사서, 유서(類書), 그리고 지지(地志) 등 불교 내외의 여러 문헌에 수록된 승애전, 나아가 그의 사적에 관한 기록에 대해 개관하여 「승애전」의 역사적 변천을 파악하려고 하였다.[11] 그 결과 6세기 중반부터 거의 백 년 사이에 제작된 1차 자료는 거의 현존하지 않고 당대 이후 당시 남겨진 여러 자료에 기반하여 작성된 「승애전」이 가장 오래되고 중요하다는 것을 알 수 있었다. 현존 자료 중에는 『속고승전』 수록 「승애전」이 특히 중요시되어 이 전기의 완성과 유포에 따라서 승애의 '인간의 모습' 혹은 '성인의 모습'이 고정되어 이후 송·원·명·청의 각 시대에 계속 이어진 승애

---

8) James A. Benn. 2007. Burning for the Buddha: Self-immolation in Chinese Buddhism. Honolulu: University of Hawai'i Press.
9) James A. Benn. 2006. "Written in flames: Self-immolation in Sixth-century Sichuan". T'oung Pao, 92(4-5), pp. 410-465.
10) 池麗梅2013D「『속고승전』 텍스트의 변천-사본에서 간본으로-(續高僧傳 テキストの變遷-寫本から刊本へ)」, 2013년 10월 5일, 國際佛教學大學院大學 주최 심포지움 '송판대장경 연구의 현재(宋版大藏經研究の現在)'에서 발표예정.
11) 池麗梅2013F「승애전의 변천-6~18세기(僧崖傳の變遷-六~十八世紀)」(미발표논문).

의 이야기는 그때 그때 말하는 이에 의해서 강조되는 측면에 차이가 있을지라도 어느 것이나 그 원형, 즉 승애의 모습을 『속고승전』「승애전」에서 구하고 있다는 것도 분명하게 되었다.

이 사실은 『속고승전』이라는 문헌이 지니는 절대적인 영향력을 말해주는 동시에 이 책으로부터 겨우 수십년 뒤에 완성된 『홍찬법화전(弘贊法華傳)』(T51, No.2067)[12] 수록 「승애전」의 특이성을 두드러지게 한다. 그 이유는 현존자료에 기반하는 한 후자는 『속고승전』이후에 성

---

12) 남곡藍谷 사문 혜상慧詳(또는 慧祥) 찬撰 『홍찬법화전弘贊法華傳』(10권)은 동진東晋 시대로부터 당唐에 이르기까지의 법화경 전래에 대해서 「도상圖像」·「번역翻譯」·「강해講解」·「수관修觀」·「유신遺身」·「송지誦持」·「전독轉讀」·「서사書寫」의 여덟 항목으로 나누어 기록한 것이다. 이 가운데 성립이 가장 느린 기록은 당唐 신룡神龍 2년(706) 일어난 일에 대한 것이기 때문에 이 책은 그 이후에 성립되었을 것으로 추정된다. 이 책의 저자 혜상慧詳(또는 慧祥)에 대해서는 小笠原宣秀 [1936]「남곡사문 혜상에 대하여(藍谷沙門慧詳に就いて)」, 『龍谷學報』 315호, 25-44쪽], 伊吹敦 [1987]「당승 혜상에 대하여(唐僧慧祥に就いて)」, 『早稻田大學大學院文學研究科紀要(別冊·哲學·史學編)』 제14호, 33-45쪽] 등의 논문이 발표되어 있다. 『홍찬법화전』의 내용, 특히 「강해」·「송지」·「전독」·「서사」의 네 항목 여섯 권에 수록된 138명의 승려의 감응感應 사적에 주목한 연구로는 周語彤[2009]『『弘贊法華傳』持經感應研究』(臺灣·國立雲林科技大學漢學資料整理研究 所修士論文)을 들 수 있다.

周語彤[2009]은 『홍찬법화전』과 『고청량전古淸凉傳』 등에서 살필 수 있는 혜상의 진면목으로 신중한 성격과 찬술태도에 대해서 아래의 세 점을 지적한다.(14-15쪽) (1) "『홍찬법화전』과 그것이 전거로 한 자료의 내용과 비교하여 알 수 있는 것처럼 일부의 내용에 기술순서의 조정이나 큰 폭의 생략도 있지만 이 둘은 대부분 일치하고 있다. 이와 같은 자료 취급방식이 바로 혜상의 진실한 성격을 나타내고 있다."(14쪽. 일본어 번역은 필자) (2) 신중한 생활태도. (3) 특히 감응感應의 이야기를 중시하는 취재태도는 그가 가장 존경하는 도선에게서 큰 영향을 받은 결과에 의한 것이라고 생각된다.[『홍찬법화전』에는 74개조의 감응 이야기가 수록되어 있지만 그 가운데 약 3분의 1 못미치는 22개조는 『속고승전』으로부터 취한 것이라고 한다.(23쪽)]

더욱이 주로 다양한 기존자료로부터 소재를 모아서 완성한 『홍찬법화전』의 편집방법으로서 周語彤[2009](24-34쪽)은 다음의 세 유형이 있는 점을 지적한다. (1) 『법화경』의 송지誦持를 권하기 위해 원전의 내용을 일부 의도적으로 생략하거나 기술의 순서를 조정하는 경우가 있다. (2) 동일 인물이나 사건과 관련하여 복수의 자료에 산재하는 기술을 통합해서 하나로 정리하여 다루는 경우가 있다. (3)

립된「승애전」중에서 유일하게 『속고승전』의 영향을 받지 않은 것으로 따라서 『속고승전』일색이라고도 말할 수 있는 후대의 「승애전」에는 그 요소가 조금도 보이지 않기 때문이기도 하다. 그런데 『속고승전』「승애전」이 소신의 장면을 상세히 또 생생하게 묘사하게 있는 것에 비해 당시의 역사적 상황에 관해서는 매우 애매하게 기술하는데 그치는 것과는 대조적으로 『홍찬법화전』「승애전」은 승애의 생애를 담담하고 간단히 소개할 뿐이지만 거기에 엿보이는 역사적 상황이 사실에 부합한다는 점에서 주목해야할 자료로 인정된다. 더욱이 『홍찬법화전』성립시에 『속고승전』이 이미 널리 유포되었음에도 불구하고 그 이외의 자료에 기반하여 「승애전」을 정리하도록 시도하게 하고 또한 실제로 그것을 가능하게 한 것이 어떤 정보, 그것도 『속고승전』보다 훨씬 중요하고 신빙성이 높다고 『홍찬법화전』찬자가 생각하도록 만든 1차적 자료가 있었기 때문이라고밖에 생각할 수 없다.[13] 그리고 그 자료란 『속고승전』도 참조했다고 하는 북주(北周)의 고승

"『홍찬법화전』의 편집방법에서 제3의 유형이란 가령 기존 자료를 반복하는 경우여도 그 자료보다도 신빙성이 높은 사실이 판명된다면 그것에 기반하여 중점을 바꾸어 기술하거나 혹은 자신이 보고 들은 것을 새롭게 추가하여 편집한다"(33쪽)는 경우도 있다.

마지막으로, 필자도 또한 『홍찬법화전』권5「유신제5」수록 여러 전기와 그것이 기반한 원전을 비교해 보았다. 같은 편에는 「宋招提寺釋慧紹」, 「宋盧山釋僧瑜」, 「宋竹林寺釋慧益」, 「梁石門寺釋僧明」, 「梁若耶山釋道度」, 「周益州大乘寺釋僧崖」, 「隋廬山化城寺釋法充」, 「隋廬山峰頂寺釋大志」, 「唐箕州刺史蔣王家人」, 「唐荊州比丘尼秭妹(幷州書生附)」, 「唐雍州豹林谷釋會通」, 「唐襄州月嶺山釋曇猷(西明寺護論師附)」의 합계 14명의 전기(12명은 정전正傳, 2명은 부전附傳)이 수록되어 있다. 이 가운데 「법충전法充傳」, 「대지전大志傳」, 「비구니자매전比丘尼秭妹傳」, 「서생전書生傳(부전)」, 「회통전會通傳」의 다섯 전기는 각각 『속고승전』권27의 「법충전」, 「대지전」, 「회통전」(「비구니자매전」, 「서생전」은 모두 「회통전」의 부전이다)을 전거로 하며, 부분적으로 글자와 문구에 차이가 있지만 현저한 차이는 보이지 않는다. 따라서 승애전을 제외하면 『홍찬법화전』은 『속고승전』을 상당히 충실하게 인용하고 있다는 것을 알 수 있다.

망명(亡名)이 지은 「승애보살전(僧崖菩薩傳)」[14] 이외의 것일 수는 없다고 생각하기에 이르렀다.

그런데 만약 『속고승전』과 『홍찬법화전』이 각각 망명이 지은 「승애보살전」에 기반하여 작성된 것이라면 도대체 왜 둘 사이에는 지금과 같은 차이가 발생한 것일까? 하나의 이유로서 『속고승전』은 「승애보살전」뿐만 아니라 도선이 사천 유행 중에 입수한 『익부집이기(益部集異記)』[15] 등도 참조했다는 정보에 관련된 이른바 객관적인 이유에 의한 것도 생각할 수 있다. 그러나 필자는 그것보다도 중대하고 또 근원적인 원인이 『속고승전』「승애전」의 편집방침 혹은 그 배후에 있는 도선의 「승애전」 찬술 의도에 있다고 생각한다. 도선은 『익부집이기』에 기반하였다고 생각되지만, 신이(神異)나 상서로운 현상에 관련된 묘사를 대량으로 추가하는 한편, 「승애보살전」에는 포함되어 있었을 역사적 상황을 반영하는 내용(이것은 『홍찬법화전』 내용으로부터 추측된다)을 삭제하고 있다. 이것으로부터 필자는 「승애전」을 찬술하는데 있어 도선은 「승애보살전」에 보이는 한 사람의 고승으로서의 승애의 모습을 그대로 이어받은 것이 아니라 승애의 초인적인 측면을 특히 강조함으로써 성인으로서의 승애의 모습을 새롭게 창조해낼 필요가

---

13) 위 각주 12) 참조.

14) 망명亡名과 그의 「승애보살전僧崖菩薩傳」에 대해서는 나중에 상술할 예정이다.

15) 『속고승전』권27 수록 「승애전」 본문은 "其如沙門亡名集、及費長房『三寶錄』, 并『益部集異記』"로 마무리되어 있다. 이에 기반하여 도선이 승애전을 하나로 정리할 때 주로 망명이 지은 「승애보살전」, 비장방費長房의 『역대삼보기歷代三寶紀』, 『익부집이기益部集異記』의 세 문헌을 참조한 사실을 알 수 있다. 그 가운데 보이는 『익부집이기』는 현존상황이 확인 불가능하지만 『속고승전』「승애전」과 이것을 출전으로 하는 문헌 이외에는 그 서명조차 보이지 않는다. 다만 남북시대와 수당隋唐 시대의 사천지역에서 그 지방 고유의 일화나 이야기를 독자적으로 모아서 편집하여 그 지방을 중심으로 유통시킨 문헌일 것으로 생각된다. 자세한 내용은 池麗梅2013F에 논해져 있다.

있었던 것은 아닐까라는 가설을 세우게 되었다.

「승애전」에 관련된 문헌학적 접근에 의해서 판명된 사실은 위에서 언급한 가설을 세우게 한 것뿐만 아니라 이 과제연구의 중심을 승애전 문헌내용의 변천을 따라가는 것으로부터 역사적 맥락에서 승애전 성립의 배경을 파악하는 것으로 옮기게 하였다.[16] 왜냐하면 위의 가설을 입증함에 있어서 『속고승전』의 '렌즈'를 통해서 승애의 모습을 파악하려는 종래의 관점에서 벗어나 승애와 망명 등이 실제로 살았던 시간과 공간인 6세기 중반 사천의 역사·정치·종교적 상황을 전체적으로 부감한 상태에서 망명의 「승애보살전」의 시대적 배경을 재구성해야하기 때문이다. 남북조 시대의 파촉(巴蜀) 지방은 유송(劉宋)으로부터 남양(南梁)으로, 그리고 서위(西魏)를 거쳐서 북주(北周)로라는 여러 번의 정권교체를 경험했지만 정치환경의 격동은 이 지방에 종교적 단절을 가져온 것이 아니라 오히려 그 지역의 불교에 적당한 긴장감을 주어 중층적인 신앙형태를 형성하고 또한 다양한 발전모델을 끊임없이 제공하는 결과가 되었다. 이 의미에서는 유송부터 북주 폐불 직전까지 남북조 시대의 파촉불교는 연속성이 강하고 동일한 역동성을 나타내므로 이 지역에 불교가 형성된 시기라고 불려진다. 승애와 망명은 모두 이 파촉불교 형성기의 끝무렵에 해당하는 시대를 산, 남북조 시대 파촉불교를 얘기할 때 빼놓을 수 없을 정도로 중요한 존재이다.

---

16) 池麗梅2013B「몸을 버리는 승려와 이름을 여읜 승려가 조우하는 '성스러운 공간 -「승애보살전」의 찬자, 석망명전 소고-(身を遣す僧と名を亡くした僧とが遭遇する「聖なる空間」-「僧崖菩薩傳」の 撰者釋亡名傳小考-)(2013년 8월16일~17일 상하이上海 復旦大學에서 개최되는 국제학회 "Sacred Space and Spatial Sacredness: The Composition and Development of Spatial Factors in Medieval Chinese Religions"「神聖的空間與空間的神聖:中古中國宗教中空間因素的構成與展開」발표원고).

한편, 망명과 승애 각각의 전기를 고찰함으로써 알게 된 것은 망명과 승애 사이에는 각자 인생의 출발시점부터 이미 출신·출신지·민족적 문화적 정체성 등에서 분명한 차이가 존재할 뿐만 아니라 그 이후 생애에 걸친 교양·경력·환경 등도 많이 다르다는 상황에서 본다면 가령 동일한 역사적 시공간에 놓이게 된다고 해도 둘이 서로 인정하는 것과 같은 관계를 맺는 일은 일반적으로 생각할 수 없다. 이만큼이나 다른 궤적을 따라간 두 인생이 남북조 말 무렵 익주라는 역사적 시공간에서 교차하게 되었다는 것은 실로 상징적인 의미를 가지는 사건이었다고 생각한다. 망명이 대표하고 있는 것은 이제까지 북조의 동위·서위를 능가하는 국력을 자랑하고 있던 남조 양의 급속한 몰락과 남조와 북조간 우열관계의 역전을 분명히 보여준 파촉·강릉(江陵)의 급락 등의 정치상황에 대한 깊은 무력감, 그리고 중국화(漢化)된 호족(胡族)이 지배하는 북조정권의 세력증강에 의해 남조의 순수한 중국문화의 존속이 위협받게 된 것에 대해 위기의식을 품은 남조 사람들이다. 한편 승애는 장기간에 걸친 외래정권에 의해 지배되어 생활공간에 이어 민족적·문화적 정체성마저 계속해서 잃어가는, 파촉지방에 예로부터 거주해 온 비한민족의 사람들을 대표하고 있다. 망명과 승애는 어느 쪽이나 시대와 정국의 변화에 적극적으로 적응하려고 한 것처럼 보이지만 그러나 둘의 만남으로 상징되는 것은 그들이 각각 등에 짊어지고 있던 민족적 운명에 대한 감각, 즉 정치적 패배자와 문화적 약자가 함께 품었을 상실감이라고 생각한다.

이 근원적인 상실감 혹은 그것을 공유하고 있다는 감각이야말로 망명의 「승애보살전」의 기조를 이루는 것이라고 생각한다. 실제로 그렇다면 이 전기가 승애의 생애, 특히 소신을 기록할 때에는 당시의 역사적 · 정치적 상황이나 그 속에서 살아가는 피지배층 민중의 불안 · 초조 · 울분 · 기대 등이 서로 섞인 복잡한 반응도 전하려고 하는 의도가 매우 명확하게 작용했다고 생각한다. 따라서 『속고승전』「승애전」에 보이는 특징, 즉 초현실적인 모습에 집중한 묘사에 의해 종교적 신비적인 분위기 조성에 힘을 쏟는 한편, 정치적 · 역사적 상황은 매우 애매하게 기술하는 특징은 「승애보살전」으로부터 계승한 것이 결코 아니라, 오히려 도선이 『속고승전』「승애전」을 찬술할 때 덧붙인 각색의 결과인 것은 아닐까? 그리고 연구자가 추구해야할 것은 도선이 그렇게까지 해야했던 이유나 필요성이 도대체 어디에서 생겨난 것일까라는 문제일 것이다.

2. 본 논문의 과제와 방법

앞에서는 특히 필자 자신의 시도를 중심으로 이제까지 행해져 온 승애전에 관한 문헌학적 · 역사학적 관점으로부터의 다양한 접근과 그 성과에 대해서 소개하였다. 이 준비단계를 근거로 하여 이윽고 "도선은 『승애보살전』에 묘사된 한 사람의 고승으로서 승애의 모습을 이어받지 않고 승애의 초인적 측면을 특히 강조함으로써 성인으로서의 승애의 모습을 새롭게 만들어 낼 필요가 있었던 것은 아닐까" 라는 핵심문제에 관한 가설을 검증하는 것이 가능하게 되었다. 이에 본 논문에서는 『속고승전』「승애전」의 내용을 개관하고서 도선이 특히 강조 또는 변경했다고 생각되는 부분의 위치를 확인하고 그와 같이 도선이 강조 또는 변경한 이유와 그 필요성을 고찰하는데 중점을 두고자 한다.

따라서 본 논문에서는 승애전을 중국 불교사상사의 맥락에서 재파악하여 도선 또는 그의 시대에 '유신(遺身)', 더 구체적으로는 '소신(燒身)'이라는 종교적 실천이 어떻게 받아들여졌는가, 특히 자타카나 『법화경』 등의 경전에 근거를 두는 한편, 불살생계라는 율장의 규정에는 위반된다고도 생각되는 유신(소신) 실천의 '합법성' 문제에 도선이 어떻게 대처하려고 했는가를 밝히고 싶다. 나아가서는 이것들을 종합적으로 이해함으로써 '실천불교'를 전개하는 하나의 양상인 '소신행'을 정당화하는 방법에 나타나는 중국의 불교 수용과정의 모습을 보이는 것을 최종 목적으로 하고자 한다.

二. 『속고승전』「승애전」의 개관
-『홍찬법화전(弘贊法華傳)』과의 비교를 통해서

『속고승전』권27 「유신편」수록 「승애전」의 내용은 "具如沙門亡名集, 及費長房『三寶錄』, 幷『益部集異記』"의 문구로 마무리된다. 이로부터 도선이 『속고승전』「승애전」을 정리할 때 주로 사문 망명의 「승애보살전」, 비장방의 『삼보록』(『역대삼보기』), 그리고 『익부집이기』라는 세 문헌을 참조한 것을 알 수 있다. 이 세 문헌 가운데 『익부집이기』[17]라는 책은 현존상황이 확인 불가능하며, 『속고승전』「승애전」

---

17) 『익부집이기』에 대해서 Benn[2006](pp. 413-414)도 참조. 남북조시대와 수당대에는 몹시 기괴한 현상이나 전설을 모아 편집한 지괴소설류志怪小說類가 많이 지어져 그 가운데 몇 종류는 '집이기集異記', '정이기旌異記', '술이기述異記'의 명칭으로 알려져 있다. 시대가 오래된 것으로서 남조 송宋(420~479)의 곽계산郭季産 찬 『집이기』를 들 수 있지만 같은 제목을 지니는 책(3권 중 1권만 현존)이 당대 후기

과 그것을 출전으로 하는 문헌 이외에는 그 책 이름조차 보이지 않지만 그것은 『속고승전』「승애전」의 전거가 될 정도로 파촉지역의 불교나 민속, 지역문화 등을 전하는 중요한 문헌이었음에 틀림 없다. 다만 그 책 이름이 널리 알려지지 않았던 상황으로부터 추측하면 이 책은 6세기 중기 이후에 찬술되어서 『속고승전』이 성립하는 7세기 중기까지는 확실히 유포되어 있었지만, 전파 지역은 북주·수당 시대의 정치·문화 중심지인 장안(長安)·낙양(洛陽)까지는 미치지 않고 겨우 파촉지역에만 머물렀다고 생각된다. 이 책이 최초로 도선의 눈에 띈 것은 현경(顯慶) 연간에 행해졌다고 생각되는 파촉 유행 기간 중의 일이라고 생각된다. 도선은 본래 지괴류(志怪類) 문학에 대해서 관심이 높아서[18] 스스로 저작에 자주 『정이기(旌異記)』, 『술이기(述異記)』 등을 적극적으로 인용하고 특히 만년인 인덕(麟德) 원년(664) 2월

의 설용약薛用弱(?-821~824~?)에 의해서도 저술되며, 현존 여러 문헌중에 인용되는 『집이기』는 거의 후자를 출전으로 하는 일화가 차지하고 있다. 위의 두 책은 그 성립연대에 의해, 6세기 중기에 살았던 승애의 사적을 전하는데 있어서 7세기 중기에 성립된 『속고승전』이 참조하는 것은 불가능하지만 '집이기' 등의 명칭 아래 지괴소설이나 일화집이 중세 중국에서 지어져 애독되었다는 전통이나 문화적 분위기를 살펴볼 수 있게 하는 의미에서 중요하다. 이외에 비슷한 명칭을 지니는 같은 부류의 책으로서 후백侯白(자字는 군소君素, 590년경) 찬술의 『정이기旌異記』가 자주 『속고승전』을 포함하는 도선의 저작에 출전으로 등장한다. 또 남송南宋 조공무晁公武의 『군재독서지郡齋讀書志』에 처음 보이는 남조 양梁 임방任昉(460-508) 찬撰 『술이기述異記』가 있다. 이 책은 2권 구성으로 현존하지만 이미 『사고전서총목제요四庫全書總目提要』에서 지적된 것처럼 남조 양梁 이후, 당唐 중기까지의 기사도 섞여 들어가 있어서 모든 내용이 임방의 손에 의한 것도 아닌 듯하다. 이 책들이 명칭의 유사성이나 성립연대로부터 『속고승전』「승애전」의 전거가 되는 것을 완전히 부정할 수는 없지만 적어도 현존개소로부터는 그 관련성을 확정할 수 없는 것이 현실이다. 그러나 이들 여러 문헌의 존재로부터 남북시대나 수당의 사천지역에서 그 지방 고유의 일화나 이야기를 독자적으로 모아 『익부집이기益部集異記』라는 책으로 편집, 그 지방을 중심으로 유통하였다는 점은 극히 자연스러운 전개라고 생각된다.
18) 藤善眞澄[2002], 297쪽, 주注 32).

이후 신비적인 감응을 몇 차례 체험한 일도 있어서 초현실적이거나 그것에 관련된 기록에 대해서 회의나 곤혹을 보이는 일은 없었다.[19] 『익부집이기』가 일실된 현재로서는 이 책과『속고승전』「승애전」 내용의 대응관계를 보이기는 어렵다. 다만 도선이 망명 찬「승애보살전」만으로는 만족하지 못하고『익부집이기』도 함께 사용했다고 하는 사실로부터 이 책의 기록에 높은 관심을 가지고서「승애전」을 자신의 손으로 확충·재편하려고 하는 의도가 있었던 점이 추측된다.

『익부집이기』와「승애보살전」 자체가 현존하지 않는 상황에서『속고승전』이 어느 정도의 각색 또는 창작을 했는지는 추측의 영역을 벗어나지 않는다. 그래서 필자가 이전부터 제안하고 실시해 온 연구방법은 현존자료 중에서 유일하게『속고승전』「승애전」의 영향에 좌우되지 않은『홍찬법화전』「승애전」을 주축으로 승애의 민족적 출신, 출가에 이르는 경위, 특히 두 차례에 걸쳐서 실행된 소신을 둘러싼 역사적 환경에 중점을 둔 고찰에 의해서「승애보살전」에 전해져 온 승애라는 인물의 실상을 복원하는 것이었다.[20] 그에 이어서 본고에서는 이전의 고찰에서 분명하게 된 역사적 환경이나 승애의 인물상 및 그

---

19) 예를 들면, 인덕 원년(664)에 자신의 기이한 체험을 기록하여 찬술한 『도선율사감통록道宣律師感通錄』에서는 "餘少樂多聞希世拔俗之典籍, 故『搜神』、『研神』、『冥祥』、『冥報』、『旌異』、『述異』、志怪錄幽, 曾 經閱之, 故非疑慮。"(T52, no. 2107, 436a4-6)라고 설하고 있다. 더욱이 가장 만년에 해당하는 건봉乾封 2년(667) 3월, 전월에 감령感靈한 때에 새로 쓴「중천축사위국기원사도경서中天竺舍衛國祇洹寺圖經序」에는 "由是搜採群篇, 特事通敍, 但以出沒不同, 懷鉛未卽。忽於覺悟, 感此幽靈, 積年沈鬱, 霈然頓寫。然夫冥隱微顯, 備聞前絶, 于寶『搜神』之錄、劉慶『幽明』之篇、祖臺『志怪』之書、王琰『冥祥』之記廣張、往往未若指掌、流俗俶瑰之儔、或生果論。未達通方之臣昌、斯傳不足以聞。又有『旌異』、『述異』之作、『冥報』、『顯報』之書、額敍煩攝、光問古今。餘卽所列事等、文宣天王之錄、亦同建安石佛之作、覺夢雖異、不足懷疑。"(T45, no. 1899, 883a21-b1)라고 표명되어 있다.

20) 池麗梅2013B을 참조.

시대적 의의를 염두에 두고 이번에는 고찰의 주축을 『속고승전』「승애전」으로 되돌려 그 내용을 『홍찬법화전』과 비교하며 독해함으로써 이 책이 독자적으로 설정한 승애전의 기조와 그 의도를 드러내 보고자 한다.

1. 승애의 출신과 약력

『홍찬법화전』은 승애(488이전~562)가 본래 '양인(獽人)'이었다고 전할 뿐 그의 속성이나 출신지에 대해서는 말하고 있지 않다.[21] 한편 『속고승전』은 승애의 본관·출신에 대해서 '부릉(涪陵)' '양(獽)'족 부락의 모(牟) 씨라고 하고 그 선조는 동진 의희(義熙) 9년(413) 유유(劉裕)의 부하 주령석(朱齡石)이 파서(巴西)의 호족 초종(譙縱)이 창건한 후촉(後蜀)을 토벌할 때 징병된 것을 계기로 '부릉'을 떠나 익주(益州) 광한군(廣漢郡) 금연현(金淵縣)의 산지에 이주하게 되었다고 한다.[22] 승애가 살았던 시대는 양족이 익주 금연에 정주하고 백년 정도 경과한 즈음으로 특히 금연은 부근의 광한·신도(新都) 등의 도시뿐만 아니라 겨우 1백5십 리 거리에 성도(成都)라는 대도시가 가까이 있는 지리적 환경이어서 산중의 특산품을 팔아 생활·수렵에 필요한 도구를 입수하기 위해 양족과 주변 도시의 한족과의 왕래는 일상적으로 행해지고 있었다고 생각된다. 처음에는 산지·하천이라는 풍부

---

21) 『홍찬법화전』권5 「승애전」에 "釋僧崖(崖)、本獽人也。"(T51,25a22)로 되어 있다.

22) 『속고승전』권27 「승애전」에 "釋僧崖、姓牟氏、祖居涪陵。晉義熙九年、朱齡石伐蜀、涪陵獽三百家、隨軍平討、因止于廣漢金淵山谷。崖卽其後也。"(T50, 678b14-16)로 되어 있다. '朱齡石伐蜀', '涪陵', '獽族', '金淵山谷' 등에 대해서는 池麗梅 [2013B]을 참조.

한 자연환경에 혜택받은 생활공간에서 고유의 언어·풍속·습관을 지키고 있었지만 교역을 주로 하는 왕래를 거듭하는 동안 양족의 사람들도 서서히 한족의 생활물자·언어·습관 내지는 그 사회에 익숙해지기 시작하여 마침내는 한족의 생활양식·문화·종교라고 하는 것에 동경하는 자가 나타내게 되었다는 것은 거스르기 어려운 전개였다고 생각된다.

이 '중국[華]'과 '이민족[夷]' 사이에 전개된 민족적·문화적 정체성의 대립과 전환은[23] 『홍찬법화전』「승애전」에서 하나의 기조가 되어 있다.[24] 이 전기에는 양(獽)이라는 비한족[夷] 출신으로 그 생활환경·

---

23) 『태평환우기太平寰宇記』 권76, 「검남서도오·간주劍南西道五·簡州」 조에, "有獽人、言語與夏人不同。嫁娶但鼓笛而已、遭喪乃立竿懸布置其門庭、殯於別所、至其體骸燥、以木函盛置於山穴中。云、此四郡獽也。"라고 기록되어 있다. 이 가운데 보이는 '李膺[記]'란 이응李膺의 『익주기益州記』(이응 『촉기蜀記』라고도 약칭된다)를 가리킨다. 이 책은 양梁 천감天監 7년(509) 이전에 성립된 것으로 추정되며, 일문만 현존한다. 다만 일문 일부는 수당대까지 시기가 내려오는 것으로 보인다. 현존 일문에는 "此四郡獽也、有夷人、與獽類一同、又有僚人與獽夷 一同、但名字有異而已"라는 기술이 있다. '四郡獽'의 의미는 정확하지는 않지만 한인漢人의 지배와 통치 아래에 놓인 지역의 양민獽民일 것으로 추정된다. 『북사北史』 권95(열전列傳제83「婆利·丹 丹·盤盤」)에 이른바 '남만南蠻', '백월百越'의 혈통을 계승한 소수민족에 대해서, "禮云「南方曰 蠻、有不火食者矣。」然其種類非一、與華人錯居。其流曰蜑、曰獽、曰俚、曰獠、曰？。居無君長、隨山洞而居。其俗、斷髮文身、好相攻討。自秦幷三楚、漢平百越、地窮丹徼、景極日南、水陸可 居、咸爲郡縣、泊乎境分南北、割據各殊、蠻、獠之族、遞爲去就。"라고 서술되어 있는 것을 보면 남북조시대에는 한인과 섞어 사는 것이 이미 진행되고 있었다는 것을 알 수 있다. 비슷한 기록은 『수서隋書』 권82, 열전列傳 제47 「남만南蠻」 조에도 보인다. 그곳에는 "南蠻雜類、與華人錯居、曰蜒、曰獽、曰 俚、曰獠、曰、俱無君長、隨山洞而居、古先所謂百越是也。其俗斷髮文身、好相攻討、浸以微弱、稍屬於中國、皆列爲郡縣、同之齊人、不復詳載。"라고 되어 있어서 한족에 의한 통치, 한인과의 접촉에 의한 이들 소수민족의 문화적 동화가 진행되고 있었던 것을 살펴볼 수 있다. 더욱이 명明 시대가 되면, 양민獽民은 "今則文質彬彬矣"(『촉중광기蜀中廣記』 권55, 「간주簡州」)이라고 말해질 정도까지 된다.
24) 이 단락은 『홍찬법화전』「승애전」에 보이는 아래의 내용에 기반하여 정리한 것이다. 즉 『홍찬법화전』「승애전」에 "釋僧岸(崖)、本獽人也。雖居夷俗、情慕華風。威容

풍습 가운데 태어나 자라면서도 마음속으로는 한족의 세련된 기풍·관습을 사모하고 동경하던 인물로서 승애가 묘사되어 있고 그의 이른바 민족적·문화적 정체성을 둘러싼 갈등을 우선 문제로 삼음으로써 승애전의 기조가 분명하게 내세워지고 있다. 선천적으로 단정하고 위엄 있는 풍모와 우아한 행동거지만으로도 주위에 위화감을 주었을 터이지만, 부족집단의 생업인 수렵과 어업을 잔인한 행위로 간주하여 완강하게 거부했다면, 당연한 결과로서 가족과 부족전체와의 대립은 점점 심각해져 갔을 것이다. 승애의 반항을 끝내 보아 넘기지 못하게 된 아버지와 형은 그를 억지로 사냥에 데리고 나가 보았지만 오히려 사냥물을 모두 도망가게 한 일로, 부족집단이 공유해 온 전통과 가치관과 그의 존재는 서로 결코 용납할 수 없는 관계라는 점을 쌍방이 깨닫지 않을 수 없었을 것이다. 여기에 이르러 결국 승애는 고향을 떠나기로 결심하고 선조 대대로 살아온 산지로부터 내려와 수렵 등보다 세련된 생활양식을 찾아서 '대도시'인 익주로 향했던 것이다.

한편 『속고승전』에 의하면 승애는 익주 금연에 머물러 살던 양족 부락에 태어나 어렸을 적부터 차분한 성격으로 헛된 말이 없으며 산의 샘물일지라도 반드시 고마움을 표하고 나서 마실 정도로 예의가 바른 사람이었다. 조금 특이한 점을 말하면 때때로 눈도 깜빡이지 않고 장시간 생각에 몰두하는 일이 있었지만 이유를 물으면 "이 육신이 혐오스러운 것을 생각하기 때문에 언젠가는 이것을 태워 없애버릴

端儼、舉止閑雅。加以性戒成就、不行殘忍。獽之猥俗、多居山藪、好行殺獵、終日網捕。僧崖端拱、獨自不爲。父兄每瞋、云其儜劣、崖意不免、杖刃而行。每見群鹿、挽弓射之、要附毛而過、卒無傷害。父兄雖見、亦無感悟。崖亦知其不可敎化、遂辭而行焉。"(T51, 25a22-28)로 되어 있다.

것이다"라고 섬뜩한 대답을 하는 것이었다. 그러한 그가 성인이 되고 나서는 부족집단에서 다양한 문제를 일으키고 만다. 부족집단의 성인남자와 함께 종군하였지만 온몸에 종기가 난 일로부터 수렵이 살생을 범하는 좋지 않는 생업이라고 깨달아 사냥을 관두고 도구도 태워버렸다. 그리고 어느 날 부족집단장이 여러 사람을 거느리고 강에서 둑을 만들어 물고기 양식을 계획했지만 그곳에서 거대한 뱀이 강으로부터 나타나 날아가는 정경을 보고 둑 건설을 그만 두어야 한다는 승애의 예언과 경고가 무시되자 바로 둑이 붕괴되고, 그것을 계기로 승애는 마침내 결심하여 출가의 길을 선택했다고 전해진다.[25]

이와 같이 『속고승전』도 마찬가지로 승애가 부족집단을 떠나게 된 경위에 대해 서술하고는 있지만 여러 의미에서 『홍찬법화전』과는 뉘앙스가 다르다. 예를 들면 승애의 출신인 부족집단의 생활양식에 대한 거절은 이른바 '화풍(華風)'이라는 한민족 문화의 영향에 의한 것이 아니라 오히려 개인의 체질이나 주체적 체험에 기반한 결단으로서 묘사되어 있다. 특히 그가 부족집단 생활을 버리는 계기가 된, 물로부터 거대한 뱀이 나타난 것은 이 전기가 드는 최초의 초현실적 현상으로서 이것을 바로 눈 앞에서 본 승애는 전에 온몸에 생겨난 종기가 자신의 살생을 그만 두게 하기 위한 경고라고 깨달은 것과 마찬가

---

25) 이 단락은 『속고승전』「승애전」에 보이는 아래 내용에 기반하여 정리한 것이다. 즉 "釋僧崖、姓牟氏、祖居涪陵。晉義熙九年、朱齡石伐蜀、涪陵獲三百家隨軍平討、因止于廣漢金淵山谷。崖卽其後也。而童幼少言、不雜俳戲、每遊山泉、必先禮而後飲?或諦視不瞬、坐以終日、人問其故、答曰、「是身可惡、我思之耳、後必燒之。」及年長從戎、敬然剛正。嘗隨伴捕魚、得己分者、用投諸水、謂伴曰、「殺非好業、我今舉體皆現生瘡、誓斷獵矣。」遂燒其獵具、時獵首領數百人共築池塞以養魚、崖奉家僮往彼觀望。忽有異蛇長尺許、頭尾皆赤、須臾長丈(大)、乃至丈餘、圍五六尺、獵衆奔散、蛇便趣水舉尾入雲、赤光遍野、久之乃滅。尋爾衆聚、具論前事、崖曰、「此無憂也。」又勸停池堰、衆未之許、俄而隄防決壞、遂卽出家。"(T50, 678b14-29)로 되어 있다.

지로 이번 사건은 부족집단의 집단살생(어업의 운영)이 부른 결과라고 판단, 둑 건설을 중단하면 사태는 아직 수습 가능하다고 예언했다. 부락의 지도자들이 그 경고를 무시하고 공사를 강행한 까닭에 바로 승애의 예언을 뒷받침이라도 하듯이 둑은 붕괴되었다. 여기에서는 이미 중국과 이민족 문화의 차이와 대립이 중요한 문제가 아니게 되었으며 어디까지나 "살생은 악업이다"라는 불교적 윤리관에 바탕하여 양족의 생활방식을 비판하고 그 근거가 집단의 구성원인 승애의 신체에 나타난 이변과 그 지방의 자연계를 대변하는 '거대한 뱀' [26]의 두 곳에서 구해지는 것은 실로 흥미롭다.

　더욱이 이 정도로 '살생'의 단절을 강하게 권하는 한편, 젊은 승애가 자신의 육신에 대한 혐오감을 드러내 나중에 실행하게 되는 소신의 결심을 주위에 넌지시 알리고 있는 장면도 또한 기묘한 충격을 안겨준다. 왜냐하면 한편으로는 불살생이 불교윤리의 기본으로서 계율에 엄격히 규정되어 있는 것이고, 다른 한편으로는 소신이 실제로 『법화경』 등의 대승경전에 설해진 '보살행'을 모델로 하는 종교적 실천이기에 언뜻 보면 서로 용납하기 어려울 것으로도 생각되는 '불살생'과 '소신'이라는 두 주장이 이렇게 하나의 전기에 어려움 없이 공존하고 있기 때문이다.

---

26) 거대한 뱀이 나타내는 의미에 대해서는 본 논문 제4절에서 상술한다.

2. 승애의 출가

　출신인 양부락의 민족적 정체성을 실질적으로 버린 승애가 익주에 도착하기는 했지만 한족 사회에서 자신이 머물 장소를 바로 찾았다고는 생각할 수 없다. 본관 지역에 강한 연대를 갖는 중국 사회에서는 그것을 떠나면 무일푼이 되는 것뿐만 아니라 사회적인 존재로서 인정되지 않는 유민이 될 수밖에 없다. 특히 승애와 같이, 한족 입장에서 '만족(蠻族)' 출신자인 사람들에게는 우선 그 출신으로 인해서 사회적 지위가 주어지지 않고 더욱이 농업·상업이라는 한인사회에서 살아남기 위한 생계수단을 가질 수 없고 하물며 문장·학문에 훌륭해질 리도 없기 때문에 그가 익주에서 독립된 생계를 세울 희망은 전혀 없었다고 생각된다. 그와 같이 정말로 어찌할 바를 모르고 있던 그를 받아들여준 곳이 불교사원이었다.

　『홍찬법화전』「승애전」은 "來至益州, 投充闍梨, 願爲弟子"(T51, 25a28-29)라고 매우 짧게 출가에 이르기까지의 경위를 서술하고 있지만 『속고승전』이 "三十年間, 大弘救濟, 年踰七十, 心力尙强"(T50, 678c19-20)이라고 승려로서의 경력을 총괄하는 점에 의거한다면 그가 실제로 승려라는 신분을 얻은 것은 이미 40세를 지났을 무렵의 일이었다. 양부락을 떠난 후 익주에서의 유랑생활을 거쳐 사원에 도달하기까지의 기간과 그 간의 경력·처지는 전혀 알 수 없지만 그가 사원에 당도하여 그곳의 승려를 모시던 시절의 일화가 후기 개보장계통 이후의 『속고승전』 문헌에 수록되어 있다.[27] 그 가운데 특히 주목할

---

27) 『속고승전』「승애전」에는 "時依悉禪師、施力供侍?雖充驅使、而言語訥澁、舉動若

것은 실선사(悉禪師)를 모시기 시작했던 무렵에 승애가 불문에 귀의한 제자가 아니라 어디까지나 하인으로서 부려지고 있었다는 점이다. 승애가 사원에 들어간 것은 불교에 귀의해서 승려가 되려는 뜻이 있었기 때문이 아니라 익주에서 그와 같은 만족 유민에게 주어지는 거주처나 직업은 주로 육체노동으로 일하는, 관료·대지주의 저택의 노비나 사원에 소속되는 하인 등으로 한정되어 있었기 때문이라고 생각된다. 실제로 사원에 거주처를 찾았어도 승애는 소수민족 출신이기 때문에 언어가 자유롭지 않고 또 생활습관이 달랐기 때문일까, 행동도 서툴렀다. 겨울에 선사를 위해서 화로를 준비할 때 숯을 넣고 빼는 것이 능숙하지 못해서 노여움을 일으키게 되고, 게다가 선사에게 말대답을 하여 더욱 노여움을 사서 결국에는 견책의 말을 진짜로 받아들여서 손을 맹렬히 타오르는 불꽃에 넣어버리고 마는 사태로 발전하고 더욱이 그 기묘한 언동이 계기가 되어 선사의 문하로부터도 음험한 따돌림을 받게 되는 결과가 되었다. 『속고승전』은 이 사건들을 모두 뒤에 실행되는 소신의 이른바 전조로서 묘사하고 있으며 어느 것이나 그와 불꽃과의 불가사의한 인연, 그리고 화상을 입어도 결코 아파하지 않는 강한 인내심이라고 하는 이른바 승애의 초인적

癡。然一對一言、時合大理。經留數載、無所異焉。至玄冬之月、禪師患足冷、命之取火。乃將大鑪炎炭、直頓於前。禪師責之曰、「癡人、何煩汝許多火」。乃正色答曰、「須火却寒、得火嫌熱、孰是癡人。情性若斯、何由得道」。禪師謂曰、「汝不畏熱、試將手置火中」。崖卽應聲將指置火中、振吒作聲、卒煙涌出、都不改容。禪師陰異之、未卽行敬。又以他日、諸弟子曰崖耐火、共推之火爐。被燒之處、皆竛成瘡、而忻笑自如、竟無痛色。諸弟子等具諮禪師、禪師喚來謂曰、「汝於此學佛法、更莫漫作擧動、或亂百姓」。答曰、「若不苦身、焉得成道?如得出家、一日便足」。禪師遂度出家、自爲剃髮、但覺鬢鬢易除、猶如自落。禪師置刀於地、攝衣作禮曰、「崖法師、來爲我作師、我請爲弟子」。崖謙謝而已。旣法衣著體、四輩尊崇、歸命輪誠、無所恡惜、或有疾病之處、往到無不得除。三十年間、大弘救濟、年踰七十、心力尙强。"(T50, 678b29-c20)으로 되어 있다.

인 특수능력을 보여주는 일화로서 기술하고 있다. 그러나 이 기술들로부터 신비적인 요소를 전부 제거하고 본다면 가난한 만족 출신자가 한족사회에 융화되려고 할 때 불가피하게 충돌하게 되는 벽의 높음과 두꺼움이 드러난다.

그러나 『속고승전』에서 이 기술들은 어디까지나 승애의 성인의 모습에 '금색'을 칠하기 전에 깔리는 '바탕색'으로서 전개되고 있다. 그는 서투른 언동과는 정반대로 그 응답이 '큰 도리[大理]'에 맞고 실선사의 제멋대로인 행동에 대해서 늠름한 태도로 대응했다고 되어 있다. 더욱이 선사의 문하에게서 못된 놀림을 당하는 쓰린 경험도 또한 그와 불꽃과의 불가사의한 인연, 그리고 피부가 타서 부상을 당해도 결코 아파하는 모습을 보이지 않는 강한 인내심, 혹은 초인적인 특수능력을 시사하는 일화로서 제시되어 있다. 이 일을 들은 선사는 제자의 못된 놀림을 벌해야할 것이지만 거꾸로 승애의 불가사의한 능력을 경계하여 주위를 미혹하게 하지 말라고 승애에게 경고한다. 거기에서 승애는 고행을 완수하지 않으면 성도(成道)도 이룰 수 없다고 스스로의 생각을 고백하여 선사에게 출가를 허락해 주도록 간절히 기원했다. 삭발식에서는 선사가 삭발하는 칼이 이르는 곳마다 머리털이 매우 경쾌하게 떨어지는 듯한 불가사의한 감각을 체험하고 그 곳에서 승애에 대해 제자의 예를 받아들였다고 전해진다. 이와 같이 출가할 때 승애는 일약 주목의 대상이 되어 실선사와 주위로부터 존경을 한 몸에 받고, 질병을 치료하는 불가사의한 힘을 발휘해서 30년간에 걸쳐서 민중구제에 힘썼다고 하는 극적인 전개가 되어 있다.

이전에도 논한 것처럼 필자는 역사인물로서 승애의 모습을 높은 수준의 문명에서 생겨난 한족의 기풍이나 생활양식을 동경하여 결국에는 자신의 민족적 정체성을 버리고 전부를 던져서 한족사회에 뛰어들었다는 '신분에 적합하지 않은 생활방식'을 승애가 선택하고 말았다는 점에서 역으로 구할 수 있지 않을까라고 생각한다. 당시의 익주, 즉 문벌과 계급에 기반하여 모든 제도를 구성한 중세의 한족사회에서 자신의 거주처를 구할 수 없다고 하는 현실의 엄격함을 절실히 깨닫게 된 승애는 최종적으로 자기의 존재·가치를 실현하는 최후의 희망을 '불문(佛門)'에서 구하게 되었다. 그리고 여러 시련을 넘어서서 결국에 그는 '승애'라는 새로운 이름과 함께 '불도(佛道)'를 걷는 주체로서의 '승려'라는 신분을 획득할 수 있었다. '승애'로서 다시 태어난 그에게 '불문'은 속세와는 차별되는 '성스러운 공간'이라는 상대적인 것이 아니라 자기의 존재, 자기의 삶을 허락해 주는 유일한 절대적인 곳으로서, 그러므로 그를 오랜 기간 괴롭혀온 '신분'이라는 주박으로부터 해방시켜 주는 '불도'에서 사는 것만이 근원적인 '상실감'의 극복을 가능하게 하는 단 하나의 길이었다. 이 관점에서 보아 취하는 승애의 모습과 그 시대적 의의란 중국과 이민족의 민족·문화에 보이는 대립 및 전환에서 약자(소수자)의 입장과 관점을 대변하는 지점에 있다. 한 쪽의 『속고승전』에서는 승애의 특수능력이나 그 카리스마적 성품을 강조함으로써 종전의 승애전의 밑바탕을 형성하고 있던 중국과 이민족 문화의 대립과 전환이라는 초점을 완전히 흐릿하게 하여 승애의 '인간성'을 교묘히 '성인성(聖人性)'으로 바꾸어 놓았던 것이다.

3. 승애의 소신(燒身)

출가하여 승려가 된 후 승애의 삶의 사적은 대개 '소지(燒指)'와 '소신'의 두 사건을 둘러싼 기사로 구성되어 있다. 앞서 말한 바와 같이 종래에는 『속고승전』의 기록에 기반하여 승애의 '소지'는 '소신'의 바로 서곡으로서 두 사건은 동일목적을 달성하기 위해 동일시기에 연속해서 생겨났다고 생각되는 경향이 강했다. 그러나 여러 종류의 자료를 종합적으로 해석해 본 결과, 두 행동은 각각 다른 목적을 가지고 각각 무성(武成) 원년(559) 6월과 그 3년 후인 보정(保定) 2년(562) 7월 15일이라는 다른 시기에 행해진 것일 가능성이 생겨난 것은 이전에 지적한 대로이다.[28] 다만 『속고승전』에서는 두 사건의 경계가 매우 애매하게 되어 있기 때문에 상술한 것과 같은 경향이 생겨났겠지만, 한편 『홍찬법화전』에 연대는 명기되어 있지 않아도 그 내용을 있는 그대로 독해하면 '소지'와 '소신'이 각각 독립된 사건으로서 기술되어 있는 점은 명백하다.

(1) 소신사건 ―『홍찬법화전』「승애전」편

『홍찬법화전』에서는[29] 출가 후의 승애가 확실히 계율을 지켜서 세

---

28) 池麗梅2013B을 참조.
29) 『홍찬법화전』「승애전」에는 "出家以後、篤志精懃、身無長衣、鉢無餘食。每讀『法花經』、至「藥王菩薩品」、聞燒身供佛、焚指弘經。覃思斯言、內興誓願、遂燒一指、造『法花經』。當燒之日、觀者塡咽、嚫物委積。後營殿塔、爰及房廊、剋日燒身、擬營斯福。時周趙王、襄帷益郡、撫政臨民、除煩去苛。加以敬愛三寶、匡護四依。崖以此事諮王、王卽許諾、剋日傍告、遠近咸知。薪柴累積、香油豐溢。其日、王親率官寮、同來觀禮。崖於是手執香爐、足躡柴積、端坐其上、告四衆云、「崖心存利物、意靡貪求。今捨穢軀、建立淨刹。若斯言不爽、要當示以肉心。」誓已、因令縱火、端坐誦經、音聲淸

벌 이외의 옷은 소유하지 않고 식사도 필요 이상으로 하지 않으며, 다만 한 뜻 한 마음으로 수행에 매진한 모습을 묘사하는 것으로부터 이야기를 시작하고 있다. 그는 특히 『법화경』을 즐겨 독송하고, 「약왕보살품(藥王菩薩品)」에 설해져 있는 일체중생희견보살(一切衆生憙見菩薩, 약왕보살의 전신)이 전후 2회에 걸쳐 최초는 소신하여 부처님과 『법화경』에 공양하고 다음은 양 팔을 다 태워서 불사리에 공양했다[30]는 사적에 깊은 감명을 받아 반복해서 숙고한 결과 위대한 보살을 본받겠다고 마음 속으로 서원했다. 그리고 그 서원을 실행하기 위해서 내디딘 첫 걸음이 『법화경』을 유포시키기 위해 공공장소에서 손가락을 하나 태우는 것이었다. 그 행동을 끝까지 지켜보려고 모인 군중으로 길이 막히고 사람들이 바친 보시물이 산처럼 쌓였다고 하는 당시의 성황이 전해져 있다. 이처럼 『홍찬법화전』의 기록은 겨우 몇 줄에

亮。火至其面、聲乃絶焉。於是上天雨花、下遍城邑。遠近悲哭、老少咨嗟、嚫施塡委、珍賄山積、竝以入寺、用興殿塔、燒身旣盡、肉心獨存。此豈非位階不退、故得言誓不差乎。王視肉心、撫而慟哭、「菩薩聖人、於焉永往。嗚呼痛矣、失蔭如何。」時人皆號爲「僧崖菩薩」、王奉肉心、起一大塔、朝夕虔禮、供養無闕焉。"(T51, 25a29-b19)이라고 보인다.

30) 『묘법연화경妙法蓮華經』 권6 「약왕보살본사품藥王菩薩本事品」에 "是一切衆生憙見菩薩、樂習苦行、於日月淨明德佛法中、精進經行、一心求佛、滿萬二千歲已、得現一切色身三昧。…… 從三昧起、而自念言、『我雖以神力供養於佛、不如以身供養。』卽服諸香、栴檀、薰陸、兜樓婆、畢力迦、沈水、膠香、又飮瞻蔔諸華香油、滿千二百歲已、香油塗身、於日月淨明德佛前、以天寶衣而自纏身、灌諸香油、以神通力願而自然身、光明遍照八十億恆河沙世界。其中諸佛同時讚言、『善哉、善哉! 善男子! 是眞精進、是名眞法供養如來。若以華、香、瓔珞、燒香、末香、塗香、天繪、幡蓋及海此岸栴檀之香、如是等種種諸物供養、所不能及; 假使國城、妻子布施、亦所不及。善男子! 是名第一之施、於諸施中最尊最上、以法供養諸如來故。』作是語已而各默然。其身火燃千二百歲、過是已後、其身乃盡。"(T9, 53a23-b18)으로 되어 있다. 또 이어서 "爾時一切衆生憙見菩薩復自念言、我雖作是供養、心猶未足、我今當更供養舍利…… 卽於八萬四千塔前、然百福莊嚴臂七萬二千歲而以供養、令無數求聲聞衆、無量阿僧祇人、發阿耨多羅三藐三菩提心、皆使得住現一切色身三昧。"(T9, 53c22-54a1)라고 보인다.

그치지만 그 중점은 승애가 『법화경』을 널리 전하기 위해서 이 경에 설해지는 보살행을 그대로 실행에 옮기는 곳에 놓여져 있다.

후에 사원의 법당 · 불탑 및 승방(僧房)을 세우는데 있어서, 승애는 다시 소신을 감행하여 정재(淨財)를 모으는 계획을 세우기 시작했지만, 이것은 새로운 사원창설, 혹은 사경사업 등에 수반하여 필요하게 된 효애사(孝愛寺) 확장공사의 건을 가리킨다고 생각된다. 다만 이전과 다른 것은 손을 태운 사건을 경계로 하여 승애 자신이 무명의 이민족 승려로부터 일약 영향력을 지닌 고승이 되었으며 더욱이 이번은 죽을 것이 분명한 온몸의 소신을 결심하고 있다는 것이다. 소신에는 대규모의 계획과 준비가 필요한 이상 소속교단은 처음부터 지방정부에 사전 신고하여 그 허가를 받는 일이 필요하게 된다. 전술한 것처럼 『속고승전』「승애전」은 어떤 이유인지 승애를 둘러싼 정치적 환경에 대해서 거의 다루려고 하지 않는다. 그러나 『홍찬법화전』은 승애의 소신사건 전 과정에 북주의 익주총관(益州總管) 우문헌(宇文憲, 544~578)[31]이 깊이 관여했음을 전하고 있다. 이에 의하면 새로운 사

---

31) 『홍찬법화전』의 현존본에는 '주조왕周趙王'으로 쓰여져 있으며 이 인물은 북주北周 제국공齊國公(건덕建德 3년〈573〉 이후는 '제왕齊王') 우문헌宇文憲의 후임으로서 보정保定 2년(562) 11월에 익주총관益州總管에 임명된 조국공趙國公(건덕建德 3년〈573〉 이후는 '조왕趙王') 우문초宇文招이다. 우문초는 초국공譙國公 우문검宇文儉이 그 후임으로 결정되는 천화天和 5년(570) 7월까지의 8년 간에 걸쳐서 익주총관으로서 재임했다고 추정된다. 그런데 승애가 소신을 실시한 것은 보정保定 2년(562)인 것이 확실하고, 또 그에 대한 최초의 전기작가인 망명은 승애의 입적을 확인한 후에 우문헌과 함께 상경하게 되었기 때문에 승애, 망명 및 우문초 삼인이 같은 시기에 익주에 있다는 것은 우선 불가능하다. 더욱이 『속고승전』에는 소신의 실행날에 대해서 연호는 기록하고 있지 않지만 7월 15일이라는 날짜는 명시하고 있어서 이것을 믿는다면 승애가 소신한 것은 보정 2년(562)의 7월 15일이된다. 그러면 승애의 생존 중에는 우문초가 익주에 부임할 즈음이던가, 아직 익주총관에 임명조차 되지 않았던 것이 된다. 더욱이 "撫政臨民、除煩去苛"라고 『홍찬법화전』이 칭찬하는 내용과 「주상주국제왕헌신도비周上柱國齊王憲神道碑」에

원창설이나 혹은 익주의 거처인 효애사 경내에 법당 · 불탑을 증설하기 위해 소신할 결심을 굳힌 승애가 지방장관인 우문헌에게 본 뜻을 개진했을 때 바로 허가가 내려졌다. 기일이 결정되자 그 공지는 일순간에 주변 여러 지역에 퍼져갔다. 결행 당일이 되자 성도현(成都縣) 동남쪽 한 구석에는 땔감을 쌓아 올려서 높이 수 장(丈)에 이르는 망루형 구조물(원 일본어는 망루나 높은 단을 뜻하는 'やぐら'-역자)을 지었고 그 주변에는 많은 승려와 속인이 모였으며 우문헌도 또한 휘하의 관원들을 인솔해서 소신의 처음부터 끝까지 입회하였다. 승애는 산처럼 쌓인 땔감 위에 단좌하고 "내 마음은 단지 중생을 이익되게 하는 일에만 있으며 이욕으로 인해 달리는 것은 아니다. 지금부터 이 더러운 신체를 버리고 청정한 사원을 건립하자. 나의 말이 진실인 것은 반드시 '육심(肉心)'(심장)에 의해서 보여질 것이다"라고 사람들에게 알렸다. 이와 같이 승애는 사원건립이라는 목적을 알리고 아울러 심장은 타지 않고 남을 것이라고 예언한 것이다. 불을 붙인 후에도 승애는 단좌한 채 똑똑한 목소리로 독경을 계속했지만 불이 얼굴을 덮치자 소리가 끊겼다. 그러자 하늘에서 꽃이 내려 주변 전체에 흩날리는 가운데 사람들에게서 슬피 우는 소리와 탄식이 튀어 나왔다. 우문헌은 승애의 예언대로 타지 않고 남은 심장을 손에 들고 무의식중에 통곡했다. 심장사리는 그 후 훌륭하게 세워진 탑에 봉납되고 우문헌은 항상 예경하고 보시공양을 빠뜨리지 않았다. 사람들은 누구나 승

적혀있는 우문헌의 익주에서의 덕있는 정치와 기본적으로 부합하고 있는 점을 함께 생각하면 『홍찬법화전』에 한 곳에만 '주조왕(周趙王)'으로 나타난 것이 본래는 '주제왕(周齊王)'이었지만 옮겨쓰는 중에 잘못 베낌 등에 의해 현재의 '주조왕'으로 되었다고 생각하는 것이 자연스러울 것이다. 또 우문검, 우문헌을 필두로 하는 북주 초기의 익주총관에 대해서는 池麗梅(2013B)에 자세하다.

애를 깊은 경의를 담아서 '승애보살'로 부르게 되었다.

(2) 소신사건 — 『속고승전』「승애전」편

앞에서는 『홍찬법화전』이 전하는 승애의 소신사건의 전모를 소개했지만 그것과 비교하면 『속고승전』편의 '소신사건'은 마치 대승경전의 한 장을 방불케하는 장대한 장면이다. 전술한 바와 같이 승애의 '소지'와 '소신'은 꼭 같은 목적으로, 같은 시기에 같은 장소에서 실행되었을 리는 없다는 점이 분명해졌다. 하지만 아래에 상술하는 것처럼 『속고승전』에 묘사된 '소신사건'은 '소지'라는 상승전개와 '소지'라는 절정으로 구성되어 있고 그 과정을 마치 무성武成 원년(559) 6월에 승애가 손가락에 불을 붙이자 한달 동안이나 계속 타서 다음달 15일이 되자 마침내 몸을 불에 던졌다는 이러한 흐름으로 기술되어 있다. 그리고 그 과정에서 다양한 인물이 각각의 역할을 다함으로써 성립되는 대하극과 같은 성격이 다각적으로 파악된다. 과연 인간의 두 손의 손가락이 한 달 동안이나 계속 탈 수 있는지는 아직 의문스럽지만 일단 소신사건의 상승전개로서 '소지' 또는 정확하게 말하면 '소수燒手'라고 하는 사건이 어떻게 묘사되어 있는지에 대해서 『속고승전』「승애전」의 내용에 입각에서 살펴보도록 하자.

> 以周武成元年六月、於益州城西路首、以布?左右(手?)五指燒之。
>
> 有問、「燒指可不痛耶。」
>
> 崖曰、「痛由心起、心旣無痛、指何所痛。」時人同號以爲「僧崖菩薩」。
>
> 或有問曰、「似有風疾、何不治之。」
>
> 答曰、「身皆空耳、知何所治。」

又曰、「根大有對、何謂爲空。」

答曰、「四大五根、復何住耶。」衆服其言。

孝愛寺兒法師者、有大見解、承崖發迹、乃率弟子數十人往彼禮敬、解衣施之。顧大衆曰、「眞解波若、非徒口說。」由是道俗通集、倍加崇信。如是經日、左手指盡、火次掌骨、髓沸上涌、將滅火焰、乃以右手殘指、挾竹挑之。有問其故。崖曰、「緣諸衆生不能行忍、今勸不忍者、忍不燒者燒耳。」兼又說法勸勵、令行慈斷肉。

雖煙焰俱熾、以日繼夕、竝燒二手、眉目不動。又爲四衆說法誦經、或及諸切詞要義、則頷頭微笑。時或心怠私有言者、崖顧曰、「我在山中、初不識字、今聞經語、句句與心相應、何不至心靜聽。若乖此者、則空燒此手、何異樵頭耶。」於是大衆懍然、莫不專到。其後復告衆曰、「末劫輕慢、心轉薄淡、見像如木頭、聞經如風過馬耳。<u>今爲寫大乘經教、故燒手滅身、欲令信重佛法也。</u>」

闔境士女、聞者皆來、遠數萬匝。崖夷然澄靜、容色不動、頻集城西大道、談論法化。初有細雨、殆將霑漬、便斂心入定、即雲散月明。而燒臂掌骨五枚、如殘燭燼、忽然各生竝長三寸、白如珂雪。僧尼僉曰、「若菩薩滅後、願奉舍利起塔供養。」崖乃以口、新生五骨、拔而折之、吐施大衆曰、「可爲塔也。」(T50, 678c20-679a20)(인용문 1-역자)

이 인용문에 의하면 소수사건은 "周武成元年六月、於益州城西路首、以布裹左右五指燒之"(T50, 678c20-21)로 되어 있다. 실제로 태운 손가락의 본래 숫자는 "燒一指、造『法花經』"이라고 하는 『홍찬법화전』의 기록과 일치하지 않지만 『법화경』도 포함되었을 '대승경교(大乘經教)의 서사'를 목적으로 하는 '소지'의 수행이라는 기본적인 성격은 일치하고 있기 때문에 어느 것이나 동일사건에 대한 기록이라고 생각된다. 이 점에 관해서 이의가 없으면 두 문헌이 전하는 '소지' (혹은 '소수') 사건이란 승애가 『법화경』「약왕보살품」에서 영감을 얻어 서원을 세우고 『법화경』, 『대집경(大集經)』[32] 등의 대승경전 서사 홍포를 권하는 것을 목적으로 무성(武成) 원년 6월 익주성 서쪽의 거리에서 왼손을 (기름을 적신) 헝겊으로 말아서 불을 붙였다고 하는 사건이다. 거기에는 구경하는 사람들이 모여들어 그 가운데에는 격심한 통증을 꺼리지 않고 자신의 손가락을 태우는 승애의 행동을 이해하지 못하고 정신이상(풍질風疾)[33]인 것은 아닐까라고 의심하는 사람도 있었던 것 같다. 거기에 망명의 스승인 효애사의 태법사(兌法師)가 제자 수십명을 거느리고 나타나 이 승애야말로 말로만이 아니라 행동으로써 진실한 지혜를 체현하고 있다고 칭찬하고 입고 있던 가사를 그 자리에서 벗어 승애에게 주었다. 덕행이 뛰어난 태법사가 승애의 행위를 인정함으로써 사람들의 의혹은 순식간에 사라지고 승속을 가리지 않고 더욱 큰 기세로 관중이 모여들어 모두가 승애를 마음으로

---

32) 『속고승전』 권8 수록 「보단전寶彖傳」에는 "寶彖見『大集』一經未弘蜀境、欲爲之疏記、使後學有歸。乃付著經律、就山修繕、而衆復尋之、致有煩擾。再稔方就、一無留難。初至「虛空藏品」、於義不達、閉目思之。不覺身上空中、離床三四尺許、欻然大悟。竟文慧發、寫不供宣。據此爲言、志力難擬矣。時益州武誓寺僧寶願最初請講、大衆雲集、聞所未聞、莫不欷悅。又屬僧崖菩薩出世、爲造經本、因爾傳持、至今不絶。故寶坊一學、曲被劍南。" (T50, 487a4-13)이라고 보인다. 「寶彖傳」의 기사에 기반하여 북주北周 시대 사천지방에서 『대집경』의 유포와 수용은 특히 보단寶彖(512~ 561)과 승애의 노력에 힘입은 바가 컸음을 알 수 있다. 더욱이 승애가 소지(혹은 소수)까지 하며 추진하고 싶었던 대승경전의 서사는 실제로 성과를 맺어서, 그 때 제작된 사경은 『법화경』뿐만 아니라 새로 사천지역에 전해진 『대집경』도 그 중에 포함되어 있는 것이 밝혀졌다. 자세한 내용은 池麗梅2013刊에 논해져 있다. 또 보단과 승애의 관계에 대해서 다른 해석이 Benn[2006](pp. 413-415)에 보인다.
33) '풍질風疾'에 관한 다른 해석이 Benn[2006](p.449, note124)에 보인다.

부터 신봉하게 되었다. 왼손은 저녁까지 계속 타서 그 도중에도 승애는 관중을 향하여 냉정히 설법을 하여, 일찍이 산 속에서 살던 때는 한자 등을 배운 적도 없었으나 익주에 오고 나서는 불전의 가르침을 배워 그 한 구절, 한 구절이 모두 마음에 스며드는 것을 실감했다고 고백하고 더욱이 이번 행동을 일으킨 것은 '대승경전의 서사'를 권하기 위한 것이라고 밝혔다. 그날 밤이 되자 왼손의 불꽃은 초가 다 타버린 듯 꺼졌지만 피부와 근육이 타서 눌러붙어 드러나게 된 다섯 개로 된 손바닥뼈가 갑자기 3촌 정도 늘어나서 달빛을 받아 새하얗게 빛났다. 비구와 비구니들은 모두 승애를 '보살'로 부르고 "보살이 입멸하신 후에는 탑을 세워서 사리를 봉납하여 공양하겠습니다"라고 간절히 서원하자 승애는 새롭게 생겨난 손바닥뼈를 그 자리에서 이빨로 물어 끊어 승려들에게 주었다. 이상이 익주성 서쪽 대로에서 많은 민중을 끌어들여 전개된 소수사건의 개요이다.

위 인용문 직후에 나오는 것이 아래와 같은 승애의 전신 소신에 관한 기술이다.

至七月十四日、忽有大聲、狀如地動天裂、人畜驚駭、於上空中、或見大羊龍蛇軍器等象、少時還息。人以事問、崖曰、「此無苦也、驚睡三昧耳、吾欲捨身、可辦供具。」時孝愛寺導禪師戒行清苦、耆年大德、捨六度錫杖幷及紫被、贈崖入火。揵爲僧淵遠送班納、意願隨身。于時人物諠擾、施財山積、初不知二德所送物也?至明日平旦、忽告侍者法陀曰、「汝往取導師錫杖、紫被、及納袈裟來、爲吾著之。」便往造焚身所。

于時、道俗十餘萬衆、擁輿而哭。崖曰、「但守菩提心義、無哭也。」便登高座、爲衆說法。時擧目視於薪積、欣然獨笑。乃傾右脇而寢、都無氣息、狀

若木偶。起問日時、將欲至、仍下足白僧曰、「佛法難值、宜共護持。」

先所積柴、疊以爲樓、高數丈許、上作乾麻小室、以油潤之、崖緩步至樓、遶旋三匝、禮拜四門、便登其上。　欄下望、令念般若。有施主王撰懼曰、「我若放火、便燒聖人、將獲重罪?」崖陰知之、告撰上樓、臂摩頂曰、「汝莫憂造樓得罪、乃大福也。」促命下火、皆畏之、置炬著地?崖以臂挾炬、先燒西北、次及西南。麻燥油濃、赫然熾合。於盛火中、放火設禮?比第二拜、身面焦坼。重復一禮、身踣炭上。

及薪盡火滅、骨肉皆化、惟心尚存、赤而且濕?肝腸脾胃、猶自相連?更以四十車柴燒之、腸胃雖卷、而心猶如本。兌法師乃命收取、葬于塔下、初未燒前、有問者曰、「菩薩滅度、願示瑞相。」崖曰、「我身可盡、心不壞也。」衆謂心神無形、不由燒蕩、及後心存、方知先見。(T50, 679a21-b22)(인용문 2-역자)

이상이 『속고승전』이 전하는 승애의 소신사건의 전모이다. 이 기록에 관한 상세한 분석은 절을 바꾸어서 하겠지만 여기에서는 『속고승전』이 전한 소신사건을 『홍찬법화전』과 비교하여 어떠한 차이가 있는가에 대해서 지적하고자 한다. 그 중 하나로서, 『홍찬법화전』은 승애와 우문헌을 중심으로 하는 지방정권과의 교섭은 밝히고 있지만 소신에 관련된 지역인 익주 불교교단의 관여나 역할에 대해서는 매우 애매하게 기록하고 있다. 이와는 반대로 『속고승전』은 우문헌의 참여에 대해서는 한마디도 언급하지 않는 한편 효애사를 중심으로 하는 불교교단의 관여에 대해서는 지면을 아끼지 않고 있다.

예를 들면 앞서 언급한 심장사리의 봉납과 관련하여 『홍찬법화전』은 우문헌의 역할을 강조하는 경향이 보이는 한편, 『속고승전』은 어디까지나 효애사 태법사의 명령에 의해서 '탑 아래'에 장례를 지냈다고 하고 당대에는 이 탑이 '보원사(寶園寺)' 안에 있다고 전한다. 얼핏 보면 『속고승전』의 기록은 『홍찬법화전』의 그것과 모순되는 듯 하지만 그러나 지금까지 독해해 온 승애의 소신을 둘러싼 상황과 함께 생각하면 두 전기의 기록이 반드시 서로 용납하지 않는 것은 아니라는 사실을 알 수 있다. 그것은 심장사리가 봉납된 장소에 관해서 두 전기에 '탑'으로 언급되어 있고 이것은 기본적으로 일치하고 있기 때문이다. 앞서 서술한 것처럼 본래 승애가 소신을 결심하게 된 직접적인 계기가 된 것은 새로운 사원창설이나 혹은 그가 손을 태우고 3년간 신세를 진 효애사에 법당·불탑의 증설계획이 생긴 것으로 생각된다. 따라서 승애의 소신은 사원과 가람공사를 목적으로 하는 것이었기 때문에 효애사의 협력, 지원 혹은 동의를 얻어서 행해졌다고 생각할 수 있으며 이것은 실제로 소신할 때에 많은 효애사의 승려가 현장에 달려 온 모습으로부터도 분명하다.

또 공공 장소에서 다수의 출재가가 모여서 대대적으로 집행된 행동이므로 지방정부의 승인을 사전에 얻을 필요도 있었을 것이다. 여기에서 승애의 입적 4개월 후에 우문헌이 망명을 수행하게 하여 상경했다고 하는 사실을 떠올리면 우문헌은 익주총관(겸 익주자사益州刺史) 재임중에 망명과 승애가 머물던 효애사의 외호자였다고 추정되며, 이 지방장관과 효애사의 우호관계가 전제가 되어 승애는 교단을 통해서 우문헌으로부터 소신에 관한 허가를 얻었을 것이다. 더욱이 『속고승전』에 의하면 승애 입적 후에 그 심장사리가 '상주사(常住寺)' 로 옮겨졌지만[34] 이 '상주의 사원'이란 승애가 생전 최후 3년간 신세

---

34) 이 일화는 『속고승전』 「승애전」 후반부에 부가되어 있는 13조의 승애와 관련된 일화 중 제9조에 보인다. 인용문은 본 논문 인용문 3(역자) 제9조에 실려 있다. * 여기의 인용문 번호는 역자가 임의로 추가한 것이다. 원래 일본어 논문에 제시

를 진 효애사가 바로 그것이라고 생각된다. 이제까지 고찰해 온 것을 모두 종합해 보면 승애의 심장사리가 봉납된 '탑'이란 바로 승애 자신의 모금에 의해 효애사 경내에 새로 건립된 불탑이 그것이며 그것을 『홍찬법화전』이 '대탑'으로 표현하는 것은 우문헌의 외호와 시주에 의해 당초 계획했던 규모보다도 훨씬 훌륭히 건립되었기 때문일 것이다. 그런데 이 탑이 당대에는 '보원사'에 있었다고 후기 개보장 계통본 이후의 『속고승전』이 전하고 있다. 이것은 불탑 자체의 이전은 생각할 수 없으므로 아마도 효애사의 변천에 관한 사항일 것이다. 본래 효애사는 남조 양의 천감 13~17년(514~518)경에 익주자사로 재임하고 있던 파양왕소회(鄱陽王蕭恢, 476~526)가 어머니 비태비(費太妃)의 묘지를 둘러싸는 형태로 창설한 사원으로 당초는 성도의 성 동쪽에 있는 유족의 정원 부근에 위치하고 있었지만 수나라 초인 6세기말경에 다른 장소로 이전되어 대업(大業)연간(605~618)이 되면 '복승사(福勝寺)'로 개칭된다.[35] 다른 한편의 '보원사'[36]란 수나라 초기의

되어 있는 인용문의 쪽수가 실제 일본어 논문의 쪽수와 맞지 않고 더욱이 한글 번역문의 쪽수와도 차이가 나서 참고의 편의를 위해 역자가 임의로 인용문에 일련번호를 붙인 것이다. 이하 인용문 번호는 모두 동일하다.

35) 『속고승전』 권23 「지현전智顯傳」에 "孝愛寺舊在東、逼於苑囿。又是鄱陽王葬母之所。王旣至孝、故名孝愛寺。宣明移就今處、供養無闕、至大鄴改爲福勝寺。"(T50, 632b8-11)로 되어 있다. 그중에 보이는 '파양왕鄱陽王'이란 양梁 파양왕 소회鄱陽王蕭恢를 가리킨다고 생각된다. 소회는 천감天監 13년부터 17년까지(514-518) 익주자사로 재임하였다. 그는 어머니 비씨에 대한 효성으로 알려져 있었고, 『양서梁書』 권22, 열전列傳 제16 「파양왕소회전鄱陽王恢傳」에도 "恢有孝性、初嶺蜀、所生費太妃猶停都、後於都下不豫、恢未之知、一夜忽夢還侍疾、旣覺憂遑、便廢寢食。俄而都信至、太妃已瘳、後又目有疾、久廢視瞻、有北渡道人慧龍得治眼術、恢請之。旣至、空中忽見聖僧、及慧龍下鍼、豁然開朗、咸謂精誠所致"(351쪽)라는 감동적인 일화가 전해져 온다.

36) 보원사寶園寺에 대해서 嚴耕望「唐五代時期之成都」『嚴耕望史學論文集』(上海古籍出版社, 2009) 卷中「歷史地理編」,717~792쪽)에서는 『전당문全唐文』 권435 수록 위고韋皐 찬 「보원사전수비니신소기寶園寺傳授毗尼新疏記」(정원貞元 18년(802) 11월 1일 건립),

효애사 이전 후에 그 곳에 새롭게 생긴 사원의 명칭일 것으로 생각된다. 따라서 승애의 심장사리를 봉납하는 불탑이 그 경내에 위치하게 된 것으로 보인다.

그런데 우문헌을 중심으로 하는 지방정권의 지지 없이는 공공장소에서 전신소신의 실시가 있을 수 없음에도 불구하고 『속고승전』은 그것에 대해서 전혀 언급하고 있지 않은 것은 그럴만한 이유가 있다고 생각된다. 그 중 하나는 전술했던 것처럼 『속고승전』이 승애의 소신사건에 대해서 대승경전의 한 장면을 방불케 하는 듯한 감정이입이 쉽도록 현장감을 주기 위해서 '소수(燒手)'와 '소신'이라는 두 사건을 하나의 사건으로서 극적으로 전개시키는 방법을 채용하고 있는 것이다. 그로 인해 소신사건은 무성(武成) 원년(559) 6월의 소수사건보다 3년이나 늦은 보정(保定) 2년(562)에 발생했음에도 불구하고 연호도 없이 다만 '至七月十四日'이라고만 되어 있어 마치 그것이 소수사건 직후에 발생한 것처럼 기록되어 있다. 그런데 이러한 고안이 정반대의 결과를 낳은 것은 무성 원년 8월에 처음으로 익주총관에 임

『보각유편寶刻類編』 권5 수록 단문창段文昌 찬 「보원사고임단대덕지호율사비寶園寺故臨壇大德智浩律師碑」(원화元和 9년)에 기반하여 이 시대의 보원사는 '율종단장律宗壇場'이라고 하고 있다.(776쪽 주17) 『송고승전宋高僧傳』 권14 「회소전懷素傳」에 의하면 "大曆中、相國元公載奏成都寶園寺置戒壇、傳新疏。以俸錢寫疏(懷素撰『四分律疏』)四十本、法華經疏三十本、委園光翌傳行之。後元公命如淨公爲素作傳、韋南康皐作「靈壇傳授毘尼」、新疏記有承襲者、刊名于石。其辭酋麗、其翰兼美、爲蜀中口實焉。"(T50, no. 2061, 793a4-10)이라는 것으로부터 대력大曆 연간 무렵의 보원사는 확실히 회소懷素(625~698)로부터 시작하는 동탑율종東塔律宗의 흐름을 계승하는 율종사원임에 틀림 없다. 다만 보원사가 정원貞元 18년(802) 창설(774쪽)이라는 嚴耕望의 주장에는 찬성할 수 없다. 『속고승전』 권13 「현속전玄續傳」에 의하면 정관貞觀 연간의 의해義解 고승 현속玄續(정관貞觀 연간에 입적)이 생전에 보원사비를 찬술한 일은 "嘗爲寶園寺製碑銘、中有彈老莊曰、「老稱聖者、莊號哲人、持螢比日、用嶽方塵。"(T50, 531a13-15)이라는 기술로부터 분명하다. 이 일문은 후에 『전당문습유全唐文拾遺』 권49에 수록되게 된다.

명된 우문헌의 역할과 당시 실제의 상황을 명확하게 내보이게 되면 조리가 맞지 않게 되기 때문에 역으로 같은 사건을 둘러싼 역사적 상황 가운데 특히 시대적인 특징을 반영하는 것은 제거하고 애매하게 하지 않으면 안되었을 것으로 생각된다.

또 하나의 이유는 『속고승전』 저자 도선이 「승애전」을 편찬할 때에 승애라는 인물의 역사적 실상의 구축이라는 것보다 독특한 종교적·신비적 분위기를 조성해 가면서 승애의 카리스마적 성격을 강조함으로써 성인의 모습을 세우려고 하는 명확한 의도에 있다고 생각된다. 『홍찬법화전』이 특히 「승애전」에 있어서 도무지 『속고승전』을 따를 수 없었던 것은 상술한 편찬의도를 전면적으로 내세운 나머지 그것이 본래의 근거였던 망명 찬 「승애보살전」에 전하는 승애의 인간상과는 너무 멀리 달라져 버린 것을 두고 볼 수 없었기 때문일 것이다. 거기에서 본래의 「승애보살전」에는 있고 『속고승전』에는 없기 때문에 의도적으로 누락되어버린 요소, 특히 승애의 소수와 소신이 별도로 실시된 행동인 것과 소신사건을 둘러싼 역사적 상황을 보충하면서 승애 본래의 인간상을 전하려고 했던 것이 『홍찬법화전』「승애전」의 본의였을 것이다.

다음으로 『속고승전』「승애전」과 『홍찬법화전』 사이에 볼 수 있는 또 하나의 중요한 차이는 『홍찬법화전』은 하늘꽃이나 심장사리를 제외하고 신비적인 요소를 적극적으로 포함시키려고 하지 않는 것과는 대조적으로 『속고승전』은 승애가 그 생전과 입적 후에 걸쳐서 발휘했다고 하는 초현실적 예언, 병의 치료, 독심술, 날씨조정 등의 신비로운 능력과 관련된 여러 일화, 특히 소신 전후에 생겨난 하늘꽃과 상서로운 구름 등의 다양한 초현실적인 모습을 모조리 기록하고 있다. 그것은 앞의 인용문에만 그치지 않고 나아가 『속고승전』「승애전」의 후반 부분에 승애가 생전과 입적 후에 걸쳐서 나타낸 신비로운 능력과 관련된 13조의 기술에 집중적으로 드러나 있으며 그 내용은 아래와 같다.(일련번호는 필자)

然崖自生及終、頻現異相、有數十條。

1. 曾於一家、將欲受戒、無何笑曰、將捨寶物、生疑慮耶。衆相推問、有楊氏婦欲施銀釵、恐夫責及、因決捨之。

2. 有孝愛寺僧佛與者、偏嗜飮噉、流俗落度? 隨崖興後、私發願曰、今值聖人、誓斷酒肉。及返至寺、見黃色人曰、汝能斷肉大好。汝若食一衆生肉、卽食一切衆生肉。若又食者、卽食一切父母眷屬肉矣。必欲食者、當如死屍中蟲、蟲卽肉也。又曰、有六時念善大好。若不能具、一時亦好。如是一念其心亦好、皆能滅惡也。見其言詞眞正、音句和雅、將欲致問、不久而滅。於是佛與翹心精進、繞塔念誦、又聞空中聲曰、汝勤持齋、願令衆生得不食身。又令餓鬼、身常飽滿? 觀其感被、皆崖力也。

3. 初登柴樓、沙門僧育在大建昌寺門、見有火光、高四五丈、廣三四丈、從地而起、上衝樓邊、久久乃滅。

4. 又勅焚曰、州寺大德沙門寶海問曰、等是一火、何故菩薩受燒、都無痛相。崖曰、衆生有相故痛耳。又曰、常云代衆生受苦、爲實得不。答曰、旣作心代受、何以不得。又曰、菩薩自燒、衆生罪熟、各自受苦、何由可代。答曰、猶如燒手、一念善根卽能滅惡、豈非代耶。

5. 時普法師又問曰、二家共諍大義、終莫之決。一云佛智、緣無相理、理是緣境、智是能緣; 一云除倒息妄、卽是眞諦。何者爲定。崖曰、佛卽

無相、無別異相。海法師曰、佛卽無相、無相之相、本無異相。若如此者、菩薩卽釋迦、觀音。崖曰、我是凡夫、誓入地獄、代苦衆生、願令成佛耳。海曰、前佛亦有此願、何故早已成佛。答曰、前佛度一時衆生盡也。又問、藥王等聖、何故成佛、今菩薩獨未成佛而救衆生、是則前佛殊墮。答曰、前段衆生已得藥王意、今衆生未得我意、由我始化、如將落之花也故。其應對一時、皆此之類、乃謂侍者智炎曰、我滅度後、好供養病人、竝難可測其本、多是諸佛聖人乘權應化、自非大心平等、何能恭敬、此是實行也。坐中疑崖非聖人者、乃的呼其人名曰、諸佛應世、形無定方、或作醜陋陋疾、乃至畜生下類、檀越愼之、勿妄輕也及。

6、將動火也、皆覩異相、或見圓蓋覆崖、有三道人處其蓋上。或見五色光、如人形像在四門者。花如乳片、五色交亂。紛紛而下、接取非一、根觸皆消。

7、及崖滅後、郫縣人於郫江邊、見空中有油絡輿、崖在其上、身服班納黃、偏袒紫被、捉錫杖、後有五六百僧、皆罩竹傘、乘空西沒。

8、又潼州靈果寺僧慧策者、承崖滅度、乃爲設大齋。在故市中。於食前忽見黑雲從東南來、翳日臨會。仍兩龍、毛五色分明、長者尺五、短猶六寸。又雨諸花幡香煙、滿空繽紛、大衆通見。

9、又初收心舍利、至常住寺中、皆見花叢含盛、光榮度宇。

10、又阿迦膩吒寺僧慧勝者、抱病在床、不見焚身、心懷根恨。夢崖將一沙彌來、扡裹三斛許香幷檀屑、分爲四聚、以遶於勝、下火焚香。勝怖曰、凡夫耳、未能燒身也。崖曰、無怖、用熏病耳。煨燼旣盡、卽覺爽健。又請現瑞、答曰、我在益州、詭名崖耳、眞名光明遍照寶藏菩薩。勝從覺後、力倍於常、有時在於外村爲崖設會、勝自唱導曰、潼州福重、道俗見瑞、我等障厚、都無所見。因卽應聲、二百許人、悉見天花

如雪紛紛、滿天映日而下。至中食竟、花形漸大、如七寸盤、皆作金色、明淨耀目。四衆競接、都不可得。或緣樹登高、望欲取之、皆飛上去。

11. 又成都民王僧貴者、自崖焚後、舉家斷肉。後因事故、將欲解素、私自評論。時屬二更、忽聞門外喚檀越、聲比至、開門見一道人語曰、愼勿食肉、言情酸切、行啼而去。從後走趁、似近而遠、忽失所在。

12. 又焚後八月中、獵人车難當者、於就嶠山頂行獵、搦箭聲弩、舉眼望鹿、忽見崖騎一青麞、獵者驚曰、汝在益州已燒身死、今那在此。崖曰、誰道許誑人耳。汝能燒身、不射獵得罪也。汝當勤力作田矣、便爾別去。

13. 又至冬間、崖兄子於溪中、忽聞山谷喧動、若數萬衆。舉望見崖從以兩僧、執錫杖而行、追及之欲捉袈裟。崖曰、汝何勞捉我。乃指前雞猪曰、此等音聲、皆有詮述、如汝等語、他人不解餘國言音、汝亦不解。人畜有殊、皆有佛性、但爲惡業、故受此形。汝但力田、莫養禽畜。言極周委。故其往往現形、豫知人意、率皆此也。具如沙門亡名集、及費氏三寶錄、幷益部集異記。(T50.679b23-680b22)(인용문 3-역자)

이 두 가지의 현저한 차이가 생겨난 것은 『속고승전』의 저자 도선이 「승애전」의 찬술을 통해서 승애라는 인물의 역사적 실상을 제시하는 것보다도 종교적 · 신비적인 속성을 풍부하게 부여하여 승애의 카리스마적 성격을 강조함으로써 성인으로서의 승애의 모습을 세우려고 의도했기 때문일 것이다. 『홍찬법화전』이 특히 「승애전」에서는 『속고승전』을 따르려고 하지 않았던 것은 『속고승전』이 그와 같은 편찬의도에 철저한 나머지 도선이 묘사하는 승애의 모습이 본래의 근거였던 망명 찬 「승애보살전」이 전하는 승애의 인간상과 너무 멀리 떨어져버린 것을 알아차렸기 때문일 것이다. 그래서 본래의 「승애보살전」이 전하고 있음에도 불구하고 『속고승전』이 의도적으로 탈락시킨 요소, 특히 승애의 소수와 소신이 별도로 실시된 행동이라는 사실이나 소신사건을 둘러싼 역사적 상황을 보충하는 것으로서 다시 『홍찬법화전』「승애전」은 승애 본래의 인간상을 전하려고 한 것으로 보인다. 따라서 이미 일실되어 버린 망명 찬 「승애보살전」이 전하려고 한 승애의 인간상을 복원하기 위해서는 『홍찬법화전』과 『속고승전』 편찬의도의 차이를 이해하고서 이 둘의 전기에 각각 보존되어 있는 역사적 상황·지역의 종교적 실정 등을 서로 보충하는 일이 필수불가결한 작업이 된다.

三. 「승애전」의 사상사적 접근
—도선(道宣)의 '유신관(遺身觀)'을 중심으로

앞에서는 이제까지의 승애전에 관한 문헌학적·역사학적 관점으로부터의 고찰을 근거로 하여, 특히 『홍찬법화전』「승애전」과의 비교를 통해서 『속고승전』「승애전」의 개요를 뒤돌아 보고 그 독특한 기조와 서술상의 특징에 대해서도 언급했다. 여기에서 "도선은 『승애보살전』에 묘사된 한 사람의 고승으로서의 승애의 모습을 그대로 계승한 것이 아니라 승애의 초인적 측면을 특히 강조함으로써 성인으로서의 승애의 모습을 새롭게 창조해 낼 필요가 있었던 것은 아닐까"라는 핵심적 부분에 관련된 가설을 검증하기 위해서 드디어 이 전기 성립의 사상사적 배경에 주목하는 고찰이 필요하게 되었다고 말할 수 있을 것이다. 중국불교사상사의 문맥 가운데에서 『속고승전』「승애전」의 성립배경 또는 그 시대적 의의를 생각할 경우, 두 가지의 흐름에 주의하는 것이 특히 중요하다. 하나는 도선 혹은 그의 시대에는 '유신' 혹은 보다 구체적으로는 '소신'이라는 종교적 실천이 어떠한 것으로서 받아들여졌고[37] 특히 쟈타카나 『법화경』 등의 경전에 근거를 갖는 한편[38], 불살생계라는 율장의 규정[39]에는 위반된다고도 생각

---

37) 역대 고승전에서 「망신편亡身篇」(「유신편遺身篇」)의 기사를 근거로 중국중세불교에서 유신행의 사상적 배경과 고승전 저자의 입장을 논한 논저로서 앞서 든 Benn[2007] 이외에 名畑應順1931[「중국 중세에서 사신에 대하여(支那中世に於ける捨身に就いて)」,『大谷學報』제12권 제2호, 1~43쪽]과, 水尾現誠1963[「사신에 대해서-혜교의 입장(捨身について?慧皎の立場)」,『印度學佛教學研究』제22호, 174~175쪽], 岡本天晴[1974[「육조에서 사신의 한 측면(六朝における捨身の一側面)」,『印度學佛教學研究』제44호, 862~868쪽], 明神洋[1996[「중국사회에서 불교의 사신과 평안(中國社會における佛教の捨身と平安)」,『日本佛教學會年報』제61호, 99~110쪽], Kieschnick, John. 1997(The Eminent Monk: Buddhist Ideals in Medieval Chinese Hagiography. Honolulu: University of Hawai'i Press, pp. 35-50), Benn, James A. 1998("Where Text Meets Flesh: Burning the Body as an 'Apocryphal Practice' in Chinese Buddhism," History of Religions 37, no. 4: 295-322), 船山徹[2002[「사신의 사상-육조불교사의 한 단면(捨身の思想-六朝佛教史の一斷面)」,『東方學報』제74호, 358~311쪽], 林鳴宇[2005[「燒身供養略攷」,『東洋文化研究』제7호, 321~347쪽] 등이 있다. 이 절은 이 여러 선행연구를 참조하면서 보충한 것이지만 그 가운데 특히 船山徹[2002]에 힘입은 바가 컸다.

38) 여기에서 '쟈타카나 『법화경』을 경전적 근거로 하는 중국불교의 실천모델'이라고 말하고 있는 것은 어디까지나 중국 중세의 불교인들이 자신의 해석에 기반하여 형성시킨 실천형태를 가리키며 『법화경』을 포함하는 인도문헌에 그러한 행위를 추진하려고 하는 의도가 있었다고 말하는 의도는 결코 아니다. 이 점에 관해 船山徹[2002]에서는 橫超慧日[1986](橫超慧日編 『法華思想』, 京都:平樂寺書店, 419쪽)의 설을 참조하면서 다음과 같이 지적하고 있다. "橫超慧日은 藥王菩薩本事品의 소신공양을 다음과 같이 해설한다. - '몸을 버려서 공양했다는 것은 그것에 의해서 법의 존귀함을 보인 것이고, 몸을 버리는 것 자체는 불교도로서 계율상 허용되는 것은 아니지만 여기에서는 그것이 법의 존귀함을 상징적으로 나타내는 것으로서 거론되는 것으로 보인다.' 그러므로 '이곳의 글을 말그대로 이해하여 이것은 법화경 제작자들이 법을 위해 목숨도 아까워하지 않다고 믿고 실제로 소신공양을 하는 것과 같은 광신도 무리였다고 하는 것처럼 받아들이는 설은 전혀

되는 유신(소신) 실천의 '합법성'과 관련된 문제에 도선은 어떻게 대처하려고 했는가라는 불교해석에서의 전개이다. 또 하나는 일반적으로 교리적 근거의 정비와 실천원리의 확립은 실천보다도 늦게 이루어지는 경우가 많았으며 마찬가지로 '유신행'도 또한 '실천불교(action Buddhism)' 전개의 한 모습으로서 파악될 수 있다. 그래서 '유신행'의 정당화를 도모하는 과정에서 불교원리뿐만 아니라 그 이외의 여러 '권위(authorities)'에서도 그 근거를 구하기 위해 많은 시도가 이루어지며 그곳에서 엿보이는 것이 중국 불교수용의 구체적인 모습인 것이다. 그래서 이 절에서는 우선 주로 사상사의 흐름에 따라가면서 『속고승전』의 저자 도선 자신의 '유신관'에 주목함으로써 「승애전」의 성립배경을 해명해보고자 한다.

1. 도선이 직면한 시대·사상적 과제

망명과 승애가 살았던 시대 고유의 불안한 정치상황이나 한민족과 그 외 소수민족간 문화적 대립의 심각성에 비해, 『속고승전』이 찬술된 당 초기에는 중앙집권적 통일국가 아래에 놓인 불교교단에 통

논외이다'라고 한다. 확실히 이것이 가장 타당한 해석일 것이다. 실제로 인도어 문헌 내지 인도기원의 한역문헌에 확인되는 사신은 예외 없이 모두 붓다의 과거세의 소행으로서 즉 이 정로의 난행과 고행을 행했기 때문에 그는 붓다가 되었던 것이다라는 찬탄의 이야기로서 설해지는 것으로 그 경우 사신은 불가사의한 신통력 내지 삼매(화정火定)의 하나의 발견형태로서 묘사된다. 쟈타카로서가 아니라 신자들에게 실제로 사신을 하라고 장려하는 체제의 것은 거의 전무라고 해도 좋다. 경전에 설해지는 사신은 우리들의 실천항목은 아닌 것이다."(355쪽)
39) 사신의 계율에서의 문제점과 해석에 대해서는 Jan, Yün-hua. 1965("Buddhist Self-Immolation in Medieval China," History of Religions 4: 243-265), 水尾現誠1966『「계율로부터 본 사신(戒律の上から見た 捨身)』, 『印度學佛教學研究』제28호, 226~230쪽을 참조.

일된 기준에 의한 운영관리 및 제도·질서의 확립이 요구되던 시대이다. 이 시대적 요청에 훌륭하게 응했던 것은 바로 『속고승전』 저자 도선이었다. 그는 여러 종류의 율장이 한역되어 유포되는 상황을 종식시킬, 사분율의 주석서를 계속해서 만들어냄으로써 이 광율(廣律)의 권위성을 확립시키고 계단(戒壇)을 건립하여 사분율에 기초하는 구족계 수계작법의 기준을 만들고 전국 승려에게 통일적인 규범을 부여하는 것에 성공했다. 마찬가지로 그의 『속고승전』의 찬술도 또한 규범을 보이려는 의도와 작용이 있었다. 그것은 『속고승전』이 단지 승전을 무작위로 모든 것이 결코 아니라 예를 들면 일정한 시대와 광범위한 지역에 걸쳐서 모집된 자료를 신중히 분류하고 각 분류의 마지막에는 반드시 자신의 태도와 평가를 명시하는 방법으로부터도 명백하듯이, 여기에는 실재한 인물과 그들의 생활방식을 기록함으로써 승려로서의 이상적인 모습과 생활방식의 모범을 수립하고 때때로 교단과 권력자 등에 대한 훈계와 교훈의 암시도 포함되어 있기 때문이다. 이 관점에서 보면 특히 '유신편'에 수록되는 승애를 포함한 고승과 그들의 생활방식을 어떻게 해서 드러내고 그들의 충격적인 '죽는 방법'을 어떻게 평가할 것인가라는 점에 대해서 도선은 상당히 신중히 생각하지 않으면 안되었을 것이다. 안이하게 용인하고 찬탄한다면 열광적인 성직자와 신봉자 사이에 자살의 풍조를 조장하고 마는 우려와 위험[40]이 항상 따라다니기 때문이다.

---

40) 『고승전』 권12 「망신편亡身篇」 및 『속고승전』 「유신편」 각각에 붙어 있는 평론에서는 어느 것이나 그 시대에 많이 일어난 동기불순한 자해·자살에 대한 염려가 보인다. 또 하나는 남북조시대 5세기 말경의 전대사傅大士 교단의 (승속) 관계자가 빈번히 반복했다고 하는 피투성이 자해·자상自傷 사건도 전형적인 사례의 하나이다.(船山徹[2002], 354~352쪽; 張勇[2000] 『傅大士研究』, 341~350쪽).

시대적 배경이나 현실적 문제 외에 '유신'[41]이라는 행위의 합법성과 관련된 이해와 태도에는 불교경전과 율전의 해석과 수용의 특징도 단적으로 보인다. 중국불교에서 '소신'의 기원은 중국 토착종교에서 찾아야할 것인가[42] 인도의 고행실천에서 유래하는 것인가에 대해서는 논의의 대상이지만,[43] 그러나 중국 독자의 천인감응(天人感應)의 우주관에 기초한, 인간에 의한 자기희생의 보상으로서 재난회피를 도모하는[44] 체계가 중국불교에서 '유신'·'소신' 실천을 위한 기본적 이념을 제공한 것은 부정할 수 없다. 후에 이와 같은 명확한 목적이나 보상을 확실히 하는 자기희생은 자타카나 대승불교의 자리이타의 보살사상과 연결되어 불타에 대한 최고의 공양, 그리고 보살행

---

41) 본고에서는 스스로 육체를 때로는 상처내고, 때로는 죽음에 이르기까지 고행을 계속하는 종교적 실천에 대해서 『속고승전』에 의거하여 '유신遺身'으로 일괄해서 부른다. 이것보다 범주가 넓은 개념으로서 '사신捨身'이라는 용어가 있다. 그 정의는 船山徹2002에 의하면 "사신이란 자기자신을 버리는 것이다. 자기자신이란 무엇이냐면 문맥에 따라서 내 육체와 목숨의 경우도 있지만 그것을 상징하는 바의 어떤 물건일 수도 있다"(358쪽)로 되어 있고, 더욱이 수隋(581~618년) 성립 이전의 육조六朝시대(5~6세기)에서 59건의 사신기록(전대사博大士 교단관계자의 사신행을 제외)을 기초자료로 해서 분석한 결과 '사신'의 의미를 1. 본래 의미의 사신: 신체와 목숨을 보시, 2. 상징적 사신: 재물을 보시, 3. 죽음과 동의어로서의 사신, 4. 명상법으로서의 사신이라는 네 가지 뜻으로 파악된다.(352~346쪽)

42) Gernet, Jacques. 1960. "Les suicides par le feu chez les bouddhistes chinois de Ve au Xe siéle." Méanges Publiés par l'Institute des Hautes Éudes Chinoises 2: 527-558. 이외에 明神洋1985「중국불교도의 소신과 도교(中國佛敎徒の燒身と道敎)」, 『早稻田大學大學院文學硏究科紀要』(別冊:哲學史學編) 제12권, 41~50쪽]도 불교에서 소신행과 도교의 관련성을 논하고 있다.

43) Filliozat, Jean. 1963. "La mort voluntaire par le feu et la tradition Bouddhique Indienne." Journal Asiatique 251, no. 1: 21-51.

44) 林鳴宇[2005]「「燒身供養略攷」, 『東洋文化硏究』 第7號, 321~347쪽)은 중국 고전문헌(갑골문자, 『묵자墨子』, 『회남자淮南子』 등)에 전해지는 불교 전래 이전의 중국에서 행해진 제사, 기우제로서의 소신사례를 들어서 "기우 등의 사회적인 목적을 실현하기 위해 일정한 이념에 기초하여 불에 타죽어서 천제天帝나 신에게 몸을 바치는 것은 불교 전래 이전의 중국에서도 이미 정착되어 있었다"(324쪽)고 서술하고 있다.

의 실천항목 중 하나인 보시행으로서[45] 중국불교의 출재가 신자에 의해서 실천되게 되지만 다만 그 때의 보상은 '불도의 성취' 라는 보다 고상한 목적달성으로 치환되었을 뿐이다.

중국불교에서 보살행으로서의 '유신'(혹은 '소신')과 병행해서 발달하게 된 것은 중국불교 독자의 생활윤리규범인 '단육(斷肉, 육식금지)'[46]의 실천이다. 불교도에 의한 채식주의의 준수는 5세기 전반 이전으로 올라가지만 6세기초에 이르러 남조 사대부, 그리고 양무제의 추진에 의해서 일부 사원과 승속 사이에 보급된 '단육'[47]은 인도불교 이

---

45) 여기에서는 주로 공양과 보시행이라는 두 가지밖에 언급하고 있지 않지만 본래 의미상 사신의 종류에 대해서는 보다 엄밀한 구분이 船山徹[2002]에 의해서 행해졌다. 이 논문(345~341쪽)에서는 名畑應順[1931]가 중국 사신사례를 사신공양 · 사신시여捨身施與 · 사신호법捨身護法으로 분류한 방법과 岡田眞美子[2000](「사신과 생명윤리(捨身と生命倫理)」, 『印度學佛教學研究』 제48권 제2호, R1000~995쪽)이 인도불교 사신 이야기를 그 동기에 의해서 구난사신救難捨身 · 구법사신求法捨身 · 공양사신供養捨身의 세 형태로 구분한 것에 입각하여 船山 자신은 육조불교의 본래 의미상 사신을 목적 · 동기별로 다음과 같이 분류한다.
(a) 다른 사람을 구조하기 위한 사신(다른 사람을 기아나 병 등으로부터 구함).
(b) 삼보를 공양하기 위한 사신(사후의 몸을 들짐승과 새에게 보시함).
(c) 구법을 위한 사신, 또는 구법 결심을 보이는 사신.
(d) 육체의 속박으로부터의 해방(염신염세厭身厭世〈소극적 동기〉와 사신왕생捨身往生〈적극적 목적〉).
더욱이 '중국에서 실제 사신에는 목적동기를 하나로 한정할 수 없는 복합적 의미를 포함하는 것'(a-d 합체성)도 있음을 함께 지적하고 있다.

46) 道端良秀[1979]「중국불교와 육식금지(中國佛教と肉食禁止)」, 『중국불교사상사의 연구: 중국민중의 불교수용(中國佛教思想史の研究:中國民衆の佛教受容)』(京都:平樂寺書店) 제4장 「방생사상과 단육식(放生思想と斷肉食)」 수록, 271~291쪽, 諏訪義純[1988] 『중국중세불교사연구(中國中世佛教史研究)』(東京:大東出版社), 특히 「제1장 중국불교도의 생활윤리규범의 형성서설-육 · 훈신의 금기를 중심으로-(第一章 中國佛教徒の生活倫理規範の形成序説=肉 · 葷辛の禁忌を中心として-)」(39~201쪽)을 참조.

47) 道端良秀[1979]에서도 밝히고 있듯이, 인도불교에서 결코 육식을 금지할 리가 없다는 것은 광율廣律에는 세 가지 정육淨肉(불견不見 · 불문不聞 · 불의不疑의 정육)의 식용을 허용했다는 사실로부터도 알 수 있지만 중국불교에 이르러 육식 전면금지 사상의 제창이나 채식주의가 정착하는 사상적 배경에는 5세기 전반에 대승보

래의 계율규정에 기원이 있는 것이 아니라 자기희생을 실제 사정으로 하는 '사신'과 동질의 자숙자계(自肅自戒)의 행위로 간주된다. 중국불교에서 '단육'의 정당화나 이론화는 『열반경』, 『능가경』, 『앙굴마라경』뿐만 아니라 본생담에 보이는 보살의 사신행에서도 구해지고 그 가운데 석존의 전생에서 어떤 토끼 등의 동물은 수행자를 공양하기 위해서 불 속으로 몸을 던지는 행위를 반복하지만 수행자도 그 자비로운 생명의 고기를 잘라서 먹지 않고 오히려 미래영겁에도 살생·육식을 반복하지 않겠다고 서원한다는 형태가 많다.[48] 여기에서

살사상을 주장하는 『열반경涅槃經』, 『능가경楞伽經』, 『앙굴마라경央掘魔羅經』 등의 유포에 이어 6세기 전반에는 특히 『열반경』의 영향을 받아서 양무제 「단주육문斷酒肉文」이 공표되어 불교도에게 육식의 전면금지가 요구되게 되었다고 하는 점을 들 수 있다. 그런데 諏訪義純[1988]에 의하면 중국불교에서 식육을 금지하여 채식주의를 받드는 사람들의 한 무리는 이미 5세기 전반, 『열반경』의 전래, 사대광율의 역출 이전에 존재하였다고 하며, 육식의 금지나 채식주의의 사상을 수용 또는 형성하는 사상적 배경에는 아래의 네 가지 기원이 생각되고 있다. "첫 번째로 목식木食, 벽곡辟穀을 행하는 황로黃老의 무리, 방사方士·도사道士들과 전래 당초부터 중국 불교도가 친숙하여서 이것을 받아들였을 것이라는 점, 두 번째로 유가儒家의 중요한 가르침인 인서仁恕의 가르침에 불교도가 주목하여 그것이 불교의 자비정신에 또 오계의 하나인 불살생계의 가르침에 합치하는 것으로서 식육을 적극적으로 피하는 태도를 가지려고 한 점, 세 번째는 마찬가지로 유가에 보이는 고인이 된 부모형제에 대한 효의 실천으로서 상복 생활이 규정되어 있는데 불교는 그 소식행의蔬食行儀를 받아들여서 엄격히 받들려고 한 점, 네 번째로 차츰 알려진 불교가 설하는 인과응보설의 가르침은 그 두려운 과보를 피하는 유력한 수단으로서 식육의 전면금지를 받아 들이려한 점"(63쪽)을 들고 있다. 이윽고 5세기 초부터 『열반경』, 『능가아발다라보경楞伽阿跋多羅寶經』, 『앙굴마라경』 등이 전래되어 대승의 자비사상에 기반한 육식금지를 설하는 경문이 나타나자 새로이 채식주의의 근거로 간주되고, 6세기초 무렵에 결국 육조시대 채식주의론의 집대성인 양무제의 「술과 고기를 끊는 글」이 제창되기에 이르러 그 이후 오래도록 중국 불교도가 받들어 지니는 생활윤리규범으로서 육심금지와 채식주의의 근거가 되었다고 말해지고 있다.(91쪽)

48) 예를 들면, 『육도집경六度集經』(T3, no. 152), 『보살본연경菩薩本緣經』(T3, no. 153), 『일체지광명선인자심인연불식육경一切智光明仙人慈心因緣不食肉經』(T03, no. 183), 『대방등대집경大方等大集經』(T13, no. 397) 등이 있다.

사신(소신)과 단육의 접점이 확인되며 후술하는 것처럼 승애의 소신과 그에 의한 '행자단육(行慈斷肉)'의 권유가 이 전기에 등장하는 것도 결코 우연이 아니라 둘은 함께 남북조 시대 후기로부터 당대까지의 사상적 배경을 반영한 것으로 생각된다.

중국불교에서 '유신' 실천의 기원은 어찌 되었든 그것이 하나의 실천행으로서 확립된 것은 『법화경』「약왕보살품」에서 경전적 근거를 찾아내어 불타·불사리를 공양하기 위해서 소신을 하는 일체중생희견보살과 자신의 모습을 함께 겹쳐 놓은 것이 최대의 계기가 되었을 것이다. 여러 방법으로 실행된 소신행은 한편으로는 자타카나 대승경전에 설해지는 이타의 보살행으로서 존숭되고, 다른 한편으로는 율장 가운데 불살생계의 제계인연(制戒因緣)에 있는 것처럼 자신도 포함하는 사람을 죽음에 이르게 하는 것은 절대 하면 안 된다고 하는 불살생의 윤리관에 상반되는 행위로서 파악하는 것도 이상하지 않은 일면을 함께 가지고 있다. 중국적 경전해석을 실천이론의 근거로 하는 실천모델과 율장 규정의 정면 충돌과 관련하여 중국의 불교인들은 도대체 어떻게 판단을 내렸을까, 또는 어떠한 해석을 골똘히 궁리하여 논점을 교묘히 옮김으로써 충돌 완화를 도모하였는가에 관한 논의는, 유신이라는 구체적인 문제에 그치지 않고 중국불교의 수용과 형성에 바로 작용하는 실천불교의 전개를 이해하는데 있어서 매우 중요한 과제가 된다.

2. 불교경전 해석의 문제 – 율장 대 대승경전?

본고의 과제인 「승애전」에 있어서 말하면 『홍찬법화전』에는 승애가 소신의 실천을 결심한 것이 「약왕보살품」으로부터 깨달음을 받은 결과라고 명확하게 설해져 있지만 다른 한편의 『속고승전』에서는 Benn[2006]에 의하면 단지 한 곳에서만 '약왕보살'을 언급하고 있으며 전체적으로는 승애의 소신과 『법화경』과의 관련성에 관해 명확한 제시는 보이지 않는다. 그것보다 『법화경』의 인상은 이것을 전거로 해서 형성된 중세 중국의 소신기사의 공통주제—서원·향유(香油)의 준비·손가락이나 손의 국부 소신·사리탑의 건립 등의 구체적이고 전형적인 사항으로서 승애전 가운데 녹아 들어가 있다고 지적되어 있다.[49] 더욱이 『속고승전』 권27, 「유신편」의 평론을 보면 그 가운데에서도 "故藥王上賢焚體、由其通願. 下凡仰慕灼爛、寧不失心."(T50, 684c20-21)라는 한 곳을 빼고는 『법화경』에 근거하여 소신행위의 정당성을 옹호하려고 하는 의도는 거의 보이지 않는다. 동시에 율장, 특히 『사분율』을 중요시하는 도선의 입장에서는 당연히 출가자에게 소신 등의 유신행위가 계율면에서 일으킬 '합법성'의 문제에 대해서 정면으로 대응할 것이라고 예상되지만 실제로는 명확한 형태의 언급

---

49) "In the XGSZ biography, on the other hand, aside from a passing mention of the Bodhisattva Medicine King(Yao Wang 藥王, Bhaiṣajyagururāja), there is no explicit indication that he had any particularly strong feelings about the Lotus Sutra. The presence of the Lotus Sutra in the XGSZ biography is found rather in the echoing of themes from that text that are common to many accounts of medieval Chinese auto-cremators: the vow to burn oneself alive, the consumption of incense and oil prior to burning, the burning of the fingers or arms, the construction of stupas for the relics, and so forth." (Benn 2006, 425-426)

은 거의 보이지 않는다.

　직접적인 의사표현을 피하고 있는 것처럼 보이는 도선(596~667)의 태도와 선명한 대조를 이루는 것이 시대가 조금 지나서 두각을 나타내는 의정(義淨, 635~713)의 솔직한 문제제기와 비판이다. 의정은 그의 『남해기귀내법전(南海寄歸內法傳)』[50](7세기 후반)에서 당시 중국불교에 보이는 법화신앙에 근거하는 소신공양에 대한 출가자의 대응에 대해서 서슬이 시퍼렇게 비판한다. 그에 의하면 소신공양의 실천은 『법화경』을 근거로 하는 것이지만 『법화경』의 해당 개소는 재가자를 대상으로서 설해진 것이고 계율의 준수가 대전제가 되는 출가자의 실천규범은 아니다. 출가자라면 우선 기본인 계율 준수를 원점으로 하고 그로부터 경전의 면학에 나아가야만 하며 계조차도 지킬 수 없

---

50) 『남해기귀내법전』 권4에 소신의 문제점이 「소신불합燒身不合」과 「방인획죄傍人獲罪」의 두 항목으로 나뉘어져 논해져 있다. 그 가운데 '38소신불합三十八燒身不合'의 내용은 다음과 같다. "諸出家衆內、頗有一途初學之流、情存猛利、未閑聖典、取信先人、將燒指作精勤、用然肌爲大福、隨情卽作、斷在自心。然經中所明、事存通俗、己身尙勸供養、何況諸餘外財。是故經中但言「若人發心」、不道出家之衆。意者、出家之人、局乎律藏、戒中無犯、方得通經。於戒有違、未見其可。縱使香臺草茂、豈損一莖。曠野獨飢、寧湌半粒。然衆生喜見、斯乃俗流。燒臂供養、誠其宜矣。可以菩薩捨男捨女、遂遣芯芻求男女以捨之。大士捐目捐身、卽令乞士將身目而行施。仙預斷命、豈律者所爲。慈力捨身、非僧徒應作。比聞少年之輩、勇銳發心、意謂燒身便登正覺、遂相踵習、輕棄其軀、何則十劫百劫、難得人身、千生萬生、雖人罕智、稀聞七覺、不遇三尊。今旣託體勝場、投心妙法、纔持一頌、棄沙肌而尙輕、暫想無常、捨塵供而尊重。理應堅修戒品、酬惠四恩、固想定門、冀拔三有。小慾大懼、若越深海之護浮囊、行惠堅防、等履薄氷而策奔駿。然後憑善友力、臨終助不心驚、正念翹懷、當來願見慈氏。若希小果、卽八聖可求。如學大因、則三祇斯始。忽忽自斷軀命、實亦未聞其理。自殺之罪、事亞初篇矣。撿尋律藏、不見遣爲、滅愛親說要方、斷惑豈由燒已。房中打勢、佛障不聽。池內存生、尊自稱善。破重戒而隨自意、金口遮而不從。以此歸心、誠非聖敎。必有行菩薩、行不受律儀、亡己濟生、固在言外耳。"(T54, no. 2125, 231a28-b28) 이에 대한 일본어역은 宮林昭彦·加藤榮司 역 『남해기귀내법전-7세기 인도불교승가의 일상생활(南海寄歸内法傳-七世紀インド佛敎僧伽の日常生活)』(法藏館, 2004년), 「소신불합燒身不合」「방인획죄傍人獲罪」(391~401쪽)에 보인다.

다면 경전의 진의를 헤아리는 것은 불가능하다. 하물며 출가자에게 자살죄는 불살생의 계를 범한 경우의 죄와 동등한 것이고 율장에는 자살을 용인하는 규정이 어디에도 보이지 않는다. 출가자의 소신은 중대한 계 조목을 위반하는 자기 맘대로의 행동이고 석존에 의해서 금지된 행위이기 때문에 그것을 추구한다면 이미 석존의 가르침을 등진 것이다. 다만 덕행이 높은 보살이 보살행의 일환으로서 중생을 구제하기 위해 자기희생하는 경우만은 그것에 한해서는 아니라고 한다. 의정의 설은 덕이 높은 보살에 의한 보살행으로 명확하게 판단가능한 경우의 소신을 예외로 하고 『법화경』의 소신용인설과 율장의 불살생계의 모순에 대해서 둘의 적용대상이 다름에 근거하여 설명하고 있다. 즉 『법화경』의 소신공양설은 재가신자를 대상으로 통속적으로 표현되고 있는 것일 뿐으로 출가자는 그 대상 밖이라는 것이다. 더욱이 계율의 준수가 출가자로서의 생활방식의 기본이며 이미 율장에는 자신의 목숨을 포함하여 살생이 엄격히 금지되어 있는 이상 자살의 죄를 물을 법한 소신 등의 자해행위는 출가자가 행할 것은 아니라는 입장이 표명되어 있다.

그런데 『법화경』의 소신용인설과 율장의 불살생계와의 모순에 관해서 결코 모르지 않았음에도 불구하고 그것을 정면으로 대처하려고 하지 않은 도선의 태도는 어떻게 이해하여야 할까? 『속고승전』「유신편」의 평론에서도 알 수 있듯이 도선의 '유신관' 혹은 '신체론'[51]은

---

51) 『속고승전』 권 27 끝에 도선에 의한 유신의 여러 전기에 관한 논평이 있다. 그 전반부의 내용은 다음과 같다. "論曰、竊聞輕生徇節、自古爲難、苟免無恥、當今爲易。志人恒人之傳、列樹風猷。上達下達之言、照揚經典、皆所以箴規庸度、開導精靈。惟道居尊、惟德生物。故能兼忘通塞、兩遣是非。體流縛之根源、曉想倒之條緒也。是以達人知身城之假合、如塵無性、鑑命算之若流、惟心生滅。由斯以降、同是幻居、安有智者而能常保。然則宅生附世、纏取未捐、寄以弘因、用淸心惑。或挫拉以加惱辱、

기본적으로 혜교『고승전』「망신편」의 평론[52]에 동조하여 함께 육조시대 이후의 '형진신불멸론(形盡神不滅論)'의 신체론 해석 흐름[53]을 계승해 나간다. 도선의 "지금이라도 무너질 것 같은 집처럼 너덜너덜한 육체를 교환하여 다이아몬드와 같이 견고한 영원보편의 진리의 총체를 획득한다[以將崩之朽宅, 貿金剛之法身]"는 말에서 유신실천의 본질을 파악할 수 있다고 생각된다.

이 의미로 이해되는 정당한 유신행이란 잠정적인 임시의 존재에 지나지 않는 육신의 본질을 명확하게 직시한 후에 그것을 버림으로써 영원불멸의 '목숨'을 깨닫는 것이다. 따라서 이 논조를 주장하는 도선이 소신이 살생 혹은 자살행위라고 하는 뒤의 의정설에 반드시 찬동하는 것은 아니다.

물론 도선과 혜교도 각각 계율의 허용문제에 대해서 분명히 알아

或抑制以事奴駝、或焚灼以拔貪源、或剮剔以窮癡本。纏身爲炬、且達迷途。然臂爲明、時陳報德。出燈入鐵之相, 其蹤若林。肉山乳海之能、備開前策。斯皆拔悃我之宏根、顯坏形之可厭。以將崩之朽宅, 貿金剛之法身。經不云乎、誠至言矣。若夫厚生所寶、極貴者形、就而揆之、其實惟命、大聖成教、豈虛構哉。故藥王上賢焚體、由其通願。下凡仰慕灼爛、寧不失心。然僧崖正身於猛焰、言聲不改。大志剖臂以熱鐵、神操逾新。玄覽致命於中流、雖出還沒。法安亡形於繰紲、放免來投。是知操不可奪、行不可掩、誠可嘉乎、難行事矣。復有引腸樹表、條肉林中。舒顏而臨白刃、含笑而受輕辱。竝如本紀。又可嘉哉、然則四果正士、灰身而避謗徒。八千受決、護法而逃忍界。彼何力而登危、此何情而脫苦。自非懷安曠濟、行杜我人、觀色相爲聚塵、達性命如風燭。故能追蹤前聖蹤誠宗像末之寄乎。"(T50, 684c4-685a3)

52) 『고승전』 권12 「망신편」에 있는 혜교에 의한 논평은 다음과 같다. "論曰、夫有形之所貴者身也、情識之所珍者命也。是故飡脂飮血、乘肥衣輕、欲其怡懌也。餌朮含丹、防生養性、欲其壽考也。至如析一毛以利天下、則恪而弗爲、徹一飡以續餘命、則惜而不與、此其弊過矣。自有宏知達見、遺己瞻人、體三界爲長夜之宅、悟四生爲夢幻之境、精神逸乎蜚犿、形骸滯於瓶縠、是故摩頂至足、曾不介心、國城妻子、捨若草芥。今之所論、蓋其人也。"(T50, 405c29-406a9)

53) 岡本天晴1974「육조에서 사신의 한 측면(六朝における捨身の一側面)」, 『印度學佛敎學硏究』 제44호, 862~868.

차리고 있었지만 그러나 의정이 주장하듯이 유신실천의 적용대상으로부터 '출가자' 라는 부류를 배제하는 방법은 채용하지 않았다. 실제로 각각의 승전에서 「유신편」이나 「망신편」이라는 분류를 확립하고 엄선된 승려의 실례를 채택했다고 하는 것은 그 정통성은 어찌 됐든 실제로 중국불교에서 전개되어 온 흐름을 무시할 수 없기도 하여, 정해진 기준으로 선정된 실례에 기반하여 일찍이 명확한 규범이 없었던 실천적 전개에 모범을 보여 규범을 부여함으로써 그 흐름을 건전한 방향으로 이끄는 것이 중요하다고 판단되었기 때문일 것이다. 이 의미로는 중국에서 불교의 지역적 시대적 전개에 대해서 실례를 가지고 전체적인 현상을 보이려고 하는 도선, 혜교와 그리고 승전이라는 분야의 핵심에 위치시킨 '현장', '현실' 을 우위에 놓는 입장은 인도유학의 경험을 살려서 인도불교의 관점으로부터 판단되는 중국불교의 '오해' 와 '폐해' 를 바로 잡으려고 하는 의정의 '본고장', '원칙' 을 우위로 하는 입장과는 근본적으로 다르다.

유신행을 둘러싸고 도선과 혜교가 제기한 계율상의 문제는 출가자가 이러한 종류의 실천에 몰두해야 하는가라는 원칙이나 이념에 기울어진 관심으로부터 출발한 대응이 아니라 현실의 불교인 사이의 다양한 생각에 부추겨져서 실행되는 자해·신체훼손이 다발하고 있는 교단의 현상에 대한 염려로부터 계율의 관점에서 합법적인 행위와 그렇지 않은 행위를 구분하여 선악과 진위를 식별하기 위한 기준을 세운다는 의도에 기반한 것이다. 도선에 의하면 석존의 가르침은 여러 갈래에 걸쳐서 가득 차 망라하고 있기 때문에 그것을 실천하는 입장에 있는 수행자는 함부로 고도의 수행방법에 갑자기 달려드는 것을 삼가고 자신의 소질과 역량을 명확히 자각한 후에 그 소질에 맞는 실천방법을 신중히 선택해 실행해야 한다고 강조되고 있다. 그 배경에는 어려운 정도가 높은 고행을 동경한 나머지 자신의 소질과 역량도 돌아보지 않고 그것을 감행해도 결국에는 보기 흉측하게 죽게 되거나 생리적인 욕망을 끊기 위해서 신체를 훼손하는 행위에 이르게 되는 사례가 빈발하는 교단 내부사정이 있었다고 생각된다. 원래라면 마음으로 되돌아가 무명과 번뇌에 대처함으로써 근본으로부터 극복할 애착을 신체를 손상시키는 것으로 대치하려고 하는 것은 요점을 빗나간 방식일 뿐만 아니라 무지하고 불손하여 교단의 질서를 가볍게 보는 행위로서 교단 추방에 처해져야 할 것이라고 한다.[54] 그리고 이어서 '신체론'의 관련문제로서 출가자에게 있어서 유해의 처리방법이나 유골의 장례법에 관련된 주의점을 열거하고[55] 나아가 불도를 목표로 하는 입장에 있는 출가자이면서도 장생(長生) 내지 우화(羽化)를 목적으로 하는 도교적 실천에 종사하는 현상도 함께 엄하게 비판하고 있는 것에[56] 도선이 처한

---

54) 『속고승전』 권27, "聖敎包羅 義含知量 自有力分虛劣 妄敢思齊 或呻嘷而就終 或激激而赴難 前傳所評 何世無耶 又有未明敎迹 婬惱纏封 恐漏初篇 割從閹隸 矜誕爲德 輕侮僧倫 聖敎科治 必有深旨 良以愛之所起者妄也 知妄則愛無從焉 不曉返檢內心 而迷削於外色 故根色雖削 染愛逾增 深爲道障 現充戒難 尙須加之擯罪 寧敢依之起福" (T50, 685a13-21)

55) 『속고승전』 권27, "又有臨終遺訣 露骸林下 或沈在涵流 通資翔泳 或深瘞高墳 豐碑紀德 或乘崖漏窟 望遠知人 或全身化火 不累同生之神 或灰骨塗像 以陳身奉之供 鑽膚剔剒謂遣塵勞 刻目支解言傾情慾 斯途衆矣 因而敊之 且夫陳屍林薄 少袪鄙悋之心 飛走以之充飢 幽明以於熏勃 得夫相補 尠能兼濟 遂有蟲蛆 涌於肉外 鳥隨啄呑狼籍 膏於原野 傷於慈恤 然西域本葬 其流四焉 火葬焚以蒸新 水葬沈於深淀 土葬埋於岸旁 林葬棄之中野 法王輪王 同依火祀 世重常習 餘者希行 東夏所傳 惟聞林土 水火兩設 世罕其蹤 故瓦掩虞棺 廢林薪之始也 夏后聖周 行瓦棺之事也 殷人以木椁櫝 藤緘之也 中古文昌 仁育成治 雖明 葬 行者猶希 故掩骼埋胔[古*朋]而瘞也 上古墓而不墳 未通庶類 赫胥盧陵之后 現卽因山爲陵 下古相沿 同行土葬 紅紜難紀 故且削之 若乃神行紀言 導後業之淸緖 施輪樹塔 表前德之徽功 阿含之所開明 卽世彌其昌矣 至於埋屍塔側 尙制遠撒邊坊 親用骨塗 寔乃虛通謟附" (T50, 685a21-b14)

종교실천으로서 '소신(燒身)'은 계율에 위반되는 것인가? _149

시대의 불교교단 사정이 드러나 있으며 호법사상을 강하게 지닌 도선 자신의 관심이 나타나 있는 것이다.

3. 유신행자(遺身行者)의 소질과 조건

그러면 출가자가 올바르게 유신행을 실천하는 데는 어떠한 소질 과 조건이 필요한가? 앞의 의정설에서는 '덕행이 높은 보살'을 주체 로 하여 '중생의 구제'를 목적으로 하는 '보살행'만이 계율에 문제되 지 않는다고 언급되어 있다. 실은 의정의 바로 이 예외가 그때까지 중국불교계에서 '유신관'의 전통적인 견해였다. 이 경향은 남조의 송에서부터 제에 걸쳐서 성립되었다고 보이는『범망경(梵網經)』(권하) 에 설해지는 대승 보살계에서 전면적으로 내세워지고 있는 것으로부 터도 알 수 있듯이 이 시대에는 출가자의 유신행이 의문시되기는커 녕 '출가보살'이 될 수 있는 필수조건으로까지 위치지워졌다.[57] 그런 데 이러한 완전히 긍정적인 '유신관'은 결국 혜교 시대가 되면 불교 계에서는 다양한 관점으로부터 염려되는 혼란스러운 상황을 발생시 키게 되었다. 그래서 혜교는『고승전』「망신편」의 평론[58]에서 출가자

---

56) 『속고승전』권27, "而世或多事、妄行斷粒、練形以期羽化、服餌以却重尸。或呼吸沆 瀣、或吐納陰陽。或假藥以導遐齡、或行氣以窮天地。或延生以守慈氏、或畏死以求邪 術。斯蹤極衆、焉足聞乎。竝先聖之所關鍵、後賢之所捐擲。方復周章、求及追賞。時澆 負鑷陵峰、望五芝之休氣。擔鍬赴壑、趣八石之英光、以左道爲吾賢、用淫祀爲終志、畢 從小朴、未免生涯。徒寄釋門、虛行一世、可爲悲夫。"(T50, 685b21-c1)
57) 『범망경梵網經』권하, "若佛子、應好心先學大乘威儀經律、廣開解義味。見後新學菩 薩、有從百里千里來求大乘經律、應如法爲說一切苦行、若燒身‧燒臂‧燒指、若不 燒身‧臂‧指供養諸佛、非出家菩薩。乃至餓虎‧狼‧師子、一切餓鬼、悉應捨身肉 手足而供養之。後一一次第、爲說正法、使心開意解。而菩薩爲利養故、應答不答、倒 說經律文字、無前無後、謗三寶說者、犯輕垢罪。"(T24, no. 1484, 1006a16-24)
58) 『고승전』권12, "然聖教不同、開遮亦異。若是大權爲物適時而動、利現萬端、非教所

에 의한 유신행의 실천을 금지하는 데까지는 가지 않았지만 유신행의 정당성을 유지하기 위해서는 실천자 자신의 소질이 '계위가 높은 권현보살(權現菩薩, 大權)', '사인(四忍)'을 증득해서 훼범금계(毀犯禁戒)의 죄를 뛰어넘은 보살이 범부의 모습으로 현현하여 이 세계에 나타나는 경우[位隣得忍, 俯迹同凡] 그 행동이 '중생을 위해서 적절한 시기에 행함으로써 모든 방면에서 많은 이익을 실현하는 것[爲物適時而動, 利現萬端]'이라고 설하여 실천의 주체와 행동의 두 쪽에서 기준의 경계가 대폭으로 올라가게 되었다. 이외의 일반 출가자가 유신행을 실행한 경우는 자신의 신체를 돌아보지 않는다는 점에서는 평가되지만 계율을 위반한 것의 과실은 역시 문제가 된다고 한다. 여기에 와서 '유신행'과 관련하여 신중론이 나타나기 시작한 것이다.

그런데 도선은 이 일반론으로서 제시된 "유신행이 불살생계에 저촉된다"라는 혜교의 설에는 동조하지 않았다. 도선은 세속적인 이익과 명예를 획득하려고 유신행을 이용한 행위를 구체적인 예로서 들어서 이러한 행위는 가령 결과적으로 유신을 한 것이 되어도 그 불순한 동기 탓에 실질적으로는 중대한 계율위반이 되지 않을 수 없다고 지적하였다. 그 구체적인 예를 듦으로써 도선은 "유신행이 불살생계

制。故經云,「能然手足一指、勝國城布施」。若是出家凡僧、本以威儀攝物、而今殘毀形骸、壞福田相。考而爲談、有得有失。得在忘身、失在違戒。故龍樹云、新行菩薩、不能一時備行諸度、或滿檀而乖孝、如王子投虎。或滿慧而乖慈、如撿他斷食等。皆由行未全美、不無盈缺。又佛說、身有八萬戶蟲與人同氣、人命旣盡、蟲亦俱逝。是故羅漢死後、佛許燒身。而今未死便燒、或於蟲命有失。說者或言、羅漢尙入火光、夫復何怪。有言入火光者、先已捨命、用神智力、後乃自燒。然性地菩薩、亦未免報軀、或時投形火聚、或時裂骸分人、當知殺蟲之論、其究竟詳焉。夫三毒四倒、乃生死之根栽。七覺八道、實涅槃之要路。豈必燔炙形骸、然後離苦。若其位隣得忍、俯迹同凡、或時爲物捨身、此非言論所及。至如凡夫之徒、鑑察無廣、竟不知盡壽行道、何如棄捨身命。或欲邀譽一時、或欲流名萬代、及臨火就薪、悔怖交切、彰言旣廣、恥奪其操、於是僶俛從事、空嬰萬苦。若然非所謂也。"(T50, 406a17-b11)

에 저촉된다"라는 견해에 대해서 일반론으로서는 인정하지 않고 어디까지나 개개의 실천자나 실례에 기반하여 개별적으로 판정해야 함을 보여주고 있다. 더욱이 유신행은 표면적으로는 신체를 다루는 실천이지만 실제로 중요한 것은 마음가짐임을 분명히 하고 이 수행법을 행할 때에는 반드시 마음에 모든 불순한 요소를 없애지 않으면 안된다고 한다.[59] 유신 · 소신의 실천을 어디까지나 마음의 차원에서 파악해야 한다고 하는 도선의 논조는 소신이 '무상(無相)의 행' 이라고 하는 승애의 설을 방불케 한다. 마음가짐에 중심을 두는 도선의 유신관에서는 천박한 범부의 마음으로 불보살의 배려 깊은 마음을 마음대로 추측하려고 하는 것은 어리석고 부적절한 것이지만 그러나 원칙으로서의 '유신행' 은 수행자 자신의 신체와 바꾸어서 대의(大義)의 보전, 불도의 개척을 계획하여 중생의 제도에 형태나 형식에 구애 받지 않고 선견지명을 유효하게 하여 불도의 심원한 내포(內包)에 철저한 실천이다. 역으로 당초의 뜻을 마지막까지 관철하지 못하고 문제를 일으키고마는 수행자나 사례도 있지만 이것들은 어디까지나 개별적인 사례로서 개별로 대처해야할 것으로 되어 있다.[60]

이와 같이 도선은 보살행으로서의 '유신행' 을 계율에서 불살생계와 직접 연결시키는 것을 적극적으로 피하려고 하고 있다. 그 배경에는 유신행이 중국불교에서 오랜 역사를 지니는 실천전통인데다가 도

59) 『속고승전』 권27, "又有厭割人世、生送深林、廣告四部、望存九請。既失情投、僶俛從事、道俗讚善、擯從相催、嚬慼不已、放身巖壑。據律則罪當初聚、論情則隨興大捨。餘有削略贅疣、雖符極教、而心含不淨、多存世染。必能曠蕩無寄、開化昏迷、故非此論所詳、自可仰歸淸達。" (T50, 685b15-21)

60) 『속고승전』 권27, "而忽廁以凡心、籌諸聖慮、通成愚結、知何不爲。然則寒林之動、庸識因悟無常。捨生而存大義、用開懷道。全身碎身之相、權行實行之方、顯妙化之知機、通大聖之宏略也。水淸有著、終果言於厚葬。虛心不賓、則任物之行藏。斯道不窮、固略言矣。" (T50, 685c2-8)

선 자신이 살던 종남산(終南山) 지역에도 많은 실천예가 있었기 때문에 마구 비판하기는 어려웠다고 생각된다. 그러나 『속고승전』 등의 불교사서 찬술에 앞서서 오랜 기간 『사분율』의 공부에 몰두하여 주석서도 여러 종류 완성한 도선은 계율의 규정을 숙지하고 출가자에게 계율의 중요함도 익히 알고 있었던 만큼 경솔한 발언은 할 수 없었다. 한쪽은 자타카, 대승경전 그리고 중국에서는 절대적인 영향력을 자랑하는 『범망경』에 경전적 근거를 구하는 중국적 실천법이고 다른 한쪽은 불교 고래의 계율규정이기 때문에 어느 쪽을 옹호하여 우위에 놓으려고 했다면 매우 고통스러운 결단이 되었을 것은 틀림없다. 다만 이제까지 보아 온 것처럼 도선이 채택한 해석법이란 경전 모델의 실천법과 계율의 논리규정이라는 두 사항을 직접 연결시키거나 둘의 중요성, 혹은 각각의 교설을 동일차원에서 대립시키거나 하는 것이 아니라 오히려 반대로 둘을 각자의 공간에 격리함으로써 해석의 대립 그 자체를 무효화시킨다는 수법인 것으로 생각된다.

도선의 해석법에서 가장 중요한 부분은 앞의 의정설과 혜교설에 있어서 이미 '예외'로서 빼놓은 '성행(聖行)'으로서의 유신행을 다시 유신행의 원칙으로서 위치시키는 점에 있다. 도선에 의하면 정당한 유신행은 원칙적으로는 아주 옛날에 이미 석존에게 수기(授記)를 받은 성인이 정법의 계승이 계속되게 하기 위해 참아야 하는 세계인 사바세계에 모습을 나타내어 범부를 교화하기 위해 '유신'이라는 난행고행(難行苦行)의 실천을 보여준 성행이다. 이 정의의 핵심은 유신행 그 자체의 합법성을 그 실천자의 신성성으로써 뒷받침한다는 점에 있다. 즉 유신행을 실천하기에 충분한 수행자는 임시로 범부의 모습으로 나타났어도 그 정체는 과거세에서 이미 깨달음을 얻고 성불을 인정받은(授記) 성인이 아니면 안 된다. 성인이 나타내 보인 보살행으로서의 유신행은 교단의 윤리규정에 해당하는 계율에 의해서 규제되는 일도 없으며, 성인이어서 훼범의 금계를 초월한 존재이기 때문에 주체와 행동의 양 쪽에서 계율이 미치는 범주 또는 차원을 멀리 넘어선 것이 된다.

얼핏 보면, "유신행이 불살생계에 저촉된다"는 계율에 기반한 혜교의 신중론과 비교하여 도선의 '유신관'에는 현실적으로는 규제효력이 결여되어 있는 것처럼 보일지도 모르지만 실제로는 도선이 유신행을 무조건적으로 긍정하고 있는 것은 결코 아니다. 왜냐하면 '성행으로서의 유신행'만 정당한 것으로 보는 도선의 '유신관'에서는 이른바 '성행'이란 단순한 문학적 표현이 아니라 유신·소신 정도의 고행난행을 시현하는, 말 그대로의 '성인', '보살' 혹은 그들에 준하는 소질을 겸비한 사람이 아니면 안 되기 때문이다. 짐작컨대 도선은 앞서 언급한 다양한 요소와 배려로 인해 계율의 관점에서 유신행의 위험 그리고 민감한 일면을 비판할 수는 없었지만 그래서 그가 유신행의 실천을 규제하기 위해 선택한 방법은 수행자의 '소질'에 대한 엄격한 기준을 설정하는 것이었다. 그 기준이 무엇이냐고 하면, 그것은 다음 절에서 다루는 '승애'라는 인물상, 그리고 '승애숭배'라는 현상에 집적되고 응축된 모든 '성스러운' 요소의 총체이다. 역으로 말하면 유신행의 합법성을 정당화하려고 하는 도선 자신의 '유신관'이야말로 '승애전'을 찬술하는데 있어서 '승애보살전'에 보이는 한 사람의 고승으로서 승애의 모습을 그대로 받아들이는 것이 아니라 승애의 초인적인 측면을 특히 강조함으로써 성인으로서의 승애의 모습을 새롭게 만들어 내지 않으면 안 되었던 가장 큰 동기였던 것이다.

四. '승애숭배(僧崖崇拜)'라는 종교현상
−실천불교의 전개로서「승애전」

전술한 것처럼 중국불교사상사의 맥락에서『속고승전』「승애전」의 성립배경 또는 그 시대적 의의를 생각할 경우는 두 흐름이 특히 중요하다. 하나는 중국불교 독자의 실천모델로서의 '유신행'에 있어서 율장의 불살생계와의 균형도 포함한 '합법성'의 문제와 관련하여 전개된 경전해석이라는 흐름이다. 또 하나는 교리적 근거의 정비나 실천원리의 확립이 오히려 늦게 진행되는 경우가 많은 '실천불교(action Buddhism)' 전개의 한 양상으로서의 '유신행'이 그 정당화의 과정에서 불교원리나 그 이외의 다양한 '권위(authorities)'에 스스로의 근거를 구하려고 하는 여러 시도가 엿보이는, 중국불교에서 수용의 한 단면이다.

앞 절에서는 주로 위의 첫 번째 사상사적 흐름에 따라서『속고승전』의 저자 도선 자신의 '유신관'에 주목함으로써 '승애전'의 성립배경을 추구하여 "도선은「승애보살전」에 보이는 한 사람의 고승으로서의 승애의 모습을 그대로 받아들이는 것이 아니라 승애의 초인적인 측면을 특히 강조함으로써 성인으로서 승애의 모습을 새롭게 만들어 낼 필요가 있었던 것은 아닐까"라는 가설을 입증하는 일환으로서 도선의「승애전」개편의도와 그 동기의 해명에 주력했다. 그로 인해 도선이 직면했던 시대적 · 사상적 과제와 염려가 분명하게 되었으므로 이 절에서는 다시『속고승전』「승애전」의 내용으로 되돌아가 역사인물로서의 승애가 아니라 이미 이상화된 종교신앙과 숭배의 대상으로서 '승애보살'이라는 인물상의 구성요소와 역사사건으로서의 '소신'보다 그것을 전설화하는 모습으로 지역문화에 기억된 종교현상으로서 '승애숭배'의 전개에 주목함으로써 위의 두 번째 점의 사상사적 흐름, 즉 '실천불교' 중의 '승애전'의 의의를 파악하고자 한다.[61]

1. 고승의 이상적인 모습으로서의 '승애'
– 실천이론과 윤리규범을 웅변적으로 설한 '이족승(異族僧)'

이 논문의 제 2절에서는 『속고승전』「승애전」의 내용을 『홍찬법화전』「승애전」과의 비교를 통해서 개관해 왔다. 그 과정에서 판명된 것으로서 다음의 점을 들 수 있다. 즉 『홍찬법화전』이 전하려고 한 승애의 사적이란 남북조시대 익주 부근의 산악지대에 거주하던 소수민족 출신이면서도 한민족의 문화와 생활양식을 동경하여 부락을 떠나

---

61) 이제까지 본고에서는 몇 번이나 '실천불교'라는 용어에 대해서 언급해 왔다. '실천불교'는 Jame A. Benn이 그의 논문 "Written in flames: Self-immolation in Sixth-century Sichuan" 중에서 제시한 'action Buddhism'이라는 용어를 필자가 일본어역한 것이다. 이 용어만이 아니라 '승애전'을 실천불교의 전개에서 파악하고 이 전기의 여러 다양한 요소에 의해서 매몰되어 온 '실천불교'라는 흐름의 존재를 드러낸다고 하는 방법 자체도 Benn이 이 논문에서 제안한 것이다. 그 결론 중에서 그는 다음과 같이 서술하고 있다. "Once we see the biography in political, social and religious context it becomes clear that late sixth-century China harbored currents of Buddhism of which we are almost entirely ignorant. One way to characterize these trends would be to speak of a kind of "action Buddhism," designed to rally monks and laity against the complacency associated with more cerebral forms of practice and to push back the encroaching darkness of the declining dharma. To judge from the cases of Sengyai and Mahasattva Fu, this "action Buddhism" was by no means simple-minded, but rather a multi-faceted and sophisticated form of medieval religiosity that could appeal to literati and commoners, to elite monks, and to rulers." (Benn 2006, p. 446)

익주로 가서 여러 고난을 거치며 승려가 되고 대승경전의 서사를 권하기 위해 손을 태우고 불탑과 법당 건설을 위해 소신을 행하여 생애를 마쳤다는 것이었다. 그로부터 드러난 것은, 승애의 성격이나 인간상은 소박하고 독실한 성격으로 신앙적으로도 일심이었던 것 이외에 불교교리에 대한 조예, 민중교화에서 윤리규범의 교시, 더욱이 신비적인 특수능력의 발휘 등에 대해서는 전혀 언급하고 있지 않다. 한편 『속고승전』이 전하려고 한 승애의 인간상은 『홍찬법화전』의 묘사로부터는 상상도 못할, 어떤 각도로부터 보아도 트집잡을 데가 없는 이상적인 고승의 모습이다. 과격하다고도 말할 수 있는 그 소신의 행동도 어디까지나 공관(空觀)의 지혜에 기인한 '무상의 행'이라는 명확한 실천이론에 바탕하며, 나아가 '자비를 행하여 육식을 끊음[行慈斷肉]'이라는 윤리규범을 출재가 민중 사이에 보급시키기 위해서 실행된 이타행으로서 전하고 있는 것이다. 『속고승전』 「승애전」에 전해진 여러 일화에서 의해(義解) 고승이나 민중을 향해서 고승 승애가 웅변으로 전개한 실천윤리와 윤리규정에 대해서 살펴보자.

(1) 무상유상(無相有相)의 행(行) ―승애 대 의해고승(義解高僧)

다시 생각하면, 무성 원년(559) 6월 어느날 돌연히 익주성 서쪽의 길가에 나타나 어떤 예고도 없이 기름에 담근 헝겊을 두른 손의 손가락에 불을 붙인 무명의 이족승(異族僧)의 이상한 행동을 보고 사람들은 눈 앞의 상황을 바로 이해하지 못했을 것이다. "아프지는 않을까?", "제 정신인가?"라는 솔직한 의문이 사람들로부터 제기되자 일찍이 "言語訥澁、擧動若癡"라고 말해졌던 모습은 어디 가고 승애는 아픔이라고 하는 것은 마음으로부터 만들어지는 환상에 불과하고,

마음이 아픔이라고 하는 환상에 얽매이는 일이 없으면 손가락이 아픈 감각에 얽매이는 일도 없다고 말하고 신체라는 것은 기본적으로 4대 요소로부터 이루어지는 다섯 개의 감각기관에 의해 파악되는 존재로서 4대·5근은 본래 파악하려고도 하지 않으면 신체도 또한 파악될 본질이 없다고 당당하게 반야공관사상에 기반하여 반론했다고 전해진다.[62]

이것과 동일한 주지(主旨)의 문답은 『속고승전』 「승애전」의 마지막에 승애의 입적 후 이야기로서 수록된 기사의 제4~5조에도 보인다. 이때의 상대는 익주의 가장 유력한 교단인 용연사(龍淵寺)의 의해대덕 보해(寶海)[63]이고 그 의문이란 한 가지는 불에 타고 있는데 왜 고통의 모습이 보이지 않는가라는 것, 그리고 또 하나는 중생의 고통을 대신한다는 것이지만 몸을 태우는 것과 중생이 그 죄의 결말로서 고통을 느끼는 것과는 관계 없는데 어째서 중생의 고통을 대신할 수 있다고 하는가라는 것이었다. 승애는 몸이 탈 때의 감각에 얽매여 버리면 통증에 고통스러워하는 결과가 되고, 중생의 고통을 대신하려고 진심으로 생각하면 당연히 실현가능하다고 한다. 왜냐하면 그러한 결심으로부터 실행에 들어간 경우는 그것을 눈 앞에서 본 사람들의 마음에 선의가 솟구쳐 일어나는 순간에 악의가 사라져 버려 그 악의

---

62) 앞의 인용문 1(역자) 참조.

63) 보해寶海의 전기는 『속고승전』 권9(T50, 492b23-c14)에 수록되어 있다. 石田德行 [1976]은 촉촉蜀 지역 출신으로 일단 양梁의 도읍 건강建康에서 수학한 후 다시 촉으로 돌아가 법을 홍포하는 6세기 후반의 승려로서 '寶海'를 취하여, "경사京師로서 '성실成實의 삼대법사'로 불리던 승민僧旻, 법운法雲 등을 사사하고 후에 성실을 중심으로 한 교리적 불교를 파촉巴蜀 지역에 전한 것이 많고 그 중에서도 불성의 뜻을 논하여 무릉왕비武陵王紀와 기지 넘치는 응답을 전개한 석보해는 그 대표자였다"(35쪽)라고 한다. 이외에 大內文雄 [2013](328쪽)도 「보해전」에 대해 언급하고 있다.

로부터 생기는 악행과 그것에 의해 생기는 악업을 피할 수 있기 때문이라고 한다. 또 한 사람의 승려는 '무상'의 이론을 끝까지 함으로써 불타의 지혜를 체득해야 하는가, 아니면 단지 번뇌의 대치에 의해 진실을 추구해야 하는가라고 묻자 승애는 불타 그 자체도 잡으려고 하는 어떤 개념이 아니므로 다양한 고정개념에 매달려서 불타의 지혜를 구하려고 해도 헛될 뿐이라고 대답한다.[64]

그러자 보해는 더욱 추궁하여 불타란 고정개념으로 붙잡을 수 있는 존재도 아니라면 그 모습도 고정개념으로 붙잡을 수 있는 모습도 아니라는 것, 즉 불타나 그 모습이 본래 고정적인 성질을 가지고 있지 않기 때문이라는 것은 당신 자기자신이 곧 석존·관음보살의 화신이라고도 말하고 싶은 것인가라고 힐문한다. 이에 대해서 나는 단지 범부이며 지옥을 향해 가는 중생의 고통을 대신하고 그들이 성불하는 것을 절실히 기원하고 있을 뿐이라고 답한다. 보해는 예전에 그러한 서원을 세운 보살, 예를 들면 약왕보살 등의 성인은 모두 성불할 수 있었다고 하는데 당신만 유일하게 성불하지 않은 채로 중생을 구하려고 한다는 것은 지금까지 이미 성불한 보살·성인 누구보다도 당신 쪽이 훌륭하다고 말하고 싶은 것인가라고 더욱 계속해서 공격해 온다. 승애는 약왕보살 등의 성인이 성불을 이룬 것은 그 시대의 사람들이 모두 보살의 참 뜻을 마음으로 얻어서 한 사람도 남기지 않고 구제되었기 때문이고, 그러나 내 눈 앞에 있는 당신들은 반드시 나의 고심(苦心)을 이해할 수 있는 것도 아니고 오히려 지금 이 곳에서 처음 눈떠서, 만개한 후의 꽃이 자연히 떨어지듯이 나중에는 내가 말하는 것을 납득하게 될 것이라고 답한다.

---

64) 앞의 인용문 3(역자) 제4조를 참조.

이들 문답은 요컨대 문자·개념·교학에 의해 불교의 진리·지혜를 추궁하는 방법과 이타의 서원에 기반하는 보살행의 실천 및 우위성과 관련하여 의해파의 고승과 실천파의 승애 사이에 전개된 대결을 나타내는 것이다. 승애가 공관(空觀) 사상에 기반한 실천이론을 실제로 주창하고 이것에 기반하여 소신을 실시했다고는 생각하기 어렵지만 여기에서는 그를 실천파의 대표격으로서 옹립하고 남조의 의리(義理) 불교가 아직 우세한 익주불교의 주류와 권위를 상징하는 용연사의 의해대덕 보해 등과 대결시킴으로써 북주 시대의 사천불교의 새로운 동향을 단적으로 나타내려고 하는 것으로 보인다. 둘의 대결의 명암을 가른 것은 익주불교에서 또 하나의 교단세력인 효애사를 대표해서 태법사(台法師)가 그 뜻을 표명한 일이다. 승애 소수의 현장에 나타난 태법사가 승애에게 가사를 준 것과 함께 "眞解波若、非徒口說"이라고 공언함으로써 상술의 논쟁을 둘러싼 대결의 승기를 최종적으로 승애 등의 실천파측이 잡게 되었다. 후의 선종에서도 전승의 전통성을 의미하는 가사의 증여가 여기에서는 승애 언동의 정당성이 효애사 교단으로 대표되는 익주불교계의 교권에 의해서 승인되었다는 것을 상징하고 있는 것으로 보인다. 이것은 승애가 전신을 소신할 때에 재확인된다. 이어서 이번에는 효애사를 대표해서 '계행청정의 노대덕' 도선사(導禪師)에 의해서 육도석장(六度錫杖)과 자색의 부견의(覆肩衣)[자피紫被]가 주어지고 익주부근 건위군(犍爲郡)의 승연(僧淵) 등은 형형색색의 헝겊을 끊어 만든 칠조납가사(七條衲袈裟)[반납班納]를 보냈다. 이러한 불교교단으로부터의 기대에 응하기라도 하듯이 승애는 납가사를 몸에 두르고 자색의 견부의(자피)를 어께에 걸치고 손에는 석장을 쥔 모습으로 소신을 행하였다고 전해진다.

(2) 행자단육(行慈斷肉)의 권유 —승애 대 양족(獚族) 외

이와 같이 교단의 권위로부터 정당성을 인정받은 승애는 민중을 향해서 어떠한 메시지를 전하고 있는가에 대한 것도 『속고승전』에서는 용의주도하게 제시되고 있다. 승애는 원래 신비적인 힘을 겸비하여 병 치료 등을 통해서 민간에서는 어느 정도의 신자층을 가지고 있었다고 생각되지만 그가 처음에 소수(燒手)를 발원했던 것은 대승경전 등의 서사유포를 권하기 위해서였다는 것도 앞서 언급한 바이다. 당연하지만 민중을 향해서는 대승경전의 중요성이나 보살행의 일환으로서 유포행의 필요성 등을 제창했다고 생각된다. 이와 동시에 『속고승전』에서 시종 강조하는 것은 승애에 의해서 '행자단육'을 중심 내용으로 하는 불교윤리규범의 긍정과 홍포이다. 이 복선은 승애가 불교의 길을 걷기 시작한 이전부터도 "살생은 악업이다"라는 불교적인 윤리관에 서서 자신의 출신인 양족 부락의 생활방식에 대해서 강하게 반발한 무렵으로 거슬러 올라간다. 그는 살아 있을 때 소수의 현장에서도 사람들에게 '행자단육'의 생활습관을 권하는 것뿐만 아니라 그가 입적한 후에 자주 현현하여 마찬가지의 일을 타일렀다는 기사가 『속고승전』「승애전」에 기재된 13조의 입적 후 이야기를 3분의 1 못미치게 차지하고 있으며 그것이 파급된 지역은 실제로 소신이 행해진 익주[65]만이 아니라 멀리 고향인 양족 부락에도 미쳤다는 점은 주목할 만하다.

이에 따르면 승애의 소신이 실시된 지 한 달 후에 해당하는 8월에 양인 모난당(牟難當)이 취교산(就嶠山)의 정상에서 수렵하고 있었다.

---

65) 앞의 인용문 3(역자) 제11조를 참조.

그 때에 익주에서 소신하여 입적했을 승애가 검은색의 사슴을 타고
나타나 살생의 죄를 범하는 수렵을 버리고 농업으로 바꾸도록 모난
당을 설득했다고 전해진다.[66] 더욱이 그 해 겨울에 승애의 생질도 산
에서 두 사람의 승려를 따라서 걷는 승애의 모습을 보고서 쫓아갔더
니 입적했을 터인 숙부로부터 마음껏 설교를 들었다. 그 이야기에 의
하면 돼지나 닭 등은 인간과 비교하여 모습이나 '언어'가 다르지만
불성을 지니고 있다는 점에서는 같다. 그들이 축생으로서 태어난 것
은 과거 악업의 과보를 받았기 때문이다. 그들과 마찬가지로 잘못을
반복하고 싶지 않다면 농업에만 전념하고 가금(家禽)이나 가축의 사
육은 그만두어야 한다고 한다.[67] 여기에서 승애는 완전히 불교의 인
과응보설의 입장으로부터 '불살생'의 윤리관 수지를 주장하고 양족
부락 사람들에게 수렵 및 가축 사육이라는 전통적인 생업의 전면적
폐기를 요구하고 있다. 이 요청은 뒤집으면 요컨대 육식을 전면적으
로 금지하는 채식주의 생활규범의 수지를 요구하는 것이기도 하다.
이 요청을 뒷받침하는 사상적 근거는 앞 절에서 든 6세기 초반의 양
무제 등이 제창한 「술과 고기를 끊는 글」에도 나타나는, 『열반경』에
설해지는 '일체중생, 실유불성(一切衆生, 悉有佛性)'의 평등적 입장에
기반한 자비사상이다.

「술과 고기를 끊는 글」에서는 양나라 내의 출가자에게 육식의 전
면적 금지를 요청하고 따르지 않는 사람은 왕법에 의해서 처벌하는
조치까지 제언한 것이지만 인도 율전을 받들어 세 종류 정육(淨肉)의
식용을 허용하고 있다는 입장을 취하는 교단 관계자로부터는 격렬한
반발을 샀다. 채식주의를 전국 사원이나 출가자가 보편적으로 준수

66) 앞의 인용문 3(역자) 제12조를 참조.
67) 앞의 인용문 3(역자) 제13조를 참조.

하게 된 것은 수당 시대 이후의 일이라고 생각된다. 남북 시대말 무렵에 술과 고기를 완전히 끊지 않은 출가자가 교단에 존재하고 있던 점은 「승애전」에 전해지는 효애사 불여(佛與)의 사례로부터도 명백하다. 불여는 승애의 소신을 계기로 하여 술과 고기를 끊기로 결심한 한 사람이지만 그 사람 앞에 정체불명의 황색의 사람이 나타나서 그 결심을 권했다. 그 이야기에 의하면 한 중생(육지동물이나 물고기)의 고기를 먹었다고 하는 것은 곧 모든 생명체의 고기를 먹은 것이 되고 일찍이 (윤회전생을 반복하는 중)의 부모친족을 모르는 사이에 먹는 일이 되고 만다. 어찌 해도 고기를 먹고 싶을 때에는 그 고기는 시체로부터 생겨난 구더기라고 생각하면 욕망을 다스릴 수 있다고 한다.(68) 여기에서는 승애가 직접적으로 관계되지 않지만 황색의 천신(天神)에 대변시키는 형태로 윤회전생설을 전제로 하는 육식금지의 윤리규범을 주장하고 있다. 여기에 보이는 일체중생을 부모친족으로 간주하는 사고방식은(69) 육식금지를 주장하는 대승경전(70)이나 방생을 권하는 『범망경』 권하(제20경계輕戒)(71)에도 보이지만 여기에서는 앞서 든 '일체

---

(68) 앞의 인용문 3(역자) 제2조를 참조. 욕망의 구체적인 대치방법으로서 불교의 '부정관不淨觀'이 언급되어 있다.

(69) 船山徹(2002)에 의하면 "일체중생은 내 부모, 나는 일체중생의 부모다라는 사고방식은 중국불교의 전개에서는 주로 두 가지 다른 방향으로 발전했다. 첫 번째의, 주류라고 할 수 있는 방향은 일체중생에 대해서 자비심을 일으켜야 하며 증오나 반감 등을 일으켜서는 안 된다는 방향이다. 이 전형이 명상법으로서의 자비관(이른바 '오정심관五停心觀'의 하나)이다. 또 같은 논리를 밀고 나가서 '일체중생실유불성一切衆生悉有佛性'인 여래장설이 가해지면 거기에 결과로서 성립하는 것이 육식금지론이다"(R327~326쪽)라고 한다.

(70) 船山徹(2002), R326쪽, 각주 103) · 각주 104)를 참조.

(71) 『범망경』 권하(제20경계), "若佛子, 以慈心故, 行放生業. 一切男子是我父, 一切女人是我母. 我生生無不從之受生, 故六道衆生, 皆是我父母. 而殺而食者, 即殺我父母, 亦殺我故身. 一切地水是我先身, 一切火風是我本體, 故常行放生. 生生受生, 常住之法. 教人放生. 若見世人殺畜生時, 應方便救護, 解其苦難. 常教化講說菩薩戒, 救度

중생, 실유불성'의 입장과 마찬가지로 「술과 고기를 끊는 글」의 기존 논법을 전용한 것으로 생각된다. 또 하나는 선행연구에서도 지적된 것처럼 승애전에는 출가자만이 아니라 재가신자에게까지 육식금지를 촉구하는 취지가 있다는 점도 주의할 만한 점이다.[72]

2. 승애로부터 광명변조보장보살(光明遍照寶藏菩薩)로
　　―승애의 신격화

　　앞에서는 승애가 주장했다고 하는 공관사상에 바탕한 실천이론과 행자단육의 윤리규범에 대해서 살펴보았다. 이 주장들은 승애와 의해고승 사이에 펼쳐진 문답에 의해서 제시되고 최종적으로는 덕행 높은 승려가 횡피(橫被)・납의(衲衣)・석장(錫杖)을 증여함으로써 승애의 말과 그 행동의 정당성이 승인된다. 또 승애의 말에 관한 일부의 정보는 생전이 아니라 입적 후의 목격정보에 바탕한 것도 있다. 본래 승애의 교양과 경력에 근거하여 생각하면 상술한 이론전개나 의해고승과의 변론대결이 현실적으로 가능한가라는 문제에 대해서 『속고승전』은 특별히 걱정하는 배려는 보이지 않는다. 그 이유는 『속고승전』의 목표가 오히려 출신・교양・경력 등 세간의 일반적 지식기반 형성과정과는 완전히 다른 차원의 근원에 승애의 지혜의 유래와 그 실천의 근거가 찾아진다고 하는 인상을 준비하려는 것에 있는 것은 아닐까? 그러므로 승애의 지혜는 배움에 의해서 얻어지는 것과는 달리 태어나면서부

　　　衆生。若父母兄弟死亡之日、應請法師講菩薩戒經、福資亡者、得見諸佛、生人天上。
　　　若不爾者、犯輕垢罪。"(T24,1006b9-18) 명확한 형태로 표현되어 있는 것은 아니지만
　　　승애전에 보이는 양족에 대한 수렵어업의 폐기에 관한 권고는 아마도 『범망경』
　　　제20경계에 보이는 방생의 권고와 관련되는 것인지도 모른다.
72) 사례의 본문은 앞의 인용문 3(역자) 제11조를 참조. Cf. Kieschnick1997, 25.

터 갖춘 '태어나면서 아는 지혜[生知之智]'라고 말하려는 듯이, 산림의 이민족 부락에서 태어난 소년 승애가 어려서 샘물에 예를 취하고 더러움이 넘쳐나는 육체를 언젠가 태워 버리려고 사색을 깊이 하거나 하는 묘사가 섬세하게 이루어진 것으로 보인다.

더욱이 『속고승전』에서는 횡피·납의·석장의 증여에 의해서 승애의 종교실천의 정당성과 합법성이 교단의 권위로부터 승인을 얻은 일이 자주 강조되고 있지만 특히 『홍찬법화전』과 비교하면 명백하듯이 이른바 국가정권이라는 왕권에 의한 용인에 관한 언급은 완전히 누락되어 있다. 그에 대한 객관적 이유의 하나로서 소신사건의 연대를 실제 시기보다도 몇 년 앞으로 옮겨서 기록했기 때문에 시대 결정에 연결되는 역사적 상황을 언급하지 않은 것은 전술한 대로이다. 또하나는 이 절에서 다루는 과제이기도 하지만 세속의 왕권을 훨씬 상회하는 '고차원적인 권위'에 승애의 종교실천의 근거를 구하려고 하는 시도가 『속고승전』에서 이루어지기 때문이다. 이 시도는 『속고승전』「승애전」 전체의 바탕이 되고 있으며 구체적으로는 앞의 절에서 다룬 포교활동에서 고승으로서의 카리스마에 더해 다양한 신비적인 능력을 강조하는 묘사에 의해서 초월적 그리고 신성한 요소를 가미하여 '보살의 모습' 수립에 힘쓰고, 나아가 승애의 말이 인천人天이 감응하는 우주관에서 유래하여 그 근거를 인간세계보다도 고차원적인 권위에서 구하려고 하는 경향이 보인다.

(1) '승애보살'의 확립 —승애로부터 광명변조보장보살로

『속고승전』에서는 중국 출신의 고승이 각각의 공적에 응하여 장면에 따라서 '보살'로 불리는 것 자체는 드문 일이 아니다. 예를 들면

'동방보살(東方菩薩)' 혜정(慧淨)(권3), '동토보살(東土菩薩)' 담무최(曇無最)(권23), 똑같이 '호법보살(護法菩薩)'로 칭해지는 현완(玄琬)(권22)과 자장(慈藏)(권24)이나, 그리고 '육신보살(肉身菩薩)'로 존숭되는 담란(曇鸞)과 달법사(達禪師)(권16) 등의 사례도 자주 언급된다. 그러나 승애의 경우처럼 그 별전이 「○○보살전(○○菩薩傳)」으로 이름 붙여질 정도로 생전부터 입적 후에 이르기까지 '보살'로서 전인격적인 성인의 모습이 정착된 사례는 극히 드물다. 선행연구에서는[73] 승애의 사적이 자주 선종의 육조혜능(六祖慧能)이나 전대사(傅大士)와 관련지어져 비교되고 있지만 승애전에 풍부하게 담겨져 있는 모든 요소가 마치 혜능이라는 인물상에다가 전대사전에 묘사되는 생신(生身) 보살의 모습을 보탠 듯한 인상을 주어 말하자면 출가자 버전의 「대사전(大士傳)」, 「보살전(菩薩傳)」이라는 성격을 갖고 있는 것은 확실하다.

승애가 '보살'로 불려지게 된 시기나 그 계기에 대해서 『홍찬법화전』과 『속고승전』에는 각각 다른 설이 기록되어 있다. 우선 『홍찬법화전』에 의하면 승애의 소신 후 생전의 예언대로 심장사리가 남아 그것을 보고 우문헌은 승애가 실로 '보살성인'이었던 것을 납득하였고, 그것을 받아들여서 그 시대의 사람들 모두 '승애보살'로 존칭하게 되었다고 전한다. 한편, 『속고승전』에서는 앞서 든 "고통은 마음에서 일어난다[痛由心起]"를 둘러싼 문답 직후에 사람들이 모두 '승애보살'로 부르게 되었다고 전하고 있다. 그러나 앞 절에서도 고찰한 것처럼 적어도 태법사에 의한 승인을 얻기까지는 승애의 행동의 진의에 대해서 의심스럽게 생각하는 출가·재가자가 많았기 때문에 그 의혹이 모두 걷어지기 전에 '보살'이라는 이미지가 이미 정착했다고는 생각

---

73) 승애와 혜능의 유사점은 Benn 2006 (423-425; 423, note 51; 429; 442), 전대사(傅大士)와의 비슷한 점은 (432)에서 검토되고 있다.

되지 않는다. 아마도 『속고승전』이 주장하고자 했던 것은 소수사건을 계기로 일약 유명하게 된 승애는 그 생전에 이미 '생신(生身)의 보살'로 간주되어 신앙의 대상이 되어 있었다는 것일 것이다.

『속고승전』에 수립된 승애라는 인물은 현생의 학습·훈련 등의 경로를 통하지 않고도 다만 불퇴전의 보살만이 숙세에 갖추고 있는 지혜에 기반하여, '행자단육'의 윤리관과 공관에 기반한 실천원리 등의 지론을 적극적으로 추진하는 고승이라는 성격을 한 면에 보이면서 '보살'이라는 인간보다도 높은 차원의 존재로서 당연히 기대되는 초인적인 능력도 동시에 발휘해야 했다. 그 본령의 하나는 정신통일에 의한 감각기능의 제어이다. 선행연구가 지적하고 있는 것처럼 승애의 '고통은 마음에서 일어난다'라는 이해는 명상에 뛰어난 상위의 수행자가 선정에 든 상태에서 고통 등의 감각을 차단할 수 있다는 원리를 보여주는 것이고, 소신에 한하지 않고 육체의 자기파괴에 연결되는 다른 종교적 실천도 또한 기본적으로는 이것을 근거로 하고 있다.[74] 더욱이 승애가 생전과 입적 후에 보인 여러 신비적인 능력은 불

---

74) "There are a number of points in this account which bear some investigation. The first is the explicit denial of the sensation of pain on the part of the auto-cremator: in Sengyai's words, "Pain arises from the mind. If there is no pain in the mind, how can there be any pain in the fingers?' While a discourse of pain is notably absent in all but a few of the accounts of auto-cremation which we possess, this is one of the few instances when pain is explicitly denied, and it is done on impeccably Buddhist grounds: the statement "Pain arises in the mind' implies that the auto-cremator has mastered his mind through training in dhyāna and is no longer subject to the sensations that might arise there; hence there is no pain. Such control of sensation- and the fact that auto-cremators were likely to be in meditational trance while they burned-is, I think, simply understood in most biographies and does not need to be spelled out. Auto-cremation was considered to be an act performed by someone who was spiritually advanced and/or proficient in meditation, someone who was therefore expected not to be subject to the sensation of pain. This understanding is

교에서 불보살 등이 지니고 있는 것으로 되어 있는 여섯 가지의 초인적인 능력(육신통력六神通力)[75] 가운데 불타 특유의 누진통(漏盡通)[자신의 번뇌가 다하여 금생을 마지막으로 다시 태어나는 일이 없게 되었다고 아는 힘을 제한 다섯 종류의 신통력에 거의 상당하는 것이었다. 구체적으로 말하면 어느 날 승애가 민가에 계를 주기 위해서 갔는데, 사람들 중에 양楊씨 부인이 있어서 머리장식을 보시하고 싶어 했지만 남편에게 혼날 것을 걱정하고 있었다. 부인의 망설임을 알아챈 승애는 "보물을 희사할까 말까를 망설이고 있군요"라고 상냥하게 말을 걸자 다른 사람들은 전혀 영문을 몰랐지만 부인은 그 자리에서 희사를 결심한다는 재미있는 일화가 있다.[76] 또 나중에 소신 현장에 모여 든 사람들로 북적이는 중에 승애가 성인이라는 것에 의심을 가진 사람이 있었다. 승애는 그 사람을 지명해서 불타가 세상에 나타나 중생을 구제할 때에는 다양한 모습을 나타내어, 때로는 용모가 추한 사람이나 병자의 모습이나 동물 등으로 변화하는 일도 있으므로 그들을 경시하면 안 된다고 주의를 준다.[77] 어쨌든 승애는 다른 사람의 마음을 헤아려 아는 힘[타심통他心通]을 겸비하고 있던 것으로 보인다.

다른 사람의 가슴속 생각을 순간에 알아차리는 예리한 통찰력뿐만 아니라 승애에게 매우 뛰어난 청력[천이통天耳通]과 관찰력[천안통天眼

---

actually given expression in our biography when the people proclaim Sengyai to be the "Bodhisattva." We might note here that Indian stories of bodhisattvas who sacrifice their bodies also contain no explicit discourse of pain." (Benn2006, 427)

75) 이 능력들은 특히 '지관止觀' 수행에서 '지행止行'(사마타명상, 선나禪那·선정禪定, 사선四禪)에 의한 삼매 다음에 '관행觀行'(위빠사나명상)으로 옮길 때 얻는다는 자재한 경지를 표현한 것이라고 말해진다.
76) 앞의 인용문 3(역주) 제1조를 참조.
77) 앞의 인용문 3(역주) 제5조를 참조.

通]이 있었던 것을 시사하는 일화도 『속고승전』 여러 곳에 보인다. 예를 들면 소수 현장에서 독경이 행해지는 도중에 군중 가운데 긴장이 풀어져서 소곤소곤 속삭임을 나누는 사람들이 있었다. 그러자 승애는 그들을 주시하면서 자신은 일찍이 산에 있어서 글도 읽을 수 없었지만 지금 여기에서 경전의 훌륭한 가르침에 귀를 기울이는 것이 가능하여 그 한 글자 한 구절에 깊은 공감을 느끼고 있다고 말하는데 어째서 여러분들은 이 기회를 소중히 하여 귀를 맑게 해서 경전을 들으려고 하지 않는가라고 엄하게 꾸짓는 장면이 있다.[78] 그만큼 혼잡한 상황 중에 보통은 들리지 않는 멀리서 속삭이는 소리를 듣는, 실로 초인적인 귀라고 할 수 있다. 또 나중에 소신 실시가 결정되자 계율 엄수로 유명한 효애사의 기숙대덕(耆宿大德) 도선사는 육륜 석장과 자색 부건의를 승애를 위해 준비하고 건위군의 승연(僧淵)도 멀리서 납가사를 보내주었다. 소신 전날이 되자 출재가로부터 보내진 많은 물자는 산처럼 쌓였고 도선사와 승연이 보낸 법의·불구가 특별히 주목되었던 것은 아니었다. 그런데 소신 당일 아침이 밝아오자 승애는 돌연 시자에게 도선사의 육륜석장·자색 부건의, 그리고 납가사를 가져 오라고 명하고 그것들을 입고서 소신 현장을 향하여 출발했다고 전해진다.[79]

전술한 것처럼 『속고승전』「승애전」 마지막에 승애의 입적 후, 익주와 인근 군현 사람들로부터 모아졌다고 생각되는 목격담과 심령체험, 또는 승애 생전의 추가정보 등 합계 13조의 일화을 모은 내용이 첨부되어 있다. 그 중 하나는 익주 성도의 북서쪽에 있는 비현(郫縣)에서 모아진 목격담에 의하면, 비강(郫江)의 둑 상공에 5~6백 명의

---

78) 앞의 인용문 1(역주)을 참조.
79) 앞의 인용문 2(역주)를 참조.

승려의 대열이 나타나 그 선두를 인도하는 비단그물 장식을 덮은 수
레 안에 황색의 납가사를 입고 자색의 부견의를 한 쪽 어깨에 걸치고
손에 석장을 지닌 승애의 모습이 있어 그들은 하늘을 가로질러서 서
쪽 저편으로 사라져 버렸다고 한다.[80] 이 중에 보이는 '승공서몰(乘空
西沒)'이라는 구절은 승애의 서방정토 왕생을 연상시키는 표현으로
서 승애전이 후세의 정토왕생전에도 수록되게 되는 계기가 되었다.[81]
다만 『속고승전』은 '정토왕생'을 시사하려는 의도가 아니며 여러 조
목의 입적 후 이야기에 전해져 있는 것은 승애가 공간의 제한을 받지
않고 자유자재로 각지에 왕래했다는 것이 본질일 것이다.

　마지막으로 이제까지는 신비한 일화로부터 인상지워진 '보살의
모습'을 결정적으로 만든 것은 승애가 스스로의 '정체'를 밝히는 순
간이다. 이번의 '목격자'가 된 것은 아가니타사(阿迦膩吒寺)에 거주하
던 승려 혜승(慧勝)이라는 인물이었다. 그는 병으로 넘어져 승애가
소신하는 자리에 있을 수가 없었다. 그 날도 병석에 힘없이 누워있었
는데 꿈에 승애가 어린 승려 한 사람을 데리고 나타났다. 수건에 쌓
인 말향(末香)과 자단(紫檀) 가루를 넷으로 똑같이 나누고 혜승의 신
체를 둘러싸는 형태로 놓고서 불을 붙이려고 했다. 바로 상황을 이해
하지 못한 혜승은 두려워서 자기는 소신이 무리라고 알리자 승애는
두려워하지 않아도 되니, 향을 피우는 것은 병을 없애기 위한 것이라
고 말한다. 말향이 다 탈 때쯤 혜승은 몸상태가 상당히 회복되어서
길상한 일을 보여달라고 승애에게 간절히 기원했다. 그러자 승애가
자신은 이 세계에서 임시로 '애'라고 이름 붙여져 있지만 본래 이름
은 '광명변조보장보살(光明遍照寶藏菩薩)'이라고, 처음으로 스스로의

---

80) 앞의 인용문 3(역주) 제7조를 참조.
81) 자세히는 池麗梅2013F를 참조.

정체를 밝혔다고 전해진다.[82]

(2) 길상(瑞祥)과 사리 —진실의 근거를 보다 고차원적인 권위에서 추구하여

앞 절에서는 『속고승전』에서 승애의 신격 수립 전개에 대해서 살펴보았지만, 그 일화들 대다수는 개인적인 장면 또는 한정된 공간에서 승애와 당사자 사이에서만 서로 공유된 인식·이해·약속의 내용을 후에 당사자 본인이 밝혀서 널리 알려지게 된 일화이다. 지명·인명·상황 등의 세부내용까지 구체적인 경험담은 신빙성이 있을 뿐더러 독자에게 친근감을 주는 의미에서는 어느 것이나 중요한 의미를 지닐 뿐만 아니라 이미 Benn이 지적한 것처럼 이 입적 후 이야기(postmortem)는 소신을 보거나 사리를 직접 만지거나 하는 기회가 없었던 사람들의 체험담 배후에 숨어 있는 '승애숭배'의 존재를 시사하는 것이다. Benn에 의하면 승애의 초월성을 보여주는 일화가 입적 후에도 계속해서 각지로부터 모아지게 되는 현상을 조장한 것은 '향토의 영웅(local hero)' 보다도 보편적인 의미에서 초월자로서의 이미지를 수립하여 승애숭배의 영향력이 미치는 지역의 확대를 꾀하려는 움직임이었다. 그 움직임을 견인하고 있던 것은 승려를 중심으로 하는 교단일 가능성이 높지만 여러 상서로움을 목격한 한민족·이민족의 민중도 점차로 그 중에 휩쓸리게 된 것은 부정할 수 없다고 한다.[83]

---

82) 앞의 인용문 3(역주) 제10조를 참조.

83) "Throughout these tales there seems to be a concern with expanding Sengyai's presence beyond those who actually witnessed his auto-cremation, or had direct access to his relics. In other words, the miracle tales seem to bear witness to the construction of a cult. …… Proof of his transcendent status continued to be attested even in places distant in time and space from his actual act of auto-cremation.

Benn의 이러한 지적에는 두 가지 정도 매우 중요한 점이 포함되어 있다. 하나는 승애의 소신을 단발적인 역사사건 또는 종교적 의식으로서가 아니라 승애와 그 소신이 불러 일으킨 '승애숭배'라는 종교운동 내지 사회현상이라고도 불러야 할 총체로서 파악하는 점이다. 또 하나는 이 종교운동이 승애와 그 승려동료들에 의해서 일어나 추진된 것이기는 하지만 그것이 사회현상으로까지 발달하게 된 데는 승속 · 민족을 가리지 않는 수많은 민중의 적극적인 찬동과 참가가 불가결하다고 하는 점이다. 생각하면 익주에서 전후 2회에 걸쳐서 실시된 소신사건은 수많은 민관승속을 끌어들여 그 영향은 성도를 중심으로 하는 촉군(蜀郡) · 건위군(犍爲郡) · 한군(漢郡)의 삼촉(三蜀) 전역에 그치지 않고 나아가 동북방면의 동주(潼州)에까지 파급되고 있다. 이처럼 일대 사회현상을 생기게 한 대규모 운동을 일으키는 데는 승애의 포교활동에서 발휘된 카리스마, 그가 겸비한 신비적인 능력 외에 또 하나 절대로 빠뜨릴 수 없는 조건이 있다. 그것은 승애 자신의 소신도 포함하는 이러한 종교운동 전체의 '합법성'이나 '정당성'을 뒷받침하는 근거를 어떠한 '권위'에서 구해 얻는가라는 것이다. 『홍찬법화전』과 『속고승전』이 바로 승애의 소신을 정당화하는 방법을 각각 다른 '권위'에서 구한 시점으로부터 이미 배치되기 시작되

Again, I suspect that these tales provide evidence of a cult which extended beyond the immediate environs of Chengdu and speak of a deliberate attempt to make Sengyai more than just a local hero, and to spread his particular teaching. The cult, if such it was, may have been spread by monks, but its miraculous effects, in the form of falls of heavenly flowers, were witnessed and felt in a variety of ways by the laity, whether Chinese or Rang ⋯⋯ In time, as miracle tales and other accounts of meetings with other-worldly beings proliferated, China was transformed into a place in which the devout were able to encounter bodhisattvas, whether foreign (Mañuśrī) or domestic (Guanyin or Sengyai)." (Benn 2006, 442)

었기 때문에 최종적으로 각각 상당히 다른 '승애상'을 제시하는 결과가 된 것은 아닐까?

여기에서 '권위'라는 말로서 나타내고자 하는 것은 구체적으로 교권, 왕권, 그리고 중국 독자의 우주관에서 유래하는 자연과 사회[천지인 天地人]의 전체적인 합의를 대변하는 '천의(天意)'라는 세 가지이다. 우선 『홍찬법화전』과 『속고승전』은 승애의 소신에 대한 교권의 승인에 관해서는 일치하고 있다. 본래 『홍찬법화전』에 의하면 승애의 두 번에 걸친 소신은 각각 경전의 서사홍포와 사원증축을 목적으로 한 모금장려를 위한 것이고, 『속고승전』에서도 횡피·납의·석장의 증여에 의해서 승애가 종교실천의 정당성과 합법성을 교권으로부터 승인받은 것이 강조되어 있다. 그런데 『홍찬법화전』에는 승애가 소신을 결심한 직후에 그것을 지방장관에 알리고 실행기일 결정까지 지방정권에 배려하였으며 실행당일도 또 장관 일행의 엄중한 감독 아래에서 집행하였다는 역사적 상황이 솔직하게 전해져 있는 것과 대조적으로 『속고승전』에는 이른바 국가정권이라는 왕권에 의한 용인에 관한 언급이 완전히 누락되어 있다. 그 이유로서는 전술한 것처럼 소신사건의 연대를 실제 시기보다도 수년 앞으로 당겨서 기록했기 때문에 시대의 특정에 연결되는 역사적 상황은 언급하지 않은 점을 들 수 있다. 이것보다도 심각하고 신경을 많이 쓴 이유는 『속고승전』의 저자 도선이 승애의 소신행위의 정당성 또는 합법성의 근거를 세속의 왕권이 아니라 보다 고차원적인 권위에 해당하는 '천의'에서 구해야한다고 신중하게 판단했기 때문일 것이다. 그리고 『속고승전』에서는 고차원적인 권위에 의한 승인이 거대한 뱀, 밝은 달, 상서로운 빛, 하늘의 꽃, 사리 등 다양한 형태를 취하여 나타나서 승애의 결단을 뒷받침하고 그 예언에 대한 우주로부터의 호응을 암시하고 있다.

『속고승전』「승애전」에서 최초로 드는 초현실적 현상은 승애가 부락을 떠나고 출가를 결심하는 계기로도 되는 거대한 뱀의 출현이다. 머리와 꼬리가 모두 빨간 색인 거대한 뱀은 부락의 사람들이 물고기 양식을 하기 위해 강에서 둑을 건설하는 중에 갑자기 물 속에서 나타나 순식간에 길이 1장, 굵기 5~6척까지 성장해서 수면을 뛰어올라 공중으로 비상하여 하늘로부터 눈부신 빨간 빛이 오랫동안 주변 한쪽의 들판을 비추었다. 그로부터 순간 둑은 붕괴했다고 전해진다. 일설에 의하면 중세 사천에 유행하는 뱀신 전설에서 보면 신이한 뱀의 등장 그 자체는 놀랄 만한 일은 아니지만 약간 의외인 것은 여기의 거대한 뱀과 승애는 이른바 '약속의 도덕 공동체'를 맺어서 수렵이라는 행위에 대항하는 동맹 관계라고 말해진다.[84] 이 설에도 일리가 있지만 그러나 보다 넓은 의미에서 파악하면 강을 떠나는 거대한 뱀(향토신)은 한편으로는 둑 건설 등의 자연개발에 수반되는 인간의 자기중심적인 환경파괴에 대하는 자연의 경고이고, 그 경고를 무시하고

---

84) "Both biographies characterize the Rang as hunters. Logically, then, Sengyai's first step on the Buddhist path should involve him giving up hunting. The XGSZ biography casts this transformative experience in the form of an encounter with a large and mysterious serpent. The presence of such a creature in this story should not come as a surprise given what we know about snake-gods in medieval Sichuan. But what is perhaps slightly unusual is that, unlike most encounters between Buddhist monks and local deities, who often appeared in the form of large anomalous and frightening animals, Sengyai and the snake are allies, appearing, as Robert Campany has suggested in his study of medieval Chinese anomaly accounts, as parts of "a single moral community," in this case a community opposed to hunting. Sengyai's connections with animals are further illuminated in the last of the miracle tales appended to the XGSZ biography, where he reveals to his nephew that he can understand the speech of animals and that both humans and animals possess the Buddha-nature." (Benn 2006, 424)

건축된 둑이 쉽사리 붕괴된 것은 인간과 자연의 평화로운 공존관계가 균형을 잃어가는 중임을 암시하는 것으로 생각된다. 더욱이 이 자연과 인간의 대결배경에 있는 것은 당시 사천지역의 사회적인 문제이다. 외래정권이나 지방호족이 구성하는 지배계급과 피지배계급의 대립, 그 중에서도 특히 심각한 문제로서 오랫동안 걸쳐서 진행되어 온 한민족의 이주와 그것에 수반하는 지역개발에 의해서 한민족이 아닌 토착민족의 빈곤층 사람들은 생활공간을 차례로 빼앗기고 한인사회에서는 항상 최하층에 놓여져 압박되어 왔다. 승애의 선조처럼 병역을 강요당하고 부락마다 도시의 인근지역으로 강제이주되는 일도 자주 발생했을 것이다. 한인사회와의 접촉은 한편으로는 그들 민족 고유의 언어, 습관, 생활양식 등의 총체인 민족문화의 존속이 걸린 위험성도 항상 수반했다. 향토신의 화신이었을 거대한 뱀이 살던 집인 강을 떠나 공중으로 사라져 버렸다는 것은 바로 자연개발, 한민족의 사회나 문화가 착착 정착하여 확대되어 간다는 결코 거스를 수 없는 시대의 대세에 휩쓸리는 가운데 정치적 사회적인 피지배층, 그리고 민족적 문화적 소수인 '약자'의 무력함과 원통함을 나타내고 있는 것은 아닐까? 그리고 거대한 뱀의 뒤를 쫓는 것처럼 부락을 떠난 승애는 본래 한민족의 문화나 사회에 대해 시종 호의적이었던 한편, '향토신'조차 물러서지 않을 수 없는 시대적 추세가 '천의'에 따르는 것이라면 그것과 함께 전진할 수밖에 없다는 것을 누구보다도 빨리 깨닫게 된 것이 아니었을까?

다음에 드는 승애의 말과 서로 호응하는 감응의 상서로움은 익주의 길가에서 소수가 행해지는 밤에 나타난 것이다.

기름에 담근 헝겊으로 감싼 승애의 손은 그 날 낮부터 밤까지 서

서히 계속 타서 이미 손가락의 형태도 없어졌고 불꽃은 드디어 손바닥까지 퍼졌다. 자신의 몸을 돌보는 기색도 보이지 않고 승애는 오로지 수만 명에 이르는 관중을 위해 설법을 계속했다. 산악지형의 부족집단에서 태어나 문자도 읽지 못하던 자신이기 때문에 통감할 수 있었던 것은 불전과 그 가르침의 훌륭함과 고마움이며 이것을 보다 많은 사람들에게 알리기 위해서 손을 희사해서 대승경전의 서사를 권하고 있는 것이라고 가슴 속의 생각을 밝혔다. 어두워진 무렵에는 안개가 내려 앉기 시작하여 피부와 근육이 불에 타서 드러나게 된 손바닥뼈가 거의 비에 젖게 되었다. 그래서 승애가 선정에 들어가 하늘의 모습을 바꾸었다. 활짝 갠 밤하늘에 떠오른 달의 밝은 빛에 감싸인 가운데 새까맣게 탄 다섯 개로 된 손바닥 뼈로부터 놀랍게도 눈[雪]처럼 하얗게 빛나는 뼈가 생겨났다. 그 광경을 목격한 승려들이 기적적으로 재생한 손가락뼈를 후에 사리탑에 봉납해야한다고 말하자 승애는 전혀 주저하지도 않고 새롭게 생겨난 다섯 손가락뼈를 이빨로 물어 끊어서 그들에게 주었다.

『속고승전』의 이 아름답고도 참혹한 소수 관련기사에 대해서 James Benn은 매우 흥미로운 지적을 하고 있다. 하나는 비구름을 흩어지게 한 승애의 행동과 관련하여 유신편의 모든 전기 여러 곳에 보이는 상징적인 표상(表象)(tropes), 예를 들면 기상이변 · 하늘꽃 · 대지진동 · 신이한 빛 · 예언 등은 승애전 전체를 통해서 집중적으로 나타나고 이것에 의해서 승애를 중심으로 하는 우주의 소용돌이가 촉지역 각지에 회오리바람을 불러 일으켰다는 극적인 전개가 멋지게 표현되어 있다. 불교문학에 자세히 이야기로 전해져 온 위대한 이의 죽음 또는 승화(昇華)에 대한 우주의 반향이 이렇게 중세 중국의 땅

위에 내려와 이 역사적 시공에 울려 퍼지게 되었다고 설해져 있다.[85]
또 하나는 손가락뼈 사리 묘사에 관한 지적이다. 승애의 손가락뼈 재
생은 『법화경』에서 약왕보살의 양팔 재생을 방불케 하는 묘사이지만
그러나 그 직후에 사리화한다는 일찍이 없었던 참신한 전개가 엿보
이는 것은 대승경전극의 영웅보다도 탁월한 승애의 모습 수립에 쏟
아 부어진 열의이고, 이 의미에서 승애전이 성인전기의 진부한 상투
적 형태에 빠진 경전극의 재생이라고 지레짐작해서는 안된다고 하는
점이다.[86]

Benn과 같이 기상조정과 사리출토를 나누어 생각하는 것도 좋지
만 여기에서는 또다른 해석법으로서 두 상서로운 현상을 연속적으로

---

85) "In fact, tropes found in other biographies of self-immolators, such as strange
weather patterns, rains of flowers, earthquakes, anomalous lights, and visions, are
deployed en masse throughout the whole biography and serve to tie other areas of
Shu to the cosmic drama centered on Sengyai. The response of the universe to the
death or transformation of a great being, described in great detail in Buddhist
literature, was thus brought down to earth and played out in historical time." (Benn
2006, 433)

86) "There was in China a tradition of relics being produced not only as a result of
cremation (the Buddha's cremation is, of course, the model for that type of production), but
also by "emanation," mostly during samādhi. Even so, the miraculous renewal of
Sengyai's fingers and their immediate conversion into relics-an act which speaks
somehow of a body simultaneously alive yet dead, whole yet fragmented, human
yet divine-would seem to set Sengyai above many other medieval wonder-workers.
While it is true, as we noted above, that the Medicine King in the Lotus Sutra re-
grows his forearm immediately after having burned it as an offering, that body part
does not seem to have become an instant relic in quite the same way as Sengyai's
finger did. Thus, while it is clear that Sengyai's biography contains elements that
echo scriptural models, his biographer appears also to have been keen to highlight
ways in which Sengyai was even more remarkable than the heroes of the sūtras.
To reduce the biography to a series of hagiographical cliché and Sengyai's actions
merely to a ritual re-enactment of the Medicine King's role in the Lotus Sutra would
surely be to miss the point." (Benn 2006, 433-434)

파악함으로써 독해되는 의미를 보충하고자 한다. 앞에서도 서술한 것처럼 이 날까지의 승애는 무명의 이민족 승려였으므로 더더욱 그가 취한 행동은 보는 입장에 따라서 상궤(常軌)를 벗어난 광신적인 것으로 오해를 불러 일으킬 수 있는 위험성도 있었다. 실제로 그가 정신이상이 아닌가라고 군중이 의심하는 장면으로부터도 그러한 의혹의 존재는 명백하다. 그 때 승애의 편이 되어 그의 말을 전면적으로 옹호하는 표현을 최초로 공언한 것은 익주 효애사였다. 여기에서 효애사는 그 지역의 불교교단을 대표하고 교권에 의한 정사선악(正邪善惡)의 판단결과로서 승애 소신의 정당성을 승인하는 입장을 나타내고 있다. 그런데 교단 내부에서도 승애의 행동에 대한 관점에 여러 갈래가 존재하였다는 것은 익주의 가장 유력한 사원인 용연사를 대표해서 승애와 논쟁을 펼치게 된 의해고승 보해 등의 의문으로부터도 살펴볼 수 있다. 이 의미에서는 흐린 하늘과 안개비의 기상묘사는 승애의 행동을 둘러싸고 승속간에 좀처럼 사라져 버리지 않는 의심이라는 심상을 투영한 것이라고 생각된다. 그래서 승애가 마음을 맑게 하여 선정에 들어갔다는 것은 자연을 거슬러서 기상을 강제로 변화시키기 위한 것이라기보다 자신의 참마음을 있는 그대로 '하늘'에 보여서 그 마음을 우러르기 위함이라고 이해한다면 그 직후에, 일어났던 비구름이 사라지고 아주 맑아진 밤하늘에 빛나는 달빛이 비치고 그것이 승애의 남김 없이 타버린 손에 비치자 거기에서 손가락뼈가 재생하는 기적은 마치 '하늘의 의지' 혹은 그것과 동등한 고차원적인 권위에 의한 승인을 얻었음을 나타내는 것이다. 장안의 법문사(法門寺)에 봉납된 불지사리(佛指舍利)를 연상시키는 하얗게 빛나는 손가락뼈는 세속의 권력, 인간세계의 교권을 한층 뛰어넘은 차원의

'천인감응(天人感應)'이라는 중국 고래의 우주관에 있어서, 승애의 실천이 갖는 진가를 의심받자 '하늘'이라는 최고 권위로부터 축복·승인을 받은 일을 상징하는 것이다. 그런데 승애는 자신의 참마음 이외에 몸의 결백을 증명하는 '증(證)'을 필요로 하지 않았다. 참마음을 알아차릴 수 없는, '사리'라는 외적 증거에서만 신심의 근거를 구하려고 하는 승려들을 위해서 그는 다섯 개의 손가락뼈를 그 자리에서 물어 뜯어 주었다는 장면은 바로 동일한 시공간에 존재하면서도 '성인'과 '범승(凡僧)'의 명암을 가르는 순간이었다.

마지막으로 『속고승전』에서는 승애의 소신을 둘러싼 갖가지 기이함과 상서로움이 어떻게 전해져 있는지를 살펴보자. 이 전기에 의하면 때가 7월 14일이 되자 갑자기 하늘이 갈라져 무너져 내리고 땅이 흔들리는 듯한 커다란 소리가 나고 하늘에는 거대한 양·용·뱀 그리고 군대용의 악기, 병기 등의 기이한 모습이 한 면에 펼쳐져 있었다. 승애는 이 하늘의 모습이 '경수삼매(驚睡三昧)'의 징후라고 밝히며 자신이 몸을 버려야만 할 때가 왔다고 선언했다. 이전에도 논한 것처럼 소신의 결단에 관해서는 『홍찬법화전』과 『속고승전』이 상당히 다른 설을 주장하고 있다. 특히 전자에는 지방정권으로의 허가신청이나 기일결정 그리고 지방장관 우문헌의 참여에 관련된 기술이 기록되어 있지만 『속고승전』에는 흔적도 없이 완전히 없어지게 된다. 여기에서도 소신의 기일은 어디까지나 7월 14일에 일어난 이상한 하늘의 모습에 바탕하여 판단해서 다음날인 7월 15일[87]로 결정했다고 전해진다. 승애는 승려 동료로부터 보내진 법의를 입고서 사원을 줄

---

87) Benn[2006](429)에서는 소신의 실시가 우란분회(盂蘭盆會) 당일에 결정된 것은 당일에 많은 참배자가 모일 것을 예상하고, 더욱이 승애가 지옥에 나아가는 중생을 구제하려고 하는 서원과도 관련이 있는 것으로 생각하고 있다.

발, 교외에 세워진 높이 땔감을 쌓아올린 망루형 구조물(원 일본어는 망루나 높은 단을 뜻하는 'やぐら'-역자)이 있는 장소에 나타났다. 그 화장[88]용의 구조물에는 사방 각각에 문이 달려서 승애가 그것을 세 바퀴 돌아 네 문에 예배하는 행동으로부터 그것이 불탑을 본따서 세운 것이 아닌가 추정된다. 더욱이 용의주도한 준비작업에도 불구하고 막상 점화하는 순간이 되자 누구나 다 성인의 몸에 상처 입히는 것을 무서워하여 결국 당사자 자신이 스스로 불을 붙이게 되었다는 점에 관해서도 선사의 다비나 석존의 대반열반의 이미지를 연상시키는 묘사라고 지적되어 있다.[89]

---

88) "It is possible that this tower reflects cremation practices in Sichuan at the time, since some minority peoples in present-day Sichuan still use cremation for the disposal of the dead. Among the Han population it seems that it was Buddhist practice which inspired the use of cremation by society at large; but some funerary practices among non-Han Chinese appear to antedate the influence of Buddhism, which makes it perhaps unlikely that Sengyai was himself the originator of this particular custom." (Benn 2006, 436) 이것은 요컨대 승애가 소신할 때에 일반적인 화장용의 '감龕'이 아니라 높이 쌓아올린 장작더미 제단 형식이 채택된 것에 대해서 불교의 화장전통이 아니라 승애가 태어나 자란 소수민족의 관습에 근거한 것은 아닐까라는 가능성을 지적한 것이다. 이미 池麗梅2013B에서 고찰한 것처럼 승애의 선조는 본래 '부릉군涪陵郡'(현재의 重慶市 彭水縣 부근)의 산악지대에 거주하던 양족獽族이었다. 『태평환우기太平寰宇記』권76(「劍南西道五·簡州」條)에 의하면 그 지방에는 "有獽人、言語與夏人不同。嫁娶但鼓笛而已。遭喪乃立竿懸布置其門庭、殯於別所、至其體骸枯、以木函盛置於山穴中"이라고 하여 양족 고래의 장례법이 사체를 일단 정해진 장소에 잠시 두어 그것이 완전히 건조하여(아마도 미이라 상태가 된) 후에 묘에 넣어서 석굴에 매장하는 '석장岩葬' 형식임을 알 수 있다. 승애의 소신에 채용된 장작더미 제단은 "[T]he site of his death was also understood as a stūpa, the resting place of the Buddha's own cremation relics. It had four entrances, and Sengyai circumambulated it, bowing at each entrance, just as one would do at a stūpa." (Benn 2006, 436)라고도 지적된 것처럼 불탑을 본따서 세운 것으로 그 목적은 공개하여 행해지는 소신사건이었기 때문에 주변의 모든 각도로부터 소신의 모습이 보여질 수 있도록 설계된 구조였을 것이다.

89) "The unwillingness, or unworthiness, of anyone to light the funeral fire of this particular "sage" reminds us of the Buddha's cremation and at the same time

불꽃에 쌓이기 직전 구조물 안에서는 기묘한 일이 벌어졌다. 승애의 머리 위에 보물덮개가 나타나서 그 위에는 세 명의 승려가 서 있고 오색의 빛이 눈부시게 빛나는 구조물의 네 문에는 사람 그림자 같은 것도 보였다. 상공에서는 가지각색의 꽃잎이 팔랑이며 춤추듯 떨어지고 그것을 집으려고 한 사람도 있었지만 꽃잎은 손에 닿는 순간 사라져 버렸다.[90] 망루형 구조물 상부에 기름을 뿌리는 장치도 있었고 불에 닿자 금세 활활 타기 시작하여 그 모습이 멀리 대건창사大建昌寺에서도 분명하게 보였다고 한다.[91] 불꽃이 활활 타오르는 중 승애는 예배를 계속했지만 두 번째 예배에는 이미 얼굴이나 몸이 까맣게 타버리고 말았고, 그래도 세 번째의 예배를 계속하려고 몸을 땅에 엎드린 채의 자세로 기절하여 다시 일어서지 못하였다. 소신을 행하기 전에 "내 몸이 없어지는 일이 있어도 마음[心]이 부서지는 일은 없다"고 말하기는 했지만 아무도 그 참 뜻을 이해하지 못했다. 장시간에

foreshadows the ritual cremation of Chan masters as it is described in texts of the thirteenth century. In both cases, the one being burned was understood as the agent of his own final dissolution, or perhaps more accurately "transformation." Chan abbots' bodies were not simply burned by other monks; instead, according to the ritual text, "[the chief mourner] describes how the abbot, with an [inner] nature of fire, is going to, under his own power, burn himself up." Accounts of the Buddha's own cremation are not entirely consistent on the question of agency, but at least in some accounts known in China it was understood that the Buddha himself had ignited his own funeral pyre when others had been unable to do so." (Benn 2006, 437; also notes 94-95) 한편 船山徹[2002]에서는 승애의 소신에서 점화 역할을 해야 했을 왕찬王撰이 막바지에 도망치려고 한 것에 대해서 "이처럼 주위의 사람들이 소신을 말리려고 하는 심리는 생각해 보면 단순하다. 그들에게 소신은 틀림없는 자살행위이고 그들은 다른 이의 자살에 가담하고 싶지 않았던 것이다. 그 전형은 북주北周・무성武成 원년에 소신한 승애의 사례에 확인되는 것과 같다"(338쪽)라고 분석하고 있다.

90) 앞의 인용문 2(역자)를 참조.
91) 앞의 인용문 3(역자) 제3조를 참조.

걸쳐서 다비가 행해진 후 남겨진 재로부터 붉은 색 그대로 남은 심장(心臟)이 발견되어서 사람들은 이윽고 생전의 말이 심장사리를 남기는 예언이었음을 깨달았다. 심장사리가 효애사에 도착하자 경내의 꽃이 한번에 만개하고 사리의 찬연한 빛이 지붕을 뚫고서 사원의 상공 한 면을 비추었다고 전해진다.[92] 이러한 상서로움은 상술한 달빛, 손가락뼈 사리의 경우와 마찬가지로 승애의 소신행위의 정당성을 천인감응의 세계관에서 다시 파악하여 재확인한다는 작용을 지니는 종교적 표상이다.

더욱이 '천인감응'이란 인간사회, 자연환경, 그리고 그들을 초월(혹은 총합)하는 '하늘'이라는 고차원적인 권위(혹은 합의)의 세 가지를 연결하는 연쇄반응을 나타내는 복합적인 표상이기 때문에 반드시 행위의 주체와 '하늘' 사이에만 한정되는 것은 아니다. 많은 경우 인천감응(人天感應)으로 표상되는 것은 자연환경 등에 나타나는 이변·기이함과 상서로움에 의해 인간사회에 대해서 금지·경고나 장려·추진 등의 메시지를, 보다 많은 민중 사이에 환희·근신·공포 등의 강한 감정을 불러 일으킴으로써 효과적으로 전달하는 것이 중요하다. 종교현상으로서 다루어지는 '천인감응'의 표상은 '승애전'의 거대한 뱀이나 비구름이나 안개비 등과 같이 무력함·장애를 나타내는 예도 있지만 보다 많이 보이는 것은 역시 기분을 고조시키는 감동을 주는 것이다. 그 이유는 '승애숭배' 그 자체가 필연적으로 함께 지니게 되는 신앙과 경제의 상승효과에 있다. 『속고승전』에서는 한 쪽의 신앙효과를 강조한 나머지 또 한 쪽의 경제효과는 역으로 전자의 눈부시는 광륜(光輪)에 차단되고 만 경향이 있다. 이 점은 『홍찬법화전』에 보다 솔직

92) 앞의 인용문 3(역자) 제9조를 참조.

하게 설해져 있는데, 간단하게 말하면 승애가 두 번에 걸쳐서 실시한 소신은 처음은 대승경전의 서사를 권장하기 위한 것이고 마지막은 불탑과 법당의 건설 모금 장려의 일환으로서 소신을 수행했다고 전해진다. 그리고 그 발군의 경제효과에 대해서는 첫 번째의 경우, "많은 관중으로 길이 막히고 사람들에 의해서 바쳐진 공물이 산처럼 쌓였다[觀者塡咽, 嚫物委積]"고 하는 성황이었다. 두 번째는 더더욱 "공물과 진귀한 보물, 재물이 산처럼 쌓이게[嚫施塡委, 珍賄山積]"게 되어 그것 모두를 사원의 수입으로서 하여 법당과 불탑 증설에 충당했다고 전해진다. 실제로 소신 전일까지 대량의 재물보시가 모인 것에 관한 기록["人物誼擾, 施財山積"]이『속고승전』중에도 승애의 신통력을 설할 때 언급되고 있는 것으로부터 역사적 사실이라고 생각된다.

이처럼 '승애숭배'의 부산물로서 신앙과 경제의 상승효과는 반드시 승애 자신의 소신에만 그치지 않고 그 입적 후에도 더욱 가열되어 간 '승애숭배'의 지역적 확장에 동반하여 몇 번이나 재생·증가되어 갔다고 생각된다. 예를 들면 익주 동북 인근지역인 동주의 영과사(靈果寺)에는 혜책(慧策)이라는 승려가 있어서 승애의 입멸을 추도하기 위한 대규모의 재회(齋會)를 개최했을 때 동남방향의 하늘에 오색의 용이 두 마리 나타나서 공중에 색이 밝은 하늘꽃·향 연기가 가득 찼다고 한다.[93] 더욱이 전술한 혜승도 또 병에서 회복된 후 승애의 기념법회를 개최하지만 앞의 동주의 예에 보이는 것과 같은 상서로움이 바로 나타나지 않았는지, 혜승이 "동주의 사람은 실로 은혜를 받아서 다양한 기이함과 상서로움을 실제로 볼 수 있다니. 우리들의 업장이 너무 두꺼운 탓인가, 지금까지 어떤 기이함과 상서로움도 일어나지

---

93) 앞의 인용문 3(역자) 제8조를 참조.

않는 것은"이라고 탄식하는 순간에 대륜(大輪)의 하늘꽃이 눈송이처럼 춤추며 떨어지고 시간이 지남에 따라서 점점 모습이 크게 되어 금색으로 빛났다고 전해진다.[94] 이 두 사건은 어느 것이나 상서로움에 의해서, 승애숭배를 행한 사람들이 눈앞의 이익과 효과를 얻고자 하였고 그래서 서로 효과·이익의 정도를 둘러싸고 경쟁심을 일으켰다는 실태를 부각시키고 있다고 말할 수 있을 것이다.

五. 결론

서론에서 서술한 것처럼 본 논문은 필자가 다루어 온 「승애전」 연구의 일환을 이루는 것이지만 특히 "도선은 『승애보살전』에 묘사된 한 사람의 고승으로서 승애의 모습을 그대로 계승하지 않고 승애의 초인적인 측면을 특히 강조함으로써 성인으로서 승애의 모습을 새롭게 만들어 낼 필요에 직면한 것은 아닐까"라는 필자가 세운 가설의 입증을 둘러싼 고찰이다. 그래서 우선 『속고승전』「승애전」을 개관하고서 그 내용, 구성, 서술에 보이는 특징을 지적했다. 나아가 「승애전」을 중국불교사상사의 맥락 중에 놓고 다시 파악함으로써 도선이 살았던 시대에 '유신(遺身)' 혹은 보다 구체적으로 '소신(燒身)'이라는 종교적 실천이 어떻게 받아들여지고 있었는가를 밝히려고 하였다. 특히 유신(소신) 실천은 자타카나 『법화경』 등의 경전에 그 근거를 지니지만 한편으로는 불살생계라는 율장의 규정에 반하는 것도 생각해 보아야 한다. 이 유신(소신) 실천의 '합법성'을 둘러싼 문제의

---

94) 앞의 인용문 3(역자) 제10조를 참조.

대처 방식으로부터 분명하게 된, 도선 자신의 '유신관' 즉 유신행을 정당화하려고 하는 의도 자체가 그에게 성인으로서의 승애의 모습을 새롭게 만들어 내게 했다는 것을 지적했다.

그러면 도선의 '유신관'에는 어떠한 특징 또는 시대적 의의가 있는가? 이것은 동시대의 도세(道世)와 비교해 보면 일목요연하게 된다. 도세 찬 『법원주림(法苑珠林)』 권96 「사신편(捨身篇)」은 "보살은 사신하면 자살의 죄를 범하는 것이 되는가"라는 문제를 들어서 아래와 같이 답하고 있다. "『율』에 의하면 아직 목숨이 다하지 않은 시점에서는 편의상 투난차(偸蘭遮)라는 작은 죄를 얻지만 목숨이 다해 버리면 어떤 죄에도 해당되지 않는다. 그러므로 살인이라는 큰 죄를 얻게 되지는 않는다. (한편) 대승에 의하면 보살은 (사신을 행하려고 함으로써) 생사를 싫어해서 부처님을 공양하고 또 일체중생을 위해서 대비의 마음을 일으켜 (대신하는 것)이므로 다른 사람을 해하는 의도가 없어서 그 점이 복덕을 부르는 것이기 때문에 죄를 얻을 리가 없다"[95] 여기에서 문제가 되는 행위의 주체는 '보살'이지만 율에 관련된 점으로부터 출가자의 보살을 가리키고 있음을 알 수 있다.

도세의 견해에서는 출가자의 사신행위는 목숨이 끊어지기까지는 아직 이루어지지 않은 상태로서 가벼운 죄만을 범하는 것이고 사신에 의해서 목숨이 끊어진 후는 죄를 범한 주체가 이미 없기 때문에 살인이라는 큰 죄는 발생하지 않는다. 한편 대승경전의 가르침에 의하면 보살의 사신행위는 정당한 동기에 바탕하여 자타 쌍방에 많은

---

95) 『법원주림』 권96, "問曰、菩薩捨身、得自殺罪不。答曰、依律、未捨命前、得方便小罪偸蘭遮。若捨命已、無罪可屬、所以不得殺人大罪。若依大乘、菩薩厭離生死、爲供養佛及爲一切衆生、興大悲心、無害他意、反招其福、何容得罪。"(T53, no. 2122, 991b26-c1) 일본어역은 船山徹[2002](R331쪽)로부터의 인용이다.

복덕을 받게 되는 것이기 때문에 처벌되는 일이 없다고 설해진다.

사신에 관한 도세의 해석은 남북조시대 혜교의 '망신관(亡身觀)'으로부터 북송시대의 찬녕(贊寧)이 『송고승전(宋高僧傳)』에서 표명하는 '유신관'으로 전개해 가는 과정의 바로 중간에 위치하는 것이라고 말할 수 있을 것이다. 이 셋의 해석은 반드시 모든 점에서 일치하는 것은 아니지만 어느 것이나 "죽음에 이르는 유신행(예를 들면 소신)은 자살행위이다"라는 인식을 염두고 두고 있다고 말할 수 있다. 그래서 이것이 그들과 도선의 '유신관'과의 가장 큰 분기점이라고 생각된다. 왜냐하면 도선에게는 '유신행'이 선행선업인가 악행악업인가라는 행위 또는 업의 선악을 판단하는 것은 중요하지 않고 그것보다도 행위의 주체인 사람의 '마음'의 상태야말로 모든 것의 판단기준이 되기 때문이다. '유신행'은 신체에 매우 커다란 비중을 지니는 실천임에도 불구하고 '업'보다도 '마음'을 중요시하는 것이 도선의 입장인 것이다. 그리고 이 '마음'을 중요시하는 이해뿐만 아니라 중국실천불교의 구체적인 하나의 모습인 '유신행'을 떠받치는 정신적 기반에서도 "신멸신불멸(身滅神不滅)"을 중핵으로 하는 '신체론' 혹은 '생사관'이라고도 말할 수 있는 육조시대 이후의 중국불교 독자의 관념의 존재와 영향이 엿보인다. 다만 '유신행'과 관련해서는 이후 인도불교 기원의 업사상, 여래장사상, 법신설(法身說) 등에 의해서도 재검토가 가해지고 또 왕생론과 연결하여 설명되며, 나아가 '대승계(大乘戒)'의 우위성을 강조하고 '소승율(小乘律)'을 낮게 위치시키는 입장에서의 해석이 주류로 되어 간다. 그래서 이와 같은 경과를 거쳐서 최종적으로 '유신행'을 행하는 실천체계가 확립되어버리면 일찍이 실천불교로서 행해지고 있던 무렵에는 표면에 나타나 있었던 보다

소박한 형태의 '유신행' 의 모든 요소는 차례로 보이지 않는 영역으로 가라앉아 간다.

이전부터 육조불교사상에서 사신사상의 해명에 힘써 온 후나야마 토오루(船山徹)[2002](352~346쪽)는 사신에는 ① 본래 의미의 사신 : 신체와 목숨의 보시, ② 상징적 사신 : 재물의 보시, ③ 죽음과 동의어로서의 사신, ④ 명상법으로서의 사신이라는 네 가지 뜻이 포함되고 또 이 네 가지의 방향으로부터 파악될 수 있다고 밝혔다. 신체와 목숨뿐만 아니라 재물의 보시라는 면으로부터 생겨날 사회성, 그리고 죽음의 동의어이고 또 명상법이기도 하기에 필연적인 종교성은 '사신' 보다도 상당히 한정적인 행위라고도 할 수 있는 '유신' 에도 수반된다. 『속고승전』을 기준으로 말하자면 승애의 소신은 용의주도한 '의례적 절차' [96]를 밟아서 실행된 것으로 묘사되고 있으며 더욱이 그 '준비단계' , '소신당일' , '훗날의 이야기' 의 어느 장면이나 일종의 사회적 · 종교적 현상으로서 서술되고 있는 점에 '유신행' 을 사회성과 종교성의 양면으로부터 파악하는 도선의 '유신관' 이 단적으로 나타나 있다고 생각한다. 인천감응이라는 우주관을 배경으로 구극의 자기희생이 생사 · 성속(聖俗)의 세계가 교차하는 순간에만 생기는 '목숨' 의 빛남, 그리고 '마음' 의 진실성과 신성성(神聖性)의 넘쳐남으로서 묘사되고 있는 것을 결코 간과해서는 안 된다. 특히 하늘꽃 · 상서로운 구름 · 거대한 뱀 등의 초현실적 현상, 신비적인 능력, 심장사리, 입적 후 이야기 등을 중세 중국의 미신사상이며 성인전의 단순한 상투적 패턴이라고 단정해 버린다면 그 표상들의 안쪽에 각인되어 있는 그 시대 특유의 불교실태를 아는 단서도 동시에 잃게 된다고 생각되므

---

96) 소신에 얽힌 '일정한 의례적 절차' 에 대해서는 船山徹[2002](R340~341쪽)을 참조.

로 주의를 환기해 두고자 한다.

인간세계에 나타난 육신의 보살로서 승애의 모습을 구축하는 데는, 지금까지의 고찰로부터도 분명하게 된 것처럼, 다양한 시대적·사상사적 과제에 대하는 현실적인 배려가 작용하고 있지만 다만 살아있는 몸을 지닌 인간이 '육체'를 태워서 훼손하는 것으로 오히려 신성한 '본체'가 현현된다고 하는 발상 그 자체는 취약하고 무상한 존재일 수밖에 없는 육체 외에 견고하고 영원불멸의 '본체'·'목숨'이 존재한다는 상정으로부터 생겨났을 것이다. 이것을 인도불교 기원의 '윤회전생설'이나 '불신론'과 연결시켜서 설명하는 것도 가능하겠지만 소신을 행한 직후에 생전과 변하지 않은 모습 그대로 승려의 꿈에 나타나서 "자신 본래의 이름은 광명변조보장보살이다"라고 알리는 승애의 모습으로부터 떠오르는 것은 역시 "신멸신불멸"이라는 관념 혹은 그것과 동질의 중국적 발상이다. 이와 같은 발상은 5세기말 도교계의 조상(造像) 명문에 '몇 번이나 몸을 받아서 다시 태어남壽(受)身捨身'[97]이라는 표현이 확인되는 것으로부터도 알 수 있듯이 불교뿐만 아니라 중국인의 종교적 의식에 밑바닥을 이루는 것으로, '수신사신(壽(受)身捨身)'이라는 표현으로부터는 신체를 마치 무언가 벗어 던질 수 있는 사물처럼 파악하는 뉘앙스를 읽어낼 수 있는 것에서 신체를 받고나 버리거나 하는 행위의 주체는 따로 존재한다는 상정이 근저에 존재함을 알 수 있다. 생각해 보면 도선은 "以將崩之朽宅、貿金剛之法身"라고 설하여 유신실천의 본질을 사물로서의 육체

---

97) 船山徹(2002)(348쪽, 주20)에 "도교의 조상 명문에 '사신'의 오래된 용례로서는 북위北魏·태화太和 20년(496) 「요백다조황노군상비姚伯多造皇老君像碑」에 '壽身受身'이라는 표현이 있다. 神塚淑子 『육조도교사상의 연구(六朝道教思想の研究)』(創文社, 1999) 499쪽과 502쪽에 의하면 '壽'는 '受'에 통하여 '몇 번이나 몸을 받아서 다시 태어남'을 의미한다"고 한다.

를 버림으로써 견고불멸의 법을 '목숨'으로 하는 신체를 얻는 것으로서 파악하고 있으며 역시 그에게도 육체의 단절이 반드시 본질적인 '목숨'의 단절을 의미하는 것은 아니라는 의식이 작용하고 있음을 알 수 있다. 이러한 도선의 의식에서 본다면 '유신행'은 결과적으로 육체를 죽음에 이르게 하지만 '목숨'을 단절시키는 행위는 아니기 때문에 '유신행'을 자살행위로 간주하는 견해에 대해서는 정면으로 반대하게 된 것으로 보인다.

마지막으로 도선의 '유신관'은 육체도 포함한 모든 현실 존재의 불확실성과 덧없음을 강조하는 것이기는 하지만 인간의 존재가치나 인생의 의의를 부정하는 것은 결코 아님에 다시금 주의를 촉구해 두고자 한다. 앞서 서술한 것처럼 도선에게 있어서 '유신관'의 최대 특징은 '유신행'의 행위와 그 결과가 아니라 실천자 자신의 소질, '실천행'을 행하는 의도 그리고 마음의 상태에 주목하고 중요시하는 점이다. 따라서 '유신행'의 정당성을 판단하는 가장 중요한 기준은 경전해석이 아니라 실천주체의 '마음' 바로 그것에서 구해진다. 이처럼 '마음'을 중시하는 도선의 자세는 「승애전」여러 곳에서 나타나지만 특히 주의할 만한 점은 승애가 유일하게 남긴 것이 '심장사리'였다고 기술되어 있는 것이다. 이것은 도선에게 있어서의 하나의 신념, 즉 한 인간존재가 실제로 가지는 의의는 최종적으로는 단지 각각의 '한마음'에서 구해진다고 하는 신념의 상징, 표출이라고 생각된다. 더욱이 승애의 '마음'은 자신의 불도를 성취시킴으로써 견고불멸의 '목숨'이 되어서 계속 존재할 뿐만 아니라 그 일생 동안에 단 한 사람의 힘으로 승속 혹은 신분의 상하를 묻지 않고 무수한 사람들에게 많은 희망과 용기를 준 것이다. 그래서 그 '마음' 즉 자기를 돌보지 않는, 괴로워 번뇌하는 사람들을 향한 끝을 알 수 없을 정도로 깊은 동정심과 자애로움은 사람과 하늘 사이에 다양한 기이함과 상서로움을 일으킬 정도의 힘을 가진 것으로서 묘사되고 있다.

생각컨대, 이와 같은 도선의 '마음'과 '목숨'의 파악방식은 불교를 받아 들이는 측, 즉 중국의 문화적 기반과 정신에 대한 자각, 그리고 그 자신의 역사관의 표현이기도 할 것이다. 외래종교인 불교와 처음 만난 후로 중국적 불교를 형성하기에 이르기까지 긴 우여곡절 중에 경전의 해석, 위경(僞經)의 편찬, 계율의 수용, 정교(政敎) 관계의 조정 등 각각의 구체적인 과제를 둘러싸고 항상 요구되어 온 것이 시대와 지역의 수요에 대한 대응과 그것들과의 모순·대립의 완화와 해결이다. 특히 불교실천의 현장에서 교리적인 설명은 나중에 부가되는 일이 많으므로 소신은 말할 것도 없이, 보다 일상적인 사항인 술과 고기의 금지나 실크·가죽 제품의 사용 가부 등을 둘러싸고 중국의 불교인이 아니라면 할 수 없는 발상에 기인한 다종다양한 의문이 끊이지 않고 생겨났다고 생각된다. 그래서 이 의문들에 대한 해답은 인도기원의 교리에 미리 준비되어 있을 리 없기 때문에 실천의 뒷받침이 되는 표준적인 해답이 확립되기까지는 승속을 불문하고 진지한 실천자들에게 경율논에 산재해 있는 정보를 단서로 하는 것뿐만 아니라 각각의 일상적인 실천을 쌓는 가운데 주체적인 해답을 모색하여 제시하는 시행착오를 반복하는 것 이외에 방법은 없었을 것이다. 중국의 문화와 풍토가 길러낸 독자의 정신인 '마음'은 새롭게 흘러들어온 불교라는 혈액에 위화감을 느끼면서도 그것을 자신의 영양과 활력으로 바꿈으로써 보다 강력한 '생명'의 고동을 울릴 수 있게 되었다. 그 결과가 오늘날 우리들이 '중국문화에서의 불교', '중국의 불교문화' 등으로 부르고 있는 것이다. 인문학을 '과학' 의 하나로 생각하여 어떠한 일에 대해서도 회의적 태도로 임하는 것을 근본으로 삼는 연구자가 고승전류의 불교사서(Hagiographical literature)가 전하는 기괴한 초현실적 현상을 순수하게 받아들이는 일은 없을 것이다. 그러나 그것은 문제가 아니다. 또 도선 자신이 스스로 기술한 내용을 믿었는지 아닌지도 중요한 문제가 아니다. 중요한 것은 망명(亡名)이나 동시대의 사람들의 마음에 각인된 승애의 실상뿐만 아니라 승애가 살았음으로 인해서 가령 조금이라도 현실이 바뀌었다고 하는 사실, 그리고 익주의 지방문화에 집적되고 기억되어 백 년 후에도 다시 계속 이야기되고 있던 승애의 허상조차도 '목숨' 의 고동의 일부가 되어 있다고 하는 사실일 것이다.

천태종의 '안심(安心)' 사상에 대한 의논고(議論考)[1]

린밍위(林鳴宇)

서언(序言)

중국은 근 백 년간 당말(唐末) 오대(五代)의 난세를 겪은 후에, 군벌(軍閥) 조광윤(趙匡胤)이 진교(陳橋)에서 병란을 일으켜 제장(諸將)들이 그에게 황포(黃袍)를 입혀서 황제로 옹립하였고, 이를 통해 신정권이 성립되어 송대(宋代, 960~1279)로 진입했다. 이와 같은 시기에, 명주(明州)의 승려 지례(知禮)[중국 천태종 제17대 조사, 960~1028]는 오대십국 이래로 점차 쇠퇴하던 천태종의 기초를 공고히 했고, 교의사상(敎義思想) 방면에서도 수당(隋唐)대 천태가 남긴 유산인 "진망관심(眞妄觀心)"등의 과제를 힘써 해결하려고 했다. 뿐만 아니라 동문인 준식(遵式, 964~1032), 제자인 삽천인악(霅川仁岳, 992~1064) · 신조본여(神照本如, 982~1051) · 광지상현(廣智尙賢, 生卒년 미상) · 남병범진(南屛梵臻, 生卒년 未詳) 등과 함께 참법(懺法) · 수계회(授戒會) · 염불회(念佛會) 등의

---

1) 本稿는 拙著 論文 「宋代天台所見安心與靜坐」(『東亞的靜坐傳統』 收錄, 2012, 台大出版中心)의 續篇.

방식을 통해서 민중과 결합하여 실천하는 천태사상의 진일보한 발전을 이루어냈다.[2]

북송대에 비록 정강(靖康)의 변(變)을 겪었음에도 불구하고, 불교를 민중화하는 경향은 현저하게 나타났다. 한편으로는 선종의 변화가 더욱 부각되어, '불입문자(不立文字)'・'교외별전(敎外別傳)' 등의 방법으로써 전통불교를 융합하였고, 아울러 민중에게 신임을 받기 위해 노력했다. 또 다른 한편으로는 선시, 어록의 형식을 사대부 계급에게 스며들게 하고, 아울러 국가권력과의 관계도 강화하는 노력을 기울였다.

지례에 의해 부흥을 맞이했던 천태 교단의 각 계통은 송대 불교사상의 최대세력이었던 선종에 대해서 서로 다른 태도를 취했다. 그 중에서 남병범진(南屛梵臻)의 문류는 선승들에게 접근하여 적극적으로 선종사상 및 작법(作法)을 융합하였다. 그러나 자방(子昉)(仁岳 系統, 知禮 徒孫, 生卒未詳, 11세기 중엽에 활약함.)・종의(從義)(廣智 系統, 知禮 徒孫, 1042~1091)・도인(道因)(廣智 系統, 知禮 四世 徒孫・1090~1167) 등은 교의・사상의 상이함을 이유로 선승들과 격렬한 대항을 벌였다.

선종 사상을 비판하고 반박했던 천태종 승려들은 자주 천태 사상의 정통성을 밝히고 널리 계승하는 동시에 송대 선(禪)의 여러 종류의 학세을 지적했지만, 결코 불교경전에 의거해서 하지는 않았다. '폐강수선(廢講修禪)'으로 인해 당시 천태 승려들은 송대 선종을 배척하고 논박하는 데에 중점을 두었는데, 이를 통해 첫 번째로는 송대 선의 '폐강(廢講)'의 폐해 소재를 지적할 수 있었고, 두 번째로는 천태 제자들이 송대 선의 학설에 오도되어서 천태교를 버리고 선종으

---

2) 宋代天台敎學의 변화 및 발전에 대해서는 拙著『宋代天台敎學の硏究』(2003・山喜房仏書林) 참조.

로 전향하지 말라는 경고를 할 수 있었다.

중국 천태종의 선종에 대한 길항(拮抗)의 역사 배경 및 어떻게 그 문제의식의 소재를 분석해 왔는지는 지금까지 계통성 연구가 진행되고 있지 않았다.[3] 따라서 본론에서는 중국 천태종이 불교수행 실천 속에서 생산해낸 '안심(安心)'의 과제를 어떻게 인식하는지와 그 생산에 따라 선종과 인식이 분기(分岐)됨을 분석하고, 이를 통해 한 걸음 더 나아가 원래 천태종의 선종에 대한 길항의 실상을 밝힐 수 있기를 바란다.

1. 천태 '안심' 사상 의론의 근원

중국 천태종의 제17대 조사인 지례가 북송(北宋) 초기(11세기 초)에 명주의 연경사(延慶寺)에서 천태 교단을 중흥시킨 후에 200여 년이 지나 남송(南宋) 중기(13세기 초)가 되었다. 당시에는 지례의 의발을 계승했고, 아울러 연경사의 주지가 곧 지례의 제7대 제자로, 광지(廣智) 계통(系統)에 속하는 선월선사(善月法師, 1149~1241)였다. 선월법사는 그의 저서 「수안심법의(授安心法議)」(『山家緖余集』 수록・續藏101册・新文豐)의 첫 마디에서 다음과 같이 말하였다.

"학불(學佛)의 도는 다른 것이 아니라, 그 안심(安心)을 구하는 것뿐이다.[學佛之道無他, 求其安心而已.]"(佛陀의 敎誨를 익히는데, 그 방법은 단지 하나이고, 그것은 실천해나가고, 무엇이 '安心'인가 이해하는 것이다.)

---

3) 有關 宋代 天台가 進行한 禪宗 批判과 관련있는 총괄연구는 拙著 論文 「宋代天台における禪宗批判の諸相」(『禪文化研究所紀要』 27号, 2004, (財)禪文化研究所) 참조.

몸소 송대 천태 조사(祖寺)인 연경사의 제 19대 주지를 맡았었던[4] 선월은 어떻게 하면 지의(智顗)가 개창하고, 지례가 중흥시킨 천태 사상을 계승할 수 있을지에 대해 무거운 책임을 짊어지고 있었다.

선월은 여기서 "학불(學佛)의 도는 안심일 뿐이다[學佛之道, 安心而已]"라는 설법이 전통적 천태 사상과 위배되는지 않는지? 이외에 천태 전통 사상 중에서 '안심'에 대해서는 어떻게 정의할까에 대해서 의견을 제시했다.

선월이 높은 가치로 평가한 '안심' 법문은 확실히 표현상 천태 지의가 설교하여 "지관이 명정(明靜)하여, 전대(前代)에는 듣지 못했다[止觀明靜, 前代未聞]"(『摩訶止觀』序)라고 한 것과는 다소 다른 점이 있지만, 이 때문에 선월이 이미 전통 천태사상을 벗어났다고 단정할 수 없다. 무엇보다도 광지 계통이었던 선월은 일찍 송대 천태의 양대 조정(祖庭)에 속해있었는데, 그는 항주(杭州) 천축사(天竺寺) 및 명주 연경사에서 주지를 맡았고, 당시 천태 교단들의 깊은 존경과 신뢰를 얻고 있었기 때문이다. 다음으로는 현존하는 선월의 저작인 『태종십유인혁론(台宗十類因革論)』·『산가서여집(山家緖余集)』 등의 내용을 확인하고 분석해보면, 선월의 사상 대부분이 지의와 지례의 교리 사상을 계승·발양한 것이기 때문이다. 이로써 선월이 당시 명실상부한 천태 교학의 정통파를 계승한 사람이라고 말하는 것은 당연하고, 산외파의 여러 승려들이 그렇게 부정하거나 대규모로 천태 전통사상을 수정하는 일은 있을 수 없다.

진(陳)·수(隋) 시기에 활약하고, 아울러 중국 천태종을 창립한 지의(智顗, 538~597)가 그의 저작 『마하지관(摩訶止觀)』의 첫마디에서 "지

---

4) 延慶寺의 역대 주지승의 연구는 拙著 論文인 「新出資料 延慶寺歷代住持譜の意義」(『禪學研究』 87号, 2009, 花園大學) 참조.

관은 명정하여, 전대에는 듣지 못했다(止觀明靜, 前代未聞)'라고 말할 때 그는 일종의 참신한 화(華) · 범(梵)의 결합을 이루어 냈고, 아울러 '지관'을 그 기조로 한 수행실천 방법 또한 만들어냈다. '좌법(坐法)' 을 수단으로 삼는 지의의 '지관' 수행 체계의 특색은 아래와 같다.

첫 번째, '섭심정좌(攝心靜坐)'를 제창했다. 지의의 『차제선문(次第 禪門)』에서 '섭심정좌(攝心靜坐)'는 이미 확실하게 지관 수행 체계 중 첫걸음인 '관식(觀息)'의 단계에 배치되었고, '안심' 또한 지관 수행 체계의 필요한 수단의 하나가 되었다.

무엇을 수습(修習)이라 하는가? 수행자는 처음에 안심을 따라야 하는데, 곧 식(息) · 색(色) · 심(心)을 관찰하면, 세 가지 모두 분별이 없게 된다. 세 가지를 관찰하는 데는 반드시 먼저 삼사(三事) 식도(息道)를 관찰해야 한다. 식(息)을 관찰하는 것은 무엇인가? 마음을 삼가고 고요히 앉아[攝心靜坐], 호흡을 조화롭게 하는 것[調和氣息]을 말한다. 한마음으로 충분히 관찰하면[一 心諦觀], 호흡과 생각은 온몸을 출입한다. (생략) 만약 색심(色心)의 세 가지 일을 얻을 수 없다면, 일체의 법을 얻을 수 없다. 그런 사람들은 어떻게 해야 하는가? 이 세 가지 일이 화합되면, 일체의 음입계(陰入界)가 생길 것이다. 중고(衆苦)의 번뇌(煩惱), 선악(善惡)의 행업은 오도(五道)를 왕래하고, 유전(流轉)하여 그치지 않으니, 만약 삼사무생(三事無生)을 깨닫는다면 일체의 제법은 본래의 공적(空寂)함이 될 것이다. [云何修習? 行者從初安心, 卽觀於息 · 色 · 心. 三事俱無分別. 觀三事者必須先觀息道. 云何觀息? 謂攝心靜坐, 調和氣息. 一心諦 觀, 息想遍身出入. (略)若不得色心三事, 卽不得一切法. 所以者何? 由此三事和合, 能生一切 陰入界. 衆苦煩惱, 善惡行業, 往來五道, 流轉不息, 若了三事無生, 則一切諸法本來空寂.]

지의가 세운 수습(修習)은 '안심'을 기초로 만들어 낸 것이고, '안심'에 도달하는 것은 관식(觀息)·관색(觀色) 및 관심(觀心) 등의 수단을 통해야 하는 것이다. 정확하게 위의 세 가지를 달성하면 장차 '안심' 수습의 효과를 직접 획득하고, 이에 따라서 "제법(諸法)이 본래공적(本來空寂)"에 도달한다.

이외에 지의는 『소지관(小止觀)』에서 다음과 같이 말했다.

> 사람은 네 가지 요소가 고르지 못하기 때문에, 많은 질환이 생긴다. 이런 심식상(心識上)의 이유로 네 가지 요소가 고르지 못하게 된다. 만약 안심이 아래 있다면 네 가지 요소는 자연 알맞게 고르게 되어 모든 질병이 제거될 것이다.
>
> 무릇 좌선의 방법에서 만약 용심(用心)을 능히 잘한다면, 4백 4개의 질병은 자연히 제거될 것이다. 용심(用心)을 잃는다면 4백 4개의 질환의 원인이 발생할 것이다.[人以四大不調故, 多諸疾患. 此由心識上緣故, 令四大不調. 若安心在下, 四大自然調適, 衆病除矣. 夫坐禪之法若能善用心者, 則四百四病自然除差, 若用心失所, 則四百四病因之發生.]

지의는 '안심'을 근간으로 삼는 좌선법을 통해 적극적인 현실적 의의를 갖게 되고, 질병을 치료할 수 있게 되고, 번뇌를 없앨 수 있다고 여겼다. 그리고 어떻게든 정확히 '좌'를 시행하면, 이는 어떻게든 정확하게 '용심'과 서로 결합하게 되고, 이런 '용심'의 방식은 곧 지의가 『마하지관』에서 제시한 지관 수행 체계의 핵심 사상인 십승관법(十乘觀法)이 된다.

두 번째로, '좌'는 단지 지관 수행 체계의 일환이고, 지관 수행 체계는 세간의 모든 행위를 포함하며, 이는 또한 곧 천태 사상의 「사종삼매(四種三昧)」이론이다. 「삼매(三昧)」는 지의에 의해 「조직정(調直定)」이라고 불렸고, 이는 일종의 안정되지 못한 마음 및 산란한 마음을 조정하는 방법의 하나가 된다. 『마하지관(摩訶止觀)』은 주로 「삼매(三昧)」의 일종에 초점을 맞추어, 곧 「상좌삼매(常坐三昧)」(坐法)의 이론 및 실천의 지도 서적이다.

세 번째로, 지관 수행 체계는 각종 수행(坐法을 포괄하여)에 참여하여 많은 조건과 요구를 만들어냈고, 이는 천태 사상의 「25방변(二十五方便)」이론이 된다. 그리고 이런 종류의 내용은 후세 선종 좌선의에 대해 매우 큰 영향을 미쳤다.

네 번째로, 관수행(觀修行) 체계의 각종 수행(坐法을 포괄하여)의 핵심 사상을 창립했다. 이는 곧 10종 번뇌경(煩惱境)의 10가지 순차적인 관법인 「십승관법」에 초점을 맞춘 것이다. 그러나 이때 관찰한 대상은 결코 이상 세계의 본래 청정심이 아니고, 이는 눈앞의 마음이고, 사람마다 소유한 충만한 생명력의 마음이며, 매 일순간 모두 변화하는 무상의 마음이다. 또한 이는 소위 말하는 「망심」이다. 그러면 어째서 '안심'이 곧 지관 수행체계의 중요 과제인가?

지의는 지관 수행 체계를 완선(完善)하는 과정 중에, '안심'의 정의에 대해서는 마땅히 세 가지의 수정 및 완선의 단계가 있다고 하였다.[5]

지의가 초년에 저작한 『차제선문』 권3에서 '안심(安心)'은 선바라밀을 수행하기 위한 준비 작업이 되고, 5종은 어떻게 하면 간단하게 번뇌를 극복할 수 있을 지에 대한 방법(즉 "明五種內方便"―"明止門"・"明驗善惡根法"・"明安心法"・"明治病患"・"明覺魔事")으로 그 수행 체계에

---

5) 이 분야의 선구적인 연구는 安藤俊雄 『天台學』 (1968, 平樂寺書店) 참고; 山內舜雄의 『禪と天台止觀』 (1986, 大藏出版) 참조.

안치되었다.

지의는 이후에 지은 『소지관』「정수행제육(正修行第六)」에서 다음과 같이 말하였다.

수행자는 좌선할 때에, 마음이 가라앉는 것을 퇴치하기 위한다는 이유로 관조(觀照)를 수행한다고 하더라도, 그러나 마음이 밝지도 깨끗하지도 않거나 또한 방법의 이로움이 없으면 이런 때에는 마땅히 지(止)를 수행하여 이것을 멎게끔 시도하여야 한다. 만약 지(止)를 할 때 곧 몸과 마음이 안정되고 밝고 깨끗하여지는 것을 느낀다면, 마땅히 지(止)가 좋은 것으로 알고 마땅히 지(止)를 사용하여 마음을 안정시켜야 한다.[行者於坐禪時, 雖爲對治心沈故, 修於觀照, 而心不明淨, 亦無法利, 爾時當試修止止之. 若於止時, 卽覺身心安靜, 當知宜止, 卽應用止安心.]

만일 수행자가 좌선할 때에 뜨고 움직이는 것을 퇴치하기 위하여 지(止)를 수행한다고 하더라도, 그러나 마음이 머무르지 않고 또한 방법의 이로움이 없다면, 마땅히 관(觀)을 수행함을 시도하여야 한다. 만일 관(觀)을 하는 중에 곧 정신 밝고 깨끗하여지고 고요하고도 안온함을 느낀다면, 마땅히 관(觀)이 좋음을 알고서 곧 관(觀)을 사용하여 마음을 안정시켜야 한다.[若於坐禪時, 雖爲對治心浮動故修止, 而心不住, 亦無法利, 當試修觀. 若於觀中, 卽覺心神明淨, 寂然安隱, 當知宜觀, 卽當用觀安心.]

지의는 여기에서 주로 '안심'에 도달하는 것에 대해서 반드시 '지'(어떻게 迷妄을 억제하는가)와 '관'(어떻게 정확하게 迷妄을 인식하는가?)의 두 종류의 방식을 통해야 한다고 했다. 바꾸어 말하면 수행자가 '좌법'을 실천할 때에 만약 정확하게 '지'와 '관'의 형식을 운용하지 못하면 '안심'을 수습할 방법이 없게 되고, 미망을 해결할 방법이 없다고 했다.

그러나 지의의 집대성적 저작인 『마하지관』에서는 '안심'은 천태 지관사상의 근간에 통합되었다고 했다. '십승관법'의 제3항, 즉 '선교안심(善巧安心)' 중에서는 다음과 같이 말하고 있다.

> 선교안심(善巧安心)은 지관을 잘하여서 법성(法性)에 안주하는 것이다.
> (중략) 무명치혹(無明癡惑)은 본래 법성이다.[善巧安心者·善以止觀安於法性也 (中略) 無明癡惑本是法性]. (『止觀』卷五)

지의는 '십승관법'의 제3항인 '선교안심'의 본의는 미련하고 미망에 사로잡힌 마음이 법성 가운데에 잠복하고 있기 때문에, '지'와 '관'의 방법을 이용하여야 비로소 법성에 안심을 이룰 수 있다는 것이라고 생각했다.

> 만약 삼제를 떠나 안심처가 없고, 지관을 떠나 안심법(安心法)이 없더라도, 만약 마음이 제(諦)에 안주한다면, 이 한마디로 충분하다. 만약 불안하다면, 공교하게 방편을 이용하여 마음의 편안함을 얻어라.[若離三諦無安心處, 若離止觀無安心法, 若心安於諦, 一句即足. 如其不安, 巧用方便令心得安.] (『止觀』卷五)

지의는 계속해서 만일 천태교리의 공가중 삼제사상을 이해할 방법이 없다면 장차 '안심'의 목적을 잃게 되고, 만약 '지'와 '관' 이법(二法)을 이해할 수 없다면 곧 어떻게 '안심'을 실천할지에 대한 방법이 없을 것이라고 말했다. 만약 공가중의 삼제에 안심할 방법이 없다면, 마땅히 '지'·'관' 이법으로써 마음의 안심을 얻어야 한다고 말했다.

천태 교리 가운데, 수행의 대상이 되는 '심'은 단지 '무명치혹(無明癡惑)'한 망심이다. 어떻게 망심을 관찰하는가는 법성(法性)을 관조하는 방법과 서로 같다. 『마하지관』에서 '안심'은 『소지관』에서 '지'·'관' 이법에 국한된 수행 내용을 보다 완벽하게 만들었을 뿐만 아니라 안심법과 삼제가 결합하여 완전히 지관수행의 체계로 들어갔다고 설명하고 있다.

그러나 주의할 만한 것은 『마하지관』의 '안심'에 대한 설명이 비록 『차제선문』 및 『소지관』과 비교하면 상세함과 거리가 멀지만, 또한 '지'와 '관'을 시행하는 목적은 '안심'에 있다고 지적한 것이다. 그러나 이와 같은 '안심'은 지관수행 체계의 일부에 불과할 뿐이고, 겨우 '안심'에 기댈 뿐 결코 지의의 사상 혹은 천태 교리의 전부를 대표할 수는 없다.

이상에서 지의의 '안심'에 대한 설명을 참조해 보면, 선월의 「수안심법의(授安心法議)」의 기조는 확실히 '안심'의 작용이 두드러져 보이고, 언뜻 보면 천태교리와는 괴리된 듯한 혐의가 있다. 게다가 선종문헌인 『능가사자기(楞伽師資記)』(8세기)에서 남천축에서 온 구나발타라 삼장이 안심과 관련한 설명[6]을 본 후에는 심지어 선월의 사상이 이미 선종에 편향되기 시작했다고 오인할 수 있다.

불자(佛者)를 흉내 내는 자는 먼저 안심을 배우라. 마음이 아직 안정되지

---

6) 『楞伽師資記』와 관련있는 연구는 柳田聖山『初期の禪史Ⅰ』(1971, 筑摩書房) 참조.

않을 때의 선(善)은 오히려 선이 아닌 것이다. 하물며 그 악함에 있어서는 어떠하겠는가? 마음에 안정을 얻을 때 선악은 모두 무작(無作)이 된다.[擬作佛者·先學安心. 心未安時·善尙非善. 何況其惡. 心得安靜時·善惡俱無作.] (『楞伽師資記』)

구나발타라 삼장(394~468)은 원가 12년에 해로를 통해 광주(廣州)에 이르렀고, 후에 송(宋) 문제의 청으로 중국에 홍법하였으며, 『능가사자기』에 기재되어 있는 구나발타나 삼장의 '안심' 법문은 달마의 대승안심 법문과 서로 어울려 초기 선종 '심' 사상의 기원이 된다. 여기서 구나발타라 삼장은 대오대각하고자 하는 자는 마땅히 먼저 '안심' 법문을 수습해야 하고, 만약 '안심'을 이룰 방법이 없다면 제법제상(諸法諸相)을 인식할 방법이 없게 되지만, 마음이 만약 안정을 얻을 수 있다면 제법제상에 좌우되지는 않을 것이라고 하였다.

그러나 천태 사상과 선 사상의 '안심' 법문에 대한 가장 큰 구별은 근본적으로 안(安)의 대상인 '심(心)'을 어떻게 정의하느냐에 달려 있다. 때문에 상술한 선종이 말한 '심'은 곧 본래청정심(本來淸淨心)이고, 천태종에서 말한 '심'은 오히려 일념의 망심(妄心)이다. 선월의 「수안심법의」의 기조가 비록 형식상 『능가사자기』의 안심법문과 유사하고, 본질상으로 종조 지의의 '망심관(妄心觀)'에 기초를 두고 있지만, 구나발타라 삼장이 말한 것과는 완전히 다르다.

2. 선월(善月)의 '망심관(妄心觀)'

「수안심법의」에서 '망심법(安心法)'의 논제를 제기한 이후에 계속해서 자문자답하는 방식으로써 '안심법'의 중요성 및 안(安)한 것의 대상이 곧 망심(妄心)임을 서술하였다.

그렇다면 마음은 어떻게 해야 편안하고, 어떻게 해야 불안한가?

曰 : 마음은 본래 스스로 움직이지 않는데, 무엇으로 편안한가? 편안하다고 말하는 것은 망심이 유동(流動)하면 곧 본성은 회복될 수 없는 것이고, 반드시 편안하게하고 난 후에 성(性)이 회복될 수 있다는 것이다.

그렇다면 마음은 어떻게 움직이는가?

曰 : 마음 또한 일찍이 움직이지 않았는데, 일념으로 소홀하고 미혹되어 물아(物我)가 균일한 성(性)에 도달하지 못하기 때문에 움직이는 것이다. 이에 능히 분명한 것은 내외가 서고, 경계가 나타난다는 것이다. 사물이 진실로 설 것이고, 마음에 응함이 있게 된다. 마음이 반드시 생기게 될 것이고, 사물을 얻을 수 있을 것이다. 그러면 비로소 경계에 따라 움직이지 않고, 마침내 사물이 반연하게 되고, 사물은 만 가지로 다르므로, 마음 또한 만 가지로 다르게 된다. 마음에 반드시 일이 생기면, 일이 성공하면 업(業)이 일어나, 업(業)이 일어나면 보답이 일어나고, 이런 구계삼도(九界三道)가 논쟁하기 때문에 쉬지 않는 것이다. 원래 스스로 하는 것은 모두 일심의 움직임으로부터 시작하여 마침내는 교고(膠固)하고, 침익(沉溺)에 이르게 되고, 뭔가에 흘러 이반되어 거의 회복하고 비축할 수 없게 된다.

(問 : 마음은 어떻게 해야 안정하고, 마음은 또 어떻게 해야 불안함을 만

드는가?

答 : 마음의 본원(本源)은 곧 법성이고, 불변부동하며, 본래 안정될 필요
가 없다. '어떻게 해야 마음이 안정되는가?'를 말하는 것은 곧 어리석고 우
둔한 미망의 마음이 불안한 때로 흘러들어가서 본원(本源)의 법성으로 회복
될 방법이 없다는 것을 말한다. 이에 반드시 마음을 안정되게 하고, 계속해
서 법성을 회복해야 한다.

答 : 마음이 유동하는 까닭으로 곧 일순간 분별망염이 일어나서 마음의
본원을 잃게 된다. 이에 능동(能動)·소동(所動)을 만들면 내경(內境)·외계
(外界) 등의 제반이 분별된다. 이에 세상 만물의 같지 않음 또한 심(心)이 동
하기 때문에 생기게 되지만, 마음 또한 세상 만물의 구별로 인해서 동한다.
마음이 외경(外境)을 따르면 점차 망동(妄動)하게 되고, 만물의 부동(不同)함
을 쫓게 되어 천만번 변화하여 마음의 작용도 곧 천만번 구별되어 곧 만들
어진 업보 또한 천만번 구별되어 이는 곧 사바세계의 번뇌가 끊이지 않는
원인이 된다. 망심유동(妄心流動)이라는 말은 번뇌에 빠져서 차마 떨치지 못
하고, 돌아가는 것을 잊게 되어 곧 법성을 회복하지 못하게 되는 것이다.)

천태지관 체계의 특색인 '망심관'은 천태 승려의 입장을 표준으로
삼아 판단한다는 부정적인 인식을 갖게 된다. 북송 초기 천태종 내부
에 산외로 지칭되는 계파가 '망심관'을 부정적으로 생각했고, 아울러
관심 이론에 대해 의심을 가져 명주 연경사 지례 및 항주 천축사 준
식의 배척을 받게 되었다.

후세에 '산가산외논쟁(山家山外論爭)'이라고 칭하는 천태종 내부의
교의 의론에서 준식은 실천방면에서 『법화삼매참의』을 수정했고,
「좌선실상정관방법(坐禪實相正觀方法)」에서 재차 천태수행은 반드시

지의의 주장인 '망심관'으로써 주를 삼는다고 확인했다. 그리고 같은 시기에 지례도 『석난부종기(釋難扶宗記)』·『사명십의서(四明十義書)』 등을 저술했고, 이론 면에서 '산외(山外)'의 이설을 비판했고, '망심관'의 천태 교의에서의 위치를 유지하고 보호했다.

선월은 지례의 직계 17대 제자이고, 관심(觀心)의 대상에 대해 당연히 선종이 말한 본래의 청정심이 될 수 없고, 단지 위에서 서술한 '망심'이라고 했다.

「수안심법의」에서는 계속해서 안심법의 이론을 전수한다고 서술하였다.

> 이는 과연 구할 방법이 없는가? 불조(佛祖)가 후세에 널리 전해지면, 반드시 도가 있을 것이다. 이 안심법이 전해지는 이유이다! 그러나 법은 헛되이 전수됨이 없고, 그릇에 따라 마땅함이 달라서 이에 차이가 있는 것이다.[是果無以救之歟, 佛祖垂世, 亦必有道矣. 此安心法所以授也! 但法無虛授, 隨器異宜, 於是有等差焉.]
>
> (망심은 진실로 떨쳐 버릴 방법이 없는가? 석존은 사바세계에서 불교를 홍양(弘揚)하였고, 반드시 망심을 다스리는 방법에 대해 전수하셨다. 그리고 이것이 곧 안심법이다. 그러나 석존이 전수한 법문은 결코 헛된 이론이 아니고, 이는 중생의 근기에 따라 변화한다. 따라서 대략적으로 이하의 세 종류의 다른 것을 만들어 냈다.[妄心果眞無法擺脫嗎? 釋尊既然於娑婆世界弘揚佛敎, 必然會傳授對治妄心的方法. 而這就是安心法門. 但是釋尊傳授的安心法門並非空理空論, 而是隨衆生的根機而變化, 所以大略産生以下三種不同.])

선월은 여기에서 망심을 다스리는 방법에 대해서 결코 이론의 공

담(空談)에 국한하지 않고, 수행자의 이해력에 근거하여 상·중·하
세 종류로 구분된다고 말했다. 주의할 만한 것은 선월이 언급한 안심
법의 분류는 비록 천태 교리의 '망심관'을 계승하고 있지만, 오히려
천태 지의의 삼종지관(三種止觀)의 안심 이론과 크게 다르다는 점이
다. 이는 결코 선월이 경도(經道)를 이반하는 것이 아니고, 선월이 그
이론을 전개할 때 어떻게 하면 송대 선종 세력의 굴기와 '교외별전'
논조의 유행을 막을 수 있을까 고려하지 않을 수 없었기 때문이었다.

3. 선월의 '삼종안심(三種安心)'
   삼품안심(三品安心)

「수안심법의」은 먼저 무엇을 상품(上品)의 안심(安心)이라고 서술
했을까?

> 상(上)은 무심(無心)이어서 편안해지고, 법(法)이 없이 전수하면, 이를 안
> 심이라고 이른다. 그러므로 수보리가 부처에게 묻기를 "어디에 머물러야
> 합니까? 어디에 그 마음을 항복받아야 합니까" 하였다. 그리고 부처가 직접
> 그에게 "마땅히 머물 곳은 없다"고 알려 주었다. 이조(二祖)가 달마에게 안
> 심법을 구하자, (달마가) 말하기를, "장차 마음이 오면, 너와 더불어 편안하
> 다. 이는 모두 편안함이 없는 편안함이니 곧 진안(眞安)이라고 말한다. 줄
> 수 없는 것의 주는 것이다. 인심의 요체는 이보다 큰 것이 없으니 다만 도
> 달하는 사람이 항상 있지는 않기 때문에 이 법은 가두어져 있다."(上者無心
> 可安, 無法可授, 是謂安心. 故須菩提問佛應云何住, 云何降伏其心. 而佛直告之以應無

(상품의 안심은 이미 안정의 대상이 존재하지 않기 때문에 또한 전수할
행위방법이 존재하지 않는다. 『금강경』에서 수보리 장노가 석존에게 도를
묻기를, "마음은 반드시 어디에서 안주해야 하고, 마음은 어떻게 해야 비로
소 안주할 수 있습니까?"라고 하자, 석존은 하도(下道)에 당하여 "안주할 필
요 없다"고 했다. 선종의 2조인 혜가가 그의 팔을 자른 후에 일찍이 달마에
게 안심법문을 구했고, 달마는 "너의 마음을 가지고 오면, 곧 너와 편안해
질 것이다"라고 말했다. 이 사례는 모두 진정한 안심은 절대 행위상의 안심
이 아니고, 진정한 법문의 전수 또한 절대로 행위상의 전수가 아님을 설명
하고 있다. 안심의 중요한 의의는 모두 이 가운데 있지만 진정 이해할 수
있는 사람은 오히려 적어서 상품의 안심법의 실재는 세간에 홍양되기 어렵
다.[上品的安心已經不存在安定的對象, 所以也不存在可以傳授的行爲方法. 『金剛經』
中, 須菩提長老問釋尊道: "心應該安住於何處, 心如何才能得以安住?" 釋尊當下道: "無
需安住". 禪宗二祖慧可在其斷臂之後, 曾求安心法門於達磨, 達磨道; "取汝心來, 方與
汝安". 這些事例都是說明眞正的安心絶非行爲上的安心, 而眞正的佛法傳授也絶非是行
爲上的傳授. 安心的要義皆在此中, 然而能眞正理解之人卻少之又少, 所以上品安心法實
在是難以弘揚世間])

선월이 여기서 인용한 『금강경』은 곧 중국 선종이 『반야심경』 다
음으로 광범위하게 회람하는 경전이다. 그러나 혜가와 달마 사이의
안심 문답은 곧 선종사서 『이입사행론(二入四行論)』・『조당집(祖堂
集)』・『경덕전등록(景德傳燈錄)』 등에 빈번하게 소개되고, 심지어는
선월과 동시대에 편찬된 선종어록집 『무문관(無門關)』에도 수록되어
있어 이는 당시 승속에게 매우 익숙한 내용이다. 선월이 여기에서 선

종의 사례를 인용한 뜻은 어디 있겠는가? 또한 선종에게 편향되었다는 혐의가 있었겠는가 없었겠는가?

달마의 제자인 담림은 『이입사행론』의 서(序)[7]에서 달마의 '안심관'을 다음과 같이 서술했다.

> 그대로 마음이 안심하는 것, 그대로 발행하는 것, 그대로 만물을 따르는 것, 그대로 방편을 가지는 것은 대승 안심법이고, 착오가 없는 것이다. 이와 같은 안심은 벽관(壁觀)이다. 여시발행(如是發行)은 사행(四行)이다. 여시순물(如是順物)은 조롱과 혐의를 막아내고 보호하는 것이다. 여시방편(如是方便)은 드러나 있지 않은 것을 들추어내는 것이다.[如是安心. 如是發行. 如是順物. 如是方便. 此是大乘安心之法·令無錯誤·如是安心者·壁觀. 如是發行者·四行. 如是順物者·防護磯驗. 如是方便者·遣其不著.]

담림은 대승의 안심방법에는 4종류의 형식이 있다고 말했는데, 곧 안정기심(安定己心)·실천선행(實踐善行)·수순중생(隨順衆生)·행사방편(行使方便)이 그것이다. 자신의 마음을 안심하게 하는 방법은 곧 벽관(壁觀)이 되고, 선행을 실천하는 방법은 보원(報怨)·수연(隨緣)·무소구(無所求)를 갖는 것으로, 4종이 있다고 말하며, 중생이 따르는 방법은 엄격하게 계율을 지키고, 수행자는 방편(方便)의 방법으로 하여 집착의 속박에서 벗어나는 것이고, 여러 가지 방법을 합리적으로 이용하여 중생을 교화하는 것이라고 말했다.

그러나 이와 같은 달마의 '안심관'은 오히려 수당 시기에 천태종 승려들에게 맹렬한 비판을 받았다. 천태 개조 지의는 『마하지관』에

---

7) 『二入四行論』과 연관된 연구는 柳田聖山의 『達磨の語錄』(1969, 筑摩書房) 참조.

서 "선교안심(善巧安心)은 지관을 잘 이용하여 법성에 안주하는 것이다."(권5)라고 했다. 또한 이 말은 '지'(어떻게 迷妄을 억제할 것인가?)와 '관'(어떻게 정확하게 미망을 인식할 것인가?) 두 종류의 방식을 통해야만 비로소 정확하게 '안심'을 수행할 수 있고, 아울러 미망을 해결할 수 있다는 것이다. 그러나 『관심론』의 "만약 선좌(禪坐)하여 관행(觀行)하는 자가 단지 안심(安心)을 하고 코를 막아 안반(安般)이 부정(不淨)하다면, 이 또한 면벽(面壁)하는 것과 같으니, 어찌 도를 논할 수 있겠는가?" 또한 이 말은 선승이 선좌와 관행을 실천하는데 있어서, 오히려 수식관(數息觀)과 부정관(不淨觀)에만 국한되어 있다는 것이고, 면벽하는 것과 차이가 없으니, 실로 천태 관심(觀心)과 함께 말하기는 어려움이 있다. 이밖에 천태 육조 담연은 『보항전홍결』에서 "세상 사람들의 다수가 좌선으로 안심을 하는데, 이름으로만 발심을 삼는다. 이런 사람들 모두가 아직 연경(緣境)을 인식하지 못했다."(第1~4)라고 말했다. 만약 좌선에만 기대어 안심할 수 있고, 심지어는 이것이 곧 무상심(無上心)을 발하는 것이라고 인식한다면, 이런 수행자는 완전히 안심의 대상이 무엇인지 인식하지 못하고 있는 것이다.

그리고 송대의 선월은 여기에서 무엇 때문에 일찍이 지의와 담연이 비판하는 선종 달마의 교설을 옹호하려고 하였는가? 송대의 천태는 송대 선종 사상과의 쟁론에 초점을 맞추었기 때문에, 수당 시기의 새로운 방법을 채용하였다. 곧 적극적으로 송대 선의 비정통성을 논증하여 이를 일종의 논거로 삼았고, 송대 선과 달마선의 사상이 다른 점은 특별히 '교외별전'으로, 천태 승려들이 송대 선사상을 공격하여 붕괴시킬 주요 재료가 되었다.[8]

---

8) 拙著 論文「神智從義之台禪論辯」(『中國禪學』 2号, 2003, 中華書局).

지례의 도손(徒孫)으로, 광지 계통에 속하는 종의(從義)는 『삼대부보주』에서 "하물며 회복되어도 또한 교(敎)를 짓밟아 종(宗)을 깨닫게 되는 것이니, 세상 사람들이 어찌 망령되게 교외별전을 말할 수 있겠는가?(況復又云藉敎悟宗·世人何得妄說敎外別傳耶)(卷十一)"라고 하였다. 이 뜻은 선종 개조인 달마가 『이입사행론』에서 '자교오종(藉敎悟宗)'을 분명히 말했는데, 송대 선승은 오히려 '교외별전'을 고취하였다는 의미이다.

종의(從義)의 동문인 처원(處元)은 『지관의례수석(止觀義例隨釋)』에서 "지금의 선은 가르침에 의거하여 宗을 깨닫는 설을 알지 못하고, 다시 『능가경』이 혜가에게 전수되었음을 알지 못한다. 항상 교외별전만을 말한다. 다만 기봉(機鋒)만을 일삼고, 서로 적대시하는 말을 하고, 한 번의 몽둥이질로 일갈하고는 선법이라고 말한다.(今之禪者不知藉敎悟宗之說, 復不知以『楞伽經』而授慧可. 輒云敎外別傳. 唯事機鋒, 語言相敵, 一棒一喝, 謂爲禪法)(卷五)"고 했다.

여기서 선월이 「수안심법의」에서 달마의 '안심관'을 상품(上品)으로 받든 이유는 결코 선종을 옹호하려고 한 것이 아니고, 이는 달마 선법으로써 송대 선을 공격하는 수법으로, 송대 선이 경전의 도를 이반했음을 논증하는 것임을 알 수 있다. 달마의 '안심관'에 대해서 선월의 결론은 매우 간략한데, 그것은 곧 "상달(上達)한 사람은 항상 있는 것이 아니어서 이 법은 가두어둔 것과 같다(上達之人不常有, 此法牢시)"고 말했다. 곧 이는 이런 종류의 안심법은 '무심'을 요지로 삼아, 결코 일반 수행자에게는 적합지 않고, 상달한 사람들은 수습할 만하지만 동시에 전수되기는 쉽지 않다는 것이다. 그러나 진정 일반 사람들이 수습하는데 적합한 것은 천태의 안심법문이고, 또한 선월 이후에 제시된 중품안심(中品安心)이라는 것이다.

4. 선월의 '삼종안심(三種安心)'에 대한 중품안심(中品安心)

「수안심법의」에서는 무엇이 중품안심인지에 대해 끊임없이 밝히고 강술하기 시작했다. 이는 곧 천태종이 개창한 안심법문이다.

다음은 곧 마음이 있으면 편안할 수 있고, 또한 법이 있으면 전수할 수 있다. 나의 종교와 같다면, 일심삼관으로 관일념심(觀一念心)하게 되니, 공득 (空得)해서도 안되고, 가득(假得)해서도 안되고, 중득(中得)해서도 안되며, 밖으로는 하나의 법(法)도 정(情)이 되지 못하고, 안으로는 하나의 마음도 융합되어 소멸되지 않으니, 제리(諦理)에서 편안히 한 연후에 이를 수 있고, 이는 이관(理觀)을 통해서 안심하는 것이다. 혹은 사성(四性)으로 미루어 검토하면, 일념이 동하고, 자생(自生)을 얻을 수 없고, 타생(他生)을 얻을 수 없고, 공생(共生)을 얻을 수 없고, 무인연생(無因緣生)을 얻을 수 없어 곧 모두 얻기 어려워 본래 무생임을 깨닫게 되면 공혜(空慧)에서 안주하고 이는 사관(事觀)으로 안심하는 것이다.[次則有心可安, 亦有法可投. 如吾宗教, 以一心三觀, 觀一念心, 使不可以空得, 不可以假得, 不可以中得, 外無一法當情, 內則一心融泯, 安於諦理, 然後爲至, 此以理觀安心者也. 或以四性推撿, 一念起心, 使不得自生, 不得他生, 不得共生, 不得無因生, 旣皆回得, 了本無生, 安於空慧, 此以事觀安心者也.]

또 『마하지관』에서는 오묘한 그침[妙定]과 오묘한 지혜[妙慧]로 그 마음을 공교히 하여 그 마음을 안정시키고, 그 기의(機宜)함에 따라서 곧 64번 안심이 다름이 있다.[又『摩訶止觀』 以妙定妙慧巧安其心. 隨其機宜. 則有六十四番安心不同.]고 하였다.

　『玄』·『句』같은 사법(事法)의 관문(觀門) 또한 대략 안심법으로 수행할 수 있다. 이는 모두 천태가 시행하는 안심법이다. 구결에서 전하거나 심요(心要)에서 보이는데, 모두 안심법이다. 그렇다면, 천태관문이 곧 마음이 무심(無心)에 달하는 것이고, 비록 그 가운데에 있더라도 위 아래를 잃지 않는데, 이는 모두 갖추고 있기 때문이다.[如『玄』『句』事法觀門亦略有安心法可以修之. 此皆天台示行者以安心之法. 至於或傳口訣, 或示心要, 皆安心法也. 然則天台觀門乃卽心達於無心, 雖據其中, 不遺上下, 此其所以悉備歟.]

　(중품(中品)의 안심법문은 명확하게 안심의 대상이 되고, 또한 계통적 안심 방법은 전수될 수 있다. 중품(中品)안심법은 즉 천태종의 교지가 되고, '일심삼관'에 의하면 정확한 인식을 하기 위해서 어찌 한순간이라도 망심(妄心)하겠는가? 공가중(空假中)의 삼관(三觀)에서 어떤 일관(一觀)에도 편향될 수 없고, 일종의 표상에도 집착할 수 없고, 삼관에 의지하여 일심(一心)을 성취하고, 깊이 불리(佛理)를 합하면 곧 이는 천태의 '이관안심(理觀安心)'이 된다. 혹자는 '사성추검(四性推檢)'에 의거하여 곧 未念·欲念·念·念已의 4개 단계를 거쳐 점차 一念의 망심을 확실히 인식하고, 아울러 공혜(空慧)에 의거하고, 각종 경로를 통해 망심이 일어나는 것을 억제하면 이것이 곧 天台의 '사관안심(事觀安心)'이라고 한다.

　『마하지관』의 권5에서는 곧 妙定(=止)과 妙慧(=觀)로 善巧安心하고, 수행자의 능력에 중점을 두어 곧 자행(自行)·화타(化他) 각 32종과 모두 64종의 안심법문을 분별한다. 이외에 『법화현의』·『법화문구』에 기재된 관법(觀法)의 설명은 또한 약간의 안심법을 포함하고 있어서 修習에 이바지 할만하다. 이는 모두 개조 지의가 수행을 하는 자들을 위해서 제공한 안심법문이다. 나머지는 지의가 저술한 『선문구결(禪門口訣)』과 『선문심요(禪門心要)』

에서와 같이 당연히 같은 양식이고, 이는 안심법문이다. 천태종의 안심법문은 수행과정에서 무엇보다도 먼저 관상(觀想)의 대상인 心에서 이탈될 수 없고, 수행을 통해서 상품안심법(上品安心法)의 무심의 경지에 도달할 수 있다. 비록 중품안심법(中品安心法)을 설명하지만 오히려 上品과 下品을 융관(融貫)할 수 있고, 기설법(機設法)에 대해서는 안심법문을 완비하였다.

[中品的安心法門, 旣有明確的被安定的對象, 亦有系統的安心方法可以傳授. 中品安心法門卽爲我天台宗之敎旨, 依據"一心三觀", 爲了正確認識何爲一念安心, 不會偏向於空假中三觀之任何一觀, 不會執著於任一種表象, 依據三觀成就一心, 冥合佛理, 這就是天台的"理觀安心"; 或者依據"四性推檢", 卽歷經未念·欲念·念·念已四個階段, 逐步確認一念安心, 並依空慧, 抑制妄心通過各種途徑發生, 這就是天台的"事觀安心".」『摩訶止觀』卷五更以妙定(=止)妙慧(=觀), 善巧安心, 針對行者能力, 又分自行·化他各三十二種, 共六十四種安心法門. 此外『法華玄義』·『法華文句』中記載的觀法說明亦包含了一些安心法可供修習. 這些都是開祖智顗爲了行者修行而提供的安心法門. 其他諸如智顗所著『禪門口訣』以及『禪門心要』當然同樣也是安心法門. 我天台宗之安心法門, 在修行過程中首先不會脫離觀想的對象——心, 而且可以通過修行到達上品安心法的無心境地. 雖說是中品安心法, 卻能融貫上品下品, 對機設法, 完備安心法門.」

선월은 여기에서 '일심삼관'과 '사성추검(四性推檢)'를 언급했는데, 결코 그가 발명한 새로운 학설은 아니고, 충실하게 천태 육조 담연이 지은 『지관의례』 권상의 '심경석의이십번(心境釋疑二十番)' 속의 제13과 19문의 사상을 전술한 것이다. 선월은 천태의 안심법문은 위아래를 융관(融貫)하게 할 수 있고, 아울러 이로서 완비를 이룰 수 있다고 호언장담했는데, 이는 곧 '심경석의이십번(心境釋疑二十番)' 중 제12문의 계시를 얻을 수 있는 것이고, 이는 64종 천태 안심법문이 단지 64종이 아니고, "근약(根約)을 요약하면 서로 돕는 데로 간다"(『止觀義例』卷上)고 하고, 무궁무진한 방법이 드러나 있음을 의미한다.

담연의 『지관의례』의 '심경석의이십번'은 사실 선종 안심법을 비판하기 위해 나타낸 것이다. 선월은 여기에서 오히려 『지관의례』의 내용을 이용했고, 전수한 달마의 안심법문에 중점을 두기는 어려웠을 것이고, 천태 안심법의 다종다양함 뿐 아니라 근기가 다른 수행자게 대해서 상응하는 대책을 제공할 수 있음을 역으로 부각시켜 결국에는 천태 교의의 목적을 이루어 냈다.

이 단계에서 선월은 천태 전통사상을 수정했다. 이런 수정은 중요하기도 하고 중요하지 않기도 했다. 중요한 점은 이런 수정을 거쳐 거듭 남송 시기의 천태교단과 선종의 비교를 확인하여 세력의 차이를 드러냈다는 것이다. 그러나 중요하지 않은 점은 이런 비교는 결코 천태 전통 교의에 대해서는 근본적인 변화를 일으킬 수 없다는 것이다.

여기서 수정된 내용은 곧 선월이 말한 "천태관문은 즉심(卽心)이면 무심(無心)에 도달한다[天台觀門乃卽心達於無心]"라고 말한 구절이다. '무심(無心)'은 조금도 의문이 없어서 상품(上品)의 안심법문을 말하지만 '즉심(卽心)'은 여기에서 마땅히 중품안심인 천태안심법문을 지칭한다. 그런데 '즉심(卽心)'이 단지 '무심(無心)'에 도달하는 것이겠는가?

송대 초기의 천태종은 담연의 '법화초팔(法華超八)' 한다는 주장을 받들었고, 『법화경』의 천태사상은 교리에서 기타 불교 종파와 비교할 수 없는 우월성을 가지고 있다. 송대 천태 중흥의 조인 중국 천태 17대 조사 지례는 일찍이 선종 승려들과의 교리 쟁론에서 선종이 전한 '오도론(悟道論)' 즉 달마의 '피육골수(皮肉骨髓)'론에 중점을 두었는데, 이는 아래와 같다.

問 : "상전(相傳)은 달마 문하의 삼인 법을 얻음에 얕고 깊음이 있었다고 말하고, 니총지(尼總持)는 번뇌를 끊고 보리를 증득함을 말하였다. 스승은 내 피부를 얻는 것이라고 말했다. 도육(道育)은 미혹은 곧 번뇌이고, 깨달음은 곧 보리라고 했다. 스승은 내 육신을 얻는 것이라고 말했다. 혜가는 본래 번뇌가 없고 원래 보리라고 말했다. 스승은 내 골수를 얻는 것이라고 말했다. 지금의 번뇌가 곧 보리라는 것 등은 점차 피부를 보는 것과 같아서 그것이 원돈(圓頓)하여 허물이 없다고 말하는가?"[問: "相傳云, 達磨門下三人得法而有淺深, 尼總持云, 斷煩惱·證菩提. 師云, 得吾皮. 道育云, 迷卽煩惱·悟卽菩提. 師云, 得吾肉. 慧可云, 本無煩惱元是菩提. 師云, 得吾髓. 今煩惱卽菩提等, 稍同皮肉之見, 那云圓頓無過?"]

答 : "종학을 하는 자는 이런 말로 미혹되어 뜻을 잃게 되고, 서로의 격식으로 본종(本宗)이 무너지게 된다. 진실로 즉(卽)의 뜻이 끝이 없기 때문이다. 마땅히 우리가 명료하고 즉각적임을 깨닫고, 영원히 제사(諸事)를 특별하게 하면, 이로 인해 이물(二物)이 상합(相合)하지 않고, 뒷면이 서로 바뀌지 않으며, 반드시 당체(當體)가 완전히 하나가 되어, 곧 이름이 즉(卽)이 된다. 무엇인가? 번뇌생사는 수악(修惡)이고, 전체(全體)는 곧 성악의 법문이다. 그러므로 반드시 끊어 없애고 뒤집을 필요는 없다. 제가는 성악(性惡)을 밝히지 못하여 마침내는 악을 뒤집어 선을 만들고, 악을 끊어 선을 밝힐 필요가 있기 때문에 극돈(極頓)은 곧 본래 없다고 말한다. 악은 원래 선이고, 완전한 악은 악일 수 없다. 그러므로 모두가 의리[義]에 즉해보면 성립되지 않는다."[答: "當宗學者因此語故迷名失旨, 用彼格此陷墜本宗, 良由不窮卽字之義故也. 應知今家明卽, 永異諸師, 以非二物相合, 及非背面相翻, 直須當體全是, 方名爲卽. 何者? 煩惱生死旣是修惡, 全體卽是性惡法門, 故不須斷除及翻轉也. 諸家不明性惡, 遂須翻惡爲善·斷惡證善. 故極頓者仍云本無. 惡元是善, 旣不能全惡是惡, 故皆卽義不成."](『指要鈔』 卷上)

지례는 혜가가 비록 달마에게 골수를 얻어서 '무심'을 제창하고, 다시 확실히 의발 제자가 되었지만 그의 사상은 결코 '즉(卽)'의 세 가지 뜻[三義]를 명료하게 할 수 없었고, 천태의 '당체전시(當體全是)'라는 '즉심(卽心)'에는 도달할 방법이 없었다고 생각했다.

지례는 심지어 다음과 같이 말했다.

"(天台卽心) 또한 득수(得髓)를 뛰어넘는 설이다. 스승이 보기에 뜻이 멋 대로 단계 지어져서 아직 원교(圓敎)라고 말할 수 없다"[(天台卽心)又超得髓之 說也. 可師之見, 意縱階此, 語且未圓.](『指要鈔』卷上之佚文)

천태교의 중에서 '즉심(卽心)'의 뜻은 선종의 '득수(得髓)'를 뛰어 넘는 설로, 혜가의 '무심(無心)'이 비록 천태의 '즉심(卽心)'과 유사하 지만 그 표현수법에는 타당성이 부족하여 천태 원교의 단계에 이른 다고 말하기는 어렵다.

그러나 이 문장은 선종 이조인 혜가에 대한 공연한 비판으로, 오히 려 현재의 『지요초』정문(正文)에는 나오지 않는다. 단지 일문(逸文) 형 식으로 뒤에 부록으로 있어서 이는 명주 천동산의 경덕선사(景德禪寺) 주지인 자응선사(子凝禪師)가 『지요초』의 내용을 본 후에, 거의 거의 20 차례의 서신왕래로 지례에게 선종의 설법이 훼손되는 부분을 개정해 줄 것을 요구하였고, 마지막에는 관부에 알려 명주태수(明州太守) 임공 (林公)이 나서서 지례에게 '화융지어(和融之語)'로 고치도록 간청하였 고, 지례가 비로소 어쩔 수 없이 내용에 대한 개정을 진행했다.

배송 초기에 지례는 선종 혜가의 '무심' 설에 대해 비판하였고, 비 록 최후에는 정부 압력을 받아 억지로 제거했지만 천태승은 여전히

'즉심' 이 '무심' 을 초월하다는 설법은 견지하고 있었고, 결코 남송 초에 선월이 그랬던 것과는 달랐는데, '즉심' 또한 '무심' 에 도달할 수 있다고 여겼다.

그러나 선월의 시대에는 천태 교단의 세력 범위가 이미 변화하여 매우 작아졌고, 공연히 천태교리를 위주로 삼아 선종학설을 비판하여, 순리대로 천태사상을 선양할 수 없었다. 반대로 이렇게 일어난 대립으로 인해서 천태교단은 선종교단 및 정부의 억압을 받았다. 선월이 천태 교단의 영수가 되자, 곧 천태교리의 전승을 유지하고 보호하고자 하였고, 천태교단의 지위 또한 유지하고자 하였다. 때문에 「수안심법의」에서 "천태 관문은 즉심이면 무심에 도달한다[天台觀門 乃卽心達於無心]"는 것은 사상의 변화라고 하였는데, 이는 첫 번째로는 최대 한도로 천태의 '즉심' 설의 전승과 그 우수성을 유지시켰다. 두 번째로는 이러한 뜻은 달마의 '무심' 설의 위치를 제고시켰고, 송대 선의 '교외별전' 설의 작용을 반박하게 만들었다.

이상의 상품안심법(上品安心法)은 '교법이 없이 전수' 한 선종 달마의 '무심' 론이지만 중품안심법(中品安心法)은 천태교리의 각종 '기근에 의거하고 성품에 의거하고[約根約性]' 대치 방식에 근본을 두고 있다. 그렇다면 하품(下品)의 안심법[安心法]은 또 무엇인가?

5. 선월 '삼종안심(三種安心)' 의
하품안심(下品安心)

「수안심법의」는 하품안심(下品安心)을 설명하는 데에 있어서 천태를 제외한 이외의 것에 집중하여, 선종에 내재하고 있는 각종 안심법문을 포괄하였다. 그 수법은 천태 지의의 『법화현의』의 학설을 인용하고는 있지만, 그 목적은 오히려 『법화현의』의 원래의 의미와 다르다.

그 다음은 고유한 마음일 것이고, 마음이 편하게 변하지 않으면, 반드시 억지로 그것을 억제하고, 엄하게 그것을 법으로 삼은 이후에 마음이 쉴 수 있을 것이다. 마음을 쉬게 하여 편안함을 삼으면, 편안함을 편안하게 여기지 않을 것이고, 만약 비록 억제하여 쉬지 못하면 그것은 아래가 되는 것이다. 비록 등차가 있지만 진실로 선용(善用)하면 충분히 마음을 쉬게하여 편안해질 것이고, 본원에 도달할 것이다. 이 『현문(玄文)』에서는 선 또한 이와 같고, 안심법을 전수하면, 수행을 가르치는 것과 같아 곧 발정(發定)을 얻을 수 있다고 말했다.[又其次者, 固有心矣, 心不易安, 必强爲之制, 嚴爲之法, 而後心可息也. 此以息心爲安, 非安安也, 若夫雖制而不息, 斯爲下矣. 雖有是等差, 苟善用之, 皆足以安心息妄, 而達乎本源者也. 此『玄文』所謂, 禪亦如是, 授安心法, 如敎修行, 卽得發定是也.]

(하품(下品)의 안심법문은 또한 심(心)으로 안심의 대상을 삼게 하고, 마음이 안정되지 못하면, 곧 강제 수단을 사용하여 망념의 폭동을 그치게 하고, 이는 평식(平息)을 방법으로 하고, 상품(上品)과 중품(中品)의 안심과는 다른 점이 있지만, 비록 일시적으로 평정되지만 만약 오래 유지되는 방법이 없다면, 당연히 하품(下品)의 안심이라고 불릴 수 있다. 비록 종종 하품 안심법은 각기 서로 다르지만 온당하게 운용한다면 여전히 안심식망(安心息妄)에 이를 수 있고, 마음 본원의 작용을 통찰할 수 있다. 이는 곧 천태종의 개조인 지의의 『법화현의』에서 "선은 또한 이와 같아서, 안심법을 전수하면 수행을 가르치는 것과 같아 곧 발정(發定)을 얻을 수 있다"고 말한 부분

과 같다.[下品的安[下品的安心法門, 也是以心作爲被安定的對象, 心旣然不易安定, 則採用强制手段以平息妄念驛動, 此以平息爲法, 與上品中品安心有所不同, 雖然能够平息一時, 若是無法持久, 當然會被稱作下品安心. 雖然種種下品安心法各不相同, 但如能妥善運用, 還是可以起到安心息妄, 洞悉心之本源的作用. 這也正如我宗開祖智확在『法華玄義』所說的"禪亦如是, 授安心法, 如敎修行, 卽得發定"相同.]]

선월이 여기서 인용한 지의의 『법화현의』원문은 "선 또한 이와 같아 안심법을 전수하면 수행을 가르치는 것과 같아 곧 발정(發定)을 얻을 수 있고, 이는 우리 스승이고, 우리의 제자이다[禪亦如是, 授安心法, 如敎修行, 卽得發定, 是爲我師, 我爲弟子]"라고 한 부분인데, 본래는 '권속묘(眷屬妙)'의 사제 사이에서 어떻게 계 · 정 · 혜의 내용을 전수했는지에 대한 해석이었다. 선월은 점차 문제의 중심을 선종의 안심법을 어떻게 정의할 것인가로 변모시켰다. 비록 약간의 문장을 끊어서 의미를 취했지만, 그 목적과 의도는 매우 분명하다. 곧 천태의 "교합에 부합하는 수행[如敎修行]으로 선종의 '교외별전'을 반격하는 하려는 것이다. 심지어 아래 글에서 전개한 '고선금선론(古禪今禪論)'이 만들어진 배경이라고 말 할 수 있다.

이 구절에서 지의의 원래의 뜻은 수행자가 만약 선정을 수행하고자 한다면 반드시 그 스승에게 안심법문을 전수받고, 경전의 교의를 따르고 교도수행(敎導修行)을 진행한다면 비로소 진정한 선정에 이를 수 있다는 의미였다. 그러나 선월은 지의의 주장을 빌려서 선종이든 다른 가르침이든 오직 경전의 내용에만 의거하여야 비로소 정확한 안심수행법이 될 수 있다고 분명히 밝혔다. 그 수행론의 단계에서 선종에서 말한 '교외별전'은 용인될 수 없었다.

이외에 이 단계에서 선월은 결코 하품안심(下品安心)에 대해서 과도하게 가치를 폄하하지는 않았지만, 반대로 하품안심의 성과를 언급하였는데, 곧 '안심식망(安心息妄)'과 '달호본원(達乎本源)'의 두 부분에서 언급하였다. 이는 선월이 이미 송대 유학자들 사이에서 유행했던 '정좌(靜坐)'를 주로 하는 안심법문을 의식했고, 아울러 이론적으로 그들을 귀납하려는 뜻을 가지고 있었다는 것을 알 수 있다.

중국의 송·원·명 등 각 시대의 유학자들은 명상실천을 주로 하는 정좌법을 통해서 마음의 본성을 파악해 내려고 시도했다.[9] 주희 (1130~1200)는 문하생의 정좌에 관한 질문에 답을 할 때, 다음과 같이 말했다.

> 정좌는 좌선하여 입정하는 것 같은 요체가 아니고, 생각을 단절하는 것이다. 다만 마음을 수렴하여서 한갓 한가한 생각을 해서는 안 되고, 곧 이 마음을 담연하게 하고 평온하게 하여 자연히 전일하는 것이다.[靜坐非是要如坐禪入定, 斷絶思慮. 只收斂此心, 莫令走作閒思慮, 則此心湛然無事, 自然專一.](『朱子語類』卷12)

여기에서 주자는 유사(儒士)의 정좌가 실천될 때 무엇보다 주의할 점은 정좌법(靜坐法)은 결코 선종의 좌선법이 아니라는 것이라고 말했다.

일찍이 아육왕산(阿育王山) 및 경산 등의 명찰의 주지이자 제왕과 사대부들의 높은 지지를 얻었던 선승 대혜종고(大慧宗杲, 1089~1163)는

---

9) 朱熹의 靜坐認識은 思想 變化의 過程을 갖는다. 이점에 대해서는 馬淵昌 또한 그의 최신의 연구인 「宋明期儒學における靜坐の役割及び三敎合一思想の興起について」(『言語・文化・社會』10号, 2012, 學習院大學外交硏 センター) 참조.

유사들의 정좌법을 극도로 싫어했다.

사악한 승려들이 사대부에게 섭심정좌(攝心靜坐)를 가르쳤다.[邪師輩·敎
士大夫攝心靜坐.(「答陳少卿」『大慧普覺禪師書』卷第26)

지금 일종의 두찬(杜撰)이 있다면 자기의 발꿈치 아래에서에서도 실재하
지 않는 것이고, 다만 사람들에게 섭심정좌(攝心靜坐)만 가르치면, 앉아서
기식을 끊는 것이다.[今時有一種杜撰漢·自己脚下不實·只管敎人攝心靜坐·坐敎絶
氣息.](「答許司理」『大慧普覺禪師書』卷第二十六)

대혜는 유사들이 '섭심정좌'을 익히는 이유가 삿된 승려와 악한
승려의 유혹을 받았기 때문이라고 생각했다. '섭심정좌'라는 말은
천태 개조인 지의의 『차제선문』 권8의 "云何觀息·謂攝心靜坐, 調和
氣息."에서 나왔다. 이는 지의가 제창한 정확한 지관하는 과정의 수
행방법의 일종이다. 대혜가 비록 삿된 승려의 종파라고는 분명히 말
하지 않았지만 천태종이 수당 이래부터 이미 비교적 높은 완성도의
좌법(坐法) 및 조식법(調息法)을 확립했고, 아울러 『마하지관』을 주된
이론의 기초로 삼은 저작들이 있었고, 동시에 사대부 중에서도 한임
학사 양숙(梁肅, 751~793)이 편찬한 『산정지관(刪定止觀)』과 원외랑 이
화(李華, 8世紀)이 편찬한 『지관대의(止觀大意)』에서는 천태 지관교리
를 선양하였다. 따라서 주자가 언급한 것처럼 유사들이 익힌 '섭심정
좌'는 당연히 좌선은 아닐 테지만, 아마도 천태지관 이론과 '섭심정
좌'의 실천법을 참조한 후에 개창하여 만들었을 것이다.

그 다음으로 주자는 '정좌법'의 근본은 어떻게 역동하는 마음을
수렴하고, 망념을 쉬게 하고, '심(心)'으로 하여금 '자연전일(自然專

一)'한 상태로 회귀하도록 하는가에 있다고 말했다.

「수안심법의」 하품안심의 단계에서 '안심식망(安心息妄)'·'달호본원(達乎本源)'의 설법과 주자의 해석은 크게 다르지 않았다. 주자의 정좌법은 그의 스승인 이동(李侗, 李延平, 1093~1163)으로부터 익힌 것이었고, 『주자어류』에는 정좌법이 다음과 같이 정의되어 있다.

> 공부를 배우기 시작하면 반드시 정좌해야 한다. 정좌하면 곧 본원이 정해지고, 비록 사물을 따라감을 피할 수 없지만 제자리로 돌아오게 되면 안돈하는 곳이 생긴다.[始學工夫, 須是靜坐. 靜坐則本原定, 雖不免逐物, 及收歸來, 也有箇安頓處](『朱子語類』卷一二)

주자는 유사들이 '심(心)'을 장악하는 실천 과정에서 반드시 정좌법을 채용해야한다고 생각했다. 정좌는 '마음의 근원[心之本原]'을 밝힐 수 있기에, 당연히 '심(心)'이 여전히 만물을 따라 망동할 수 있지만, '마음의 근원'을 밝혀 때에 따라 수렴되어 안돈시킬 수 있다. 여기서 주자가 언급한 '始學工夫. 須是靜坐'의 구절은 「수안심법의」의 '安心息妄'·'達乎本源'과 같은 설법으로 표현된다.

6. 선월의 '고선금선론(古禪今禪論)'

「수안심법의」의 말미에서 선월은 송대 선풍에 대해서 불만을 표현한 동시에, 고려 의천의 '고선금선론(古禪今禪論)'에 근거하여 한걸음 더 나아가 달마선이 후세 사람들에게 전승될 방법이 없는 결점을 지적했다.

어찌 지금 말한 것처럼 선이 여전히 허언하여 참된 뜻이 없겠는가? 만약 그렇다면 지금의 선은 옛날의 선이 아니겠는가? 무릇 옛날의 선은 말한 대로 체도(體道)하였고, 가르침에 부합하여 그 뜻에 맞았다. 지금의 선을 말하면 그렇지 않아서, 그 선이라고 하는 것은 괴의하고 이상하고, 언어가 정형화되어, 천백(千百)을 움직여도 따를 곳을 알지 못하여, 잘 말하기가 어렵다. 이는 곧 옛날의 선은 순(純)하고, 지금의 선은 아마 속일 뿐이다. 옛날의 선을 지금 사람에게 시행한다 해도 효과는 없을 것이고, 지금의 선을 옛 사람들에게 시행해도 또한 이익이 없을 것이다. 이는 지금은 지금의 선이 맞는 것이고, 옛날에는 옛날의 선이 맞는 것인가? 선에는 고금(古今)과 관계없이 사람에게 맞는 것이다. 오호라! 어찌 옛 사람에게 옛날의 선을 의론할 수 있겠는가? [豈如今之所謂禪尙虛言而無實義乎. 若然者, 今之禪非古之禪也. 夫古之言禪者, 猶得依言以體道, 如說而操趣也. 今之言禪者則不然, 其爲禪也, 恢詭譎怪, 言句窠臼, 動以千百而莫知適從, 良難言矣. 是則古之禪也純, 今之禪也或欺而已矣. 使古之禪施於今之人必無效, 今之禪施於古之人亦無益. 是今宜今之禪, 古宜古之禪? 禪無古今, 宜之者人也. 嗚呼! 安得古人而與之議古之禪哉.]

(이상에서 서술한 삼종 안심법문은 '교외별전'을 고취시키고, 또 허언되고 실체가 없는 송대 선〈今禪〉과는 완전히 다르다. 그래서 송대 선의 근본은 이미 그것의 개조인 달마가 제창한 선교〈=古禪〉가 아니다. 달마의 선교〈=古禪〉는 또한 경전을 근거로 하여 불도를 체득할 수 있고, 불설이 추구하는 불리(佛理)를 준수하여, 송대 선〈=今禪〉는 완전히 같지 않았고, 그 소위 '선'은 비록 문답이 오고간 후에는 상대에게 중점을 맞추고, 그 장면이 정말 아름다워서 오히려 내용이 없게 되어 말

한 것을 알지 못하게 된다. 서로 비교해보면, 달마의 선교〈=古禪〉은 순수하고 고절하며, 송대의 선〈=今禪〉은 세상을 속이고 이름을 훔친다. 일목요연하지 않은가? 아마도 사람들은 '달마의 선교〈=古禪〉가 이미 시대가 너무 멀리 떨어져서 당대에 적합하지 않을 수 있고, 송대의 선〈=今禪〉을 만약 달마시대의 수행자들에게 시행한다면 효과가 없을 것이라고 말할 수 있다. 당대에는 반드시 당대의 선교를 사용해야 한다고 말하기는 어렵고, 고대에는 단지 고대의 선교를 사용했을까? 석존이 전수한 '안심법문'은 지금과 구별된다고 말하기 어렵다. 사람들이 자의적으로 오해하여 고금의 근원이 구별된 것이다. 세상의 선종은 또한 몇 사람이 달마 '안심법문'의 깊은 뜻을 알겠으며, 더욱이 그들과 함께 '선'의 도를 논할 수 있을까?(以上所述三種安心法門, 完全與鼓吹"教外別傳"且虛言無實的宋代禪〈=今禪〉相異. 所以宋代禪根本已經不是其開祖達磨所提倡的禪教〈=古禪〉. 達磨的禪敎〈=古禪〉還會根據經典體悟佛道, 遵守佛說追求佛理, 而宋代禪〈=今禪〉則完全不同, 其所謂的"禪"雖然問答往復, 針鋒相對, 場面煞是壯觀, 卻內容空洞, 不知所云. 相比之下, 達磨的禪敎〈=古禪〉之純粹孤絶·而宋代禪〈=今禪〉之欺世盜名, 一目了然! 或許有人會說: "達磨的禪敎〈=古禪〉已經時代久遠, 不會適合當代, 而宋代禪〈=今禪〉若施與達摩時代的行者也不會有效." 難道當代就一定要用當代的禪教, 而古代也只能用古代的禪教了嗎? 作爲釋尊傳授的"安心"法門, 難道會有古今的區別嗎? 人爲恣意的誤解才是產生古今區別的根源. 世上禪宗又有幾人能知達磨"安心法門"深意, 甚至可以與之參"禪"論道呢.])

총결해보면 「수안심법의」의 가장 마지막의 단락에서, 선월은 사실 달마의 선과 송대의 선 두 가지를 모두 비판했다. 비록 문자의 표현에서 선월이 '고선(古禪)'과 '금선(今禪)'이라는 대립적 개념을 채용했고, '고선(古禪)' 즉, 달마의 선이 순수하고 우월하다고 주장하는 것 같지만 선월이『수안심법의』의 상품안심에서 설명한 모습과 같은데, '고선(古禪)'은 '교법이 없이 전수한[無法可授]'으로 인해서 실천하기 어려운 결과를 만들어 내게 되었고, 이러한 결점은 또한 '고선'과 '금선' 사이에서 뛰어넘기 어려운 뚜렷한 경계를 만들어냈고, 이는 그 교의사상의 일관성을 유지시킬 방법을 없게 만들었다.

이외에 별도로 주목할 만한 점이 있다. 그것은 곧 선월의 '고선금선론(古禪今禪論)'을 전개하고 변화시킨 부분이다. '고선금선론(古禪今禪論)'은 원래 고려의 승통인 의천(1055~1101)이 제창한 것이다. 의천은 그가 중국에서 유학하는 기간에 비산계주(飛山戒珠, 11世紀)가 저술한『별전심법의(別傳心法議)』에서 선종 '교외별전'을 비판하는 것과 관련이 있는 내용을 열독한 후에, 감탄하면서 "중국을 유학하기 전에 중국에서 유행하는 선종의 문장 대부분이 이단과 관련되어 있다고 들었다. 그리고 해동의 승인들은 중국에는 이미 사람들이 전수받은 부처의 정법이 없을지도 모른다고 의심을 하였다. 그러나 비산법사의 뛰어난 논의를 읽으면서 비로소 호법보살이 여전히 세상에 존재하고 있음을 알게 되었다.[留學中國之前, 因聽聞中國流行的禪宗章句多涉異端. 而海東的僧人也懷疑中國是否已經無人能傳授佛之正法. 而此次拜讀飛山法師高論, 才知道護法菩薩依然在世.]"라고 말했다. 아울러 장차 주옥같은『별전심법의』의 조판이 세상에 전한다.

의천이『별전심법의』를 위해 지은 발문(跋文)에서 언급한 '고선금선론(古禪今禪論)'은 아래와 같다.

고선(古禪)이 금신(今禪)과 더불어 이름과 실제가 서로 요원하다. 옛날에 말한 선은 교습(敎習)에 의거한 선이다. 지금에 말하는 선은 교설과는 떨어져있는 선이다. 설선(說禪)은 그 이름을 잡되 그 실체는 버리게 되었다. 습선(習禪)은 전(詮)으로 인해서 그 뜻을 얻었다. 지금의 사람들의 속이거나 기만하는 폐혜를 구하려 한다면 옛 성인의 정순한 도를 회복해야 한다.[古禪之與今禪, 名實相遼也. 古之所謂禪者, 藉敎習禪者也. 今之所謂禪者, 離敎說禪者也. 說禪者, 執其名而遺其實. 習禪者, 因其詮而得其旨. 救今人矯詐之弊, 復古聖精醇之道.]

의천은 고선(古禪)을 숭상하였고, 고선(古禪)이 불전에 의거하여 불도를 실천할 수 있기 때문이었다. 의천은 금선(今禪)에 대해서는 걱정하였는데, 금선(今禪)이 교외별전으로 유명무실했기 때문이다. 아울러 금선(今禪)의 폐단을 개조하고, 오직 옛 성인의 가르침을 부흥시키고자 하였다.

선월의 '고선금선론(古禪今禪論)'은 의천이 상술한 내용을 참고했다. 두 사람의 논조에서 가장 크게 구별되고 변화된 점은 선월은 '고선금선(古禪今禪)'의 논의에서 새롭게 천태안심의 법문을 첨가하고, 천태수행론의 지위를 명확히 했다는 것이다. 이외에 선월은 결코 일매(一昧)로 '고선(古禪)'을 추종하지 않았고, 이는 무엇보다도 먼저 '고선(古禪)'을 높이 끌어 올려서 '금선(今禪)'의 효과를 폄하시켰다. 그러나 후에는 또 '금선(今禪)'이 '고선(古禪)'을 계승할 방법이 없기 때문에, '고선(古禪)'에 의존하여 '고선(古禪)'의 결점을 확인하고 고치기에는 어려움이 있고, 다양성을 지니고 있고, 아울러 실천할 만한 성질을 가진 '안심관'을 선양하는 데 이르게 되었다.

결 론

　종합해보면 천태종의 개조인 지의가 『마하지관』 등의 천태교의에
관한 저작에서 설명한 '안심'은 당송대 수백 년 간 천태의 지관의 한
가지 방법이 되어 천태 승려들이 실천을 해왔다. 그러나 이를 실천하
고 수행하는데 있어서 어떻게 '심(心)'을 파악하고 인식해야 하는지,
나아가 '심(心)'은 도대체 '진(眞)'인지 아니면 '망(妄)'인지에 대한
것은 문제로 남게 되어 송대 천태교단 내부에서 빈번하게 논의하는
과제가 되었다.

　이와 동시에 선종의 세력 범위가 광대해지고, 아울러 공안의 문답
을 위주로 하는 공안선(公案禪) 등등의 새로운 형식의 선사상이 흥기
하자, 송대 천태교단은 법도가 없어지는 것은 예사의 일이 되었다.
명주 연경사를 교화활동의 거점으로 삼은 송대 지례의 교단은 비록
교리사상에 있어서 수당 이래로 선종 사상을 비판하는 전통을 계승
했지만, 수대 지의의 교단이 그랬던 것처럼 할 수는 없었기 때문에
정권의 중추와 밀접한 협력 관계를 이룩했고, 또한 당대 담연의 교단
이 그랬던 것처럼 할 수 없었기 때문에 멀리 북방 오대산으로 가서
천태교의를 선양했다. 지례의 교단은 강절(江浙) 지방에서 활약한 약
소 종파에 불과했지만, 선종 세력의 침몰로 개종이 야기되는 것을 피
하기 위해서 어떻게 하면 천태교리의 전통을 유지하고 보호할 수 있
을까하는 것을 가장 중요한 과제로 삼았다.

　시간이 흘러 남송대에 이르자, 주희와 그 문인들이 신유학(즉, 성리
학)을 흥기시켰고, 어떻게 '안심'을 실현해 낼까하는 불교적 방법과

는 다른 정좌법(靜坐法)을 제창했다. 이러한 시대적 배경 아래서 선월은 천태교단의 영수가 되어 시대적 흐름에 순응할 필요에서, 천태의 특색을 가진 '안심' 사상과 선종의 좌선과는 상이함을 서술했다. 선월의 '안심' 사상은 조금의 의심도 없이 당시 선종과 이학사조의 영향을 받았고, 비록 표현상 약간 지의의 학설과 다르지만, 근본은 결코 천태의 전통과 떨어져 있지 않았다. 선월의 사상변화의 분석을 통해 송대 천태사상 속에 '심(心)'과 관련 있는 연구동향을 파악할 수 있었고, 또한 이를 단서로 하여 한걸음 더 나아가 송대 사상계의 '심(心)' 연구에 대한 배경과 의의를 깊이 파고들 수 있었다.

법화천태사상의
한국적 전개

고려 백련결사의 사상적 연원에 대한 일 고찰
석길암

고려후기 '법화경(法華經) 계환해(戒環解)'의 유통과 사상사적 의미
―고려후기 천태종(天台宗)의 사상 경향에 대한 일고찰
박광연

고려후기 조선초 강진 백련사의 고승과 사세
황인규

설잠(雪岑)의 연경별찬(蓮經別讚)에 나타난 법화천태사상(法華天台思想) 고찰
―특히 불긴관(佛身觀)을 중심(中心)으로―
차차석

고려 백련결사의 사상적 연원에 대한 일 고찰

석길암

1. 문제의 소재

당면한 시대와 사회를 어떻게 인식하는가에 따라서 그 지향과 실천의 방법론에 있어서 사상에 극명한 차이가 나타나게 되는 것은 당연하다. 고려후기의 대표적인 결사로 꼽히는 보조지눌(普照知訥, 1158~1210)의 정혜사와 원묘요세(圓妙了世, 1163~1245)의 백련사는 그러한 점이 두드러지게 나타나는 대표적인 예라고 할 수 있다. 우선 요세가 지눌의 정혜사에 참여했다고 하는 점에서는 두 결사가 공유했던 시대정신을 예상할 수 있다. 반면에 요세가 지눌이 이끌었던 정혜사를 떠나 백련사라는 새로운 결사를 이끌었다는 점에서는, 요세와 지눌의 사이에 시대와 사회에 대한 적지 않은 인식의 차이가 존재했다고 볼 수도 있다. 이 같은 점에서 보면 백련결사가 정혜사로부터 일정한 영향을 받았을 가능성 혹은 시대와 사회인식에 많은 부분을 공유하고 있었을 가능성이 예상되며, 동시에 지눌과 요세 사이에는 비슷한 시대와 사회에 대한 인식에 불구하고 그것을 해소하는 실천방법론에 있어서는 전혀 다른 접근을 시도하게 하는 사상적 배경 혹은 사회적 인식의 차이가 존재하고 있었다는 것으로 읽을 수 있다.

백련사의 결성과 전개에 있어서 이러한 문제의식들을 해명하려 했던 선행연구가 이미 존재한다. 고익진과 이영자 등에 의한 일련의 선행연구들이 그것이다.[1] 그런데 고익진의 연구는 정혜결사의 연장선상에서 백련결사의 성격을 해명하고 있는 반면, 이영자의 연구는 양자의 독립성을 강조하는 입장에 서 있어서 대조적이다.

고익진은[2] "정혜결사가 12세기 경의 내우외환이 겹친 어지러운 사회에서 민족의 자주적 의지력을 일깨우고 교단을 쇄신하려는 강력한 선부흥운동(禪復興運動)으로 일어난 것이라면, 백련결사는 그러한 선운동(禪運動)에서 다시금 문제되는 죄악중생(罪惡衆生)의 기근(機根)을 의식하고 천태묘종(天台妙宗)의 중흥에 나아갔던 결사운동"이었으며, "원묘의 백련사는 …… 선(禪)에 대립되는 천태종 특유의 면목을 선양하는 방향으로 나아가고 있으니, 이러한 입장은 의천의 천태종과 크게 다른 점으로 지적"할 수 있다고 정리하고 있다. 고익진(1978)은 요세의 정혜사 참여와 이후 백련사의 창건을 사상적 전환과 복귀로 설명하고 있는데, '수선사에 참여하기 이전에 이미 천태종에서 명망이 높았고 정혜사에 참여하는 중에도 계속해서 참회행을 지속하였

---

1) 고익진, 1978,「원묘요세의 백련결사와 그 사상적 동기」,『불교학보』15.; 同, 1979,
「백련사의 사상전통과 천책의 저술문제」,『불교학보』16(『고려후기불교전개사연구』
재수록, 민족사).; 同, 1983,「원묘국사 요세의 백련결사」,『한국천태사상연구』, 동국
대불교문화연구원.; 이영자, 1983,「천인의 법화참법의 전개」,『한국천태사상연
구』, 동국대 불교문화연구원(『한국천태사상의 전개』재수록, 1988, 민족사).; 채상식,
1991,「백련결사의 성립과 사상적 경향」,『고려후기불교사연구』, (일조각, pp.69-83)
등이 이 부분에 대한 대표적인 선행연구들이다.
2) 고익진(1978), p.120.

다'[3]는 요세의 궤적에 대해서, 그것을 사상적 전환이라는 형태로 설명하는 것은 무리가 있다는 지적이 존재한다.[4] 반면 이영자는 요세가 정혜사와 결별하고 백련사로 나아가게 되는 동기가 되는 전남 월출산 약사사의 천태묘관 자각을 고익진과는 다르게 설명한다. 곧 지눌의 정혜사에 참여하기 전의 요세는 천태교학의 강사로서 천태교관의 진수를 파악하지 못하였는데, 조계선의 참구도 영명연수의 선법도 역시 그 해법을 제시하지 못하였다는 것이다. 결국은 천태묘해가 선병(禪病)을 벗어나는 해법이 되었다는 것으로, 이영자는 수선사 참여를 천태묘관을 이해하기 위한 참구의 한 과정으로만 이해하는 입장을 제시하고 있는 것으로 보인다.[5]

논자는 기본적으로 당시의 시대와 사회 특히 불교계에 적지않은 해결되어야 할 문제들이 있다고 하는 인식에 있어서는 지눌과 요세 사이에 많은 점이 공유되고 있었다고 생각한다. 다만 그럼에도 불구하고 양자가 처해있던 사상적 지반이 전혀 달랐기 때문에, 그 사상적 지반에 따라 혼란기의 사회와 시대를 판단하고 그 판단에 따라 문제의 해결방안을 제시하는 실천방법론에 있어서는 필연적으로 지향의 차이를 드러낼 수밖에 없었다고 생각한다. 이 같은 관점에서, 그렇다면 요세가 가지고 있던 사상적 지반은 어떤 것이었을까 하는 점에 주목하게 되었으며, 본 논문은 그러한 의문에 대한 하나의 검토에 해당한다. 기본적으로 요세가 천태의 수학자이자 실천자라는 본연의 입

---

3) 『東文選』27, 「官誥」에는 "於公山晝懺夜懺"이라고 하여, 了世가 정혜사에 참여하고 있던 동안에도 懺法의 지속적으로 닦고 있었음을 밝히고 있다. 이처럼 정혜사에 참여하고 있을 때도 참법의 수행을 지속했다는 사실은 요세의 정혜사 참여가 선종으로의 전환을 의미하는 것이 아님을 의미한다고 생각된다.

4) 최동순(2009), 「원묘요세 연구의 문제점 고찰」, 『한국불교학』48, pp.428-435.

5) 이영자(2006), 『천태불교학』, 해조음, pp.266~267.

장에서 물러선 적이 없었다는 것은 수긍하지만, 다만 그러한 본연의 입장을 지탱하게 한 사상적 지반 혹은 문제인식이 어떤 것이었을까 하는 점은 좀더 해명이 필요하다고 생각한다.

그러한 문제의식의 해명을 위하여 본 논문에서는 백련결사의 사상적 배경에 대하여 두 가지 측면에서 탐색하고자 한다. 한 가지는 요세 혹은 백련결사가 가지고 있는 교학사상의 틀에 관한 것이고, 또 한 가지는 요세 혹은 백련결사가 가지고 있었던 문제인식의 틀에 관한 것이다.

2. 백련결사와 사명지례의 정토관

앞에서도 잠깐 언급하였지만, 백련결사 특히 요세의 사상적 지반과 그 전개를 논함에 있어서 지눌의 정혜사와의 관계를 어떻게 볼 것인가 하는 점은 대단히 중요하다.

고익진(1978)은 요세 비문의 "만약 천태의 묘해(妙解)를 일으키지 않는다면, 영명 연수의 120가지 병을 어떻게 벗어날 수 있겠는가."라는 구절에 대해 두 가지 해석을 가한다. 하나는 영명 연수의 법안종이 일찍부터 천태종과 밀접한 관계에 있기 때문이라는 것이고(p.3), 또 하나는 이때쯤에 중생의 근기에 대한 요세의 새로운 의식이 있었을 것이라는 추정이다.(p.7) 고익진은 후자의 해석에 훨씬 무게 중심을 둔다.[6] 그러나 이 같은 해석은 앞에서 인용한 최동순의 지적처럼 지나친 감이 없지 않다.

---

6) 고익진의 해석은 요세의 정혜사 참여를 천태종으로부터의 이탈로 보는 전제에서만 성립한다.

오대에서 북송 초기에 이르는 천태종은 법안종과 인적으로나 사상적으로 밀접한 관계에 있었고, 고려에서도 의천의 천태종 개창과정에서 법안종이 포섭되었다는 것을 생각한다면, 고려 후기의 천태종 승려가 영명연수의 120가지 병통을 고민하는 것은 오히려 자연스럽다고 생각되기 때문이다. 곧 법안종이 가지는 문제의식과 천태종이 가지는 문제의식을 공유하는 것은 역사적 친밀성을 고려할 때 자연스럽다는 것이다. 따라서 논자는 영명연수의 120병과 관련한 비문 구절에 대한 이해는 천태종과 법안종의 역사적·사상적 친밀성에 초점을 두고 이해해야 하며, 요세의 정혜사 참여 역시 이러한 문제의식을 해소하기 위한 과정으로서 이해해야 한다고 생각한다. 이렇게 본다면, 오히려 요세가 지녔던 문제의식의 근원은 요세 이전의 천태사상의 전개에서 찾아야 할 필요성이 제기된다고 생각된다.

본 장에서는 그런 점에 염두를 두고 『만덕산백련사원묘국사비명병서(萬德山白蓮社圓妙國師碑銘幷序)』(이하 『비명』)과 「보현도량기시소(普賢道場起始疏)」가 직접 지목하고 있는 『관무량수경묘종초(觀無量壽經妙宗鈔)』(이하 『묘종초』)와 그 저자인 지례의 결사 및 요세 이전 고려에서의 천태정토관의 흐름을 백련사와 관련하여 살펴보고자 한다.

『비명』에서는 요세가 정혜사를 떠나는 과정을 다음과 같이 묘사한다.

> 수년을 머물다 목우자가 결사를 강남으로 옮김으로 대사도 따라서 강남으로 갔다. 지리산부터 길이 남원(南原) 귀정사(歸正寺)를 지나는데, 그 주지인 현각(玄恪)의 꿈에 어떤 사람이 와서 "내일 삼생지법화사(三生持法華師)가 올 것이니, 깨끗이 소제하고 영접하라."고 하므로, 주인이 지시받은 대로 뜰을 쓸고 음식을 준비하고서 기다렸더니, 대사가 과연 늦게 이르렀다. 현

각이 꿈꾼 것을 말했다. 또 스님이 여러 번 지자(智者) 대사를 꿈에 보았으며, 대중들에게 『묘종(妙宗)』을 강설하였다. 혹 화장암(華長庵)에 앉아 선정에 들어 꼼짝하지 않았더니 마침내는 마귀들에게서 항복 받기도 하였다. 혹은 산신이 절터를 알려주기도 하였으며, 혹은 용암사(龍巖社) 도인 희량(希亮)이 금련좌(金蓮座)에서 대사를 기다리는 꿈을 꾸기도 하는 등, 이상한 꿈과 신령스럽고 괴이한 것이 많았다고 하는데, 이것은 우리 유가(儒家)의 말할 바가 아니므로 다 말하지 아니한다.[7]

내용은 여러 이몽(異夢)과 이적(異蹟)으로 인하여 지눌과 동행하지 않고 귀정사에 잔류하게 된 사정을 설명하고 있다. 『비명』에서 언급하고 있는 이몽과 이적은 정혜사가 도량을 옮기는 과정에서 요세가 지눌과 헤어지는 연유를 설명하는 장치에 해당할 것이다. 그런데 그러한 설명에 '삼생지법화사(三生持法華師)' '지자대사(智者大師)' '묘종(妙宗)' 등이 등장하는 것은, 요세가 천태교관에 뜻을 두고 있는 이였기 때문에 정혜사에 더 이상 동참할 수 없었다는 것을 설명하는 것이 아닐까 생각된다.[8] 곧 그의 사상적 지반이 천태묘종에 있었고 이미 천태묘종을 수참(修懺)하고 있었기에 정혜사와 뜻이 맞지 않았다는 것을 설명한 내용으로 볼 수 있을 것이다.

요세가 『묘종초』에 관심을 가지게 된 것을 지목하는 최초의 시점은 1200년 혹은 1201년 경의 일로 귀정사에 머물 때이다. 『비명』에 이때 『묘종초』를 강의했다는 기사가 나타나기 때문이다. "여러 번 지

---

7) 최자(崔滋) 찬, 『만덕산백련사원묘국사비명병서(萬德山白蓮社圓妙國師碑銘幷序)』(『東文選』 권117).
8) 동일한 의견을 한보광(1999), 「원묘요세의 정토관」, 『불교학보』 36, pp.32-33에서도 볼 수 있다.

자(智者) 대사를 꿈에 보았으며, 대중들에게 『묘종(妙宗)』을 강설하였다."는 것이 그것이다. 이 기사는 요세가 『묘종초』를 매개로 정토왕생을 위한 수행론으로 염불의 실천을 강조하였던 사명지례의 사상적 영향을 받았음을 의미한다. 요세가 사명지례의 천태염불결사의 영향을 받고 있다는 점은 이 외에도 여러 곳에서 확인된다. 또한 요세가 귀정사에 머물 때 『묘종초』를 강의하고 있다는 것은 그 이전, 곧 정혜사에 참여하기 이전에 이미 『묘종초』에 대한 충분한 이해가 있었음을 전제로 한다.

『비명』에는 요세가 약사사에 머물 때 사명지례(四明知禮, 960~1028)의 『묘종초』를 자주 강의하였는데, '이 마음으로 부처가 되고, 이 마음이 바로 부처[是心作佛, 是心是佛]'이라는 구절에 이르러 두 번째 깨달음을 얻었다고 전한다. 이 구절은 지례 정토관의 핵심인 '약심관불설(約心觀佛說)'을 설명하는 핵심구절에 해당한다. 또 보현도량을 개설할 때, 천책(天頙)이 지은 『보현도량기시소』에서도 "이제 만덕사의 존숙께서 사명의 청규를 본받아 교관(教觀)이 발흥하도록 정진할 것을 서원하고 자비를 베푸시어 보현도량을 개설하고 미륵정토를 기약한다. 이제 3·7일간 법화삼매를 일심으로 부지런히 육시에 닦으면 …… "[9]이라고 하여, 백련결사가 사명의 청규를 계승하고 있음을 밝히고 있다.

여기에서 사명지례의 『묘종초』 특히 '약심관불설'에서 강조되는 '정토'의 성격을 확인할 필요가 생긴다. 이 약심관불설을 이영자의 설명에 의거하여 간략하게 살펴보기로 하자.

---

9) 천책(天頙), 「보현도량기시소(普賢道場起始疏)」, 『萬德寺志』, p.29.

마음에 의거하여 다른 경계를 관한다는 것으로, 부처의 의보(依報, 정토장엄)와 정보(正報, 불신장엄)를 관하는 관불(觀佛)의 경우 반드시 먼저 그 마음을 비추고, 이 의보·정보의 경계는 나의 마음을 떠나지 않음을 알아야 한다는 뜻이다. 마음·부처·중생의 셋은 차별이 없다. 그러나 마음을 관하는 것은 쉽지만 바로 아미타불을 관하기는 어렵다는 것이다. 『관경』의 '관불(觀佛)'은 단지 부처를 관하는 것이 아니고 곧 '마음에 의거하여 부처를 관하는 것'이므로 관불이라 해도 그렇게 어렵지 않다고 한다. 그의 '약심관불(約心觀佛)'의 '약심(約心)'이란 아미타불을 마음에 의거하여 관하지만 궁극에는 마음·부처·중생 모두가 절대라고 하는 삼처구법(三處具法)의 설을 본뜻으로 하는 것이므로 유심론과는 같지 않다. 결국 이 사상은 천태염불의 정통이 되었다. 지례의 제자인 신조본여는 지례의 동문인 자운준식의 정토신앙을 계승하여 백련사를 결사하고 문인들과 함께 서방왕생의 실천행을 닦았다. 이것은 만덕산 백련사의 백련결사에 사상적 동기를 부여했으리라고 짐작된다.[10]

이 『묘종초』의 약심관불설은 칭명(稱名)과 관상(觀想)만을 염불의 전부로 보려는 '사상(事相)'의 염불[善導 계통]과 그의 영향을 받은 산외파의 정토사상을 배격하고, 실재론적인 '사관(事觀)'의 염불은 원돈지관(圓頓止觀)의 '이관(理觀)'[觀不思議境]의 경계에까지 진입하지 않으면 안된다고 강조한 것이다.[11] 지례의 스승인 보운 의통(寶雲義通, 927~988)으로부터 지례로 이어지는 산가파의 관점이 명확하게 드러나는 부분으로 지목된다.

이 약심관불설에서 가장 중요한 것은 그것이 유심설이 아니라는

10) 이영자(2006), p.273.
11) 고익진(1983), p.137. 안도 토시오(安藤俊雄)의 설명을 인용한 부분이다.

점이다. 김은희는 『묘종초』의 '심관위종(心觀爲宗)'에 대한 해석[12]을 제시한 후, "『묘종초』는 『관경』의 관불(觀佛)과 『관경소』의 심관(心觀)을 약심관불(約心觀佛)로 연결시켜 해석한다. 이것은 극락국토의 의보(依報)와 정보(正報)는 다 자기에게 본구(本具)되었음을 명료히 알고 그 위에서 정토의 의보와 정보를 관하여 여기에 의탁하여 자기본구(自己本具)의 원만하고 항상하는 대각(大覺)의 본불(本佛)을 드러내는 것"[13]이라고 지적한다. 여기에서 '약심(約心)'은 천태 정통의 심구(心具)의 입장에서 설해지는 것이다. 곧 천태에서 말하는 유심정토(唯心淨土)나 약심관불(約心觀佛)의 '심(心)'은 '조(造)'의 의미가 아니라 '구(具)'의 의미에서 말해지는 것[14]이다. 흔히 우리가 유심설을 운위할 때 사용하는 '일체유심조'의 의미로는 사용되지 않는 것이다. 따라서 약심관불설은 천태의 심구설의 입장에서 정토구생을 사상적으

---

12) 『觀無量壽佛經疏妙宗鈔』, T37, p.197c. "心觀이란 『觀經』에 觀佛로써 제목을 삼은 것과 『觀經疏』에 곧 '心觀을 宗으로 삼음'이라고 한 이 둘(觀佛과 心觀)은 다르지 않다. 바야흐로 이것이 지금의 觀이다. 진실로 圓敎의 이해는 小乘과는 완전히 다르다. 즉 소승은 唯心에 빠져 부처가 밖에 있다고 하므로 마음과 佛의 體가 같지 않다. 그러나 대승의 수행인은 나의 一心 속에 모든 佛性이 갖추었다고 알아서 대상에 의탁해 觀을 수행하면 佛相이 곧 나타난다. 지금 彌陀의 依報와 正報를 緣으로 하여 관하면 心性을 熏發하여 心性에 갖추어진 극락의 依報와 正報가 훈발되어 생겨나서 마음에 갖추어진 것이 생겨난다. 어찌 心性을 떠나 마음이 오로지 부처이고 부처가 오로지 마음이겠는가? 종일 마음을 관하면 종일 부처를 관하는 것이기 때문에 『觀經』의 제목과 『觀經疏』가 宗으로 세운 것과 말은 다를지라도 그 뜻은 다르지 않다.(心觀者。經以觀佛而爲題目。疏今乃以心觀爲宗。此二無殊。方是今觀。良以圓解全異小乘。小昧唯心佛從外有。是故心佛其體不同。大乘行人。知我一心具諸佛性。託境修觀。佛相乃彰。今觀彌陀依正爲緣。熏乎心性。心性所具極樂依正。由熏發生。心具而生。豈離心性。全心是佛全佛是心。終日觀心終日觀佛。是故經目與疏立宗。語雖不同。其義無別。)

13) 김은희(1997), 「四明知禮의 天台淨土觀 硏究-『觀無量壽佛經疏妙宗鈔』를 중심으로-」, 동국대박사학위논문, pp.72-73.

14) 김은희(1997), p.72.

로 수용하여 결합시킨 것이 된다.

따라서 『비명』에서 지목하고 있는 요세가 깨달음을 얻었다고 지목하는 구절이 '이 마음으로 부처가 되고, 이 마음이 바로 부처[是心作佛, 是心是佛]'라는 것은, 요세의 사상적 지반이 보운의통에서 사명지례로 이어지는 산가파의 전통에 있음을 명료히 한다는 의미가 있다고 생각된다.

3. 보운의통의 '향인(鄕人)' 론과 그 전승의 맥락

앞에서 지례의 『묘종초』에 보이는 약심관불설의 특징에 대해 간단히 살펴보았다. 여기에서는 그러한 지례의 정토관의 모태로서 그 스승인 보운의통의 '향인(鄕人)' 론에 대해서 검토를 시도하고자 한다. 『사명존자교행록』에는 지례의 다음과 같은 말이 언급되어 있다.

중생으로 태어난 자는 모두 아비발치(阿鞞跋致, 不退轉)이다. 정토에 나고자 한다면, 단지 저 부처의 명호를 칭념하기만 하면, 저 부처의 자비를 갖추고 반드시 저 부처의 본원력에 거두어져, 이 과보의 몸을 버리고 저 국토에 나는 것을 결정할 것이다. 모두 경에서 설하는 것과 같으니, 참으로 내 마음대로 말함이 아니다. 지금 만인이 모여서 하나의 결사를 이루었으니, 마음 마음을 모아서 날마다 기약해야 할 것이다.[15]

---

15) 『四明尊者教行錄』, T46, p.862b. "衆生生者, 皆是阿鞞跋致. 若欲生彼, 但當稱彼佛號, 修彼佛慈, 必爲彼佛本願攝取, 捨此報身定生彼國. 具如經說, 實匪臆談. 今結萬人, 以爲一社. 心心繫念, 日日要期." (1997), p.72.

내용은 칭명염불을 강조하는 것인데, 그 첫 구절이 자못 흥미롭다. "중생으로 태어난 자는 모두 아비발치(阿鞞跋致, 不退轉)이다"라는 선언이 그것이다. 이 인용문의 주된 요지는 칭명염불의 강조에 있지만, 그 칭명염불을 강조할 수 있는 전제는 이 첫 구절에서 주어지기 때문이다. 그런데 동일한 선언이 지례의 스승인 보운의통에게서도 보인다. 다음의 구절이 그것이다.

> 늘 사람들을 '고향 사람[鄕人]'이라고 불렀는데, 그 까닭을 물으면 이렇게 말했다. "나는 정토로써 고향을 삼는다. 모든 사람들이 가서 날 것이니 다 내 고향 사람이다."[16]

아주 짧은 구절이기는 하지만, 이 문장을 이영자는 천태지의의 정토관을 계승한 것이라고 평하면서 "정토를 고향으로 삼는 의통이 우리들 누구나 다 당연히 왕생정토하기 때문에 고향사람이라고 한 것은 그의 정토관을 잘 나타내는 것이다. 현실적[事相]으로 번뇌로 가득 찬 우리들이 받아들이기 어려운 점이 있지만 우리의 번뇌하는 현실 세계가 곧 정토라는 것을 '그리운 고향'으로 상징하면서 이와 같이 말한 것이다. 즉, 모든 이가 고향사람이라고 한 것은 모든 이가 정토인이라는 뜻이다. '사바즉적광토(娑婆卽寂光土)'라는 천태의 정토관을 의통은 현실의 모든 이들 즉 고뇌하며 살아가는 중생에게 실현시키고 있었다고 보아야 할 것"[17]이라고 지적한다.

논자는 이 인용문에서 크게 두 가지 내용을 파악할 수 있다고 생

---

16) 대한불교천태종 원각불교사상연구원(2013), 『천태역대조사전-중국편』, p.568.
17) 이영자(2002), 『법화 · 천태사상연구』, 동국대출판부, p.244.(이 논문은 1997년에 간행된 국학자료원 간행의 『한중문화교류와 남방해로』 수록본을 재수록한 것임.)

각한다. 한 가지는, 당연한 것이지만, 의통이 정토왕생에 대한 강렬한 확신을 가지고 있다는 점이고, 나머지 한 가지는 그 정토왕생의 기근에 모든 사람들을 포함시키고 있다는 점이다. 그런데 두 번째의 정토왕생의 기근에 모든 사람들을 포함시키는 전제가 바로 "모든 사람들이 가서 날 것이다"라는 것이다. 곧 중생으로 태어난 자라면, 누구나 정토에 가서 왕생할 것이 확정되어 있다는 의미로 읽을 수 있다. '중생으로 태어난 자라면, 모두 내 고향사람'이라는 의통의 취지가 그대로 지례에게 계승되어 "중생으로 태어난 자는 모두 아비발치(阿鞞跋致, 不退轉)이다."라는 선언이 있게 되는 것이다. 나아가서 지례가 승속남녀를 가리지 않는 염불결사를 조직했던 것 역시 스승의통의 이같은 중생관 혹은 정토관을 수용했기 때문이라고 할 수 있다.

그런데 '모든 사람들이 가서 날 것' 혹은 지례의 표현대로 '중생으로 태어난 자는 모두 아비발치이다'는 것은 어떤 의미에서 가능한 것일까? 앞에서 언급한, 요세가 읽다가 깨달음을 얻었다는 『묘종초』의 '이 마음으로 부처가 되고, 이 마음이 바로 부처[是心作佛, 是心是佛]'라는 구절에 대한 지례 본인의 해석에서 그 답의 일단을 볼 수 있을 것 같다. 조금 길지만 인용하기로 한다.

> 짓는다[作]는 것에 두 가지 뜻이 있다. 첫째는 정심(淨心)으로 능히 타방의 응불(應佛)을 감응하므로 시심작불(是心作佛)이라고 한다. '불(佛)은 본래 없다[佛本是無]'는 것은, 법신이 묘절(妙絶)하여 색상(色相)이 없어서 상으로 보는 것을 잃었기 때문이다. '마음이 청정하기 때문에 있다[心淨故有]'는 것은, 중생의 청정심은 업식에 의지하여 불법신을 훈습하므로 수승한 응신과 묘한 색상을 본다. 둘째는 삼매는 능히 자신의 과불(果佛)을 이루니, 때문에 '또한

이 삼매를 인하여 마음이 종내에는 불(佛)을 성취한다[亦因此三昧, 心終成作佛也] 고 하였다. 다시 '시심작불(是心作佛)' 이라 한 것은 처음의 '짓는다[作] 는 것은 타불(他佛)이고, 다음의 '짓는다[作] 는 것은 자기의 부처[己佛]이다.

다음은 '이 마음이 바로[是心是] 아래이니, 즉응즉과(卽應卽果)를 기준으로 '이것[是] 을 해석하면 역시 두 가지 뜻이 있다. 첫째는 '마음[心]이 바로 응불(應佛)' 이기에 '시심시불(是心是佛)' 이라고 하였다. '향문등(向聞等)' 은 불의 체(體)가 상(相)이 없으나 마음으로 감응하기 때문에 '있다[有] 고 하니, 이것은 마음의 부처[心佛]로서 있고 없음을 삼았다. '조연영이(條然永異)' 라는 것은 경에서는 숨겼고 여기에서는 보이니, 때문에 마음[心]이 바로 응불(應佛)이며 '마음밖에 부처가 없다' 고 한 것이다. 둘째는 '마음이 바로 과불(果佛)' 이기에 '시심시불(是心是佛)' 이라고 하였다. '또한 부처가 되는 원인도 없다[亦無佛之因] 의 한 구절이다. 이미 마음이 과불(果佛)이므로 삼매를 성취하는 원인도 없다.

중생심 가운데 이미 여래가 결가부좌하였는데, 어찌 당래에 과불(果佛)을 성취하기를 기다리겠는가? 처음은 응불(應佛)이고 둘째는 과불(果佛)이다. 여기에 경을 주석하는 소문(疏文)이 생략되었는데, 만약 이것을 지은 뜻을 논한다면 곧 부사의삼관(不思議三觀)이다. 어째서 마음으로 부처를 지음을 밝혔는가? 성덕(性德)이 저절로 부처를 있게 함이 아님을 밝힌 것이다. 어째서 마음이 바로 부처임을 밝혔는가? 덕을 닦은 인연으로 부처를 성취함이 아님을 밝힌 것이다.[18]

---

18) 『觀無量壽佛經疏妙宗鈔』, T37, p.220b. "作有二義, 一淨心能感他方應佛, 故名是心作佛. 言佛本是無者, 法身妙絶無有色相迭相見故. 心淨故有者, 衆生淨心依於業識熏佛法身, 故見勝應妙色相也. 二三昧能成己之果佛, 故云亦因等也. 復名是心作佛, 初作他佛, 次作己佛. 二是心是下. 約卽應卽果, 釋是, 是亦二義. 一心卽應佛, 故名是心是佛. 向聞等者, 佛體無相, 心感故有, 是則心佛及以有無. 條然永異, 經泯此見, 故言心是應佛, 心外無佛. 二心卽果佛, 故名是心是佛. 卽亦無佛之因一句也.

먼저 '이 마음으로 부처를 짓는다[是心作佛]'는 것에 대해서는 청정심으로써 능히 타방의 응불(應佛)을 감응하고, 삼매로써 능히 자신의 과불(果佛)을 짓는다는 것의 두 가지로 설명한다. 이미 온전한 부처로서의 불성을 갖추고 있기 때문에 그 불성의 힘에 의하여 타불(他佛)을 짓고 스스로의 과불(果佛)을 지을 수 있다는 것이다. 두 번째의 '이 마음이 바로 부처[是心是佛]'라는 것에 대해서는, 마음이 바로 응불(應佛)이라는 것과 마음이 바로 과불(果佛)이라는 두 가지에 의해 설명한다. 그런 연후에 주어지는 결론구가 '시심작불 시심시불(是心作佛, 是心是佛)'을 설명한 이유에 해당한다.

전제는 '중생심 가운데 이미 여래가 결가부좌하였기에 당래에 과불(果佛)의 성취를 기다리지 않는다'는 것이다. 이것은 '사바즉적광토'라는 천태의 상적광토(常寂光土)의 세계관을 가리키는 것으로 보인다. 거기에 다시 닦음[修]과 원력[加被]을 통해서 부처를 짓는다는 것을 밝힌 것이 첫 번째 문답이다. 인(因)과 연(緣)이 부응하지 않으면 부처를 지을 수 없다는 것을 밝힌 것으로, 결사하여 염불을 권하는 이유가 여기에 있다.

두 번째의 문답은 '이미 모두가 고향 사람인 까닭' 혹은 '중생으로 태어난 자는 이미 아비발치인 까닭'에 해당한다. 이미 온전한 부처를 갖추고 있다는 것이기 때문이다. 이른바 중생심에도 온전한 불성을 갖추고 있기 때문에, 닦지 않았다고 해서 불(佛)을 갖추지 않은 것은 아니라는 이야기이다. 단 이것은 상적광토(常寂光土)의 관점에서 중생에게 그 당위의 자각을 요구하는 것이 된다.

旣心是果佛, 故無能成三昧之因也. 衆生心中已有如來結加趺坐, 豈待當來方成果佛. 初是應佛, 二是果佛. 此乃消釋經疏之文, 若論作是之義者, 卽不思議三觀也. 何者以明心作佛故? 顯非性德自然有佛. 以明心是佛? 顯非修德因緣成佛."

이상에서 살펴본 것처럼, 아주 짧은 문장을 통해서 확인되는 보운의 통의 정토관과 그 고제인 지례의 정토관은 일맥상통하고 있음을 확인할 수 있다. 그 일맥상통의 연유는 지례 저술의 특징에서 찾을 수 있다.

종효석지(宗曉石芝)는 "(의통)스님의 저술이 흩어져 전하지 않는다고 말하지만, 사명존자의 글과 기록들을 살펴보면, 일찍이 붓을 잡아 『관경소』와 『금광명경현찬석』을 지었음을 알 수 있다. 대개 제자인 사명이 그 뜻을 이어받아서 기(記)와 초(鈔) 등 여러 글에 썼으니 전함이 없지 않다. 『찬석』한 부가 오히려 남아 있으나 다만 널리 행해지지 않았을 따름이다."[19]고 적고 있다.

또 『묘종초』의 서문에 의하면, 『묘종초』의 내용이 보운사(寶雲師)에게서 비롯되었음을 밝히고 있는데, 보운의 강의가 '수심묘관(修心妙觀)'과 '관사정토의(觀四淨土義)'를 종(宗)으로 하였지만 중생을 불쌍히 여기는 정 때문에 하근기의 범부에 맞춘 것이라 사상(事相)을 말한 것은 많지만 관문(觀門)을 보인 것은 적다[20]고 적고 있다. 또 『금광명경현의습유기』에도 "선사가 남긴 뜻과 후세인들이 버린 글들을 모아서 교와 행의 두 길이 막히지 않게 하였다"[21]고 전한다.

위의 언급에 기초해서 보면 보운의통의 대부분의 법의가 사명에게 이어졌는데, 단순히 계승하였다기보다는 사명이 자신의 저술을 지으면서 기(記)와 초(鈔) 등 여러 글에 보운의통이 설한 종지를 그대로 수용하였다는 의미로 읽을 수 있을 것 같다. 곧 지례의 많은 저술들이 의통의 좀더 직접적인 영향 아래 있다고 보아도 지나치지는 않을 것이며, 그러한 연유 때문에 핵심인 정토관의 경우에 있어서도 그

---

19) 대한불교천태종 원각불교사상연구원(2013), 『천태역대조사전-중국편』, p.569.
20) 『묘종초』서문, T37, p.195a.
21) 『金光明經玄義拾遺記』, T39, p.12b.

일맥상통함을 드러낼 수 있는 것이 아닐까 생각된다.

　요세의 『비명』에는 그의 임종에 대하여 다음과 같은 내용을 기록하고 있다.

　　천인이 물었다.

　　"세상을 떠날 때 정(定)에 든 마음이 곧 극락정토인데, 다시 어디로 가시렵니까?"

　　대사가 말하였다.

　　"이 생각을 움직이지 않으면 바로 이 자리에서 정토이니, 나는 가지 않아도 가는 것이며 저들은 오지 않아도 오는 것이다. 서로 감응(感應)하는 것이 실로 마음 밖에 있지 않다."

　　말을 마치자 즉시 염불을 마치고 선정(禪定)에 든 것 같았다. 가까이 가보니 벌써 숨이 끊어졌다.[22]

　요세의 임종시에 이루어진 천인과의 문답이다. 여기에는 정심(定心)이 곧 정토라는 생각이 분명하게 드러난다. '이 생각을 움직이지 않으면' 곧 '정심(定心)'이면 바로 이 자리에 정토가 현전한다는 요세의 답변은, 그의 정토에 대한 지향이 유심정토임을 보여준다. 다만 그 유심정토의 성격은 답변 말미의 '서로 감응(感應)하는 것이 실로 마음 밖에 있지 않다.'는 것에서 더 확연해진다. 여기에서 '서로 감응하는 것[感應道交]'이란 행자로서 중생이 감(感)하고 부처가 응(應)할

---

22) 최자(崔滋) 찬, 『만덕산백련사원묘국사비명병서(萬德山白蓮社圓妙國師碑銘幷序)』, 『東文選』 권117. "天因問云, 臨終在定之心, 卽是淨土, 更欲何之. 師云, 不動此念, 當處現前. 我不去而去, 彼不來而來, 感應道交, 實非心外. 言訖卽斂念, 然卬如入禪定. 就視之已化矣."

때 '도교(道交)'가 성립하는 것, 곧 심구(心具)의 입장을 말하는 것이다. 앞서 말한 '약심(約心)' 곧 범부의 중생심에도 불(佛)과 번뇌가 동시에 갖추어져 있음을 말하는 것으로, 화엄과 선종에서 말하는 진심(眞心)을 바탕으로 하는 '유심(唯心)'과는 다른 것이다.[23]

이렇게 본다면, 요세가 '이 마음으로 부처가 되고, 이 마음이 바로 부처[是心作佛, 是心是佛]'라는 『묘종초』의 구절에서 깨달음을 얻고, 그가 주도한 백련결사가 '사명의 청규를 계승하였다'는 것은 요세의 사상적 계보가 북송 천태의 보운의통―사명지례 · 자운준식 등으로 이어지는 산가파에 있음을 의미하는 것으로 읽을 수 있다. 곧 요세가 지눌이 주도하였던 정혜사와 결별하였던 가장 큰 이유 중의 하나가 바로 '유심(唯心)'과 다른 천태종 산가파 전통의 '약심(約心)'의 입장에 서 있었기 때문[24]이라고 볼 수 있는 것이다.

4. 결사의 구성과 수행법에 나타나는 공통성

그렇다면 요세는 왜 보운의통―사명지례 · 자운준식 등으로 이어지는 산가파의 『묘종초』와 그들의 결사방식을 적극적으로 수용했던 것일까? 앞에서 보운의통―사명지례로 이어지는 북송시기 천태종 산

---

23) 최동순(2014), 『원묘요세의 백련결사 연구』, 정우서적, pp.67-68 참조.
24) 최동순은 요세가 '約心' 곧 천태 산가파의 전통적인 '心'의 해석을 적극적으로 수용한 것에 대해서, 중생심 곧 범부현전의 妄心을 다잡으려면 화두 참구로는 해결할 수 없다고 보았기 때문이라고 해석한다. 선종이 지향하는 '心'이 本來無 一物로서 중생의 번뇌와는 유리된 것인 반면, 천태의 '約心'은 중생계와 유리되지 않은 상태의 마음이기 때문에 상근기의 행자가 아니라 하근기의 중생까지 포섭대상으로 삼았던 요세의 입장에 부합하는 것이라고 보고 있다.(최동순, 앞의 책, pp.127-132.)

가파의 전통에 뚜렷하게 나타나는 '심' 해석의 특징적 맥락에 대해서는 이미 지적하였다. 그러므로 여기에서는 결사에 참여한 구성원의 성격과 대중 공통의 수행방식에 주목하여, 그들이 공통적으로 추구하였던 지향점을 모색해보고자 한다.

먼저 사명이 주도했던 결사의 내용을 살펴보기로 하자. 『사명존자교행록』「명주연경원염불정사(明州延慶院念佛淨社)」에는 지례가 주도하였던 결사의 성격이 잘 드러나 있다.

> 이 결사는 승속남녀 일만 인이 함께 세상이 다하도록 아미타불을 칭념하고 보리심을 일으켜 정토왕생을 구한다. 매년 2월 15일에 사원에 도량을 세우고, 삼보를 공양하며, 재(齋)를 설하여 승전(僧田)으로 삼고, 황제의 만수와 군민의 복리를 축원한다. 그 법회를 세우는 법은 회의 우두머리 210인이 각기 48인을 모집하고 염불참을 청하는 것이다. 달력에 한가지로 하여 매일 불명(佛名)을 칭명하기를 1천성하여, 도에 장애가 되는 중죄를 참회하고, 깨달음의 서원을 일으키고 중생을 제도하되, 정토를 취하기를 바란다. 달력위에 염불의 숫자를 그려서 법회일이 되면 달력과 정재(淨財) 48문을 가지고 와서 원찬록에 적고 날이 되면 발표한다. 혹 입사한 자 중에서 사망한 이가 있으면, 우두머리에게 청하여 그의 이름을 계승하도록 하고, 그의 달력을 사원에 보내어서 보고하라. 즉시 결사의 구성원 999인에게 사망소식을 알리면, 각기 염불 일천성을 하여 그를 위해 죄를 참회하고 정토에 왕생하도록 발원한다. 또 법회가 열리는 날에 결사의 대중들에게 염불하여 그의 왕생을 빌도록 하며, 우두머리에게 청하여 그의 자리를 메울 사람을 모집한다. 바라는 바는 항상 결사한 만인이 함께 정토업을 닦는 것이다.[25]

---

25) 『四明尊者教行錄』「明州延慶院念佛淨社」, T46, p.862ab. "當社普結僧俗男女一萬

앞의 『묘종초』 약심관불설이 주로 정토구생의 사상을 천태교관안에 결합시키는데 초점을 둔 것이라면, 이 「명주연경원염불정사(明州延慶院念佛淨社)」문은 결사의 실천방법을 자세히 명기하고 있는 것이 특징이다. 칭명염불에 의해 정토왕생을 구하되, 만 인에 이르는 결사 구성원을 조직하는 방법과 함께 염불참의 방법은 물론 조직운영의 내용까지 자세히 명기하고 있다. 다만 그 방식 자체는 구체적이라는 점에 특징이 있다. 이것은 결사의 구성원이 일만 인에 이르러 승속과 남녀 귀천에 구분 없이 참여할 수 있도록 의도되었다는 것을 의미한다. 또 법회를 세우는 핵심으로서 강조되는 것은 '염불참(念佛懺)'이다. 곧 염불결사이면서도 그 안에 염불과 염불을 통한 참법이 동시에 포함되어 있다는 점이 특징적이다.

그러나 지례 자신은 법화참의 수행과 소신공양을 통해 정토왕생을 구하는 등 개인적인 수행에 있어서는 참법이 칭명염불의 수행보다 훨씬 많은 비중을 차지하고 있었다.[26] 따라서 지례에게 있어서 염불결사의 조직은 상근기의 엘리트 계층뿐만 아니라 각 계층의 다양한 대중들이 모두 동참할 수 있는 형태의 수행을 의도한 것이었다고 생각된다.

이 같이 좀더 많은 대중, 하근의 범부중생까지도 동참할 수 있는

人, 畢世稱念, 阿彌陀佛, 發菩提心, 求生淨土. 每年二月十五日, 於院啓建道場, 供養三寶, 齋設僧田, 功德遍延, 帝壽福利軍民. 其建會之法, 勸請會首二百一十人, 各募四十八人, 逐人請念佛懺. 願曆子一道, 每日稱念佛名一千聲, 懺障道重罪, 發菩提願, 爲度衆生, 取於淨土. 請畫佛數於曆子上, 至建會日, 預齎曆子, 并備淨財四十八文, 到院攢錄上疏, 至日表宣. 或入社弟子傾逝者, 請勸首繼, 將姓名幷其人曆子, 到院相報, 卽當告示. 在社九百九十九人, 各念佛一千聲, 爲彼懺罪, 資其願行, 令生淨土. 又至建會日, 令社衆念佛薦其往生, 仍請勸首, 速募人塡補. 所冀常結萬人同修淨業者."

26) 『四明尊者教行錄』, T46, pp.919c-920a.; 김성순(2014), 『동아시아 염불결사의 연구-천태교단을 중심으로-』, 비움과소통, p.207.

형태의 염불과 참법과 원력행을 결합하는 결사조직의 구성은 송대 불교의 또 다른 주류였던 선종의 방법론과는 확연히 다른 바가 있었다. 곧 중생범부를 바라보는 관점에 있어서 송대의 선종과 천태종 간에는 확연한 괴리가 존재했던 것으로 생각된다.

요세의 백련결사에도 지례와 비슷한 측면이 적지 않게 나타난다. 이미 사명의 청규를 계승한다는 것이 표방되어 있던 수행의 구체적인 모습이나 구성원의 성격에 있어서도 유사성이 나타나는 것은 당연하다고 하겠다. 백련결사의 구성과 행법을 볼 수 있는 몇몇 기록을 보기로 하자.

> 매양 참선하는 여가에도 일과(日課)를 잊지 않았다. 준제(准提) 1천편은 몹시 추울 때도 공들여 그만두지 않았고, 미타(彌陀) 1만성은 심히 더울 때는 염송하기를 오히려 더욱 부지런히 하였다. 혹 안양(安養)에 나기를 구하고, 항상 『법화경(法華經)』을 외웠으며, 높고 낮은 사람에게 두루 권하여 항상 강습하도록 하였다. 당(堂)에 올라 은택에 젖고자 하는 자가 뒤에서 바람처럼 따랐고, 입실(入室)하여 덕행을 들으려는 자가 앞에서 그림자처럼 따랐다. 조정의 벼슬아치들이 결사에 이름을 올렸을 뿐만 아니라, 소치는 아이와 말치는 더벅머리까지도 고개를 쳐들어 바라보며 마음으로 귀의하였다.[27]

인용문에 나타나 있는 수행법은 참선, 준제주 1천편, 미타염송 1만송, 『법화경』독송 등이다. 이들 수행법은 북송의 지례와 준식이 주도하였던 천태정토결사에 익히 나타나던 행법들이므로 영향과 계승이라

---

27) 『東文選』27 「官誥」. "每趁禪餘, 無忘日課. 准提一千編, 功不廢於祈寒, 彌陁一萬聲, 念猶勤於酷熱. 或求生於安養, 常了誦於法華, 普勸尊卑, 常令講習. 升堂沐潤者, 風馳於後, 入室聆芳者, 景附於前. 非惟鷺序鸞行, 題名結社, 雖至牛童馬竪, 引領歸心."

는 측면에서는 오히려 자연스러운 결과라고 생각된다. 그리고 결사에 조정의 벼슬아치들이 이름을 올리고 참여했을 뿐만 아니라 소치는 아이 같은 범부들까지 귀의하였음을 전하는 내용이 이어진다. 『비명』에는 참여한 구성원들이 좀더 자세하게 언급되고 있으므로 먼저 살펴보고 난 뒤에 결사 구성원의 특징에 대해서 언급하기로 하자.

무자년 여름 5월에 유생 수명이 서울에서 내려와 뵈니 대사가 제자로 받아들여 머리를 깎고 『묘법연화경』을 가르쳐서 통달하게 하였다. 이로부터 주위에서 높은 소문을 듣고 신행(信行)이 있는 자가 자주 와서 점점 큰 모임이 되었다.

임진년 여름 4월 8일에 처음 보현도량(普賢道場)을 결성하고 법화삼매(法華三昧)를 수행하여, 극락정토(極樂淨土)에 왕생하기를 구하되, 천태삼매의(天台三昧儀) 그대로였다. 오랫동안 법화참(法華懺)을 수행하고 전후에 권하여 발심(發心)시켜 이 경을 외우도록 하여 외운 자가 천여 명이나 되었다.

사중(四衆)의 청을 받아 교화시켜 인연을 지어준 지 30년에 묘수(妙手)로 제자를 만든 것이 38명이나 되었으며, 절을 지은 것이 다섯 곳이며, 왕공대인(王公大人) 목백현재(牧伯縣宰)들과, 높고 낮은 사중들이 이름을 써서 사(社)에 들어온 자들이 3백여 명이나 되어, 이 사람 저 사람에게 서로 전도해서, 한 귀(句) 한 게(偈)를 듣고 멀리 좋은 인연을 맺은 자들은 헤일 수가 없었다.[28]

---

28) 최자(崔滋) 찬, 『비명』, 『東文選』 권117. "至戊子夏五月, 有業儒者數人, 自京師來參, 師許以剃度, 授與蓮經, 勸令通利. 自是遠近嚮風, 有信行者, 源源而來, 寢爲盛集. 以壬辰夏四月八日, 始結普賢道場, 修法華三昧, 求生淨土, 一依天台三昧儀. 長年修法華懺, 前後勸發, 誦是經者千餘指. 受四衆之請遊化然緣僅三十, 妙手度弟子三十有八人, 凡創伽藍幷蘭若五所, 王公大人牧伯縣宰, 尊卑四衆, 題名入社者三百餘人. 至於展轉相敎, 聞一句一偈, 遠結妙因者, 不可勝數."

이 인용문은 『비명』에서 월생산 약사난야(藥師蘭若)를 개설하고, 만덕사를 크게 낙성하고도 조금의 시간이 흐른 뒤의 일이다. 그 동안의 불사는 대부분 지방인들의 동참과 도움에 힘입은 것이었는데, 정식으로 백련사를 결성한 지 5년이 되는 해에 개경에서 유생들이 찾아와 제자가 되었다는 사실을 적은 것이 인용문의 첫 번째 단락이다. 곧 백련사의 주요 후원세력이자 동참자들은 처음에는 지방의 중간계층이 중심이었으나 점차적으로 당시의 독서층에 해당하는 인물들로 폭이 넓혀져 갔던 것으로 생각된다.[29]

그런데 백련결사의 구성을 바라봄에 있어서 유의해야 할 점이 있다. 그것은 백련결사의 성립이 요세의 나이 66세 되던 해라는 점이다. 지눌이 이끌던 정혜결사 곧 수선사와 결별한 지 이미 30년에 가까운 시점이다. 곧 백련결사의 결성은 요세에게 있어서 백련결사의 출발점이 아니라 결과물에 가깝다는 점이다. 독서층의 본격적인 참여는 백련결사를 성립시키는 원동력이라기보다는 오히려 결과물에 가깝다고 볼 수 있는 것이다.

그렇다면 실제적인 백련결사 구성의 주역을 어떻게 보아야 할까? 백련결사의 실질적인 출발점을 월생산 약사난야의 성립부터라고 본

---

29) 김성순은 13세기 고려의 불교계가 기존의 문벌귀족이나 왕족에 의해 주도되던 상황에서 전환되어 지방의 향리층이나 독서층이 중추세력으로 등장한 전환의 배경으로 "이러한 전환은 불교계 내에서 대규모의 법회나 국가적 의식보다는 개인적인 수행으로 눈을 돌리게 되는 것과 맥락을 같이한다. 특히 유교적 소양을 갖춘 독서층이 불교의 수행론을 개인적인 신앙 혹은 수양법을 위해 수용했을 경우에는 단연 선이나 염불, 참회 등의 실천을 선택하는 것이 자연스러웠을 것"이며, "이들 유학자들에게 있어서 정토왕생이라는 궁극적 구원의 목표 외에도 불교결사가 사회의식과 현실개선의 의지를 가지고 있었으며, 개인 혹은 연대적인 수행을 할 수 있고, 아울러 무신정권의 부정적 시선으로부터도 자유로울 수 있는 곳"이라는 점이 이들 결사참여 배경이라고 설명한다.(『동아시아 염불결사의 연구-천태교단을 중심으로-』, 비움과소통, 2014, p.265)

다면, 그리고 그 약사난야에서 『묘종초』를 강의하다 '이 마음으로 부처가 되고, 이 마음이 바로 부처[是心作佛, 是心是佛] 라는 구절에 이르러 깨달음을 얻었다고 본다면, 요세의 고민은 지눌과 헤어진 이후 약사난야에서 깨달음을 얻기까지의 어느 사이에 있었다고 볼 수 있을 것이다. 그 시기에 대한 『비명』의 언급을 정리하면 다음과 같다.

    a) 남원(南原) 귀정사(歸正寺) 주지의 삼생지법화사(三生持法華師) 현몽
신이

    b) 화장암(華長庵)에서의 항마(降魔) 신이

    c) 지자대사 몽중친견 신이

    d) 『묘종초』 강의

    e) 산신의 절터 지정 신이

    f) 용암사(龍巖社) 도인 희량(希亮)이 금련좌(金蓮座)에서 대사를 기다
리는 꿈

  대중들에게 『묘종초』를 강의했다는 내용을 제외하면 모두 신이한 행적으로 채워져 있는 것이 『비명』에 나타난 이 시기 기록의 가장 중요한 특징이다. 『비명』의 찬자인 최자(崔滋)는 "이상한 꿈과 신령스럽고 괴이한 것이 많았다고 하는데, 이것은 우리 유가(儒家)의 말할 바가 아니므로 다 말하지 아니한다."고 첨언까지 달고 있다. 아마도 주야를 가리지 않고 참법 수행을 하고 『묘종초』를 강의하던 와중에 적지 않은 신이가 있었고, 그것이 대중들에게 널리 알려져 있었던 것 같다. 최자의 언급은 백련사의 구성원들 사이에 이러한 요세의 신이한 행적들이 폭넓게 수용되고 있었음을 보여주며, 동시에 그것이 결

사에 미치는 영향이 적지 않았음을 의미하는 것이라고 생각된다. 또한 그것은 서참회라고 불릴 정도로 참법에 몰두했던 요세의 행적과 어우러져 대중을 교화하는데 많은 영향을 미쳤을 것이라고 추정할 수 있다.

지눌과 헤어진 바로 다음에 이어지는 부분이면서, 깨달음을 서술하는 부분 바로 앞에 위치하는 이 부분에 왜 이 같은 신이한 행적들을 굳이 언급해야 했을까. 단순히 생애 순으로 기술하는 과정에서 언급된 부분으로도 볼 수 있지만, 찬자인 최자가 유자(儒者)의 입장을 강조하면서도 언급하지 않을 수 없었던 이유가 있다고 보는 것이 더 적절할 것이다. 논자가 생각하기에 이 부분은 지눌과의 차별점을 이야기하는 부분이면서 동시에 요세의 깨달음과 연결되는 부분이기도 하다.

이 두 가지를 동시에 고려할 때 역시 문제가 되는 것은 '심'에 대한 해석의 차일 것이다. 곧 '약심(約心)'과 '유심(唯心)'을 나누는 경계에 대한 고민이 필요하다. 그리고 신이한 행적이 대상으로 삼는 중생은 어떤 중생일까 하는 고려도 역시 필요하다. 통상 신이한 행적을 방편으로 하여 교화대상으로 삼는 중생이 상근기의 중생 곧 지식인층은 아닐 것이다. 또한 '약심'을 '심' 해석의 핵심으로 삼았던 북송 천태 산가파는 지례처럼 상근기와 하근기의 중생을 모두 포함하는 대규모의 염불정사(念佛淨社)를 주도했던 경우이다. 대중의 규모가 커질수록 그 초점은 상근기가 아니라 하근기에 두어질 수밖에 없다는 점을 고려하면, 결국 요세의 깨달음 다시 말해서 요세의 문제의식은 하근기의 범부중생을 어떻게 교화할 것인가에 있었다고 생각할 수 있다. 그리고 그러한 문제의식이 자연스럽게 『묘종초』의 '약심'에 대한 관심으로 이어졌을 것이다.

이 점을 고려해보면 백련결사는 하근기의 범부중생을 가장 기본적인 구성원으로 하고, 그들을 대상으로 하는 수행법에서 출발한 것이 된다. 문제의식의 출발점이 하근기의 범부중생에 있었던 것이다. 그것은 「백련결사문」에 강렬한 말법의식이 등장하는 것[30]에서도 확인된다. 북송의 천태염불결사는 물론 백련결사의 가장 중요한 행법 중의 하나가 염불참이라는 점을 고려하면, 말법의식과 하근기 중생을 문제로 삼는 것은 오히려 당연한 결과일 것이다. 그리고 신이한 행적의 강조는 결국 그 말법시대의 하근기 중생을 어떻게 교화할 것인가의 문제의식을 우회적으로 표현한 것일 터이다. 게다가 『비명』의 이후 순서를 보면 지방 토호층의 참여, 그리고 독서층의 참여라고 하는 순서로 엘리트 계층으로 구성원이 확대되는 양상을 보인다. 곧 결사 구성원의 참여양상으로 볼 때는 하근기로부터 상근기로의 점차적인 확장이라고 할 수 있고, 엘리트 계층까지 포섭하는 시점에 결과적으로 나타나는 것이 백련결사의 공식적인 결성인 것이다. 곧 요세의 말법시대 하근기의 중생교화에 대한 문제의식이 지례의 『묘종초』와 그의 염불정사(念佛淨社)에 그리고 그것을 거쳐 보운의 향인론에 이르는 해법에 이르게 된 것으로 볼 수 있는 것이다.

5. 맺는 말

이상으로 백련결사의 사상적 연원과 요세의 근원적 문제인식에 대한 나름의 해명을 시도하였다. 여전히 미진한 부분이 남아있는 것은

---

30) 『釋迦如來行蹟頌』, 韓佛全6, p.505a. "結社文中云, 佛世當機 尙未早聞久遠之壽, 我等當此後五百歲, 聞佛開顯本地壽量, 以結勝緣, 豈不慶快乎."

부정할 수 없지만, 그것은 향후의 다른 기회를 기다리기로 한다. 이하 본론에서 전개한 논지를 요약하는 것으로 결론을 대신하고자 한다.

요세의 행적과 그 사상에 대한 자료는 그리 많지 않다. 따라서 극히 단편적인 자료를 통해서 요세의 사상적 지반을 추적할 수 있을 뿐이다. 그 극히 단편적인 자료에 의해 주목되는 사상적 지반 중의 하나가 바로 『묘종초』이다. 비명에 의하면, 요세의 백련결사는 법화삼매참과 함께 지례의 '약심관불설'에 의거한 정토구생을 그 핵심사상으로 하였음이 드러난다.

따라서 본 논문에서는 이 같은 요세의 법화삼매참 및 정토구생 사상의 직접적 연원으로서 먼저 북송 초기 지례의 정토관과, 그의 염불정사의 사상적 원형으로서 고려 출신 의통의 '향인(鄕人)'론을 주목하였다. 다만 의통의 향인론에 대한 자료가 극히 미미하기 때문에 지례의 『묘종초』와 결부하여 분석하였다. 이를 통해서 보운의통의 '향인(鄕人)'론, 지례 『묘종초』의 '약심관불설' 그리고 요세의 임종게 등의 사이에 있는 사상적 맥락의 동일성을 부분적으로나마 해명하였다. 의통의 향인론이 백련결사의 직접적인 연원은 아니다. 하지만 북송초기 이후의 천태정토결사의 근원은 보운의통에게서 비롯되기 때문에, 백련결사의 사상적 연원을 고려할 때 그 직접적인 연원으로서 지례의 『묘종초』와 염불정사만이 아니라 지례의 스승인 의통의 향인론 역시 고려해야 할 필요성은 충분히 제시되었다고 생각된다. 다만 지례의 저술과 활동에 미친 의통의 영향에도 불구하고, 지례의 저술로부터 의통을 분리하여 논하기가 쉽지 않다는 점에서 추가적인 해명이 필요한 부분이기도 하다.

또한 본 논문에서는 요세가 왜 지례의 『묘종초』와 염불정사에 주목하였는가 하는 점을 해명하기 위해서, 요세가 가졌던 문제의식의 근원을 해명하고자 시도하였다. 논자는 지례의 염불정사와 백련결사 사이에 나타나는 구성원과 행법상의 공통성으로 제시할 수 있는 '염불참'의 문제 그리고 엘리트 계층이 아닌 오히려 하근기 중생을 구성원의 다수로 삼는 대규모 결사라는 결사 구성의 특징에 주목하였다. 더불어 『비명』의 찬자인 최자 역시 요세가 주도한 백련결사의 특성이자 지눌과 차별점으로 강렬한 말법의식 그리고 범부의식에 주목하고 있음을 지적하였다. 이것은 동시에 의통의 향인론과 그것을 계승하는 지례를 비롯한 북송 초기 천태정토결사와 요세의 백련결사가 만나는 지점이라는 것도 확인할 수 있었다. 곧 요세의 백련결사는 말법시대 하근기 범부중생의 도생(度生)이라는 문제의식을 근원적 출발점으로 삼는 결사라는 점, 그리고 그것이 지눌의 수선사와는 다른 문제의식의 핵심이었음을 알 수 있었으며, 그것을 통해서 요세의 그러한 문제의식이 북송 초기 천태정토결사의 정신을 전폭적으로 수용하게 되는 중요한 동인으로 작동하였을 것이라고 추정하였다.

고려후기 '법화경(法華經) 계환해(戒環解)'의 유통과 사상사적 의미*
―고려후기 천태종(天台宗)의 사상 경향에 대한 일고찰

박광연

Ⅰ. 머리말

인도에서 발생한 불교는 스리랑카·미얀마·타이와 중앙아시아 제국(諸國)을 비롯해 티벳·중국·한국·일본 등 광범한 지역으로 전파되어 각 지역의 민족 문화와 융합하면서 다채로운 종교문화를 이룩하였다. 신라는 서역(西域) 및 남북조(南北朝)·수(隋)·당(唐) 그리고 고구려(高句麗)·백제(百濟)와의 직접적인 교류를 통해 대승불교(大乘佛敎)를 받아들였다. 대승불교의 특징은 다양성에 있다. 대승불교에는 다양한 불(佛), 다양한 보살(菩薩), 그리고 다양한 경전이 등장한다.

『법화경』은 중국, 일본 등 동아시아 불교사에서 그 파급력이 매우 컸던 경전이다. 중국에서는 축법호(쓰法護)의 『정법화경(正法華經)』 및 구마라집(鳩摩羅什)의 『묘법연화경(妙法蓮華經)』이 역출(譯出)된 이

---

* 이 논문은 한국연구재단 박사후 국내연수지원사업의 성과물로 『불교연구』 38집에 게재되었던 원고를 재수록한 것임을 밝혀둔다.

후 신앙 차원에서나 교학 연구 차원에서나 그 영향력이 매우 컸다. 남악혜사(南岳慧思)−천태지의(天台智顗)에 의해 『법화경』에 기반한 천태교학(天台敎學)이 정립되기에 이르러, 천태 승려들이 당(唐)·송대(宋代)까지 『법화경』 연구를 주도하였다. 뿐만 아니라 규기(窺基)가 『묘법연화경현찬(妙法蓮華經玄贊)』을 저술한 이후에는 유식 승려들도 『법화경』 연구나 신앙에 적극적이었다. 한편 일본 문화에서 『법화경』이 차지하는 역할도 매우 커서 많은 연구가 진행되었다.

우리나라의 경우는 고구려, 백제, 신라에서의 『법화경』 수용을 확인할 수 있고, 통일신라 사회 전반에 법화신앙이 보급되어 갔다.[1] 이와 같이 『법화경』의 유통 및 법화신앙의 보급은 전 시기에 걸쳐 진행되었지만, 고려후기에 특히 성행하였다는 사실을 많은 사료에서 확인할 수 있다. 때문에 고려후기 법화사상에 대해서는 많은 주목을 하여 왔다.[2] 그 가운데 하나의 주제가 계환(戒環)의 『법화경요해(法華經要解)』(이하 '계환해'라고 줄임)의 유통이다.

'계환해'란 406년 구마라집이 번역한 『법화경』(이하 '원전본'이라고 줄임)에 송대(宋代) 임제종(臨濟宗) 승려 계환의 주석(1119~1126년)이 달린 판본을 의미한다.[3] 『법화경』은 동아시아에서 가장 많이 개판(開板)된 불경 가운데 하나이며 수많은 주석서가 존재한다. 그런데 우리나라에 현전하는 많은 『법화경』이 원전본이 아니라 계환해이다. 이는 동아시아 법화사상사의 맥락에서 볼 때 특이한 현상이라는 점을 지적하고, 그 현황과 배경을 밝힌 연구가 이미 1975년에 발표되었다.[4]

---

1) 『법화경』의 수용과 보급에 대한 그동안의 연구 성과는 박광연[2010] 참조.
2) 고익진[1983] ; 吳亨根[1983] ; 한기두[1983] ; 채상식[1991] ; 邊東明[1999] 등.
3) 戒環의 전기는 『新撰高僧傳』 卷3,「宋泉州寶勝院沙門釋戒環傳」에 나온다. 喩昧菴 編撰,『新撰高僧傳(一)』, 琉璃經房印行, 169~175쪽.
4) 고익진[1975].

고려후기 사상사에서 계환해가 중요한 까닭은 그 사상적 특질에 있다. 계환해의 핵심 개념은 진심성불(眞心佛性)이며, 일심(一心)이라는 개념 아래 일승묘법(一乘妙法), 불지견(佛知見), 제법실상(諸法實相) 등의 개념을 포괄하고 있다. 이는 화엄(華嚴)과 선종(禪宗)의 심성론(心性論)을 융통한 것이다. 계환은 천태교판을 인용하면서도 『법화경』과 『화엄경』의 사상이 일치함을 주장하였다. 『화엄경』의 돈설원실대법(頓說圓實大法)이 여래가 세상에 나와 교화한 큰 근본이고, 『법화경』은 일승(一乘) 교화를 완전하게 실현한 것으로 두 경의 의미가 서로 같다고 한다.[5] 이러한 주장이 『법화경』을 최고의 경전으로 여기는 천태종의 기본 입장과 다르기 때문에, 계환해의 수용은 곧 천태종의 분열을 의미한다고 판단해왔다. 백련사파(白蓮社派)와 묘련사파(妙蓮寺派)의 분열, 소자종(疏字宗)과 법사종(法事宗)의 분열의 주요한 요소 가운데 하나가 계환해의 수용 여부라는 것이다.[6] 계환해는 고려후기 천태종을 설명하는 중요한 키워드라고 할 수 있다.

고려후기 계환해가 지니는 사상사적 의미에 대한 연구에 비하여 계환해 판본 및 유통에 대한 연구는 진척이 이루어지지 않은 것 같다. 조선시대 『법화경』 판본에 대한 서지학적 연구는 계속 이어졌지만,[7] 고

---

5) 黃國淸[2011].
6) 연구자마다 세부적인 의견은 약간씩 차이가 난다. 고익진[1975] ; 황인규[2003]; 강호선[2001a]; 이기운[2012] 등.
7) 하영숙, 「法華經版種考 : 현존 有刊記 법화경 판본을 중심으로」(성균관대 석사학위 논문, 1980) ; 강순애, 「成達生書體系 妙法蓮華經 戒環解의 板本에 관한 硏究」(『가산학보』 6, 1997) ; 강순애, 「貞熹王后 주관의 妙法蓮華經의 板本에 관한 연구」(『한국인의 고전 연구』, 태학사, 1998) ; 강순애, 「조선조 활자본계의 妙法蓮華經 板本에 관한 연구」(『한국비블리아』 10, 1999) ; 송일기, 「고산 화암사 간행 불서 고찰」(『서지학연구』 18, 1999) ; 강순애 · 이현자, 「직지사 소장 묘법연화경의 서지적 연구」(『고인쇄문화』 8, 2001) ; 정왕근 · 송일기[2009] ; 정왕근[2012].

러후기의 간행 현황은 소략하게 다루고 있을 뿐이다. 이에 본고에서는 고려후기에 간행된 계환해 판본을 조사·소개하고, 간행의 배경 및 그 의미에 대해 고찰해보고자 한다. 선행 연구들에서 1240년 계환해의 초간에 많은 의미를 부여했다면, 본고에서는 우왕대(1375~1388)에 이루어진 계환해 간행의 의미를 중요하게 다루고자 한다. 이는 조선시대에 계환해가 주도권을 잡게 된 직접적인 계기는 우왕대의 간행에 있다고 판단되기 때문이다.

II. 계환해의 간행 현황

계환해에 대한 선행 연구에서는 1967년의 『법화경전관목록(法華經展觀目錄)』(동국대학교 불교문화연구소), 1968년의 『한국고서종합목록』(국회도서관), 1972년의 『한국서지연표』(윤병태 편)에 의거하여 『법화경』 서지 연표(法華經開刊年表草)를 작성하고, 조사된 106건 대부분이 계환해라고 하였다.[8] 이 〈연표초〉에는 고려후기 판본이 2건 있다.[9]

① 妙法蓮華經(原文)　　고종 23년(1236) 鏤板(鄭奮誌)
　　　　　　　　　　　[藏]서울대(권1) 海印寺(69板存)

② 妙法蓮華經(戒環解)　고종 27년(1240) 彫板(崔怡誌)
　　　　　　　　　　　[藏]조명기

그런데 국가기록유산, 규장각한국학연구원, 국립중앙도서관 등 기관의 조사 및 관련 연구들을 종합해보면 고려후기에 간행된 목판본

8) 고익진[1975: 173].
9) 고익진[1975: 191].

계환해가 보다 많이 현존하고 있다. 이를 정리하면 다음의 표와 같

	간년	권책수	판본	지정문화재	소장처	특이사항
1	고종27 (1240)	권7 1책	목판본	보물692-1	최현	진양공 최이 발문 시주질 있음
		권7 1책	목판본	보물692-2	삼성	진양공 최이 발문
		권6~7 1책	목판본	보물962	관문사	진양공 최이 발문 시주질 있음
		권7 1책	목판본	보물977	유상옥	진양공 최이 발문
		권4 1책	목판본	?	개인	비공개
2	우왕8 (1382)	권1~3 권4~7 2책	목판본	보물960	관문사	소자본, 靑龍壬戌(1382)의 이색 발문 있고, 간행 기록 없음.
		권4~7 1책	목판본		空印 博物館	소자본, "洪武癸亥四月日平壤道法弘山白蓮庵刊"
		권1~3 1책	목판본	보물 1470-2	불갑사	소자본, 조선초 다시 인출된 것임.
	정종1 (1399)	권7 1책	목판본	보물1081	국립중앙 박물관	宜寧君 南在의 발문 있음.
				보물793-6	상원사	

[표1] 고려후기 간행된 계환해 법화경

	간년	권책수	판본	지정문화재	소장처	유형	특이사항
1	고종23 (1236)	권7 1책 (113장)	목판본	奎中 386	규장각	원전본	丙申年(1236)十二月十五日…鄭奮
		권3,6,7 3책	목판본	보물959-2-11	기림사	원전본	해인사에 경판이 있음
		鄭奮이 崔瑀의 壽福을 빌기 위해 판각.					

2	고종30 (1243)	권5	목판본	서울 유형 문화재 256	관문사	원전본	癸卯歲高麗國大藏 都監奉勅雕造
	고종30 (1243)	妙法蓮華經觀世音菩薩普門品 1책	목판본	一簑古 294.333-B872md	규장각	원전본	癸卯歲高麗國大藏 都監奉勅雕造
3	충렬왕12 (1286)	권1~7 2책	목판본	보물693	삼성	원전본	成敏의 발문. 성민의 제자 阜勤이 전호장 李希呂와 함께 발원하여 스스로 판목을 새겨 간행
4	충렬왕14 (1288)	권7 1책	목판본	보물918	강태영		상단에 과주 있음 僧齋色 刻板, 발문 있음
5	충숙왕4 (1317)	권7 1책	목판본	보물1468	송광사		상단에 과주 있음 (보물918과 성격 다름, 세주 있음)
6	공민왕19 (1370)	권7 1책	목판본	보물959 -2-26	기림사		郭有槇 발문 있음
7	고려후기	권1 1책	목판본	보물959-2-12	기림사	원전본	
8	고려후기	권6 1책	목판본	보물959-2-13	기림사	원전본	시주 김씨부인 棟梁 比丘永旦
9	고려후기	권1~7 1책	목판본		자운사	원전본	소자본, 정왕근·송일기(2009)

[표2] 고려후기 간행된 기타 법화경

다. [표1]은 계환해이고, [표2]는 계환해가 아닌 것이다.

선행 연구 〈연표초〉의 1에 해당하는 것이 [표2]의 1이고, 2에 해당하는 것이 [표1]의 1이다. 이 두 자료 외에도 고려후기에 많은 『법화경』이 만들어졌음을 위의 두 표를 통해 알 수 있다. [표1] [표2] 또한 현존하는 판본만을 조사한 것이므로, 고려후기 『법화경』 간행의 전모를 반영한다고 할 수도 없다.[10] 천태종 승려 천책(天頙, 1206~?)의 저술인 『호산록 (湖山錄)』 등[11]의 문집에서 『법화경』 간행 기록을 확인할 수 있기 때문 이다.[12] 현존본을 통해 논의를 진행할 수밖에 없는 한계를 인정하고, [표1]과 [표2]의 의미를 계환해를 중심으로 설명해보겠다.

III. 고종대 계환해 간행의 배경

고려시대에 계환해가 처음 간행되는 것은 고종 27년(1240)이다. 현 재 보물692-1호(최현), 보물692-2호(삼성리움미술관), 보물962호(관문사), 보물977호(유상옥)가 모두 동시에 찍은 판본으로 판단된다. 4부 모두 발문이 명확하게 확인되는데, 진양공(晉陽公) 최이(崔怡) 즉 최충헌의 아들 최우(崔瑀, ?~1249)[13]가 쓴 것이다.

가) 법화경의 대의인 회삼귀일(會三歸一)은 동토(東土) 통삼(統三)의 응보

10) [표1]의 계환해는 현재 밝혀진 전부라고 할 수 있지만, [표2]에는 조사가 부족하여 누락된 판본들이 있을 것이다. 또한 [표2]를 연도별로 구분하였는데, 이 가운데는 동일한 판본도 있을 수 있다. [표2]의 의도는 1240년 전후 계환해보다 원전본의 간행이 더 많았음을 보여주고자 함에 있다.

11)『湖山錄』 卷4,「法華印成慶讚疏」 "今與白蓮山人 先印成於五十五 始自青丘土俗 欲布施於千大千"

12) 남권희[2002: 98]에 의하면 공민왕 22년(1373) 12월에 道岬寺에서 『법화경』 7책을 간행하였다고 한다.

13) 최우가 최이로 개명하였는데, 개명한 정확한 연도는 알지 못한다. 최우가 고종 26년(1239)에「南明泉和尙頌證道歌」 발문을 쓰면서 '己亥九月上旬中書令晉陽公 崔怡謹誌'라고 밝히고 있어 이때 이미 최이라고 하였음을 알 수 있다. 한편 〈한 국민족대백과사전〉에서는 1242년에 최우가 晉陽公의 작을 받았다고 하는데, 1239년에 이미 진양공이었던 것 같다. 본문에서는 이해의 편의를 위해 최이를 최우라고 통일해서 사용하겠다.

에 합치된다. 귀숭(歸崇)의 의미에 있어서는 어느 것이 이와 같을 수 있겠는
가. 근래에 비구 사일(四一)이 송본(宋本) 계환해(戒環解)의 뜻을 통달해 얻었
는데[達得] 문장의 뜻이 간굉(簡宏)하니 보현도량에서 강연하여 널리 전파함
이 마땅하다고 하였다. 내 (그 말을) 듣고 기뻐서 마침내 조판(雕板)하여 계환
스님의 청정한 혜안이 멀리 부촉함에 보답하게 하였다.

때 上章困敦壯月 下旬에 삼가 쓰다.

금자광록대부 수대사 중서령 상주국 상장군 감수국사 판어사대사 진양
공 최이

蓮經大義會三歸一 合於東土統三之應 其在歸崇之意 孰能如是 今者
芯?四一 達得宋本戒環解義 其文旨簡宏 宜當演揚於普賢道場 以廣其傳
予聞而悅之 遂令雕板 以報環師淸淨慧眼之遠囑焉 時上章困敦壯月下旬
謹誌 金紫光祿大夫守大師中書令上柱國上將軍監修國史判御史臺事晉陽
公崔怡[14]

최우는 「수선사중창기(修禪社重創記)」를 왕희지체로 집자(集字)할
만큼[15] 수선사, 특히 혜심(慧諶, 1178~1234)과 친밀한 관계였다.[16] 최우
는 수선사에 대한 재정적 지원을 아끼지 않았고, 담선법회를 확대하
였다.[17] 혜심도 최우에 대한 공개적인 지지를 표명하였다.[18] 혜심 사
후 비명의 건립도 최우의 알선으로 성사되었다.[19] 최우와 혜심의 관

---

14) 『妙法蓮華經』 卷7(보물 692-1). 〈국가기록유산〉사이트에서 원문을 확인하였다. 고
   익진[1975: 175]은 守大師를 宋大師로 잘못 판독하였고, 이를 채상식[1992: 72]은 그
   대로 인용하였다.
15) 순천 송광사 고려고문서(보물572).
16) 장동익[1981] ; 최병헌[1993].
17) 김광식[1995].
18) 조은순[2008: 440] ; 「劉冲基爲崔相國祝壽請上堂」『眞覺國師語錄』.
19) 李奎報, 『東國李相國全集』 卷35 碑銘 「曹溪山第二世故斷俗寺住持修禪社主贈諡

고려후기 '법화경(法華經) 계환해(戒環解)'의 유통과 사상사적 의미 __265

계는 고종 26년(1239) 최우가 「남명천화상송증도가(南明泉和尙頌證道歌)」의 발문을 쓴 이유를 짐작케 한다. 이 책은 당의 승려 현각(玄覺)이 지은 선종(禪宗) 지침서인 「증도가(證道歌)」에 송나라 남명선사(南明禪師) 법천(法泉)의 해석이 달린 것으로, 최우는 이를 핵심(禪門)의 핵심[樞要]이며 참선하는 이들이 꼭 봐야 한다고 강조하였다.[20] 마찬가지로 계환해의 발문을 최우가 썼다는 것은 그와 백련사(白蓮社)와의 관계를 짐작케 한다. 백련사는 고종 19년(1232) 보현도량(普賢道場)을 개창하고 1236년 천책이 찬술한 백련결사문(白蓮結社文)을 공포한 이후, 집권자 최우 및 그와 밀착된 중앙관직자들을 지지 세력으로 흡수하였다. 1237년에는 75세의 요세(了世, 1163~1245)가 왕으로부터 선사(禪師) 직함과 세찬(歲饌)을 받기에 이른다.[21] 강종의 딸이자 최충헌의 부인이었던 정화택주가 혜심(慧諶)은 물론 요세도 외호하여 금자 『법화경』을 사경하였던 것에서도 알 수 있듯이,[22] 당시 왕실과 최씨 정권은 수선사와 백련사를 동시에 후원하고 있었다.

그런데 최우의 발문을 잘 살펴보면, 백련사에서 계환해를 조판한 것은 '조판하게 한[遂令雕板]' 최우의 요청에 의한 것이었다. 선(禪)에 관심이 많던 최우가 사일(四一)의 의견을 받아들여 계환해를 좋게 평가하고 『법화경』을 중시하는 백련사에 조판을 요청한 것이었던 듯하다. 이때 요세가 계환해의 사상적 측면까지 공감하였던 것인지는 알

眞覺國師碑銘」 "嗣法禪老夢如 亦法王也 請逸庵居士鄭君奮草具行錄以立碑 請於晉陽公 公曰 和尙住世利人多矣 樂石不可不立 遂聞于上 上命小臣爲之銘."

20) 「南明泉和尙頌證道歌」(보물 758) "夫南明證道歌者 實禪門之樞要也 故後學參禪之流 莫不由斯而以升堂覩奧矣 然則其可閑塞而不傳通乎 於是募工重彫鑄字本 以壽其傳焉 時己亥九月上旬中書令晉陽公崔怡謹誌."

21) 채상식[1991: 72].

22) 김영미[2008: 222].

수가 없다. 요세는 법화삼매(法華三昧), 천태지관(天台止觀), 정토구생(淨土求生)을 중시하였고, 선(禪)에 대조되는 천태 고유의 특질을 발양하였다고 한다.[23] 지금까지 요세에 대해 밝혀진 바에 따르면, 그의 사상 경향과 계환해는 연결고리를 찾기 어렵다. 하지만 집권자의 요청을 백련사 입장에서는 거절할 이유가 없었을 것이다. 최우의 발문이 "법화경의 대의인 회삼귀일(會三歸一)은 동토(東土)[우리나라] 통삼(統三)[삼국 통일]의 응보에 합치된다."[24]로 시작하고 있다. 『법화경』의 회삼귀일사상을 고려의 후삼국 통일에 빗대어 말하고 있는데, 이는 고종 28년(1241)경 요세의 제자 천책이 민호(閔昊)에게 보낸 회답문인「답운대아감민호서(答芸臺亞監閔昊書)」에서도 확인할 수 있다.[25] '회삼귀일(會三歸一)'이라는 표현에 정치적 의미를 부여한 것이 천책부터라고 한다.[26] 이 발문이 최우의 글이므로 요세의 사상이라고 말할 수는 없지만, 백련결사의 정치성을 요세 단계에서도 찾을 수 있다고 생각한다. 다시 말해 백련사에서 계환해를 간행한 것은 요세가 최우와의 관계 때문에 그의 요청을 들어주었던 것이지, 요세가 계환해의 사상적 측면을 공감하여 백련결사 보현도량의 강본(講本)으로 채택했다고 보기는 어렵다.[27] 1240년 계환해의 간행이 당시 백련사의 사상

---

23) 고익진[1983: 223-241].

24) 채상식[1991: 72]은 蓮經大義會三歸一 合於東土統三之應을 '연경의 대의는 삼승을 회통하여 일승으로 돌아가게 하는 것이다. 동토에서 삼승이 합해짐으로써 삼국이 통일케 되었으니'라고 번역하였다.

25) 『眞靜國師湖山錄』卷上,「答芸臺亞監閔昊書」(『韓國佛敎全書』6, 204a〜b) "昔聖祖草册之際 行營福田 能兢親傳 道俅聖訣 以三乘會一乘 三觀在一心 甚深妙法 合我會三之國 上奏天聽故."

26) 강호선[2001a: 359].

27) 황인규[2003: 305]에서는 백련사 결사는 지의의 천태 3대부인 천태지관, 법화삼매참, 정토구생 삼문을 주장하였으며, 그러면서도 계환해의 법화경을 보현도량의 강본으로 채택하였다고 한다.

경향을 전적으로 대변한다고 말할 수는 없을 것 같다.[28]

1240년 이후의 『법화경』이 거의 전부가 계환해라고 하는 견해도 있는데,[29] 과연 1240년 이후 고려 사회에서 유행한 『법화경』이 원전본에서 계환해로 대체되었다고 말할 수 있는지 의문이다. 그 근거는 다음과 같다.

첫째, 현재 1240년의 판본 이후 우왕대까지는 계환해 판본이 확인되지 않는다. 〈표1〉에서 보듯이, 1240년 이후의 것으로는 우왕 8년(1382)의 소자본 계환해가 처음이다. 현재 전하지 않는다고 해서 없었다고 단적으로 말할 수는 없지만, 1240년본 이후 한동안 보이지 않다가 1382년본이 몇 부 확인된다는 사실은 분명 시사하는 바가 있다. 선행 연구에서 충숙왕 17년(1330)의 감지은니 법화경 계환해가 사성되어 현존하고 있다고 하였는데,[30] 확인 결과 이 판본은 계환해가 아니다. 동국대 불교문화연구원에서 발간된 『법화경전관목록(法華經展觀目錄)』에 '六권. 紺紙銀尼法華經 제1~7, 7冊, 戒環解, 折帖本, 高麗 忠肅王 17年(1330)'이라고 되어 있다.[31] 이 본에는 간기가 있는데, 홍산군(鴻山郡) 호장 이신기(李臣起)가 아버지와 돌아가신 어머니의 극락왕생을 기원하는 발문을 썼고 비구(比丘) 정인(正因)이 함께 발원한 것이다. 서지사항 및 간기를 근거로 추적해보면, 이 본은 현재 리움미술관에서 소장하고 있는 국보 234호와 일치한다. 〈국가기록유산

---

28) 『楞嚴經』 戒環解의 경우 坦然(1069~1158) 때 수용되었을 것이라고 한다. 조명제 [1988: 143]. 그러므로 요세 당시 고려 사회에 戒環에 대한 인식이 전혀 없었다고 할 수는 없다. 요세가 계환해를 채택할 의지가 있었다면 1232년 보현도량을 개설할 당시에 이미 표방하였을 것 같다.
29) 고익진[1975: 174]. 〈국가기록유산〉의 『법화경』 관련 해제에서는 대부분 이 견해를 그대로 수용하고 있다.
30) 고익진[1975: 174].
31) 동국대 불교문화연구원[1967: 14]. 1330년을 1230년이라고 잘못 표기하였다.

〉사이트에서 권1의 실물을 확인할 수 있는데, 틀림없이 원전본이다.

둘째, 1240년 계환해 간행 이후에도 원전본이 계속 간행되었다. 고종 23년(1236) 정분(鄭奮), 즉 진각국사 혜심의 비명을 초(草)하고[32] 재조대장경 간행에 참여하였던 정안(鄭晏)이 최우의 수복을 빌면서 판각한 것(〈표2〉-1), 충렬왕 12년(1286) 조근(早勤)이 전호장 이희려(李希呂)와 함께 발원하여 스스로 판목을 새긴 것(〈표2〉-4), 공민왕 19년(1370) 곽유정(郭有楨)이 발원한 것(〈표2〉-18)도 원전본이다. 백련결사 및 이후 천태종에서는 『법화경』의 독송, 사경 등 법화경신앙을 강조하였는데,[33] 독송이나 사경에는 과문이 표시되어 있는 본이나 계환해보다 원전본이 더 유리하다. 현재 확인 가능한 고려후기의 『법화경』 사경은 모두 원전본인 것으로 보아 보현도량에서 행해진 사경의 대상도 원전본이었을 것이다. 이해를 돕기 위해 현존하는 고려후기 법화경 사경을 연대별로 정리하면 다음과 같다.

	연대	권수	형태	출전 및 지정문화재	현소재지	기타
1	충렬왕10 (1283)	7권본 1 부(2권결)	감지 은자	권희경 62쪽	국박	廉丞益 발원
2	충렬왕20 (1294)	7권본 1부	감지 은자	권희경 65쪽	일본 보적사	합부, 공덕주 안동군부인이씨, 창녕군부인장씨
3	충선왕3 (1311)	권5	감지 은자	권희경 67쪽	京都 博物館	崔瑞 발원
4	충숙왕2 (1315)	7권본 1부	감지 은자	권희경 69쪽	金澤大乘 寺 天倫寺	神光郡申當住
5	충숙왕5 (1318)	권3 零本 하반부 1첩	은자	법화경전관 목록 12쪽	연세대	施主女 萬年誌

---

32) 「月南寺址眞覺國師碑」 "嗣法禪老夢如 亦法主也 請逸庵居士鄭君奮 草具行錄以立碑."

33) 『湖山錄』 卷4, 「法華道場疏」; 「倩人書法華經兼紙扇一千願文」.

	연대	권수	형태	출전 및 지정문화재	현소재지	기타
6	충숙왕12 (1325)	7권본 1부	감지 은자	권희경 74쪽	羽賀寺	崔有倫 발원
7	충숙왕17 (1330)	권1~7 7첩	감지 은자	국보234	삼성	권희경 77쪽, 법화경전 관목록 14쪽. 鴻山郡 호장 李臣起와 比丘正因 발원.
8	충숙왕복 위원년 (1332)	8권본 1부	감지 은자	권희경 78쪽	鍋島 報效會	棟梁道人 玄哲 등 발원
9	충혜왕복 위원년 (1340)	7권본 1부	감지 은자	권희경 87쪽	鍋島 報效會	息影沙門 淵鑑 등 발원
10	충목왕1 (1345)	일부 (燒經)	백지 묵서	권희경 88쪽	鏡神社	無住菴沙門 天雲誌
11	공민왕2 (1353)	7권본 1부	감지 은자	권희경 91쪽	根津 美術館	正順大夫肅雍府右司尹 朴允珪, 金成 시주
12	공민왕15 (1366)	권3~4 2첩	감지 금자	보물314	광흥사	權圖南 등 시주
		권7 1첩	감지 금자	보물1138	국박	權圖南 등 시주
13	공민왕22 (1373)	권1~7 7첩	상지 은자	국보185	국박	권희경 97쪽 許士清 등 발원
14	공민왕22 (1373)	권7 미서 단간	백지 금자	권희경 96쪽	국박	공민왕친필, 왕태후노 국대장공주 애도
15	우왕3 (1377)	권1~7 7첩	백지 묵서	국보211	삼성	河德蘭이 발원
16	우왕3 (1377)	7권본 1부	백지 묵서	권희경99쪽	호림	功德主前斷俗大禪師 元珪
17	우왕11 (1385)	권7	백지 묵서	권희경 100쪽	국박	開城郡夫人金氏 등 발원
18	우왕12 (1386)	권7 1첩	감지 은자	보물352	이화여대	화주 覺普. 죽산군부인 김씨 시주. 권희경 101쪽
19	우왕14 (1388)	권6 1첩	감지 은자	보물270	국박	시주 盧有麟 권희경 102쪽

	연대	권수	형태	출전 및 지정문화재	현소재지	기타
20	공양왕1 (1389)	권1, 권32첩	백지 묵서	보물315	경주 박물관	優婆夷張氏妙愚가 묵서 권희경 104쪽
21	고려후기	권5~6 1첩	상지 은자	보물976	국박	
22	고려후기	권2 1첩	백지 묵서	보물1095-3	봉림사	보물315호와 유사

[표3] 현존하는 고려후기 법화경 사경

다만 1240년본 계환해가 현재까지 4부 이상 동일한 판본이 전하는 것을 보면, 1240년 백련결사에서의 계환해 간행은 대량으로 이루어졌을 가능성이 있다. 때문에 계환해의 보급 및 사상적 파급력도 분명 있었을 것이다. 충렬왕의 총애를 받던 염승익이 발원한 1283년의 『법화경』 사경에 『화엄경』 「보현행원품」에 나오는 게송(願我臨欲命終時 盡除一切諸障礙 面見彼佛阿彌陀 卽得往生安樂刹)이 적혀 있고, 이 게송이 1286년명의 〈아미타여래도(阿彌陀如來圖)〉 발원문에도 그대로 적혀 있다.[34] 이는 13세기 후반 고려 왕실을 비롯한 지배층에 『법화경』과 『화엄경』에 공통적으로 기반한 정토신앙이 있었음을 말해준다. 『법화경』과 『화엄경』을 동등하게 다루는 경향이 계환해 수용의 영향인지, 아니면 그 이전부터 있었는지는 명확히 알 수 없다. 흥미로운 것은 『호산록』에서도 이러한 경향을 확인할 수 있다는 사실이다.

나-1) 금자(金字) 화엄경 법화경을 경찬(慶讚)하는 글
(단속사 선사 문인 대사 돈원이 절 안의 도인에게 청하여 스스로 서사를 시작하였는데, 일을 마치자 돈원대사가 죽었다. 동행하던 대사 도한이 경

---

34) 이승희[2011: 138].

찬하는 안거법회를 열었다.)

(중략) 옛날 이후 부처님께서 직접 설하신 묘한 음성으로 처음에는 방광잡화의 뛰어난 해석을 말씀하시고[화엄], 마지막에는 방편을 열고 진실을 드러내는 묘련의 지극한 노래를 펴셨다[법화]. 칠처팔회에서 주인과 짝이 되는 것은 10찰과 10방에 같고[화엄], 삼승과 구계의 중생들은 하나의 진실과 하나의 실상에 돌아간다[법화]. 횡설수설하여 비록 많은 경전이 호연하지만 이런 저런 원만함은 두 경[화엄, 법화]과 같지 않다.

(斷俗寺禪師門人大師敦元 請社內道人 自收書寫 旣[35]畢元師物故 同行大師道閑 設慶讚安居法會)

(중략) 昔者璃喉善逝 金口妙音 始說方廣雜花之雄詮 終[36]宣開顯妙蓮之極唱 七處八會之主伴 同十刹而同十方 三乘[37]九界之生靈 歸一眞而歸一實 則橫說竪說 雖羣典之浩然 彼圓此圓 莫二經之若也[38]

나-2) 산인(山人) 문완(文脘)[39]을 위해 화엄경 발원문을 써줄 것을 청하다
아무개가 삼가 큰 마음을 내어 조계산인 관해에게 요청하여 (화엄경) 세 본을 서사하니 무릇 180권이었다.

某謹發弘心 請曹溪山人貫諧 書寫三本 凡一百八十卷[40]

나-1)은 단속사(斷俗寺) 승려 돈원(敦元)이 사내도인(社內道人)에게

---

35) 허흥식은 纔이라 판독하였고, 리영자는 旣라 판독하였다.
36) 허흥식은 絶이라 판독하였고, 리영자는 終이라 판독하였다.
37) 허흥식은 葉이라 판독하였고, 리영자는 乘이라 판독하였다.
38) 『湖山錄』卷4, 「金字華嚴法華經慶讚疏」; 허흥식[1995: 242-243]; 리영자[2009: 187-191] 번역 참조.
39) 허흥식은 脘이라 판독하였고, 리영자는 悗이라 판독하였다.
40) 『湖山錄』卷4, 「爲山人文脘倩人書華嚴經願文」.

『화엄경』과 『법화경』의 서사(書寫)를 청하였고, 이 일을 끝내고서 경찬회를 열었다는 내용이다. "부처의 묘음은 처음에는 화엄의 웅전을 설하셨고, 마지막에는 법화의 극창을 펼치셨다(金口妙音 始說方廣雜花之雄詮 絶宣開顯妙蓮之極唱)", "원만함은 두 경과 같지 않다(彼圓此圓 莫二經之若)"는 표현에서 알 수 있듯이 『화엄경』과 『법화경』을 동등하게 다루고 있다. 나-2)는 산인 문완(文阮)을 위해 조계산 승려 관해(貫諧)에게 부탁해 60권본 『화엄경』 3부를 서사하였다고 한다. 이 두 기록에서 천책이 『화엄경』을 '웅전(雄詮)'이라 평가하였고, 단속사 승려, 조계산 승려라는 선종 승려와 함께 『화엄경』 서사 작업을 진행하였다는 사실을 알 수 있다. 『호산록』의 이 기록에 대해서는 다양한 해석이 가능할 것이다. 다만 충렬왕 10년(1284) "왕과 공주가 묘련사에 가서 화엄법회(華嚴法會)를 열었다"[41]는 『고려사』의 기록도 같은 연장선상에서 이해할 수 있지 않을까 한다.[42] 즉 천책 — 무외 정오(無畏丁午) 단계의 천태종에서 천태교학 및 『법화경』 신앙을 강조한 것은 당연하고, 더불어 『화엄경』을 중시하는 경향도 있었다고 볼 수 있지 않을까 한다.

이상에서 살펴본 바와 같이 고려에서 계환해를 처음 개판한 것이 1240년 천태종 백련결사에서이고, 이후 계환해의 사상적 영향을 확인할 수 있다. 하지만 천책 단계는 물론이고, 이후 정오(丁午)나 의선(義旋) 등에게서 계환해 관련 아무런 기록이 보이지 않는다. 한국불교사에서 계환해의 사상사적 의미를 고려할 때, 더욱 주목해야 할 부분은

---

41) 『고려사』 권29, 충렬왕 10년 12월 병오.
42) 변동명[1999: 105]은 묘련사가 낙성되던 해에 행해진 화엄법회를 정치적 측면에서 이해하면, 즉 "묘련사의 정치적 존재 의의가 왕권강화와 정치적 단합 및 결속이라는 측면에서 이해하고 나면" 반드시 모순되게 여겨지지만은 않는다고 하였다.

우왕대 간행되는 판본들이다.

IV. 우왕대 계환해 간행의 배경

우왕대에 간행된 소자본(小字本) 계환해는 현재 관문사본, 공인박물관(空印博物館)본, 불갑사본[43] 3부가 알려져 있다. 처음 소개된 것은 관문사 소장본인 보물 960호이다. 계환해 전체 7권을 2책으로 간행한 것으로 2책이 모두 있다.[44] 간행 연도는 없지만, 청룡임술(靑龍壬戌, 우왕 8년, 1382) 3월 14일에 이색(李穡)이 쓴 발문이 실려 있다.[45]

다) 이상의 법화경 계환해의 구본은 글자가 크고 책이 무거워 멀리 가져 가기가 어려우니 학자들이 그것을 근심한 지가 오래되었다. 승려 혈요(歇 了)와 지상(志祥)이 법공양할 뜻이 있어 이 계환해를 가는 글씨로 써서 무거 운 것을 가볍게 바꾸어 널리 유포하게 되었다. 이는 월개비구와 다르지 않 다. 수연군이 실로 그 일을 도와 재물을 보조한 것이 매우 많았으므로 책 뒤에 자세히 기록해둔다. 아! 일승 묘법이 경에 있는가, 마음에 있는가. 현 자들은 소홀히 하지 말 것이다. 청룡 임술 춘3월 보름 하루 전날 추충보절 동덕찬화공신 삼중대광 한산군 영예문 춘추관사 목은 이색 발

右法華戒環解舊[46]本 字大帙重 難於致遠 學者患之 久矣 釋歇了志祥

---

43) 송일기 · 정왕근[2010: 176].
44) 〈국가기록유산〉에는 7권 2책 가운데 권1~권3을 수록한 1책만 있다고 하였는데, 관문사 성보박물관에서 확인한 결과 2책이 모두 있었다.
45) 남권희[2002: 87]에 판독문 있다. 관문사본(실물확인), 공인박물관본(도록)과 대조, 교감하였다.
46) 남권희는 拘로 판독하였으나 관문사본 확인 결과 舊가 분명하다.

47) 有志法供養 細書是解 易重爲輕 以廣流布 盖與月盖比丘 不異矣 壽延
君 實相其事 而助以財者甚衆 具錄于后 嗚呼 一乘妙法 在於經乎 在於
心乎 覽者無忽 靑龍壬戌春三月望前一日 推忠保節同德贊化功臣三重大
匡韓山君領藝文春秋館事牧隱李穡跋

　　壽寧翁主 王氏

　　壽延君 王珪

　　　金氏

　　純誠翊衛功臣重大匡礪城君宋 壺山[48]

　승려 헐요(歇了)와 지상(志祥)이 법공양할 뜻이 있어 계환해를 세
소자로 써서 가볍게 하여 널리 유포하였다고 한다. 지상은 이후 1397
년에 왕의 명령으로 진관사 수륙도량 설치를 주관하는 인물로 등장
하는데,[49] 다른 정보는 알 수 없다. 다음으로 소개된 공인박물관 소장
본은 권4～권7의 1책이 남아 있고, 권7 끝나는 부분에 '洪武癸亥四
月日平壤道法弘山白蓮庵刊'이라는 간기가 확인된다.[50] 홍무계해(洪
武癸亥)는 우왕 9년(1383)이다. 그런데 마지막 장에 이색 발문의 일부
가 있어 관문사 소장본과 동일한 판본임을 알 수 있다. 1382년에 간
행한 사간본을 이듬해 4월에 평양의 법홍산 백련암에서 다시 인출,
유포하면서 말미에 '홍무계해사월일'이라는 간기를 보충한 것이라고
한다.[51] 고려후기에 대자본을 소자본으로 재간행하는 경우가 종종 있

47) 원문에는 '歇了志祥'이 작은 글씨로 되어 있다.
48) '壺山' 부분이 공인박물관본은 확인 안 되나 관문사본은 뚜렷하게 남아 있다.
49) 權近, 『동문선』 권78 記 津寬寺水陸寺造成記.
50) 남권희[2002: 100-101]. 公印博物館 편, 2008, 『公印博物館』, 양산:大雲山 神妙精舍, 56쪽.
51) 남권희[2002: 100]. 정왕근은 공인박물관본의 간기를 기준으로 관문사본과 공인박

었다. 원에서 들어올 때부터 소자본인 것을 그대로 번각한 경우도 있고,[52] 휴대의 편리함을 위해 기존의 대자본을 소자로 고쳐 쓴 경우도 있다.[53] 계환해는 후자에 해당하는데, '구본(舊本)의 글자가 크고 책이 무거워 멀리 가져가기 어렵다'는 표현에서 알 수 있다. 여기서 구본은 현존 상황을 볼 때 1240년 간행본을 가리키는 것이 아닐까 한다.

한편 법흥산 백련암에서 간행할 때 수녕옹주(壽寧翁主)와 수연군 왕규(壽延君 王珪)가 많은 재물로 도왔다고 한다. 그런데 수녕옹주나 왕규에 대한 기록이 별로 없다. 왕규의 경우, 독로화(禿魯花)로 몽골에 갔던 영녕공 왕준(永寧公 王綧, 1223~1283)의 4대손으로, 공양왕 4년(1392)에 먼 곳으로 귀양갔다는 정도가 알려져 있다.[54] 마지막에 나오는 송호산(宋壺山)은 『고려사』 열전에 실린 김종연(金宗衍, ?~1390)의 장인[妻父]으로 한 번 등장할 뿐이다.[55] 그러므로 발문을 쓴 이색(李穡, 1328~1396)을 매개로 간행 배경을 추적해보도록 하겠다.

고려말의 대학자인 이색은 많은 유자, 승려들과 교류하였는데, 염흥방(廉興邦, ?~1388), 한수(韓脩) 등과 절친하였다.[56] 이들은 인척관계

---

51) 남권희[2002: 100]. 정왕근은 공인박물관본의 간기를 기준으로 관문사본과 공인박물관본 모두 간행 연도가 1383년(우왕 9)이라고 보고 있다(정왕근·송일기[2009: 28]).

52) 충선왕 3년(1311) 覺圓이 중국에서 고려 승려 洪准이 쓴 소자본 『금강경』을 구하여 袖珍本의 목판 권자본으로 간행하였다(남권희[2002: 74]).

53) 충선왕 1년(1309) 승통 沖昷 등이 계환해 『능엄경』을 간행하였는데, 당시 大字의 舊本은 수행승이 가지고 다니기가 불편하여 소자로 다시 새겨 200질 찍어냈다고 한다(남권희[2002: 93]). 충숙왕 18년(1331) 영통사에서 『大方廣佛華嚴經觀音知識品』을 판각하였는데, 이 또한 소형 권자본이다(남권희[2002: 93]). 불교 전적만 있는 것이 아니다. 공민왕 21년(1372) 협천에서 개판된 『元朝正本農桑輯要』는 원의 대자본을 보기 편하게 小楷字本으로 간행한 것이다(남권희[2002: 67-68]).

54) 『高麗史』 卷90, 列傳3 宗室 "子雍·熙·誠·諟·和·琳 (중략) 琳和義君 子琚和義大君 恭愍五年 流南海 子瑄義瓊 瑄封襄陽君 子珪封壽延君 恭讓四年 流遠地."

55) 『高麗史』 卷104, 列傳17 金宗衍.

56) 『동문선』 권127, 墓誌 文敬李公墓誌銘 幷序. 한편 이색은 우왕 9년(1383) 무렵부

로 얽혀 있기도 하였고,[57] 함께 불사(佛事)를 주관하기도 하였다. 염흥
방이 1381년(우왕 7) 공민왕의 7주기에 맞춰 명복을 기원하기 위해 대
장경을 인성하였는데,[58] 이 대장경의 발문을 이색이 썼다. 이색도
1381년에서 1383년에 걸쳐 신륵사 대장경을 조성하였는데, 이때 제1
단월이 염흥방이고 제2 단월이 염흥방의 아버지 염제신(廉悌臣, 1304
~1382)이었다.[59] 이색과 염제신은 우왕 7년(1382)경의 백련회(白蓮會)
에 함께 참여하기도 하였는데,[60] 염제신의 외할아버지가 조인규(趙仁
規)였다.[61] 평양 조씨 조인규 가문은 무외 정오(無畏 丁午) 이후 천태
종 묘련사의 주도권을 쥐었고, 이후 혼기(混其; 형), 의선(義旋; 아들),
보해(普解; 손자), 묘혜(妙慧; 증손자) 4대를 이어 천태종 승려를 배출하
면서 14세기 천태종 종단을 장악하였다.[62] 이상에서 이색과 그 주변
인물들의 천태종과의 인연을 생각해볼 수 있다.

한편 이색, 염흥방 등이 젊은 시절 어울려 다니며 함께 술 마시고
시 짓고 하였던 사람 가운데 천태종 승려 나잔자(懶殘子)가 있다. 『목
은집』에는 나잔자와 이색의 인연으로 나잔자의 제자인 휴상인(休上
人)이 이색에게 글을 청탁한 사실이 전한다. 여기에 법화유주(法華有
註)[주석이 있는 『법화경』] 즉 계환해가 등장한다.

　　라) 내 나이 열예닐곱 살 때쯤에 유자(儒者)들과 어울려 연구(聯句)를 짓

터 염흥방과 거리를 두었다고 한다(도현철[2008: 204]).

57) 도현철[2008: 184].
58) 현재 일본 大谷大學에 소장되어 있다. 박용진[2012: 96-98].
59) 「神勒寺大藏閣記碑」에 나온다. 남동신[2006].
61) 염제신의 아버지 廉世忠이 趙仁規의 딸과 결혼하였고, 염흥방의 첫째 부인이 평
　　양 조씨 趙文慶의 딸이라고 한다. 도현철[2008: 181-183].
62) 채상식[1991: 181-196].

고 술을 마시면서 노닐곤 하였다. 그런데 지금 천태판사(天台判事)로 있는 나잔자(懶殘子)가 우리들을 좋아한 나머지 모두 초청하여 함께 시를 지으면서 읊조리다가 날이 부족하면 다시 밤까지 계속 이어 갔으며, 술이 얼큰해지면 고담준론에다 장난기 어린 우스갯소리를 허물없이 늘어놓기도 하였다. 그때 오선생(吳先生)이란 분이 가끔씩 찾아와서 모임에 참여하곤 하였는데, 모습이 淸秀한 데다 말솜씨도 능란했던 것으로 기억이 난다.

휴상인(休上人)은 바로 그분의 아들이다. 오선생이 상인에게 명하여 나잔자를 모시고 공부하도록 하자, 상인이 『논어(論語)』와 『맹자(孟子)』에 대한 내용을 배우고 나서는 그 곁을 떠나서 삼각산(三角山)으로 들어갔다. 이듬해인 갑신년(1344, 충혜왕5) 정월에 나잔자가 또 우리들 몇 사람을 데리고 삼각산으로 놀러 갔는데, 그때 휴상인이 우리를 위해서 동도주(東道主)[손님 접대하는 주인] 노릇을 톡톡히 하였다.

상인은 나보다 몇 살 더 많았으나 나하고 무척 사이가 좋았는데, 그 뒤로부터는 서로 만나는 일이 드물었을 뿐더러, 아예 얼굴조차 보지 못한 지가 또 오래되었다. (중략) 그런데 상인이 이런 때에 나의 문을 두드릴 줄이야 어떻게 생각이나 했겠는가. 그리고 나잔자가 또 시자(侍者) 편에 나에게 급히 서한을 보내 상인에 대한 일을 매우 자세하게 말해 주었는데, 이는 내가 옛날의 일을 잊어버리지나 않았을까 하는 염려에서였다. 이에 내가 그 글을 보고 그 얼굴을 마주하고 보니, 옛날의 모습이 어렴풋이 떠오르는 것 같기도 하였다.

상인은 사중은(四重恩)을 갚기 위해 노력하고 있었으며, 자신의 몸과 마음을 닦아 나가는 면에 있어서도 나름대로의 원칙을 지니고 있었다. 또 그의 말을 들어 보건대, 부처의 형상이나 부처의 언어 모두가 불도(佛道)에 들어가는 데 특히 중요한 자료가 되기 때문에, 제자인 도우(道于)와 달원(達元)으로 하여금 지묵(紙墨)의 시주를 받아서 화엄법화유주자(華嚴法華有註者) 각 1부씩

<u>인성하게 하였다.</u> 또 설법으로 얻은 보시로 서방 정토의 아미타불과 팔대보살(八大菩薩)을 그려 장명등(長明燈) 아래에다 안치(安置)하였으며, 남은 정재(淨財)는 불경을 찍는 비용에 보태 쓰도록 했다고 한다.

그리고는 상인이 다시 말하기를, "법보(法寶)가 일단 이루어지기는 하였지만, 내 나이가 벌써 60에 가까운 만큼 혹시라도 받들어 간수하는 데에 소홀하게 된다면 앞으로 다른 걱정거리가 없으리라고 보장할 수가 없다. 그래서 장차 오대산(五臺山)에 안치하고서 후세 사람들로 하여금 지키게 할까 하니, 선생이 이 일에 대해서 한마디 말씀을 해 주셨으면 한다" 하였다. (중략) 상인으로 말하면 나의 옛 친구요, 여기에 또 나잔자의 청까지 앞세웠는데야 더 말해 무엇하겠는가. 그래서 내가 즐거운 마음으로 이 글을 쓰게 되었다.[63]

휴상인이 화엄법화유주자(華嚴法華有註者)를 각 1부씩 인성하였다고 한다. 화엄법화유주자는 두 가지로 해석 가능하다. 주해가 있는 『화엄경』과 주해가 있는 『법화경』, 또는 『화엄경』과 주해가 있는 『법화경』이다. 『법화경』에 주해가 달려 있다는 것은 분명한데, 이는 계환해를 가리킨다. 휴상인은 불사를 끝내고 오대산에 안치하기에 앞서 스승인 나잔자를 통해 이색을 찾아와 불사를 기념하는 글을 청탁한 것이다. 휴상인이 이색을 찾아온 시기는 이 글에서 추론가능하다. 이색은 16~17세 경에 나잔자와 교유하였는데, 이때가 1344년 무렵이었다. 휴상인은 이색보다 몇 살[數歲] 많으므로 1344년 무렵 휴상인의 나이는 20살 내외였을 것이다. 휴상인이 이색에게 글을 청탁하러 왔을 때 60세에 가깝다고 하였으니, 휴상인이 나잔자의 문하에 들어간

---

[63] 『목은문고』 권8, 序 贈休上人序 ; 『東文選』 권87, 序 贈休上人序. 『목은집』 번역을 따랐다. 장황하지만 휴상인의 계환해 인성 연대를 추정하는 데 필요하여 길게 인용하였다.

지 40년 남짓 경과한 것이다. 그러므로 휴상인이 이색을 찾아간 때는 1380년대 전반 무렵으로 추정된다.

이러한 추정이 맞다면, 인용문 라)는, 현존 간행본 자체를 제외하고, 계환해의 간행 사실을 보여주는 기록 가운데 가장 빠른 시기의 것인 셈이다. 무엇보다 휴상인의 계환해 인성이 현존하는 관문사 소장본이나 공인박물관 소장본과 비슷한 시기에 이루어졌다는 사실이 중요하다. 이는 휴상인이 간행한 계환해와 현존하는 우왕대 계환해가 같은 시대적, 사상적 배경 속에서 만들어졌으리라는 짐작을 가능하게 한다. 법홍산 '백련' 암이라는 장소가 천태종과 무관하지 않았을 것으로 보인다.

휴상인이 왜 『화엄경』과 더불어 계환해를 인성하였는지를 설명하는 자료는 없다. 다만 휴상인이 스승인 나잔자를 통해 이색을 찾아왔고 또한 나잔자가 급히 편지를 보내 휴상인에 대한 일을 매우 자세하게 이색에게 말해주었다는 사실로 볼 때, 휴상인의 불사가 나잔자와 전혀 무관하였다거나 휴상인과 나잔자가 다른 사상적 맥락 속에서 일을 추진하였다고 말할 수는 없을 것 같다.[64] 그러므로 휴상인의 계환해 인성의 배경을 나잔자로 소급해서 생각해볼 수 있다.

나잔자는 묘혜(妙慧)와 인연이 깊다. 나잔자가 바로 『법화염험전(法華靈驗傳)』의 찬자인 요원(了圓)인데,[65] 『법화영험전』의 발문과 『법화삼매참조선강의(法華三昧懺助宣講義)』 발문이 똑같다고 한다.[66] 발문의

---

(64) 황인규(2003)는 나잔자와 휴상인의 사상 맥락이 다르다고 보았다.

(65) 요원이 1331년 왕사가 된 乃圓과 동일인이라는 등 나잔자와 요원에 대해서는 기록이 많지 않아 다양한 견해가 병존하지만, 나잔자와 요원이 동일인이라는 남동신의 견해를 따랐다. 남동신(2006: 146).

(66) 이기운(2011). 발문을 소개하면 다음과 같다. 이기운 논문의 판독문을 토대로 〈국가기록유산〉에서 확인하여 교감한 것이다.

작성시기는 1377년(우왕 3)으로,[67] 『법화영험전』이나 『법화삼매참조선강의』의 간행은 묘혜의 시주를 통해 이루어졌다. 1377년 당시 묘혜는 선사(禪師), 요원(나잔자)은 대선사(大禪師)였다. 묘혜는 조인규의 증손자이자 조덕유(趙德裕)의 넷째 아들로서 고려말의 천태종을 이끌고 있었다. 간행기록에 묘혜가 염암사주지(靈嵒寺住持)라고 되어 있지만, "묘혜가 재물을 희사하여 두 책을 간행해 만의사에 안치하였다," "(만의사가) 의선 이후 세 번 전해져 나에게 이르렀다" 등의 내용을 보면 묘혜가 만의사(萬義寺)도 주관하고 있었음을 알 수 있다. 만의사는 고려말 천태종의 本寺(社) 역할을 하였는데,[68] 이러한 사실을 자세히 알려

最乘之法 非後學所能辯 必考是法之驗 然後而人信之自法華東譯以後 諸家章疏 盖多而智者解釋 獨行於世 然流傳 或失本 眞講演 未達其奧 一源之妙 歧於萬派 嘗謂讀是經者 要看講儀 與夫靈驗傳 以其直探玄旨 深求妙應 斷在二書也 妙慧謹捨貲財 刊此二書 安寘于萬義寺 以壽不朽耳 寺在至元間 貞古玄默相繼主席 卒傳於余 王父忠肅公之伯父珤丘大禪師混其 其又傳於三藏法師義旋 旋後三傳而至于余 要皆不出乎吾宗爾 奪本混其嘗設法華道場 故宜於此直揚 此法用勻
一人之壽萬姓之安 兼及先父趙德裕往生淨域 助施檀越 各證善果法界含靈 同霑法化云
宣光七年丁巳十二月日 施主靈嵒寺住持禪師妙慧謹識
　　　同願
　　　　判天台宗事龍岩寺住持定慧慈忍演妙普□大禪師了圓
　　　推忠奮義輔理(　　)三重大匡檜山君昔(　　　　)
　　　　　　　　　(　　　)寺(　　　　)
　　　　　　　　　安國(　　　　)
'宣光七年丁巳十二月日' 이하 부분은 『법화삼매참조선강의』에만 나온다. 『법화삼매참조선강의』는 기림사비로자나불 복장 유물로 보물959-2-25호로 지정되어 있다.
67) '宣光七年丁巳'로 되어 있는데, 宣光은 北元의 연호로 1369~1377년에 사용하였으므로, 선광 7년은 1375년이다. 정사년은 우왕 3년인 1377년이다. 연호와 간지가 다를 경우, 간지를 우선시하므로 1377년으로 비정하였다. 한편 이기운은 선광 7년(1378)이라고 하였는데, 그 근거가 무엇인지 잘 모르겠다. 국가기록유산 해제에는 우왕 4년(1378)으로 되어 있다.
68) 충렬왕과 충선왕의 적극적인 후원을 받았던 천태종 묘련사는 충숙왕대 이후 현격히 약화되고 수원 만의사, 과천 청계사로 중심지가 이동하였는데, 그 이유가

주는 것이 「수원만의사축상화엄법회중목기(水原萬義寺祝上華嚴法會衆目記)」이다. 이 기록은 권근(權近)이 작성한 것으로, 1392년 만의사에서 열린 법회에서 계환해가 강론되었다.

　　마) 홍무(洪武) 무진년(1388, 창왕14)에 병화가 일어나서 국가의 안위가 급박할 때 신조(神照) 스님은 완산(完山) 이시중(李侍中)[이성계]의 막하에 있으면서 장상(將相)들과 함께 국가의 대책을 정하여, 의병을 일으키고 회군하여 종묘와 사직을 편안하게 하여 오늘의 국가 중흥의 왕업을 열게 하였다. (중략) 임신년 2월에 또 법회(法會)를 벌리니, 의복과 좌구(座具)와 띠와 버선을 모두 구비하였으며 아름다운 제수(祭需)와 진기한 반찬과 바치는 기구가 풍부하고 정결하였다. 임금에게 아뢰어서 압불소(押佛疏)를 받고, 대천태종사(大天台宗師) 국일도대선사(國一都大禪師) 현견(玄見) 등 시 잘하는 중 3백 30인을 초청하니, 모두 한 시대의 천태종의 德이 큰 스님들이었다. 외호(外護)는 전 홍제사(洪濟寺) 주지 대선사(大禪師) 명일(明日) 등 1백 90인이었으며, 제집사(諸執事)는 감원선사(監院禪師) 각항(覺恒) 등 1백 90인이었다. 처음에는 화엄삼매참의(華嚴三昧懺儀)를 열고, 계속 『묘법연경환사소해(妙法蓮經環師疏解)』를 강교(講敎)하였다. 三七日이 지나고 마치니 그것이 임금의 장수를 빌고 국가를 복되게 하며, 중생을 구제하고 만물을 이롭게 하도록 기원한 바는 크다고 말할 수 있다.[69]

　위화도 회군에 공이 컸던 천태종 승려 신조(神照)는 그 공으로

원 황실 축성도량의 운영 변화, 조인규 가문의 세력 위축 등이라고 한다. 강호선 [2001b: 348-349].

69) 權近, 『東文選』 권78 記 「水原萬義寺祝上華嚴法會衆目記」 한국고전번역원 번역 참조.

1390년(공양왕 2)에 만의사와 그 절의 노비를 법손에게 전수할 수 있는 권리와 사전(寺田) 70결을 하사받았다. 이 은혜에 보답하기 위해 신조는 개인 재산을 내어 1391년 정월에 7일 동안 소재도량(消災道場)을 개설하였다. 1392년 2월에는 천태종의 덕 높은 승려 330인을 초청하여 21일 동안 법회를 열었는데, 이때 처음에는 화엄삼매참의(華嚴三昧懺儀)를 행하고 이어서 『묘법연경환사소해(妙法蓮經環師疏解)』 즉 계환해를 강교(講敎)하였다. 천태종 승려들이 대대적으로 모인 법회에서 법화삼매참의가 아니라 화엄삼매참의를 행하고, 계환해를 강의한 것이다. 1392년의 만의사 법회가 당시 천태종의 고승들이 대부분 모인 자리라는 점에서 1380년대 초반 휴상인의 『화엄경』 및 계환해 간행과는 차원이 다르다. 휴상인의 행위는 개인적인 것이라 볼 수도 있지만, 천태종의 본사격인 만의사에서의 법회는 고려말 조선초 천태종의 성격을 대변한다고 말할 수 있다. 330명이나 되는 승려가 함께 계환해 강의에 참여할 수 있었던 것은 1392년 이전부터 천태종에서 계환해를 수용하였기 때문에 가능한 일이었을 것이다. 그렇다면 1382년 왕규 등이 시주하고 이색이 발문을 쓴 계환해의 간행이나 1380년대 초반 휴상인의 계환해 간행은 모두 고려말 천태종의 사상 경향에서 비롯된 것으로 볼 수 있다. 앞에서 서술하였듯이 이색, 휴상인과 관계있는 나잔자(요원), 그리고 묘혜 또한 이러한 사상 경향과 완전히 달랐다거나 대척 관계였다고 보기는 힘들다.

V. 고려말 조선초 법화경 계환해 보급의 사상사적 의미

1382년의 계환해 간행이 기존의 대자 계환해를 소자본으로 가볍게 만들어 널리 유포하고자 하는 의도였고 실제로 이후 『법화경』이 원전본보다 계환해가 더 많이 간행되었다는 사실과 계환해 관련 문헌 기록이 1380년대 이후에 등장한다는 사실은 무엇을 의미하는 것일까. 1240년 백련결사 보현도량에서 계환해가 처음 간행되어 유통되긴 하였지만, 천태종 승려가 주도적으로 계환해 보급에 앞장선 것은 1380년대 이후라고 볼 수 있다. 고려후기 천태종이 백련사계와 묘련사계로 양분되었다고 보는 입장에서는 묘련사계가 백련사계와 달리 계환해를 수용하지 않았다고 주장한다.[70] 그런데 앞 장에서 살펴보았듯이 우왕대 계환해 간행에 관계된 인물들(요원, 휴상인, 묘혜, 신조)은 만의사와 관련이 있고, 서로 연관 관계를 찾을 수 있다. 그러므로 묘련사계가 계환해를 수용하지 않았다고 말하기는 어려울 것이다. 어쩌면 고려말에는 백련사계와 묘련사계라는 구분이 의미가 없었을 가능성이 크다.

그런데 만의사 법회에서 법화삼매참법이 아닌 화엄삼매참법을 행하였다는 것은 분명 특기할 만한 일이다. 고려후기 천태종은 요세가 법화삼매참법을 강조한 이래 줄곧 삼매참법을 중시하였다. 1326년(충숙왕 3) 산긍(山亘)이 찬한 『묘법연화경삼매참법』, 이에 대한 강의서로 1377년(우왕 3) 묘혜(妙慧)가 간행한 『법화삼매참조선강의(法華三昧懺助宣講義)』의 존재가 이를 증명한다. 천태종의 기본 참법은 법화삼매

---

70) 이기운(2012) 참조.

참이었을 것이다. 그렇다면 만의사에서는 왜 화엄삼매참을 행한 것일까. 이는 천태종 내부의 문제라기보다는 고려말 조선초 불교계의 변화라는 외부의 시각에서 이해해야 하지 않을까 한다.

원간섭기 이후 대부분의 불교 종파는 권세가, 왕실과 결탁하고 친원적 경향을 보였는데,[71] 천태종도 마찬가지였다. 충렬왕, 충선왕대의 천태종은 선종과 불교계의 쌍벽을 이룰 정도로 많은 지지를 받았다. 하지만 14세기 이후 천태종은 조인규 가의 세력 위축이라는 내부적 상황과 더불어 임제선풍의 급속한 확산이라는 외부적 상황에 직면하였다.[72] 『법화경』 사경이나 독송과 같은 법화신앙은 이미 대중성을 확보하였지만, 천태종의 위상은 선종에 미치지 못하였다. 이는 천태종만의 상황은 아니었다. 원 간섭기 이후 고려 승려들은 입원(入元)하여 강남을 유력한 것을 주요 경력으로 내세웠는데, 1386년(우왕 12)에 만들어진 화엄종 승려 천희(千熙, 1307~1382)의 비문을 보면 천희가 1364년(공민왕 13)에 휴휴암을 방문하였고 1366년에는 임제종 양기파(楊岐派)의 만봉(萬峯, 1303~1381)에게 가사와 선봉(禪棒)을 전수받았음을 강조하고 있다.[73] 화엄종 승려가 임제종의 인가를 경력으로 내세울 만큼 14세기 후반 고려 사회에서는 임제선풍이 강한 영향력을 미쳤다. 이러한 경향은 나옹(懶翁, 1320~1376)과 나옹 사후 그의 문도들에 의해 강화되어갔다. 나옹 문도들은 전국적인 나옹 현창 운동을 통해 우왕대 불교계의 최대 세력으로 부상하였다.[74]

1382년 계환해의 발문을 쓰고 휴상인에게 서(序)를 써줬던 이색은 나

---

71) 김창현[2004: 284].
72) 강호선[2001b, 85-87]. 1295년 처음 시작된 원 임제종과의 교류가 20여 년이 지나면서 고려 불교에 확산되었다고 한다.
73) 강호선[2011] 참조.
74) 강호선[2011: 256-257]. 나옹 현창 운동에 대해서는 남동신[2007: 139] 참조.

옹의 제자 환암(幻庵) 혼수(混修)와 매우 절친한 사이였다.[75] 당시 혼수는 조계종의 의표(儀表)이고, 이색은 유자(儒者)들의 영유(領袖)라는 평가를 받았다.[76] 이색이 1381~1383년에 걸쳐 공민왕을 추도하고 아버지 이곡(李穀)의 유지를 받들기 위해 대장경을 조성하였는데, 이때 이색은 나옹 문도들의 도움이 없으면 일을 마칠 수 없다고 판단하였다.[77] 이러한 판단은 친분 관계에서 비롯된 것일 수도 있지만, 당시 나옹 문도들의 위세를 짐작케 한다. 혼수는 천태종의 요원과도 친하였다.

> 바) 내 아직 나이 20이 되지 못하여 산중에 가 놀기를 기뻐하였다. 그리고 승려와 같이 사여게(四如偈) 외는 것을 익히 들었다. 비록 모두 이해하지 못하더라도 그 돌아가는 곳을 따지게 되면, 무위(無爲)뿐이다. (중략) 좀 자라서 18명과 계(契)를 맺어 좋게 지내는 사이가 되었다. 지금의 천태의 원공(圓公)과 조계(曹溪)의 수공(修公)도 참여하였는데, 서로 깊이 이해하고 서로 두텁게 믿었음을 다시 말해 무엇하겠는가.[78]

천태의 원공 즉 요원과 조계의 수공 즉 혼수는 이색과 더불어 어울리면서 서로 깊이 이해하고 서로 두텁게 믿는 사이였다. 요원은 혼수에 대해 "일찍이 부허(浮虛)함을 깨달았다."고 평가하였다.[79] 고려말 천태종은 선종과 세력 다툼을 벌이기도 하였지만,[80] 요원과 혼수처럼 개

---

75) 『목은집』과 『동문선』에 이색이 환암을 생각하며 지은 시, 주고 받은 글이 다수 전하고 있다.
76) 『도은집』 권4, 文 「送雨千峯上人游方序」 "盖幻庵龜谷 曹溪之儀表 韓山子 吾徒之 領袖."
77) 강호선[2011].
78) 이색, 『동문선』 권74 記 「幻菴記」 한국고전번역원 번역 참고하여 수정하였다.
79) 釋了圓, 『동문선』 권22 七言絶句 「幻菴」 "三界癡如作繭蠶 白駒光景不停驂 茫茫 天地無人省 早悟浮虛只幻菴."

인적인 친분 관계를 유지하였다. 무엇보다 임제선풍이 풍미하던 상황에서 천태종이 그들의 고유성, 차별성만을 강조해서는 불교계에서 살아남기 힘들었을 것이다. 천태종은 세상의 변화에 적극적으로 대처하였고, 그 중심에 신조(神照)가 있었던 것 같다. 1392년 신조가 만의사 법회에서 화엄삼매참법과 계환해 강의를 행한 것은 이러한 맥락에서 이해해야 한다. 한편 고려말 조선초에 어느 종파가 주관하였는지는 알수 없지만 왕실에서 화엄삼매참법이 빈번하게 행해졌다.

사-1) (공민왕 12, 1363) 경신일에 (왕이) 직접 시어궁(時御宮)에서 화엄삼매 참도량을 베풀었다.[81]

2) 광암사를 중창하고 세 번째 경찬법회(慶讚法會)에서의 화엄삼매예참 소(華嚴三昧禮懺 疏)[82]

3) (태조 3년, 1394) 환왕(桓王)의 기신(忌晨)이므로, 임금이 中宮과 더불어 경천사(敬天寺)에 거둥하여 환왕의 어진(御眞)을 봉안하고, 이내 재를 베풀고 화엄삼매참을 강하게 하였다.[83]

4) (태조 4년, 1395) 근정전(勤政殿)에 화엄삼매참법석(華嚴三昧懺法席)을 베풀고 여러 창고(倉庫)에 명하여 공구(供具)를 베풀었는데, 사치가 지나치게 심하였으니 환자(宦者) 김사행(金師幸)이 한 짓이다. 회(會)에 참가한 중들이 1백8명이었다.[84]

---

80) 瑩原寺, 萬義寺를 둘러싼 선종과 천태종 사이의 갈등이 대표적이다. 영원사에 대해서는 한기문[2001], 만의사에 대해서는 이병희[2007] 참조.
81) 『고려사』 卷40, 世家40 공민왕 12년(1363) 3월.
82) 『양촌선생문집』 권27, 疏語類 「光巖寺重刱第三法會慶讚華嚴三昧懺疏」.
83) 『조선왕조실록』 태조 3년 갑술(1394) 4월 29일(무술).
84) 『조선왕조실록』 태조 7년 무인(1398) 1월 7일(을묘).

이처럼 공민왕 때부터 왕실의 화엄삼매참 법회의 기록을 찾아볼수 있다. 인용문 사-2)에서는 광암사의 중창 이후 화엄삼매예참을 행하였다고 하는데, 우왕 즉위년(1374)에 광암사에 인덕태후(仁德太后)의진영을 옮긴[85] 것으로 보아 우왕 때의 일로 볼 수 있다. 조선시대 들어 태조 3년(1394), 태조 7년(1398)에도 왕이 참석한 화엄삼매참 법회가열렸다. 그러므로 신조가 만의사에서 화엄삼매참을 행한 것은 당시왕실의 선호에 부응하기 위한 측면으로 이해할 수 있지 않을까 한다.화엄삼매참 법회를 개설하던 왕실의 분위기와 임제선풍이 성행하던당시 불교계 상황 속에서 천태종은 우왕대에 들어 계환해를 재간행하고 전면으로 내세웠던 것이다. 계환해가 송의 임제종 승려 계환이쓴 것이고, 선승의 입장에서 화엄과 법화의 동일성을 강조하였다는점을 다시 상기한다면 충분히 이해할 만한 일이다.

조선시대 들어 계환해 간행이 빈번하게 이루어졌다. 정종 1년(1399)에는 1382년에 간행된 소자본 계환해를 복각하였다. 현재 국립중앙박물관 소장본(보물 1081), 상원사 문수동자상 복장본(보물 793-6),개인소장본 등이 있다. 여기에는 의령군(宜寧君) 남재(南在)의 발문이있는데, 도인(道人) 해린(海麟)이 전 안양사(安養寺) 주지 대선사 선묵(禪默), 도인 각진(覺眞)과 함께 발원하여 단월 정천익(鄭天益), 이양(李穰) 등의 시주를 얻어 태조 7년(1398) 7월 간행에 착수하여 정종 1년(1399) 7월에 간행을 마쳤다고 한다.[86] 계환해가 새롭게 판각된 것은태종 5년(1405)이었다. 전라도 안심사(安心社)에서 조계종 승려 신희(信希) 등이 발원하고 성달생(成達生)이 직접 필사에 참여하였는데,[87]

---

85) 『고려사』 卷133, 列傳46 禑王 卽位年 11월 "移安仁德太后眞于光嚴寺."

86) 〈국가기록유산〉 보물 제1081호 묘법연화경 해제 참조.

87) 權近의 발문, "無上妙法取譬蓮華 授記證果 固無漸次 乃諸佛之本宗也 戒環疏解

이 판본은 이후 자주 번각되어 조선시대 계환해 유행에 큰 영향을 미쳤다. 신희가 "이 경을 신봉하여 외우고 수지한 지 오래되었다"고 하여 선종 승려의 계환해 이해가 오래되었음을 강조하고 있다. 조선초 계환해는 더 이상 천태종만의 전유물이 아니었다. 이러한 경향은 1380년대 계환해의 보급이 추진되던 고려말 불교계의 상황에서 직접적인 연원을 찾을 수 있다.

VI. 맺음말

지금까지 고려후기에 간행된 '법화경 계환해'의 현존 판본을 조사하고, 그 간행 배경 및 사상사적 의미에 대해 재고찰해 보았다. 그 내용을 간략히 정리하면 다음과 같다.

법화경 계환해(법화경요해)는 송의 임제종 승려 戒環이 화엄과 법화의 동질성을 강조하는 입장에서 『법화경』을 주석한 것이다. 때문에 고려후기 천태종의 사상 경향을 이해할 때 매우 중요한 서책이다. 앞선 연구에서 계환해가 1240년 백련결사에서 처음 간행되었고, 이후 고려후기 법화경은 대부분 계환해였다는 주장이 있었다. 그런데 계환해 관련 현존 판본과 문헌 기록을 조사해본 결과, 계환해가 1240년

精深簡功 觀者瞭然 易曉其義 故歷代奉此法者 皆重之 今曺溪大選信希等 信奉此經 誦持旣久 其於無量義處 固已深造而妙悟矣 將權利澤廣 霑無垠欲 以中字繕寫 利行使其耆老 至欲觀而眼昏者 皆得便於披閱其設心 亦可謂弘矣 前大護軍成君達生時 喪嚴君方在哀經間師 此志欲爲先君追福 乃與弟槪同書 是經道人信文 持往全羅道雲梯縣兜率山安心社 倩工鋟梓 以壽其傳 自今觀者 因疏證經 因經證果 繼繼而出 上以延洪國祚 下以普滋含靈 功德之大 豈易量哉 永樂三年春三月 下瀚陽村權近跋" 동국대 불교문화연구원[1967: 26-27] 판독문을 따랐다.

백련결사 보현도량에 처음 간행된 것은 분명하지만, 그 이후 우왕대인 1382년에 가서야 다른 판본이 나온다. 문헌상에서도 1380년대에야 계환해 관련 기록이 등장한다. 1240년 백련결사 간행본의 발문을 보면, 이때의 계환해 간행은 집정자 최우의 요청에 의한 것이었다. 1240년 이후로도 법화경 원전본이 다수 간행되었음은 물론, 고려후기에 유행한 법화경 사경은 원전본으로 이루어졌다. 그러므로 조선시대에 계환해가 원전본 및 다른 판본들보다 성행하게 되는 직접적인 배경은 우왕대(1375~1388) 간행본에서 찾을 수 있다.

1380년대에 들어 천태종에서는 화엄의 수용 및 계환해의 간행·보급에 적극적인 모습을 보인다. 이는 조인규 가문의 세력 위축이라는 여건 변화와 임제선풍의 급속한 확산이라는 외부적 상황에 직면한 천태종의 생존 전략이라고 판단된다. 천태종의 고유성, 차별성만을 강조하지 않고, 화엄이나 선과 같은 다른 사상과 소통하는 모습을 보여주고 있는 것이다. 계환해 관련 기록에 천태종 승려 요원(了圓)[(懶殘子], 휴상인(休上人), 신조(神照)가 등장하는데, 이들은 모두 고려말 천태종을 이끌던 묘혜(妙慧)와 직·간접적으로 연결된다. 1392년 고려말 천태종의 본사(本寺)인 만의사에서 행해진 법회에서는 330명의 천태종 승려가 참여한 가운데 계환해를 강의하였다. 이는 고려말 조선초가 되면 대부분의 천태종 승려들이 계환해를 수용하였음을 말해준다. 고려후기 천태종이 백련사계와 묘련사계로 나눠져 있었다는 견해가 있는데, 계환해 수용 태도에서는 이러한 구분을 찾기가 어렵다.

본 연구는 계환해의 유통 상황을 통해 고려후기 천태종, 나아가 불교계 전반의 사상 경향을 이해할 수 있다는 점에서 의의를 찾을 수 있다.

고려후기 조선초 강진 백련사의 고승과 사세

황인규

머리말

중국 동진 혜원의 동림사(백련사) 결사 정신이 수용되어 전개된 것이 결사의 시초이며, 이것이 신앙결사와 마을결사인 향도로 분화되었다. 향도야 말로 우리나라 공동체 정신 가운데 가장 대표적인 결사이며, 사원보도 불교 금융공동체 결사이다.[1] 신앙결사 운동을 전개하였던 수선사와 백련사계 고승들이 고려후기 불교계를 주도하였으며, 결사도량을 중심으로 고려후기 지방문화의 발전에 크게 기여하였다.

현행 중학교 역사교과서인 『역사』상과 1에서는 백련사의 결사운동에 대하여 서술하지 않고 있다.[2] 그 만큼 백련사 결사에 대한 관심

---

[1] 황인규, 2011, 「한국의 공동체 결사와 향도」, 『불교의 새로운 지평』, 원각불교사상 연구원 편, 대한불교천태종 출판부.

[2] 필자는 『고등 국사』에 백련사 결사의 내용이 실려야 한다고 제언을 한 바 있으 며,(황인규, 2000, 「중등 국사교과서에 나타난 고려후기 불교사의 서술과 문제점」, 『역사와 교육』 9) 7차 교육과정에 반영된 바 있으나 최근의 교육과정의 교과서에 실리지 않은 경우가 대부분이다. 우리나라 대표적인 양대 결사운동인 수선결사운동과 백

이 적다는 반증이며, 다소 유감스러운 일이다. 왜냐하면 널리 알려져 있듯이 백련결사와 수선결사 운동을 전개하였던 천태종과 조계종이 고려후기 불교계를 주도하여 사상이나 문화계에서 차지하는 위상이 작지 않았기 때문이다.

그 동안 백련결사에 대한 연구 성과는 적잖이 이루어졌으나[3] 정작 결사 도량의 본산이라고 할 강진 백련사의 역사나 사세에 관련한 천착은 본격적으로 검토된 바 없다. 백련사가 불교계의 무대에 크게 부각된 계기는 요세가 그의 제자 천인, 그리고 천책과 함께 백련결사 운동을 전개하면서부터이다. 그 후 상주 동백련사나 완도와 제주 등의 지역으로 결사가 확대되었으며, 원 간섭기에 원 황실의 원찰 묘련사가 건립되면서 백련사계 고승들이 개경에 진출하였다. 이에 따라 강진 백련사의 사세는 상대적으로 축소되었으며, 특히 여말선초 왜구의 침탈로 사세는 매우 침체되었다. 이에 본고는 이러한 사실에 유의하면서 고려후기 조선초 고승의 활동을 중심으로 강진 백련사의

련결사운동을 서술하였으나(조한욱 외, 2011, 『중학교 역사』 상, 비상, '불교계의 변화와 성리학의 전래, 결사운동의 전개') 조한욱 외, 2013, 『중학교 역사』 1, 비상, '불교의 발달'. 『중학교 역사』 1에서는 개혁운동과 선교일치 사실만을 간략히 서술하였다. 『중학교 역사』상에서 '결사운동의 전개'라는 두 주제로 고려 전기와 후기의 불교의 주요 사실을 대체로 잘 설명하고 있다. 하지만 『중학교 역사』 1에서는 '불교의 발달'이라는 단일 주제로 통합하여 그 내용을 대폭 축소 서술되었다. 황인규, 2013, 「중학교 『역사』(한국사) 교과서에 나타난 불교사 서술 체재와 내용-제7차 교육과정에서 현행 교육과정까지」, 『전법학연구』 4.

3) 백련결사운동에 관련한 주요 연구 성과는 다음과 같다. 고익진, 1979, 「백련사의 사상전통과 천책의 저술문제」, 『불교학보』 6 ; 1983, 「원묘국사 요세의 백련결사」, 『한국천태사상연구』, 불교문화연구원, 동국대 ; 채상식, 1979, 「고려후기 천태종의 백련사 결사」, 『한국사론』 5, 서울대 국사학과 ; 1966, 「백련사의 성립과 전개」, 『한국사』 21, 국사편찬위원회 ; 황인규, 2013, 「고려후기 백련사 결사의 계승과 전개-백련사 결사의 전개 再試攷」, 『불교연구』 38 ; 황인규, 2008, 「여말선초 천태종승의 동향」, 『천태학연구』 11, 대한불교천태종 총무원 원각불교사상연구원 ; 황인규, 2011, 『고려시대 불교계와 불교문화』, 국학자료원.

역사 전개와 사세의 변화에 대하여 살펴보고자 한다.[4]

1. 고려후기 백련사 사주와 결사의 전개

강진 백련사의 사세가 크게 진작되게 된 것은 요세가 결사운동을 전개하면서 부터이다. 백련사는 신라 때 창건되었으나 요세가 백련사에 주석하기 이전의 역사에 관해서는 알려진 것이 거의 없다. 9산문의 선승 무염이 백련사를 창건하였다거나 신품사현으로 알려진 김생이 백련사의 현판 글씨를 썼다는 이야기에서 백련사의 사세를 엿볼 수 있지만, 후세에 가탁된 사실에 불과하다.[5]

조선초기 이전 특히, 고려후기 백련사의 사세를 크게 진작시켰던 고승은 국사로 추봉된 백련사 8국사일 것이다. 원묘국사, 정명국사, 원환국사, 진정국사, 원조국사, 원혜국사, 진감국사, 목암국사가 바로 그들이다. 하지만 원환국사와 원조국사, 목암국사는 그 실체조차 알 수 없는 실정이다.[6] 8국사는 대부분 입적 후에 국사로 추증된 경우이며, 생존시에 책봉된 고승은 원혜국통 경의와 무외국통 정오에 불과하다.

---

4) 본고는 제3회 백련결사 학술세미나 고려후기 백련결사의 전개(2013.11. 22, 강진아트홀)에서 발표한 원고를 정제한 것이다.

5) 무염은 비문이나 기록에 만덕사와 관련 사실은 찾아지지 않고 있다. 그리고 김생이 쓴 글씨는 이미 조선의 문인이 지적한 바 있다. 정약용, 「山行雜謳, 『茶山詩文集』 권5, 詩, '門帖金生筆 樓懸道甫書 世謠疑有贋' ; 洪良浩, 「送趙學士寬甫 之任康津序」, 『耳溪集』 卷11, 序 ; 金鑛商, 「次萬德山白蓮寺林石川韻 幷小序」, 『退漁堂遺稿』 卷3, 詩, '寺有金生書萬德寺白蓮社六大字 以爲額板 而筆法雄健奇古'

6) 예컨대 강진 백련사 결사를 이끌어간 社主가 8國師라고 추념되고 있으나, 이에 대하여 논의가 되었을 뿐 그 실체가 정확히 밝혀진 바 없다. 고익진, 앞의 논문 ; 채상식, 앞의 논문 ; 허흥식, 1986, 「천태종의 형성과과정과 소속사원」, 『고려불교사연구』, 280쪽.

조선초 이전까지 백련사의 사세를 진작시킨 고승은 고려의 원묘국사와 무외국사, 조선초 행호를 들 수 있다. 조선초 문인 윤회의 기문에 의하면 백련사는 신라시대에 창건되어 고려시대에 이르러 원묘국사가 중수하였으며, 11대 무외국사까지 사세가 계승된 법화도량으로 동방의 명찰이었다고 한다.[7] 『신증동국여지승람』에는 신라 때에 창건되어 고려 승려 원묘가 중수하였으며, 조선 세종 때에 승려 행호가 다시 중수하였다[8]고 하여 원묘국사 요세와 행호를 백련사를 대표고승으로 꼽았다.

요세(1163~1245)는 1211년(희종 7) 전라남도 강진군 만덕사 옛 터에 80여 칸의 가람을 지었다. 그 당시의 가람 배치나 구조에 대해서 자세히 알 수는 없으나 『백련사지』에 의하여 그 대강의 모습을 엿볼 수 있다. 요세는 강진 탐진현의 토호층 최표·최홍·이인천 등 지방민의 후원 뿐만 아니라 왕실과 최씨정권의 후원을 받았다. 1232년(고종 19) 보현도량을 설하였으며, 1236년에 그의 제자이자 백련사의 제4세 사주가 되는 천책이 「백련결사문」을 찬술하였다.[9] 고종은 1237년 요세에게 선사의 법계와 음식을 내려이며,[10] 강종의 서녀이며 최충헌의 부인인 정화옹주는 백련사에 무량수불상을 조성하여 봉안하고 『금자법화경』도 함께 사경하도록 하였다.[11] 그리고 1240년에 『계환해 묘법연화경』을 개판하여 널리 보급하였는데, 최이가 발문을 썼다.[12] 조문

---

7) 尹淮, 「萬德山白蓮社重創記」, 『東文選』 卷81, 記.

8) 『신증동국여지승람』 권37, 전라도 강진현 白蓮社.

9) 崔滋, 「萬德山白蓮社圓妙國師碑銘 幷序」, 『東文選』 卷117, 碑銘.

10) 위의 비문. 요세도 임금의 祝聖齋를 올렸다. 釋天因, 「初入院祝聖壽齋疏文」, 『東文選』 卷111, 疏; 釋天因, 「初入院祝令壽齋疏文」, 『東文選』 卷111, 疏.

11) 요원, 『법화영험전』 권상, 天帝邊經而入藏 ; 김영미, 2008, 「靜和宅主 王氏의 삶과 불교 신앙」, 『이화사학연구』 37.

12) 동국대 불교문화연구소, 1963, 『高麗佛典目錄』, 14쪽, ; 『法華展觀目錄』 24쪽, '蓮

94__ 동아시아 법화경 세계의 구축 Ⅱ

발(?~1227)의 기문에 의하면, 요세는 '하늘을 덮고 대지를 덮을 만한 도'를 가진 인물로 '승려와 속인이 다투어 따랐다'고 한다.[13]

이렇듯 요세는 1245년 입적시까지 강진 백련사에서 신앙결사 운동을 전개하면서 사세를 진작시켰다.[14] 요세가 입적하자 제자 천인이 부도와 비를 세웠으며,[15] 수선사 개창조 지눌과 제자 혜심 이후의 최고 고승으로 추념되었다.[16] 조선후기에도 요세를 추념하였던 사실이 찾아지고 있어서 주목된다.[17] 예컨대 조선후기 문신 조병현(1791~1849)은 장흥군 부용산의 원묘사에 관한 시를 지으면서 요세를 비롯한 8국사를 추념한 바 있다.[18] 조선후기 백련사의 고승 아암혜장(1772~1811)은 이러한 요세에 대한 기록조차 없음을 아쉬워 하였다.[19]

經大義 會三歸一 合於東土 統三之應 其在歸崇之意 孰能如此 今者芸芸四一 達得宋本戒環解義 其文旨簡宏 宜當演揚於普賢道場 以廣其傳 予聞而悅之 遂令彫板以報環師淸淨慧眼之遠囑焉 時上章困敦畔月下旬 謹誌 金紫光祿大夫宋大師中書令上柱國上將軍監修國史 判御史臺事 晉陽公 崔怡.'

13) 趙文拔(?~1227),「萬德寺請說禪文」,『東文選』卷114, 道場文.

14) 1221년 帶方太守 卜章漢의 요청에 따라 전라도 남원에 제2의 백련사를 개설하였을 뿐이다. 남원의 결사에 대해서도 좀 더 천착될 필요가 있다.

15) 釋天因,「立浮圖安骨祭文」,『東文選』卷109, 祭文 ; 釋天因,「立碑後諱旦祭文」,『東文選』卷109, 祭文 ; 釋天因,「祭先師圓妙國師文」,『東文選』卷109, 祭文.

16) 閔仁鈞,「萬德山白蓮社主了世贈諡圓妙國師敎書」,『東文選』卷27, 制誥,'국가가 3백 여 년 이래로 大和尙을 추숭하여 국사를 삼은 것은 오직 大覺 · 無碍智 · 普照眞覺 등의 大德뿐이었다. 그 뒤로는 비상한 덕이 있어서 앞 시대 사람으로 하여금 아름다움을 독차지하지 못하게 한 사람은 바로 우리 대사이다.'

17)『장흥군지』에 의하면 부용산의 芙蓉寺는 고려 중기 때 세워진 사찰이라고 한다. 부용사가 원묘사인 듯하지만 확실치 않다. 참고로 한국독립운동사 관련 자료에 의하면 부용사에 대한 다음과 같은 기록을 찾을 수 있다. 참고로 1909년 무렵의 부용사에 관련 기록이 찾아진다. 국사편찬위원회, 1993,「八. 隆熙 三年(一九0九 · 明治 四二) (二)五月」,『한국독립운동사』자료 14(의병편 VII).

18) 趙秉鉉(1791~1849),「題八國閣」,『成齋集』卷5, 詩, '芙蓉山下數椽祠 湯餠今春奠老師 初祖遠微崔子筆 外孫無色趙公碑 雲中客踏前生石 雨後花開舊種枝 省識千秋圓妙社 六時鐘磬未曾衰

19) 강진문헌연구회, 1998,『백련사지』(강진문헌 제 6집), 205쪽,「兒菴和尙惠藏詩」, '누

요세의 상수제자인 천인은 1245년부터 강진 백련사 제 2세 사주로 재임하였다. 알려진 바와 같이 천인은 과거 응시 후 허적과, 전 진사 신극정(천책)과 함께 만덕산의 요세를 참방하였다. 그 후 수선사 제 2세 사주 혜심을 찾아가 조계의 선법을 터득하고, 다시 요세에게 돌아와서 보현도량 결사에 참여하였다.[20] 천인은 당시의 국왕과 진양공 최우를 위한 재를 베풀었던 점을 보아[21] 요세 이후 국가의 백련사 후원은 계속된 듯하다. 하지만 천인은 강진 백련사보다 부속 암자인 용혈암에 오랫동안 주석하였다. 즉, 천인은 1247년(고종 34) 몽골의 침입으로 완도 법화사에서 머물렀는데, 1248년 7월에 제자 원환에게 완도 법화사의 사주를 물려주고 만덕산 남쪽 용혈암에서 불경을 사경하다가 입적하였다.[22] 용혈암은 그 후 백련사 사주 천책과 정오 등이 머물렀던 수도원이 되었다. 천인은 백련사 사주로 재임하면서 사선암[23]과 천관산 등에 노닐었으며, 특히 천관산(지제산)에서 천태종의 부흥을 모색하였다.[24]

그 후 천인의 제자 원환은 1248년 7월부터 백련사 제 3세 사주로 재임하였는데,[25] 더 이상 그의 행적에 대해서 알려진 바 없다. 다만

각 고친 원묘는 기록조차 없다.'

20) 林桂一, 「萬德山白蓮社靜明國師詩集序」, 『東文選』 卷83, 序.
21) 釋天因, 「初入院祝聖壽齋疏文」, 『東文選』 卷111, 疏 ; 釋天因, 「初入院祝令壽齋疏文」, 『東文選』 卷111, 疏, '여러 승려를 모아 여름 安居를 맺고 낮에는 교리를 연설하고 밤에는 참선을 합니다.'
22) 林桂一, 「萬德山白蓮社靜明國師詩集序」, 『東文選』 卷83, 序.
23) 釋天因, 「遊四仙嵒有作」, 『東文選』 卷4, 五言古詩.
24) 『동사열전』 自序傳, '入支提山天冠寺放光界 謁阿育王塔長興'. 天因의 「天冠山記」에 의하면, 전라도 장흥 정안의 천관산에는 89암자가 있었으며, 아육왕탑으로 인하여 불렸던 塔山寺가 이들 암자들을 거느렸다고 한다. 釋天因, 「天冠山記」, 『東文選』 卷68 記 ; 『석가여래행적송』 : 『한국불교전서』 6.
25) 釋天因, 「次韻晥上人山中作」, 『東文選』 卷4, 五言古詩.

원환은 스승 천인에 이어 완도 법화사 사주를 계승하였다.[26] 완도 법화사는 이영이 완도에 유배를 왔다가 머물렀던 곳인데 그의 삼촌인 승려 혜일이 1244년 무렵에 중창하여 사주로 재임하였다. 천인 이후 동백련사 사주는 대개의 경우 재임 말년에 완도 법화사 사주가 되고 있었다. 따라서 완도의 법화사도 상주 동백련사처럼 강진 백련사의 분원이었던 것 같다. 이영은 천책과 교유하면서 그의 영향을 받았던 듯 하며,[27] 삼촌이 되는 혜일도 백련사 결사의 정신적 영향을 받았을 것이다.[28] 혜일은 백련사 사주 원환이 입적한 후 백련사에 주석하였던 듯하다.[29] 이렇듯 혜일은 강진 백련사에 머물다가 완도 상왕산 법화사로 가서[30] 사주로 재임하였다가 제주 묘련사로 가서 결사를 전개하였다.[31]

---

26) 『東國輿地志』 전라도 권5 상, 강진현 고적, '法華菴 在莞島中 寺之洞 有金石溪 天然臺 像王峰 高麗李穎 謫莞島 其叔父 僧慧日 隨而訪之 仍入島創寺 以居'; 『輿地圖書』 전라도 강진현 고적, '高麗正言 李穎 謫莞島 其叔僧慧日訪入 創寺以居 洞中 有全石溪 天然臺'

27) 천책, 1998, 「次韻答李尙書入社長句」, 『호산록』 권3, '多君入社寄佳篇'; 강진문헌연구회, 『백련사지』(강진문헌 제 6집)에는 '自注云李公以正言竄流南島'라는 小註가 부기되어 있다.

28) 천책, 「答林溪一 幷序」, 『호산록』 권3, '옛날 少卿 李穎이 象王山에 숨어 지낼 때 같이 대화를 나누다가 王元之의 백련결사시를 떠 올리고 두세 수 차운하여 산중 소식을 간단하게 알렸는데 벌써 17년이 지났습니다.'

29) 『신증동국여지승람』 권37, 전라도 강진현 산천; 金允植, 『續陰晴史』 卷6, 고종 29年 6月 6일, '白蓮遺跡慧禪侍(白蓮社在萬德山 新羅時建 世稱絶境 祖師十一代相傳爲 東方名刹 麗僧慧日居住, 有五律一首)'; '원환의 입적후 강진 백련사 사주는 천책이라 알려 있으나 혜일이라고 보아야 할 것이다. 이영이 眞靜에게 제자라고 칭하니, 그의 숙부 혜일은 진정과 당연히 同輩인데 그 시대 사람이 다만 국사로 책봉하지 않았을 뿐이다. 이제 추측하건데 혜일의 序次는 진정의 다음에 있어야 할 것 같다. 『만덕사사지』(강진문헌 제 6집), 76쪽. 이에 대해서는 보다 정밀한 천착이 필요하다.

30) 『輿地圖書』 古跡, 養子巖, '… 高麗 正言 李穎(謫莞島 其叔僧慧日訪入 創寺以居洞中 有全石溪天然臺 射峴在莞島諺稱)'.

그 후 강진 백련사 제 4세 사주는 천책이었다. 앞서 언급했듯이 천책은 강진 백련사의 요세에게 출가하여[32] 1232년 요세가 보현도량을 개설할 때 「임진년 보현도량 기시소」를 짓고,[33] 1236년에는 스승 요세의 지시에 따라 「백련결사문」을 짓는 등 백련사 결사에 참여하였던 바 있다.[34] 1241년(고종 28) 영흥산 보현사에서 안거하다가 1244년 8월 상주 목사 최자가 창건한 상주 동백련사의 초대 사주가 되어[35] 다보서탑도를 봉안하는 등[36] 사세를 진작시켰다.[37] 1247년(고종 34) 몽골의 침탈이 있게 되자 완도의 법화사와 용혈암에 머물렀다가[38] 만덕산에

31) 『新增東國輿地勝覽』 卷38, 濟州牧 佛宇 ; 李元鎭, 『耽羅志』 1册(1653年刊) 濟州牧 佛宇, '妙蓮寺在州西二十里 僧慧日詩 南荒天氣喜頻陰 此夕新晴洗客心 一夢人生 榮與悴 中秋月色古猶今 逈臨渺渺煙汀闊 斜影沈沈竹屋深 賞到夜?淸入思 不禁頭側動微吟.' 제주 묘련사에서는 고려 충렬왕 22년(1296)에 『金光明經文句』가 간행되었다.(『金光明經文句』 卷下, '金光明經文句卷下元貞二年丙寅歲高麗國濟州妙蓮社奉宣重彫') 현재 妙蓮寺址로 알려지고 있는 곳은 제주시 애월읍 광령리 774번지에 있는 大覺寺이다. 좀 더 자세한 사실은 다음의 논고를 참조하기 바람.(윤봉택, 2006, 「13세기 濟州妙蓮社板 『金光明經文句』의 事實照明-順天松廣寺藏高麗板天順板佛典을 중심으로-」, 『탐라문화』 29, 제주대 탐라문화연구소.)

32) 林桂一, 「萬德山白蓮社靜明國師詩集序」, 『東文選』 卷83, 序.

33) 천책, 「壬辰年普賢道場起始疏」, 『호산록』 권4.

34) 한기문, 1993, 「고려후기 尙州 공덕산 동백련사의 성립」, 『상주문화연구』 3, 상주문화연구소 ; 한기문, 1999, 「상주 공덕사 백련사지의 연혁과 현황」, 『상주문화연구』 9, 상주문화연구소.

35) 이 때 이규보도 시문을 남기고 있다. 李奎報(1168-1241), 「또 白蓮社 石臺에 題한 시를 보내다 普光禪師가 백련사를 功德山에 지었는데 앞에 석대가 있다.」, 『동국이상국전집』 권8, 古律詩 ; 李奎報, 「通師의 古笛에 題하다 幷序」, 『동국이상국전집』 권8, 古律詩.

36) 天頑, 「甲辰年多寶塔慶讚疏 景一幼其等行」, 『湖山錄』 권4 ; 허흥식, 1995, 『진정국사와 호산록』, 민족사, 152~254쪽. 이 탑의 그림이 바로 일본 경도 진언종 본산인 東寺에서 소장하고 있는 法華書塔圖이다.(朝日新聞社, 1995, 『東寺國寶展』, 219~220쪽 ; 권희경, 1986, 『高麗寫經의 硏究』, 미진사, 381~383쪽.)

37) 천책, 「遊四佛山記」, 『호산록』 하. 천인은 동백련에서 다음과 같은 시를 남기고 있다. 釋天因, 「海月樓看月」, 『東文選』 卷6, 七言古詩 ; 釋天因, 「冷泉亭」, 『東文選』 卷20, 七言絶句 ; 釋天因, 「說法臺」, 『東文選』 卷20, 七言絶句.

돌아와서 백련사 사주로 재임하면서 백련결사운동을 전개하였다. 판본에 의하면 고종 42년(1255) 『법화문구병기절요』 권제1~5 목판을,[39] 원종 3년(1262) 전주목 각판에서 만덕사 승려 심수가 『과문법화경』을 인출하였다고 한다.[40] 대각국사 의천이 입송 구법하여 장소, 즉 교장[41]을 수집하여 간행한 원각판이 지방 백련사에서 중각되었던 것이다.[42]

38) 林桂一, 「萬德山白蓮社靜明國師詩集序」, 『東文選』 卷83, 序, '丁未冬 避胡 寇入象王山法華社 示微疾 … 但就棄地茶毗耳 是日退寓山南龍穴庵 掩關絶事淡如也 … 言訖而逝' 천책은 용혈암에 있을 때 다음과 같은 시를 남기고 있다. 釋天因, 「誓上人在龍穴寫經有詩見贈次韻奉答」, 『東文選』 卷4, 五言古詩. 천책은 만년에는 龍穴庵에 거주하였으므로 '龍穴尊宿'이라 불렸다.〈梵海覺岸(1820~1896), 「眞靜國師傳」, 『東師列傳』, '晩年襲爲國師白蓮社移住龍穴庵 人稱龍穴大尊宿' 저서로는 『禪門寶藏錄』 1권과 『法華海東傳弘錄』 1권, 『湖山錄』 2권 등이 있다.

39) 『法華文句並記節要』 권1~5(木板) '乙卯 印出 萬德藏本' ; 천혜봉, 2012, 『고려대장경과 교장의 연구』, 범우, 252~253쪽.

40) 『科文法華經』(木板) '辛丑 全州牧 開板 壬戌 萬德寺 心秀引施', 『법화문구』는 만덕사에서 간직해온 경판 중에서 逸失된 것과 ?缺이 심한 것만을 가려 조선초 세조연간에 간경도감에서 간행된 것으로 여겨진다.(보물 제 1468호) 천혜봉, 위의 책, 252~253, 573~257쪽 ; 강순애 외, 2006, 『송광사 사천왕상 발굴자료의 종합적 연구』, 아세아문화사, 81~94쪽.

41) 의천의 敎藏이 續藏으로 불리게 된 것은 20세기 초 일본 학자들에 의해서였다. 즉, 1911년에 오노겐묘(小野玄妙)의 「高麗祐世僧統義天의 大藏經板雕造의 事蹟」에서 '4천 권의 諸宗章疏를 續大藏經이라 칭할 수밖에 없다'는 사실과, 1923년에 이케우찌 히로시(池內 宏)이 쓴 「高麗朝의 大藏經」에서 '의천의 속장'이란 명칭을 사용한 데서 비롯한 것이다. 1937년 大屋德城이 『高麗續藏雕造攷』라는 단행본을 간행하여 續藏이라는 이름으로 불리게 되었던 것이다.(大屋德城, 1937, 『高麗續藏雕造攷』, 東京: 便利堂) 최근까지 국내학자들도 아무런 비판 없이 그대로 따랐다. 김영태, 1997, 「大覺國師의 高麗敎藏」, 『韓國佛敎史正論』 불지사, 532~534쪽 ; 박상국, 1998, 「의천의 교장」, 『보조사상』 11, 보조사상연구원, 84~85쪽. 중등 역사교과서에서도 '속장경'이라 하였다가 최근에 '교장'으로 바로 고쳐 서술하게 된 것은 그나마 대행이다. 이문기 외, 2011, 『중학교 역사』 상, 두산동아, '또한 송 요 일본 등지에서 불교 경전을 모아 "속장경"을 간행하여 불교의 교리를 정리하였다.' ; 이문기 외, 2013, 『중학교 역사』 1, 두산동아, '또한 송 요 일본 등지에서 불교 경전을 모아 교장을 펴냈다.'

42) 이는 의천과 백련사의 관계를 엿 볼 수 있는 사실로 매우 주목된다. 김상호, 2006, 「妙法蓮華經玄義・法華文句記의 刻手 연구」, 『송광사 사천왕상 발굴자료

그리고 천책은 원종 5년(1264)에 『법화경수품찬』을, 원종 9년(1268)에 『해동법화전홍록』을 지었다.[43] 이미 고종 24년(1237) 요세가 백련사에서 『삼대부절요』를 간행하였던 바 있는데[44] 천책이 교장과 『법화경수품찬』 등의 천태종 전적을 지은 것은 백련사의 사세를 드높이고자 한 것이다. 그 후 말년인 1268년 무렵에 천인이 머물다가 입적하였던 강진 백련사의 부속 암자인 용혈암에 머물렀다. 용혈암에는 인근의 진도현령 우면과 낭주 태수 김서,[45] 수선사 고승이자 진도 용장사 주지였던 탁연[46]과 사굴산문 단속사 대사 돈원과 도한,[47] 금장사의 대선사[48] 등과 개경의 문인 이장용[49]·임계일·유경·김구·김녹연 등이 방문하여[50] 천책을 용혈대존숙이라며 높이 받들었다.[51]

의 종합적 연구』, 송광사, 84쪽, ; 천혜봉, 2012, 『고려대장경과 교장의 연구』, 범우, 251쪽.

43) 『선문보장록』에 의하면, '海東沙門 內願堂 眞靜大禪師 天頙 蒙旦가 칙명을 받아 서문을 쓰다. 至元 30年 계사년 (1293년, 충렬왕 19) 11月'

44) 崔滋, 「萬德山 白蓮寺 圓妙國師碑銘」, 『東文選』 卷117, 碑銘 ; 『三大部節要』 木板 '丁酉 萬德山開板' ; 천혜봉, 위의 책, 252~253쪽.

45) 「次韻奇呈龍穴大尊宿丈室」, 「寄呈龍穴大尊宿丈下 俗弟子 郎州守金愲」; 허흥식, 『역주 호산록』 175, 177쪽.

46) 천책, 「次韻寄龍藏寺主卓然公幷序」, 『호산록』 권3.

47) 천책, 「金字華嚴法華慶讚疏 斷俗寺禪師 門人大師敦元 請社內道人 自收書寫纔畢 元師物故 同行大師道閑 設慶讚安居法會」, 『호산록』 권4.

48) 천책, 「寄金藏大禪師」, 『호산록』 권3 ; 冲止, 「謝金藏大禪師惠新茶」, 『圓鑑錄』, 아세아문화사, 105쪽.

49) 『고려사절요』 권19, 원종 13년 1월.

50) 허흥식, 1995, 「1. 생애와 시대배경」, 『진정국사와 호산록』, 민족사 ; 천책, 허흥식 역주, 「遊四佛山記」, 『역주 호산록』 권3, 157~171쪽 ; 李藏用, 「林拾遺來示蓮社詩因成一首寄呈大尊宿丈下」, 『東文選』 卷14, 七言律詩 ; 林桂一, 「復次李相國詩韻奉呈大尊宿丈下」, 『東文選』 卷14, 七言律詩 ; 柳璥(1211~1289), 「林拾遺來示參社詩因書以呈」, 『東文選』 卷14, 七言律詩 ; 李藏用, 「林拾遺來示蓮社詩因成一首寄呈大尊宿丈下」, 『東文選』 卷14, 七言律詩 ; 林桂一, 「復次李相國詩韻奉呈大尊宿丈下」, 『東文選』 卷14, 七言律詩 ; 柳璥(1211~1289), 「林拾遺來示參社詩因書以呈」, 『東文選』 卷14, 七言律詩 ; 田得良, 「哭杏村李侍中嵓」, 『東文選』 卷15, 七言律詩 ;

이와 같이 강진 백련사의 사세는 완도의 법화사와 상주 동백련사, 제주의 묘련사와 법화사로 확대되었으며, 개경의 보암사에서 법화사 결사가 결성되는 등 외면적 확대를 꾀하였다. 하지만 강진 백련사 본사는 요세가 30여 년 간 주석하며 사세를 드높였으나, 그의 제자 천인이 2년, 천책과 혜일이 몇 년 머물렀다. 하지만 원나라의 간섭이 시작된 지 얼마 지나지 않은 1284년(충렬왕 10)에 충선왕과 원 세조의 딸인 제국대장공주의 원찰로 개경에 묘련사가 건립되어 백련사 출신의 승려들이 진출하게 되면서 강진 백련사의 사세는 상대적으로 퇴조하게 되었다.[52] 그 무렵 개경의 묘련사 사주는 백련사 고승 원혜국사 경의와 무외국사 정오가 재임하였다. 원혜는 1295년에 국사가 된 경의이며,[53] 무외는 1307년에 왕사로 책봉되는 정오인 듯하다.[54] 백련사 제5세 사주로 추념된 원조국사와 제 6세 사주 원혜국사가 강진 백련사에 주석하였다고 생각되지만 이에 관하여 알려진 바가 없다. 하지만 무외국사 정오 때까지 묘련사에 백련사의 정신이 지속되었다. 그러한 사실은 다음의 기록으로 미루어 알 수 있다.

　　생각하건대, 제자는 계와 덕이 원래 모자라고 병이 함께 겹치므로 지난

　　釋眞靜,「次韻答朗州太守金偕所奇」,『東文選』卷14, 七言律詩 ;『동사강목』권11 하, 원종 13년 1월조.
51) 강진문헌연구회, 1998,『백련사지』(강진문헌 제 6집), 170쪽, '天因은 龍穴庵에서 示寂하고 天頙은 繼居하였던 곳임을 알게 되었다. 당시 공경·학사·수령 모두가 속제자라 칭하고 龍穴大尊宿에게 시를 바쳤다. 두 스님이 휴식(偃息)하던 곳이다.'
52) 李齊賢,「妙蓮寺重興碑」,『益齋亂藁』卷6.
53) 圓慧는 1295년에 국존이 된 景宜임이 확실하다.『고려사』권31, 충렬왕 21년 5월 신사, ; 채상식, 1991,『고려후기불교사연구』, 일조각, 188쪽, 각주) 29
54)『고려사』권31, 충렬왕 21년 5월 신사.

무인년(1278년, 충렬왕 4) 봄에 다시 연당(蓮堂)에 머물다가 을미(1295년, 충렬왕 21) 삭에 와서 처음 나상(羅相)을 알게 되었습니다. 그 인연이 가장 두텁고 은혜가 실로 많았습니다. 그 때에 나상은 승려 3만 명의 재를 위하여 해마다 쌀 50석을 바쳤고, 다시 불전을 중수하여 그 단장을 새롭게 하며, 법문을 오랫동안 보호하여 견고한 성(金湯)처럼 공고히 하려 하였습니다. 어찌하여 향년이 오래지 않아 갑자기 옷을 벗고 길이 가셨습니까, 원우는 쓸쓸하여 마치 아비와 어미를 여윈 것처럼 다시 의지할 곳 없으며 조정은 한 숨만으로 팔 다리를 잃은 것처럼 지탱할 수 없습니다. 일 만 사람을 슬프게 하고 있습니다. 그 누가 두 줄기의 눈물을 흘리지 않겠습니까.[55]

정오는 1278년부터 1295년 무렵까지 강진 백련사의 부속 암자인 용혈암에 머물면서 당대 재상의 도움을 받아 강진 백련사에서 3만 반승을 하고 해마다 50석의 후원을 받았다. 특히 상주 동백련사의 최대 후원자로 알려진 최자(1188~1260)와 그의 아들 최유엄(1239~1331)의 강진 백련사 본사의 지원도 매우 컸다.[56] 이러한 후원 속에 백련사의 동안거시 보현도량이 개최되는 등 원묘국사 요세의 결사정신이 계승되었던 모습을 엿 볼 수 있다.[57] 그런데 정오는 용혈암뿐만 아니라 인

55) 釋無畏, 「薦羅宰臣疏」, 『東文選』 卷111, 疏.

56) 석무외, 「祝 萬德寺 施主 都指揮使 崔有?宰臣疏」, 『東文選』 卷111, 疏, '생각하건대 우리 淸河相公은 실로 白蓮寺의 시주로서 그 할아버지가 『연화경』을 외워 법을 보호하는 願을 발했고, 또 그 아버지는 훌륭한 문장으로 創社의 碑를 지었으니 이같이 그 祖考의 인연이 이 법에 두터웠기에 자손의 신앙도 다른 사람보다 몇 배가 많거늘, 하물며 이제 상공의 행동은 마침 어려운 때에 있어서 한 지방의 雷雨를 일으켜 은혜와 위엄이 하늘을 대신하고, 별도로 조그마한 사원의 金湯을 만들어 의지할 곳이 있사오며, 온 叢林이 다 기뻐하고 洞壑에 광명이 빛났다.'

57) 止浦 金坵(1211~1278), 「萬德社開設冬安居法會疏」, 『東文選』 卷111, 疏, '이 萬德社는 보현 보살의 道場으로 높은 곳입니다. 마침 겨울(玄律) 安居를 시작하기에 청정한 스님들의 服襲을 마련합니다. 멀리 큰 법회(海會)를 우러러보니, 모든 부처

근의 괘탑암에 무려 13년간이나 머물렀다.

　　지난 무인년(1278년, 충렬왕 4) 봄에 내가 오산현 용혈암에 살기 시작하여 경진년(1280년, 충렬왕 6) 여름에 상주로 옮겼고, 또 경인년(1290년, 충렬왕 16) 봄에는 다시 괘탑암에 왔으니, 이것은 모두 나의 종조가 중창한 것이다. 서편에 있는 3칸이 허물어져서 곧 땅에 쓰러지려 하므로 갑오년(1294년, 충렬왕 20) 가을에 다시 짓고, 을미년(1295년, 충렬왕 21) 4월에 남쪽 봉우리에 가시덤불을 베고 높은 대를 쌓아 능허대라 이름을 붙였다. …… 또 정유년(1297년, 충렬왕 23) 봄에 대숲을 베어버리고 돌을 쌓아 터를 만들고 작은 정자를 동쪽 언덕 시냇가 옆에 세우고 초은정이라고 이름지었다. …… 또 내가 평생 동안 산 곳이 3년 넘도록 머문 적이 없었는데, 이 암자에 산 지도 이제 13년이나 되었으니 아마 이 수토와 인연이 깊은가 보다. 그러나 영원히 머무르고 옮기지 않는 자는 없으므로, 이제 보월산 백운암을 택하여 옮기게 되니, 연대와 달을 뒤에 기록하였다가 다음에 보는 것으로 삼겠노라.[58]

위의 기문에서 보듯이 정오는 상주에 잠시 머문 후 1290년(충렬왕 16) 봄부터 괘탑암을 중건하고 13년 동안 머물면서 그 인근에 능허대와

님의 몸이 장엄한 듯하고, 다시 化城을 생각하니 衆商의 눈이 막히지 않습니다. 90일 간의 정진을 모든 성현께서 증명하소서. 티끌의 뿌리를 말쑥이 씻고, 업장의 때를 녹여 없앤 뒤에, 菩提의 面目을 치장하여서 옛 粧臺와 같게 되고, 調御의 衣冠을 바느질하여 새로운 補處를 더하게 하여지이다.'

58) 釋無畏, 「庵居日月記」, 『東文選』 卷68, 記 ; 강진문헌연구회, 1998, 『백련사지』(강진문헌 제 6집), 170쪽, '정오도 처음에는 용혈에서 거처하다가 나중에는 掛塔菴에서 거처하니 괘탑암은 上寺라 부른다. 그 남봉에 대가 있는데 정오가 축조하여 凌虛臺라 부르고 그 東涯에도 小臺가 있었는데 그곳도 정오가 축조하여 招隱亭이라 하다. 능허대는 원정 을미(1295 충렬왕 21)에 완성하고 초은정은 대적 정유(1297)에 완성하다. 지금에 이르기까지는 500여 년밖에 지나았는데 그 蕪沒이 이와 같다.'

초은정을 지었다고 한다. 그 후 보월산의 백운암으로 가서 머물다가 1307년에 충렬왕의 부름을 받아 묘련사의 주지 겸 왕사가 되었다.[59]

정오는 1309년에 천태종의 본산인 국청사에 주석하면서 천태종 육산의 승려 3,000여 명을 초청하여 교세를 과시하였다.[60] 그 후 1313년 (충숙왕 즉위년) 형원사의 주지와 국통이 되어 용암사와 금장사 등 천태종의 주요사찰을 장악하면서 불교계를 주도하였다. 특히 장흥 용두산 금장사의 주불을 새롭게 조성하고 만덕사 승려를 초빙하여 낙성회를 개최하였다.

지대(至大) 원년 무신년에 이르러 주청사로 옮기고, 제자인 선사 굉지로 하여금 뒤를 이어 이절에 머물게 하고 개금하는 일을 부탁하였다. …… 다음해 2월에 회화의 일이 끝나자, 만덕사(萬德社) 승려들을 청하여 맞아서 점안법회를 열어서 낙성하였다.[61]

금장사는 이미 천책이 교유했던 사찰로 백련사와 긴밀한 사찰이었던 듯한데, 정오가 백련사 승려들을 초빙하여 금장사의 불사[62]를 주최할 만큼 백련사의 사세가 컸다고 볼 수 있다. 조선초 문인 윤회가 기문

---

59) 『고려사』 권34, 충숙왕세가 충숙왕 즉위년 11월 무자.
60) 정오의 생애와 활동에 대해서는 다음의 논고들을 참조하기 바란다. 허흥식, 1997, 「無畏國師 丁午의 事業과 繼承」, 『대련 이영자박사 회갑기념 천태사상과 동양문화』, ; 채상식, 1999, 「無畏國統 丁午의 활동상과 사상적 경향」, 『釜大史學』 23.
61) 李懌, 「龍頭山金藏寺金堂主彌勒三尊改金記」, 『東文選』 권68, 記. 장흥 금장사의 불사는 다음의 기문에도 언급되어 있다. 朴全之, 「靈鳳山龍岩寺重創記」, 『東文選』 卷68, 記.
62) 천책, 「寄金藏大禪師」, 『호산록』 권3; 冲止, 「謝金藏大禪師惠新茶」, 『圓鑑錄』, 아세아문화사, 105쪽.

을 남긴 바와 같이, 강진 백련사는 원묘국사가 중수하고 무외국사에 이르기까지 법화도량으로 동방의 명찰이었던 것이다. 하지만 그 이후 고려말에 이르면서 백련사의 사세는 점차 퇴락해 갔던 듯하다.

2. 고려말 백련사의 퇴락과 조선초 중흥불사

앞서 언급한 바와같이 고려말에 이르러 강진 백련사의 사세는 다소 침체된 듯하지만 사중 고승 등 사세의 전모에 관하여 알려진 바 없다. 다만 충혜왕의 서자 출신인 승려 석기가 머물렀다는 사실이 찾아질 뿐이다.[63] 후술하는 바와 같이 왜구의 침탈로 만덕사(백련사)가 화재 피해를 입어 쇠락하였다. 조선초 문인 윤회가 고려말의 백련사는 '왜적이 날뛰게 되자 바다를 등진 깊숙한 지역까지 폐허가 되어버렸으며, 사찰도 그 성쇠를 같이 하였다'[64]고 하였으므로 백련사의 사세는 매우 침체된 듯하다. 『신증동국여지승람』에 의하면, 왜구의 침탈이 커지자 강진의 수인산성을 쌓아 '고려 말기에 도강·탐진·보성·장흥·영암의 백성이 모두 여기에서 왜구의 난을 피했다'고 한다.[65] 세종 때에도 왜구가 강진을 침탈하자 이에 대비하기 위해 강진에 진을 구축하고 읍사를 이전하자는 주장까지 대두되었다.[66] 조선중

---

63) 『고려사절요』 권26, 충정왕 3년(1351) 12월, '충혜왕의 서자 釋器의 머리를 깎고 萬德寺에 두었다.'; 『동사강목』 제14상 임진년 恭愍敬孝王 원년 諱는 顓, 古諱는 祺, 몽고명은 伯顏帖木兒. 충혜왕의 同母弟이다.(원 순제 지정 12, 1352년) 춘정월.

64) 尹淮,「萬德山白蓮社重創記」,『東文選』卷81, 記, ; 『신증동국여지승람』 권37, 강진군 불우 白蓮社.

65) 『신증동국여지승람』 권37, 전라도 강진현 고적 ; 『萬機要覽』 군정편 4, 關防 전라도 李恒福所啓.

66) 『세종실록』 권36, 9년(1427년) 5월 11일(무술), '大護軍李蓁上書曰 … 若移永康築城

기 문인 이항복의 상소에서도 왜구의 침탈에 대응한 대비책이 강조
되는 등 강진 일대의 왜구로 인한 피해는 자못 컸다.[67]

이렇듯 백련사도 왜구의 침탈로 인해 가람이 화재 피해를 입었으
며, 특히 조선 태종대에는 큰 화재를 입어 사찰 전각이 소실되었다.[68]
그 후에도 백련사의 고승이 피해를 입는 등[69] 여말선초의 백련사의
사세는 퇴락해가고 있었다.

사실 여말선초 천태종계를 주도하였던 고승은 강진 백련사가 아
닌, 근기지방에서 활동하였던 신조와 요원, 공암조구, 부암운묵 등이
었으며,[70] 그들의 문도라고 추정되는 행호가 조선초 백련사를 중창하
여 가람을 일신하였다.

행호는 조선초 천태종의 중심 사찰인 원주 각림사와 고양 대자암
을 중심으로 활동하였다. 원주 각림사는 이성계와의 인연이 있었으
며,[71] 그의 아들 태종이 잠저시 독서하였던 사찰이다. 태종은 1년여
기간에 걸쳐 각림사를 중창하여 1407년(태종 17) 천태종 고승 행호를
초빙하여 낙성식을 주관케 하였다.[72] 행호는 태종의 아들 성녕대군

之力, 營廨舍於舊址, 用力易而成功速'

67) 李恒福(1556~1618),「康津修因山城」,『白沙集』卷2, 敍.

68) 『태종실록』에는 '왜적이 耽津을 侵寇하여 萬德寺를 불태웠다' 라는 짤막한 기록
이 찾아진다. 『태종실록』 권14, 7년(1407) 12월 9일(무자), '倭寇耽津 焚萬德寺' 이
러한 단편적인 기사가 당시 실록에 기재하게 된 것도 백련사(만덕사)의 위상을
엿 볼 수 있는 사실이기는 하지만 백련사의 피해가 어느 정도 인지 정확히 알 수
는 없다. 아마도 만덕사의 전각 대부분이 화재의 피해를 입었을 것이다.

69) 『성종실록』 권35, 4년(1473) 10월 23일(신사).

70) 황인규, 2008,「여말선초 천태종승의 동향」,『천태학연구』 11, 대한불교천태종 총
무원 원각불교사상연구원.

71) 『연려실기술』 권1, 太祖朝故事本末, 잠룡 때 일.

72) 『태종실록』 권24, 12년(1412) 10월 17일(기사) ; 『태종실록』 권28, 14년(1414) 윤9월
14일(갑인) ; 『태종실록』 권31, 16년(1416) 4월 28일(경인) ; 『태종실록』 권32, 16년
(1416) 8월 23일(임오) ; 『태종실록』 권33, 17년(1417) 2월 22일(기묘) ; 『태종실록』 권

종(1405~1418)의 분암으로 지어진 대자암의 주지로 재임하였다.[73] 대자암은 행호뿐만 아니라 무학자초의 상수제자 함허기화와, 그 계열인 듯한 혜각존자 신미도 주지로 재임하는 등 당시 불교계의 주요 고승들이 주석하였던 사찰이었다.[74] 행호는 효령대군과, 세종[75]과 그의 아들 안평대군과 친밀하였는데, 특히 효령대군은 행호를 극진하게 모셨으며,[76] 강진 백련사의 중창을 적극 후원하였다.

이에 천태영수 도대선사 호공이 백련사에 구경을 갔다가 그 황폐한 것을 보고서 석장을 멈추었다. 깊이 탄식하여 폐한 것을 일으키고 옛 모양을 회복하며, 임금을 장수하게 하고 나라를 복되게 할 서원을 세웠다.

아울러 그 도제 신심 등에게 부탁하여 여러 선남선녀에 시주를 권유하여 모든 계획을 차리게 하였다. 또한 신심을 보내어 효령대군에게 편지를 올려

33, 17년(1417) 3월 5일(신묘) ; 『태종실록』권33, 17년(1417) 4월 2일(무오) ; 『태종실록』권34, 17년(1417) 7월 5일(무오) ; 『태종실록』권34, 17년(1417) 9월 15일(정묘) ; 卞季良, 「原州覺林寺重創慶讚法華法席疏」, 『東文選』卷113, 疏 ; 원천석, 「天台演禪者將赴叢林 自覺林寺來過余 觀其語默動靜 甚是不凡 雖當釋苑晩秋 將是以復興其道 臨別需語 泚筆以贐行云」, 『耘谷行錄』卷5, 詩, '禪門絶名相 闈闥本幽深 祖脈傳台嶺 宗風隔少林 應吹無孔笛 閑弄沒絃琴'

73) 尹淮(1380~1436), 「萬德山白蓮社重創記」, 『東文選』卷81, 記.

74) 황인규, 2004, 「세조대의 삼화상고-신미와 두 제자 학열과 학조」, 『한국불교학』26 ; 황인규, 2005, 『고려말·조선전기 불교계와 고승연구』, 혜안.

75) 즉, 행호는 세종으로 즉위하는 충녕대군과 1418년(태종 18) 5월 대자암 불사에서 조우한 바 있었다. 그 후 세종은 왕위에 오르자 행호를 判天台宗師로 모셨다. 『태종실록』권35, 18년 5월 11일(경신).

76) 『세종실록』권85, 21년(1439) 4월 21일(무술). 대자암은 효령대군의 원찰로 삼았으며, 『법화경』을 인경하기도 하였다. 『한국사찰전서』대자암조, '誠寧大君願堂 其壯麗 與楊州檜巖寺 相甲乙云' ; 『妙法蓮華經』(大慈庵 板本) 卷5-7, 發願, '三俯賜證明 道人定庵 書制成達生 判事成槪 施主 … 元敬王太后仙駕生利 誠寧大君昭頊公仙駕生利 上王殿下壽萬歲 主上殿下壽萬歲 恭妃殿下壽齊年 大德主 孝寧大君 三韓國大夫人鄭氏 貞慶宅主柳氏妙晶 三韓國大夫人成氏 …'.

대공덕주가 되어 주기를 청하였고, 이에 대군은 흔연히 허락하고 이것저것
을 따지지 않고 동의하여 재정을 시주하고 힘을 불러 주었으므로 사람들이
앞을 다투어 좇아서 멀다 아니하고 모여들었다. 장흥부 사람 전도관좌랑 조
수와 강진현 안일호장 강습이 가장 앞장을 섰다. 경술년 가을에 시작하여 병
진년 봄에 준공하였는데, 불전과 승사는 거의 태평시대의 옛 모습을 회복하
였고, 설법하고 축복하는 것도 옛날에 비해서 오히려 나았다.[77]

　　이렇듯 행호는 그 제자 신심과 함께 세종 12년(1430)에 강진 백련
사·만덕사의 중창을 시작하여 세종 18년(1436)에 마무리 하였다. 당시
전각 당우와 회랑 요사가 매우 크고 넓게 되어 거의 옛 모습보다 앞
설 정도였다고 한다.[78] 『만덕사지』에 의하면 '만덕사는 동서 2원이며,
서원은 동원의 절반인데 모두 행호가 중건한 것이다. 서원은 팔상전
(법당), 청운당, 백운당, 망월전, 명원루 등이었다'고 한다.[79] 이 중창에
는 장흥부의 전 도관좌랑 조수와 강진현 안일호장 강습을 비롯하여
인근 지방민이 대거 참여하였는데, 원묘국사 요세의 백련결사시 지
방의 향리층과 독서층이 주도하여 운동에 참여한 사실과 비견된다.
행호가 세종의 총애를 받고 백련사를 중창한 것은 백련결사를 전개
하여 불교계를 주도하였던 사세를 만회하기 위한 것이었으며, 이러
한 여세를 몰아 선종의 총본산인 도회소 흥천사의 주지에 재임하면
서 불교계를 주도하였던 것이다.[80] 하지만 행호는 억불시책을 강화하
고자 하였던 유림들의 표적이 되어 제주도에서 순교를 당하고 말았

77) 尹淮, 「萬德山 白蓮寺 重創記」, 『東文選』 卷81, 記.
78) 趙宗著, 「전라도 康津 萬德山 白蓮寺事蹟碑」, 『조선금석총람』 하.
79) 강진문헌연구회, 1998, 『백련사지』(강진문헌 제6집), 167쪽.
80) 황인규, 2003, 「조선전기 천태고승 행호와 불교계」, 『한국불교학』 35, : 황인규,
　　2005, 『고려말·조선전기 불교계와 고승연구』, 혜안.

다.[81] 때문에 강진 백련사의 사세는 다소 침체되었을 것이지만, 그러한 가운데 세조연간 『대장경』이 봉안되고[82] 백련사(만덕사)의 승려로 추정되는 혜조가 세조대 백련사의 만경루를 중수하기도 하였다.[83] 1459년(세조 5) 9월 판선종사 수미와 해인사 주지 죽헌이 『대장경』 47건을 인쇄하였는데 그 가운데 1질이 백련사에 소장되었던 것이다.[84]

그 후 성종대 승려 혜휴가 백련사에 주석하였다는 사실을 알 수 있다. 점필재 김종직의 문집에 의하면, 혜휴는 김종직과 교유한 사림들에게 널리 알려진 고승이었던 듯하지만,[85] 왜구에게 시해를 당하고 말았다.[86]

---

81) 黃胤錫,「有明朝鮮國 故通政大夫 行司諫院正言 不愚軒 丁公行狀」,『不愚軒集』卷首. 이는 후에 허응보우가 제주에서 참사(장살)를 당한 선례가 된 것이 아닌가 한다. 이처럼 한국 불교사상 승려가 제주에 유배되어 주살당한 경우는 행호와 나암보우 그리고 조선후기 喚醒志安(1664~1729)에게서도 찾아진다. 황인규,「조선전기 불교계의 고승탄압과 순교승」,『불교사연구』 4 · 5합, 중앙승가대 불교사학연구소, 2004 ; 황인규,「조선전기 천태고승 행호와 불교계」,『한국불교학』 35, 2003.

82) 김두종, 1974,「간경도감의 간행불전목록」,『한국고인쇄기술사』, 탐구당, 161~167쪽 ; 천혜봉, 1991,「조선전기불서판본고」,『서지학보』 5, 한국서지학회, 22~23쪽 ; 박정숙, 1996,「세조대 간경도감의 설치와 불전 간행」,『역사와 세계』 20, 부산대 사학회, 56~58쪽.

83) 강진문헌연구회, 1998,『백련사지』(강진문헌 제 6집).

84) 본래 이 『대장경』은 간경도감에서 간행한 것으로, 효령대군과 세조의 삼화상 혜각존자 신미와 두 제자 학열 · 학조 등이 주도하여 간행된 것이었다. 이규경,「釋典總說 釋敎 · 梵書 · 佛經에 대한 辨證說」,『五洲衍文長箋散稿』 경사편 3 - 석전류 1; 李德懋,「海印寺藏經」,『靑莊館全書』 권55, 盎葉記 2.

85) 김종직,「謝德方惠僧統送扇」,『佔畢齋集』 권1, 詩 ;『續東文選』 卷9, 七言絶句,'方外神交有惠休 松風舊雨憶曾遊 年年六月炎塵漲 分我龍天一掬秋' 그 외에 백련사(만덕사)의 승려였을 나월헌 옥명도 찾아지나 확실치 않다. 金宗直,「倻山明上人送木瓢來人云 得之萬德社冬柏樹」,『佔畢齋集』 시집, 권10, 詩.

86) 『성종실록』 권35, 4년(1473) 10월 23일(신사),'全羅道水軍節度使 閔孝幹이 계달하기를, "康津 萬德寺의 승려 惠休 등 17인이 배를 타고 順天 內梁浦에 이르자, 도적 10여 사람이 배를 타고 푸른 옷을 입고 倭語를 쓰면서 칼을 뽑아 배 안에 뛰어들어와 혜휴 등 두 사람을 쳐서 죽이고, 재물을 전부 약탈하여 동남쪽 바다를

그 무렵 행호와 더불어 백련사를 중창했던 효령대군은 성종대에
도 백련사에 전답을 시주하였다. 즉, 효령대군은 1482년(성종 13)에 강
진에 있는 밭과 논 10결을 '조종영세의 수륙재'를 받들기 위하여 시
주하였다.[87] 『만덕사지』에 의하면 효령대군은 현재의 오죽전에 있었
던 동원 동전에 머물렀으며,[88] 강진 백련사와 능주 쌍봉사에 수륙사
를 개최하기도 하였다.[89]

이렇듯 강진 백련사는 조선초에 천태종의 고승 행호와 그를 후원
하였던 효령대군에 의해서 중창되어 사세가 진작되었다. 이는 여말
선초 숭유억불 시책이 강화되어 가는 시기에 지방 불교가 흥성하였

향하여 갔는데, 그 배는 거의 경상도 배와 비슷하였습니다." 하므로, 院相에게 의
논하도록 명하였다.'

87) 효령대군, 「萬德寺 施僧文」, 『청권집요』 : http://WWW.or.kr.

88) 다산 정약용이 지적한 대로 백련사는 효령대군의 원당이었다. 丁若鏞, 「山行雜
謳」, 『茶山詩文集』 권5, 詩, '孝寧大君이 萬德寺에 가 논 일이 있어 드디어 그 절
을 願堂으로 삼고 紀蹟碑를 세워두었는데 임진왜란 때 그 비가 깨지고 전해지지
않았으며, 또 讓寧大君이 효령에게 말하기를, '나는 살아서는 왕의 형이요, 죽으
면 부처의 형이 될 것이다."라고 하였다.' ; 南九萬, 「孝寧大君의 遺墨帖에 대한
발문」, 『약천집』 권27, 題跋, '호남 관찰사로 있는 李公震壽가 그의 선조인 효령
대군 靖孝公의 유묵 한 첩을 나에게 보여 주며 말하였다. "이는 우리 선조께서
전라도 康津縣에 있는 萬德寺에 토지를 시주하여 先王과 先后의 冥福을 비신 내
용입니다." ; 丁若鏞, 「山行雜謳 二十首」, 『與猶堂全書』 第一集, 詩文集 第五卷 詩
集 詩, '孝寧大君甞游萬德寺 遂以爲願堂 有碑紀蹟 壬辰之難 碑毁不傳.' 행호가
중건한 해(1436)부터 경진(1760)의 화재까지는 그 사이가 325년 이다.『백련사지』
(강진문헌 제6집), 173쪽.

89) 『백련사지』(강진문헌 제6집), 고적, 192쪽, '佛法印은 다섯 글자가 새겨진 도장인
데 내용은 불법승 삼보이며, 이 불법인은 효령대군의 래주 때 새긴 것이다. 대군
은 만년에 본사에다 수륙도량을 개설하였는데 수천이 부족하여 능주의 쌍봉사
로 이설하였다. 도장은 문서를 8도로 보낼 때 찍었으며 일이 끝나면 본사로 돌려
보내 보관하였다. 그러나 쌍봉사 스님이 돌려주지 않아서 송사를 하였으나 이
기지 못하여 그 도장은 쌍봉사에 두게 하였다.' 참고로 효령대군은 1429년 강진
월출산 無爲寺의 중창을 指諭하였던 바 있으며, 1454년에는 1447년에 조성한 泰
安寺 大鉢을 개조하고 시주를 하였다.

다는 점에서 매우 주목되는 사실이다.

맺음말

이상에서 살펴본 바와 같이 강진 백련사는 무신집권기초 원묘국사 요세와 그의 제자 천인과 천책에 의하여 신앙결사운동이 시작되면서 사세가 크게 진작되었다. 원 간섭기 초반 정오대 무렵까지 결사정신이 계승되면서 그러한 사세는 지속되었던 듯하다. 특히 요세가 강진 백련사에서 백련결사 운동을 전개하면서 백련사의 사세는 홍성하였다. 그의 제자 천인과 천책, 정오에 이르기까지 백련사 고승들은 강진 백련사에서 주석하다 말년에 강진 만덕산 남쪽에 위치한 부속 암자인 용혈암과 괘탑암에서 퇴거하여 강진을 중심으로 사세를 확대시켰다. 강진 백련사의 결사는 분원인 완도의 법화사, 상주의 동백련사, 제주의 묘련사와 법화사 등으로 전개되었다. 그러나 원 간섭기에 이르러 정오가 개경의 묘련사에 진출하였으며, 일부 퇴직 고위 인사들을 중심으로 결성한 개경의 보암사와 법화사 결사도 그 영향을 받았던 듯하다.

이렇듯 고려말에 이르러 강진 백련사 결사정신이 퇴조한 반면 전국 사세의 확대를 가져왔다. 하지만 정작 강진 백련사의 사세는 이전의 시기보다는 축소되어 갔으며, 특히 왜구의 침탈로 더욱 퇴락하였다. 그런데 여말선초의 고승 신조와 요원, 공암조구 등이 천태종계를 주도하게 되고, 조선초에는 그들의 문도라고 추정되는 행호가 등장하여 당시 천태종과 불교계를 주도하였다.

행호는 조선초 천태종의 주요 사찰인 원주 각림사와 고양 대자암 일대에서 활동하였다. 행호는 조선왕조의 최고의 호불 대군이라 불린 효령대군의 지지와 후원을 받으면서 강진 백련사를 중창하였다. 이는 고려후기 결사정신을 되살려 천태종을 중심으로 불교계를 부흥시키려고 한 것이다. 이러한 행호의 홍법 노력은 조계종의 무학자초와 문도 기화의 홍법 노력에 비견되는 일이다. 행호의 순교후 효령대군은 강진 백련사를 원당을 삼아 중창하였으며, 고승 혜휴가 왜구에 시해되는 어려움 속에서도 전지를 시납하는 등 사세의 확장을 꾀하였다.

설잠(雪岑)의 연경별찬(蓮經別讚)에 나타난 법화천태사상(法華天台思想) 고찰
—특히 불신관(佛身觀)을 중심(中心)으로—

차차석

I. 서 언

설잠(雪岑) 김시습(1435~1495)은 조선조 초기에 다양한 삶을 살았던 사상가 중의 한 사람이다. 그가 살았던 세종조에서 성종조에 이르는 시기는 사회 문화적으로 격변의 시대라 할 수 있다. 세조의 정권 찬탈로 인한 정치적 격변이나, 혹은 유교적 지배 이데올로기가 불교를 압박하던 가운데서도 불교를 부흥하려는 일단의 시도 등 정치적 사상적인 혼란기였다. 따라서 설잠은 이러한 조선 초기의 불교적 역사의식이나 사상적 편린을 알려주는 중요한 사람이기도 하다.

본고는 김시습의 삶이 유교적이었다거나 불교적이었다는 문제에 대해서는 언급하고자 하지 않는다. 그것은 보는 사람의 시각에 따라 달라질 수밖에 없는 것이기 때문이다. 사상이란 당사자의 내면세계

---

*이 논문은 1996년도에 한국불교학 제21집에 발표한 것이다. 누락된 각주를 보충하고, 몇 가지를 수정해서 보완했다. 따라서 이전의 논문과 부분적으로 약간 다른 점이 있음을 밝힌다.

를 보여주는 것이므로 그의 저서 속에 나타난 사상체계를 분석하는 것이 오히려 부질없는 논쟁을 종식시키는 첩경이 되리라 생각한다. 따라서 설잠의 저서 중에서 『연경별찬』에 나타난 법화천태사상을 고찰함으로써 그의 불교적 지평을 알아보자고 한다.

특히 『연경별찬』에 나타난 불신관을 중심으로 천태사상의 편린을 살펴보고자 한다. 이 책 자체가 『법화경』에 대한 찬송이자 천태사상의 편린을 보여주고 있으며, 동시에 법신변만(法身遍滿)의 사상으로 충만해 있다는 점에 주목하고 그에 대한 성격을 규명하고자 한다. 또한 법신변재(法身遍在)의 사상은 불신관의 한 형태이며, 불신관은 불교의 본질에 대한 의문에서 출발하고 있다는 점에서 중요한 가치체계를 알려주는 것이기도 하다. 즉 '부처가 무엇이고, 법은 무엇이며, 그것들은 우리와 어떠한 관계를 형성 하는가'에 대한 문제의식에서 전개되는 사상이므로 설잠의 불신관을 이해한다는 것은 설잠이 대승불교의 핵심사상을 어떻게 이해하고 있었는가를 알려주는 것이다.

특히 그의 수많은 저서 가운데 『연경별찬』을 선택하여 고찰하고자 하는 것은 이 책이 원효스님의 『법화종요(法華宗要)』 이래 드물게 남아 있는 『법화경』에 대한 찬송이라는 점, 뿐만 아니라 천태사상 내지 불신관의 비교를 통하여 『법화경』에 대한 설잠의 입장을 엿볼 수 있는 중요한 자료이기 때문이다.

그리고 『연경별찬』에 나타난 불신관의 특징을 선명하게 하기 위하여 『법화경』 이전의 불신관과 법화천태의 불신관을 간략하게 살펴보고, 천태사상과의 비교, 『연경별찬』에 나타난 불신관의 특징을 살펴보기로 한다.

II. 법화경(法華經) 이전의 불신관(佛身觀)

일반적으로 석가모니불의 재세 당시에는 법신과 색신을 동일시하고 있었음을 알 수 있다. 원래 불교적 관점에서 본다면 석가모니불이 이 세상에 출현하든 하지 않든 그것과는 무관하게 법은 존재하는 것으로 알려져 있었다. 그것은 석가모니불 자신의 고백이나 '자등명 법등명(自燈明, 法燈明)'이라는 유명한 유계(遺誠)에서도 알 수 있는 것이다.[1]

이것은 불교의 출발이 법이었으며, 그 귀착점도 법이었음을 알려준다. 다만 초기불교시대에는 법의 보편성이나 영원성이 중요하게 인식되고 있었으며, 석가모니불이라는 인격을 통하여 그분이 깨달은 법을 듣고 받아들이고 있었다. 따라서 불교신도들에게 있어서 법이란 것은 단순하게 법 혹은 이법(理法)으로 인식되고 있었던 것이 아니라 석가모니불의 가르침인 교법으로서의 법이었다. 그러나 이것은

> 법을 보는 자는 나를 본다. 나를 보는 자는 법을 본다. 왜냐하면 법을 봄으로써 나를 보고, 나를 봄으로써 법을 보기 때문이다.[2]

라는 석가모니불의 고백처럼 법과 불이 별개의 존재가 아니라 하

---

1) 불교는 법의 존재를 깨달은 것으로 파악한다. 따라서 『잡아함경』 권44(『대정장』 2, p.322a)에서는 '지금 이법은 나에 의해 證悟된 것이 아닌가. 그렇다면 바로 이 법이야말로 내가 존중하고 공경하고 의지하여 머물러야 할 곳이 아닌가'라고 독백하고 있다. 또한 '자등명 법등명'에 대해서도 『장아함경』 권2, 「유행경」(『대정장』 1, p.15b)나 『남전대장경』 권7, 「장부」 2, p.68에 나오고 있다.
2) 『남전대장경』 권14, 「상응부」 3, p.190.

나로 인식되고 있었음을 알려준다. 결국 법은 부처의 출현과 무관하게 항상 존재하는 것이지만 부처를 만나서야 비로소 그 의의를 완성할 수 있게 되었다는 사실을 말하는 것이다. 이러한 사조는 자연스럽게 법과 불의 일치를 확신하게 되었으며 석가모니불을 스승으로 삼거나 아버지로 삼고서 신뢰하여 그의 법에 의해 해탈한 불제자들도 스스로 법의 실현자라고 확신하게 되었다.

초기불교의 이러한 사상은 역사적 실존 인물인 석가모니불의 입멸과 함께 커다란 변화를 가져오게 되었다. 그것은 불멸의 진리, 보편적 진리인 법신이 부처의 본질이며 불멸이라는 생각과 함께 입멸한 석가모니불은 색신(rūpa-kāya)이라는 사고방식의 대두이다. 그리고 이러한 법신과 색신설을 바탕으로 대승불교의 3신사상이 출현하게 되었다.

3신설을 최초로 언급한 사람은 견혜(堅慧)로 알려져 있다. 그는 『입대승론(入大乘論)』이라는 책에서 법(法) · 화(化)의 2신설을 주장하며, 이어서 『법계무차별론』에서는 여래장에 의한 자성청정법신과 보리심 즉 불성에 의한 수증법신(修證法身)을 설한다. 그리고 『보성론』이라는 책을 저술하여 수정법신(修正法身) 이외에 『입대승론』의 주장과 마찬가지로 응신과 화신을 설하게 된다.

『섭대승론』의 3신설은 불타선다의 역본에서는 '세 가지 불신 때문에 지승사(智勝事)를 설한다. 첫째는 진신(眞身)이며, 둘째는 보신(報身)이며, 셋째는 응신(應身)이다.'[3] 등의 3신설이 보이며, 진제삼장이나 현장의 역본에는 자성신, 수용신, 변화신의 3신설을 밝히고 있다. 그리고 이 3신의 성격에 대해서는 현장역본의 『불지론』 권7에서

---

3) 『섭대승론』(『대정장』 31, p.109c). "以三種佛身故說智勝事, 一眞身, 二報身, 三應身."

법신은 청정한 진여를 체로 삼는다. 진여가 바로 일체 존재의 실성이다. 법은 끝이 없는데 법신도 그렇다. 수용신(受用身)이란 유색비색(有色非色)이다. 물질이 아닌 일체의 존재는 형질(形質)이 없기 때문이다. 변화신(變化身)이란 또한 비원력이니 지전(地前)의 여러 유정을 교화하기 위한 것이기 때문이다.[4]

라 설명한다. 그리고 이러한 경론의 3신설은 유형별로 정리하면 법신, 보신, 응신을 주장하는 계열과 법신, 응신, 화신을 주장하는 계열이 있고, 법신, 수용신, 변화신을 내세우는 계열이 있다. 여기서 법보응(法報應)은 개진합응(開眞合應), 법응화(法應化)는 합진개응(合眞開應)이라 하며, 법신·수용신·변화신은 이상의 두 계열과 달리 개진보신(開眞報身)에 해당하는 자수용신(自受用身)과 개응응신(開應應身)에 해당하는 타수용신(他受用身)을 합하여 수용신이 된 것이므로 성격이 판이하게 다르다고 본다.[5]

여하튼 진제역 『섭대승론석』 13에 보면

자성신에 의지하여 복덕과 지혜의 이행(二行)을 일으킨다. 내지 능히 이과(二果)를 수용할 수 있기 때문에 수용신이라 한다.[6]

고 하듯이 자수용(自受用)의 지혜의 작용으로 인한 결과 보신, 이

---

4) 『불지론』 권7(『대정장』 26, p.326bc). "法身淸淨眞如爲體 眞如卽是諸法實性 法無邊際 法身亦爾. 受用身者 有色非色 非色諸法無形質故. 變化身者 亦悲願力 爲化地前諸有情故."

5) 塩田義遜 저, 『법화교학사의 연구』(일본도서센터, 昭和 53), p.219-220 참조.

6) 『섭대승론석』 권13(『대정장』 31, p.249c). "依止自性身 起福德智慧二行. …… 能受用二果故 名受用身."

러한 보신의 교화 작용인 복덕을 응신으로 해석하면 불타선다가 번역한 『섭대승론』의 법·보·응의 3신설과도 상통하는 점이 있다. 각각의 특색이 있는 이상의 3신설을 알기 쉽게 도시하면 다음과 같다.

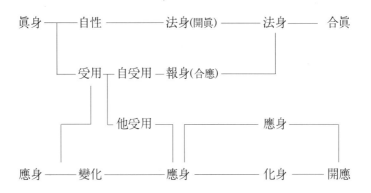

Ⅲ. 천태법화의 불신관

『법화경』에는 법신이란 말이 그다지 나오지 않는다. 그러나 「견보탑품」에서 「여래수량품」까지는 법신을 중시하는 사상이 강하게 나타나고 있다. 물론 법신사상이 정립되기 이전의 형태를 보이는 것이다. 그런데 「약초유품」 제82게송에는 법신에 해당하는 원어인 dharma-kāya라는 용어가 나온다. 더구나 해당하는 부분은 범본, 티베트본, 『정법화경』, 『첨품법화경』뿐이며, 라집역의 『묘법연화경』에는 없다. 따라서 dharma-kāya에 해당하는 법신이란 한역어는 『첨품묘법연화경』에만 보인다. 『정법화경』에는 유독 '평등한 법신을 성취한다'는 구절에 법신이라는 용어가 나오는 것으로 밝혀져 있다. 현존하는 『묘법연화경』의 「제바달다품」에는 게송 중에 '미묘정법신(微妙淨法身)' 이라든가 '법신을 장엄한다'는 문구가 보이는데, 다른 역본에는 해당하는 문구가 없다.[7] 또한 『묘법연화경』의 「제바달다품」이 후대의 첨가 부분으로 알려진 것을 감안한다면 법화경 성립 초기의 부분에는 법신이란 용어가 사용되지 않았다고 추정할 수도 있다. 이것은 법화경이 법을 이법(理法)으로 간주하고, 그것을 바탕으로 전개되었던 불신론의 입장보다는 구체적인 구원불을 사상적 기반으로 삼아 전개되었다는 것을 의미한다. 연원적으로는 법을 중시하는 사상의 계통보다 부처를 중시하는 사상의 연장선상에서 발전한 것으로 추론할 수 있다. 구원불이란 「여래수량품」에 설해져 있는 것 같이 머나먼 옛날부터 이미 성불해 있는 부처이며, 중생들을 인도하여 구제하기 위한 방편으로 생멸상을 보이는 부처이기도 하다.[8] 이러한 사고 형태는 아미타불과 마찬가지로 시간을 초월한 차원에서의 초역사적인 부처가 구상되고 있었음을 알려주는 것이다.

부처가 시간을 초월하여 영원히 머물고 있다는 생각은 관념적인 것이 아니라 구체적인 현실 속에서 쉴 사이 없이 중생들을 교화 내지 구원하고 있는 여래를 상정한 것에서 기인한다고 말할 수 있다. 이런 차원에서 시방(十方)의 곳곳에 부처의 존재가 있어야 하며, 이러한 것을 「견보탑품」에서는 '석가모니불을 중심으로 수많은 분신들이 있음'을 밝히고 있다. 석가모니불이 본신(本身)이며, 다른 불국토에 있는 수많은 부처들은 모두 그의 분신이라는 주장이다. 이것은 다름 아니라 『법화경』의 불신이 초역사적인 불타와 역사적인 불타를 구별하

---

7) 田村芳朗, 『강좌 대승불교 4, 법화사상: 법화경의 불타관』(춘추사, 昭和 58), p.87 참조.
8) 『묘법연화경』, 「여래수량품」(『대정장』 9. p.42bc).

고 그 둘의 관계가 본적(本迹)의 관계임을 밝히는 것이다. 그리고 이러한 구도 속에는 분명하지는 않지만 2신설의 형태가 내재되어 있다.

『법화경』의 불타관은 개별적이며, 한정적인 성격을 가졌다는 의미에서 구상적(具象的)인 것이라면, 쌍벽을 이루는 경전인 『화엄경』의 불신은 시방변만불(十方遍滿佛)이며, 보편적이고 무한정적인 성격을 노출하고 있다. 시방변만불인 비로자나불은 오직 하나뿐인 부처이며, 중생신, 국토신, 업보신, 성문신, 벽지불신, 보살신, 여래신, 지신(智身), 법신, 허공신 등의 다양한 모습으로 허공에 변만하여 있는 것이다. 법 중심의 사고와 부처 중심의 사고가 통합되어 나타나고 있다는 것을 알 수 있다.

『법화경』의 불신관이 구원석가불을 중심으로 전개되고 있음에도 불구하고 세친의 『법화론』에는 「여래수량품」을 해설하면서 3신사상을 밝히고 있다. 또한 천태지의도 그의 대표적 저술인 『법화문구』의 「여래수량품」에 대한 해석을 통하여 『법화론』에 근거한 3신사상을 전개하고 있다.

세친논사는 『법화론』에서 열가지 무상의(無上義)를 설명하는 가운데 제 8 '성불보리무상(成大菩提無上)'을 풀이하면서 세 가지 불보리(佛菩提)에 대해 언급한다. 이것은 세 가지 불신 즉, 법신·보신·응신의 3신설에 대해 「여래수량품」의 경문을 활용해 해설하는 것이다. 이들에 대해 살펴보면

　　여덟째 대보리(大菩提)가 이루어지는 것을 시현(示現)하는 것. 세 가지 불보리(佛菩提)를 시현하는 것.
　　① 첫째는 응불보리(應佛菩提)를 시현하는 것이니, 염견(念見)하는 바에

따라서 시현하게 된다. 경전에서 '모두 여래는 석씨의 궁전에서 나와 가야성에서 가서 멀지 않은 도량에 앉아 아뇩다라삼먁삼보리를 얻었다고 하는 것'과 같다.

② 둘째는 보불보리(報佛菩提)를 시현하는 것이니, 십지행이 만족하여 항상 열반을 증득하기 때문이다. 경전에서 '선남자야, 나는 사실 성불한 지 헤아릴 수도 가도 없는 백천만억 나유타가 되었다'는 것과 같다.

③ 셋째는 법불보리(法佛菩提)을 시현하는 것이니, 여래장은 자성이 청정하고 열반은 상(常), 항(恒), 청량(淸凉), 불변(不變) 등의 의미를 말한다. 경전에서 '여래는 실답게 3계의 상을 본다' 내지 '3계의 (중생이) 3계를 보는 것과는 다르다'고 하는 것과 같다.

'3계의 상'이란 중생계가 바로 열반계임을 말한다. 중생계를 떠나지 않고 여래장이 있기 때문이다.

'생사가 물러나고 나가고 하는 것이 없다'는 것은 상, 항, 청량, 불변의 뜻을 말하는 것이기 때문이다.

'또한 재세(在世)와 멸도(滅度)도 없다'는 것은 여래장 진여의 체(體)는 중생계에 상즉하지도 않고 중생계를 떠나지도 않는 것이기 때문이다.

'실(實)도 허(虛)도 여(如)도 이(異)도 아니다'란 것은 네 가지 상을 여의고 네 가지 상이 있다고 하는 것은 무상이기 때문이다.

'3계의 중생이 3계를 보는 것과는 다르다'라는 것은 불 여래는 진여법신을 능견(能見), 능증(能證)하지만 범부는 보지 못하기 때문이다. 이런 까닭에 경전에서 말하기를 '여래는 분명하게 보아서 착오가 있을 수 없다'고 하는 것이다.

④ '나는 본래 보살도를 행하였으나 지금은 아직 만족하지 못한 것과 같다'란 본원력 때문이다. 중생계가 아직 다함이 없으니 원도 끝나지 않은 것이다. '미만(未滿)'이라 말하는 것은 보리가 만족스럽지 않은 것을 말하는

것이 아니다.

'이루어진 수명은 윗 수의 배이다' 란 이 문장은 여래의 수명과 선교방편을 시현하는 것이니 다수를 드러낸 것이다. 윗 수의 량을 초과하여 헤아려 알 수 없다.

'나의 정토는 끄떡도 없건마는 중생들은 모두 타버린 것으로 본다' 란 보불(報佛)여래의 진실한 정토는 제일의제에 섭수되는 것이기 때문이다.[9]

라고 한다. 전술했듯이 『법화경』에는 뚜렷하게 3신설이라고 할 수 있는 것은 없다. 그럼에도 불구하고 경전에서 '석씨의 궁전에서 태어나 가야성에서 멀지않은 곳으로 가서' 위없는 깨달음을 성취한 석가여래는 중생을 제도하기 위해 방편으로 시현한 화신이다. 여래는 사실 '성불한지 너무나 아득히 오래 되었다' 는 것이며, '상주불멸' 이라 말한다. 즉 '구원실성(久遠實誠)의 불(佛)' 이다. 그러나 『법화론』에서는 이것을 3신관에 대비하고 있다. 구원실성의 부처는 '본래 보살도

---

9) 八者 示現應佛菩提故. 示現三種佛菩提故."
　① 一者 示現應佛菩提 隨所念見而爲示現. 如經 '皆謂如來出釋氏宮 去伽耶城不遠 坐於道場 得我耨多羅三藐三菩提' (『대정장』 9, p.42b)
　② 二者 示現報佛菩提. 十地行滿足 得常涅槃證故. 如經 '善男子 我實成佛已來 無量無邊百千萬億那由他劫' (상동)
　③ 三者 示現法佛菩提. 謂如來藏性淨 涅槃常恒淸凉不變等義. 如經 '如來如實知見三涼界之相次第 乃至 '不如三界見於三界' (『대정장』 9, p42c)故.
　'三界相 者 謂 衆生界卽涅槃界. 不離衆生界 有如來藏故.
　'亦無在世及滅度' 者 謂如來藏眞如之體, 不卽衆生界 不離衆生界故.
　'非實非虛非如非異' 者 謂離四種相. 有四種相者 是無常故.
　'不如三界見於三界' 者 謂佛如來能見能證眞如法身. 凡夫不見故. 是故經言 '如來明見無有錯誤' 故.
　④ '我本行菩薩道 今猶未滿' 者 以本願故. 衆生界未盡 願非究竟故. 言 '未滿' 者 非謂菩提不滿足也.
　'所成壽命 復倍上數' 者 此文示現如來命常善巧方便 顯多數故 過上數量 不可數知.
　'我淨土不毁 而衆見燒盡' 者 (『대정장』 9, p.43c) 報佛如來眞實淨土 第一義諦之所攝故.

를 행하였던' 과보로서의 보불, 즉 보신이며 상주불멸이다. 중생을 제도하겠다는 본원이 있기 때문에 중생계가 다하지 않는 한 부처는 영원히 3계에 존재할 수밖에 없다고 본다.

그렇다면 중생을 제도하기 위해 현신인 석가모니불이나 구원실성의 불이 나타나는 논리적 근거는 무엇인가. 무엇 때문에 응불이든 보불이든 시현할 수밖에 없는가. 그것은 다름아닌 '여실지견'이라 보고 있다. 착오가 없는 명견에 의하여 3계를 올바로 바라보는 견해이다. 여실지견이 있으므로 부처이고 여래이다. 여실지견이야말로 부처의 본성(dharmatā)이자 본질이다. 이 여실지견을 『법화론』은 또한 보리로 표현하기도 하는 것이다. 결국 보리와 여실지견은 같은 것이며, 법불과 진여 법신도 동일한 개념으로 이해하는 것이 무방할 것이다.

중국 천태종을 개창한 천태지의도 세친의 『법화론』에 의거해서 3신설을 주장한다.[10] 그는 『법화문구』에서 「여래수량품」을 해석하면서 「수량품」에서 밝히고 있는 불신에 대하여 언급하고 있는데, 그것들을 삼세의 중생들을 이롭게 하려는 것이라 말한다. 즉, 승예(僧叡), 도랑(道朗), 혜관(慧觀), 류규(劉虯), 도생(道生), 법운(法雲) 등의 불신론을 소개하면서 승예를 비롯한 도생 등은 법신설을 주장하는 것이고, 법운의 무주처열반에 대한 해석은 응신이라 분석하고 있다. 그리고 천태 자신은 이들 이외에 보신불을 설하려고 불수(佛壽)의 양무량(量無量)에 의한 4구분별을 시도하고 있다.[11]

이어서 자문자답의 형식을 빌어서 「여래수량품」에서 3신설을 주장하고 있다고 할 수 있는 근거가 무엇인가에 대하여 언급하고 있다.

---

10) 전게서, 128b. "示現成大菩提無上故. 示三種菩提. 一應化菩提 … 二報佛菩提 … 三法佛菩提 …."
11) 『법화문구』 제9하 (『대정장』 34, p.127ab).

즉

여(如)도 이(異)도 아니며, 3계의 중생이 3계를 보는 것과 같다. 이것은 변여(偏如)가 아니라 원여(圓如)를 나타내는 것이다. 즉 법신여래(法身如來)란 뜻이다. 또 말하기를 여래가 실답게 3계의 상(相)을 지견(知見)한다고 하는 즉 이것은 여여지(如如智)이며 여여경(如如境)을 지칭하는 것이다. 일체의 지혜로 지견한 부처님의 눈이니 이것은 보신여래라는 뜻이다. 또한 말하기를 혹 자신의 몸이나 일을 보이고, 혹 남의 몸이나 일을 보인다. 이것이 바로 응신 여래라는 뜻이다.[12]

라고 말한다. 이것은 자신의 고백처럼 세친의 『법화론』에 의거한 것이다. 그러나 천태의 3신설은 중심이 보신설에 놓여져 있다.

이품은 양(量)을 설명하며 공통으로 3신을 밝힌다. 별의(別意)에 따른다면 바로 보신에 있다. 왜냐하면 의편문회(義便文會)하기 때문이다. 의변이란 보신의 지혜가 상명(上冥)하고 하계(下契)함이다. 3신이 완족(宛足)하기 때문에 의변이라 한다. 문회(文會)란 '내가 성불한 지 매우 오래되었다'이다. 그러므로 3세에서 중생들을 이익되게 할 수 있다. 소성(所成) 즉 법신이며, 능성(能成) 즉 보신이다. 법신과 보신이 합쳐지므로 능히 사물을 이롭게 한다. 그러므로 문회라 말한다. 이로 미루어보면 올바른 뜻이 보신불의 공덕을 논하는 것이다.[13]

---

12) 전개서, p.128b "問此品無三佛名 那作此釋. 答雖不標名而具其義. 文云非如非異 非如三界見於三界 此非偏如 顯於圓如 即法身如來義也. 又云 如來如實知見三界 之相 即是如如智 稱如如境. 一切種智知見佛眼 此是報身如來義也. 又云 或示己身 己事 或示他身他事 此即應身如來義也."

진성궤(眞性軌)가 바로 법신이다. 관조(觀照)가 바로 보신이다. 자성(資成)이 바로 응신이다. 『신금광명경』에서 말하기를 '법신에 의지하여 보신이 있을 수 있다. 보신에 의지하여 응신이 있다'고 하는데 이것은 앞에서 밝힌 바와 같다. 경묘(境妙)에 의지하여 지묘(智妙)를 얻는다. 지묘에 의지하여 행묘(行妙)를 얻는다. 저 문장에서 이르길 부처의 참된 법신은 허공과 같다. 사물에 감응하여 형체를 나타낸다. 물 속의 달과 같다. 보신은 바로 하늘의 달이다.[14]

이상에서 알 수 있듯이 천태는 보신불을 중심으로 불신을 이해하고 있는 것이다. 또한 3신의 작용이란 점에 시각을 맞추었을 경우에는 출소미법(出所迷法)과 출능미중(出能迷衆), 그리고 출미원지위(出迷遠之謂)로 구분하고 3제원융의 논리적 토대 위에서 그것을 설명하고 있다. 우선 출소미법에 대해서는 다음의 문장을 통하여 알 수 있다.

비밀이란 일신(一身)이 바로 삼신(三身)임을 비(秘)라고 이름한다. 삼신이 바로 일신임을 밀(密)이라 이름한다. 또한 예전에 설하지 않은 것을 비(秘)라고 이름하고, 오직 부처만이 아는 것을 밀(密)이라 이름한다. 신통의 힘이란 3身의 쓰임[用]이다. 신은 천연 부동의 이치이니 바로 법성신이다. 통(通)은 막힘없는 불가사의한 지혜이니 바로 보신이다. 력(力)은 간용(幹用)이 자

---

13) 전게서, p.129c "此品詮量 通明三身 若從別意 正在報身. 何以故 義便文會. 義便者 報身智慧上冥下契. 三身宛足故 言義便. 文會者 我成佛以來甚大久遠. 故能三世利益衆生. 所成即法身 能成即報身. 法報合故能益物故言文會. 以此推之 正意是論報身佛功德也."

14) 천태지의, 『법화현의』권 제6하(『대정장』 33, p.745b) "眞性軌卽法身 觀照卽報身 資成卽應身. 若新金光云 依於法身得有報身 依於報身得有應身 此卽如前所明. 依於境妙 得有智妙. 依於智妙 得有行妙. 彼文云 佛眞法身猶如虛空 應物現行 如水中月 報身卽天月."

재함이니 바로 응신이다. 부처는 3세에서 평등하게 3신을 소유하나니 모든 가르침 중에서 비밀로 하고 전하지 않는다.[15]

고 말한다. 즉 3신을 구족하고 있는 여래는 독립적으로 「수량품」을 설한 것이 아니라는 것이며, 시공을 초월하여 자유자재로 설명하고 있음을 밝힌다. 이어서 출능미중(出能迷衆)에 대하여 같은 논법으로 설명한다. 모두가 중생을 교화하여 구제하겠다는 본원력에 그 정신적 기반을 두고 있으며, 시간적으로는 과거, 현재, 미래를 초월하여 자유자재로 이익되게 하고 있다고 강조한다. 시간의 초월성에 대해서는

　　나머지 경전에서 혹 수(數)를 밝히나 설명할 수 없다. 티끌과 모래 등으로 비유를 한다…. 바로 티끌을 뿌려 묻게 되는 세계는 이미 설명할 수 없다. 하물며 티끌을 뿌리지 않았는데 어찌 설명할 수 있겠는가. 티끌을 뿌리든 티끌을 뿌리지 않든 세계를 오히려 설명할 수 없거늘 티끌을 뿌리든 티끌을 뿌리지 않든 티끌을 어찌 설명할 수 있겠는가. 하물며 이것을 초과하는데 어찌 설명할 수 있겠는가?[16]

하면서 「수량품」에 나오는 5백진점겁설(五百塵点劫說)을 설명한다. 이것은 5백진점겁을 구원과 일치시켜 상주함을 밝히는 것으로서, 다

---

15) 전게서, p.129c. 秘密者 一身卽三身名爲秘. 三身卽一身 名爲密. 又昔所不說 名爲秘. 唯佛自知名爲密. 神通之力者 三身之用也. 神是天然不動之理. 卽法性身也. 通是無壅不思議慧. 卽報身也. 佛於三世等有三身. 於諸敎中 秘之不傳."

16) 전게서, p.130a. "餘經或明數不可說 塵沙等爲喩. 方此此則爲多. 直下塵被點之界已不可說. 況不下塵寧當可說. 下塵不下塵 界尙不可說. 下塵不下塵. 塵豈可說也. 況復過是寧可說耶."

른 대승경전과 달리 법신에 의지하지 않고 시간적 변증법에 의한 자수용보신을 취하고 있는 것이다. 바로 천태지의가 '자취의 인과가 같거나 다르거나 본래의 인과와는 영원히 다르다'[17]고 하는 것은 이런 의미가 함축되어 있다.

또한 『법화경』과 『열반경』의 불신관에 대한 차이를 '『법화경』은 간략하게 상을 밝히고 『열반경』은 광범위하게 상을 밝히는 것'이라 규정하고 있으며, 『승만경』과의 차이에 대해서는 '『승만경』은 하나를 위해 하나를 밝히는 것이며, 『법화경』은 셋을 모아 하나를 밝힌다'고 일승의 차이를 들고 있다.[18]

VI. 연경별찬과 천태사상

설잠의 연경별찬에는 시구의 형식을 빌어 『법화경』 각품을 설명하고 있음에도 불구하고 천태사상의 편린이 엿보이고 있다. 적어도 천태 지의의 저술이나 그 후대의 조사들이 저술한 관련 서적을 읽은 것으로 말할 수 있다. 따라서 천태사상과 연관되는 그의 사상을 도출하여 보기로 한다.

---

17) 천태지의, 『법화현의』 권 제9하(『대정장』 33, p.795a). "迹因果或同或異 本因果永異."
18) 전게서, p.127b. "法華略明常 涅槃廣明常 勝鬘爲一明一 法華會三明一."

1. 5시설(時說)에 대하여

5시설은 석가모니불의 일대교설을 다섯 시기로 구분한 것을 말한다. 천태지의 이전의 남(南)3 북(北)7로 표현되는 교상판석을 정리하여 5시교판으로 정리한 것이다. 5시설에 대한 전거는 천태지의가 저술한 『법화현의』라 할 수 있으며, 지의는 5시설을 확립하는데 『열반경』의 5미설을 참고하고 있다. 『법화경』 자체에서는 「신해품」에 나오는 장자궁자의 비유를 근거로 5시설의 각각을 단계적으로 구분하고 있다.[19]

천태의 5시설은 첫째 화엄시, 둘째 녹원시, 셋째 방등시, 넷째 반야시, 다섯째 법화열반시이다. 화엄시는 성도 후 3·7일간이라 하며, 이때는 부처님께서 자내증한 법을 조금도 꾸미지 않고 직설하였다고 한다. 물론 제대로 이해한 중생들이 없으므로 방법을 수정하게 하는 계기가 되었다. 아함시는 방법을 수정한 다음 처음으로 5부 『아함경』을 설한 시기를 말한다. 이 시기에는 4제, 12연기 등 지극히 논리적이고 윤리적인 교설을 설파한 것으로 본다. 방등시는 『유마경』이나 『능가경』 등의 여러 가지 방등경전을 설파한 시기이다. 아함시 직후라 하는데 소승교는 방편에 불과하며 불교의 진의는 심오한 대승교를 가르치는데 있음을 밝히는 것이다. 이른바 치소모대(恥小慕大)하기 위한 것으로 이것을 탄가지시(彈訶之時)라 한다. 반야시는 각종의 반야경전을 설파한 시기이다. 방등경을 설하고 난 직후에 대승과 소승이 서로 차이가 있다는 고집을 버리도록 하기 위한 것이었으므로 도

---

19) 이영자 역, 『천태사교의』, 경서원, 1992, p.39와 p.43 도표 참조.

태(淘汰)의 시기라 한다. 법화열반시는 중생들이 일불승에 들어가도록 하는데 목적이 있으며, 묘법을 연설하여 일불승에 들어가게 한다는 의미에서 개회시(開會時)라고도 한다.

설잠은 『연경별찬』의 칠축대의(七軸大意)에서

그러므로 석가노자가 처음 정각을 이루어 적멸도량에서 노사나불의 몸을 나타내고 보배 옷을 입고 법신대사와 근기가 성숙한 8부대중과 함께 법계로 체를 삼고 허공으로 용을 삼아 화엄 돈교를 설했다 ……. 그러나 이 頓教는 지상의 보살과 숙세의 상근기자들에게는 마땅하였으나 2승들에게는 마땅하지 않았다.

풀로 좌석을 만들어 점교의 법문을 설하였으니 처음에는 다섯 사람을 위하여 제연법(帝緣法)을 설하여 수단지상(修斷之相)을 밝혔다. 다음에 방등을 설하여 치우침을 꾸짖고 작은 것을 꺾었으며 큰 것을 찬탄하고 원만함을 기렸으며 반만(半滿)을 함께 설하여 점차 순숙(純熟)하게 하였다. 다음에는 반야를 설하여 제법의 공을 담론하고 삼태제(三汰諸)를 융합하였다. 가르침을 굴리고 재산을 맡겨 대중들의 의지가 정실(貞實)해지자 바야흐로 이 대승원교를 설하였다. 그것은 개권현실(開權現實) 회삼귀일(會三歸一)을 설하는 것이었다. 적멸도량의 본회(本懷)를 자랑하고 여산의 승회(勝會)를 열어 옛날 돈점의 의의를 원만하게 하고 지금의 법유(法喻)의 주장을 융합하여 공가(空?)가 함께 드러나고 처음과 끝이 일관하여 4제·12연기·6바라밀이 함께 포섭되지 않음이 없었다.[20]

<hr>

20) 김시습 撰, 『蓮經別讚』(『한국불교전서』 제7책, p.288상중) "初成正覺 在寂滅場中 現舍那身 服珍御服 與法身大士 根熟八部 以法界爲體 虛空爲用 說華嚴頓教 …… 然此頓教 宜於地上菩薩 及宿世上根 不宜於二乘 …… 以草爲座 說漸教法門 初爲五人 說諦緣法 以明修斷之相 次說方等 彈偏折小 歎大襃圓 半滿俱說 漸令純熟 次說般若 談諸法空 融三汰諸. 轉教付財 殺克家業 衆志貞實 方說此大乘圓教 其

라 하고 있다. 이상은 천태사상의 근간인 5시설을 함축적으로 설명하고 있다. 천태 5시설과 대비하여 보면 화엄시란 용어 대신에 돈교라 하고 있는데, 이것은 8교 중에서도 화의4교에서 볼 때는 『화엄경』이 돈교에 포함되기 때문이다. 그리고 법화열반시 대신 원교란 용어를 사용한 것도 8교 중에서 화법사교의 원교에 『법화경』이 포함되기 때문이다.

특히 원교란 천태지자의 교상판석 중에서 3제원융론과 긴밀하게 연결되어 있다. 원교의 원이란 치우침이 없다는 의미이고, 교란 인연, 이제, 중도의 사리를 구족하고 있어서 다르지 않음을 밝히는 것이니 오직 최상근기의 사람들을 교화하기 때문에 원교라고 부른다고 한다.[21] 일반적으로 천태의 원교는 원융삼제를 제일의 원리로 삼고, 그 교상법문의 전면에 원융사상이 철저하게 전개되어 있다. 이상의 인용문에서 반만구설(半滿俱說)이라는 표현은 이것을 나타낸다. 관심문의 입장에서도 일위(一位)가 일체위(一切位)라고 설하므로 인과가 불이(不二)이며, 삼혹(三惑) 혹이 동체(同體)이다. 번뇌와 보리를 동일한 것으로 보기 때문에 단(斷)과 부단(不斷)을 구별하지 않는다. 지의는 『법화현의』 권2하에서

이치에 미혹하기 때문에 보리가 번뇌라는 것을 집제(集諦)라 이름하고 열반이 생사라는 것을 고제(苦諦)라 이름한다. 능히 이해하기 때문에 번뇌가 보리란 것을 도제(道諦)라 이름하고 생사가 바로 열반임을 멸제(滅諦)라 이름한

說開權顯實會三歸一 暢寂場之本懷 開靈山之勝會 圓昔漸頓之義 融今法喩之說 空假雙彰 始終一貫 諦緣度等 莫不同攝."

21) 安藤俊雄, 『天台學』(平樂寺書店, 1969), p.106 여기에 나오는 『大部四教義』 권1의 내용을 인용함.

다. 사(事)에 상즉(相卽)해서도 중(中)이며, 사(思)도 없고 염(念)도 없다.[22]

라고 하면서 원융의 원리에 입각하여 4제를 설명하고 있다. 이러한 원교의 입장에 비추어 볼 때 설잠의 원교관은 세밀하게 표현되어 있는 것은 아니다. 그렇지만 4제, 12연기, 6바라밀을 융합하고 있는 점이나 돈점(頓漸), 공가(空假), 법유(法喩)를 융합하고 있는 점은 천태의 원교관과 상관성이 있다. 특히 4제, 12연기, 6바라밀을 하나로 융합하는 것은 이원(理圓)으로 설명할 수 있고, 개권현실(開權顯實)과 회삼귀일은 지원(智圓)에 대비할 수 있다. 2변(邊)을 동시에 긍정하는 단어인 쌍조(雙照)라는 표현 대신 쌍창(雙彰)이란 표현을 사용하고 있으며, 이러한 것은 원교 중에서도 인원(因圓)에 가깝다. 시종일관이란 행원(行圓)과 위원(位圓)에 연결할 수 있다. 이러한 내용을 통해 천태사상의 영향을 가늠할 수 있다.

이상에서 인용한 설잠의 5시관과 천태의 5시관을 비교하여 도시하면 다음과 같다.

	天 台	雪 岑
화엄시	自內證의 세계	說頓敎, 離相寂然
아함시	4제, 12연기	初說, 諦緣法
방등시	設방등경, 恥小慕大 彈詞之時	說方等, 彈偏折小, 歎大襃圓
반야시	設반야경, 대소승의 차별을 타파	說般若, 談諸法空 融三汰諸
법화열반시	設법화열반, 開顯佛知見歸入一佛乘	大乘圓敎, 開權顯實會三歸一

22) 천태지의 저, 『법화현의』 권 제2하(『대정장』 33, p.701b) "以迷理故 菩薩是煩惱 名集諦 涅槃是生死名苦諦 以能解故 煩惱卽菩提名道諦 生死卽涅槃名滅諦 卽事而中無事無念 ……."

이상의 대비표에서도 알 수 있듯이 천태의 5시교판과 커다란 차이가 없음을 알 수 있다. 이것은 설잠이 천태의 사상에 관하여 해박한 지식을 지니고 있었으며, 그 사상에 정통하고 있었다는 사실을 분명하게 알려 주는 것이다.

2. 제법실상론(諸法實相論)

전술한 바 있듯이 법화의 원교는 철저하게 2변의 대립을 초극하여 절대의 가치를 인식시키고자 한다. 현상과 실재, 번뇌와 보리를 상호 대립적으로 고찰하는 것이 아니라 중도로 들어가기 위한 단계로 간주한다. 번뇌의 의식이나 행위를 그대로 진여나 불성의 활동으로 간주한다. 이것이 천태의 제법실상설이다.

지의의 3제원융설은 『인왕반야경』, 『보살영락본업경』, 『중론』 등의 사상적 토대 위에 수립된 것으로 『법화경』 자체에서는 「방편품」, 「안락행품」, 「수량품」 등에서 논리적 토대를 이끌어 내고 있다.[23] 천태의 제법실상론은 제법의 실상이 중도에 있다는 것을 밝히는 것이며, 이 때의 중도는 가(假)와 공(空)을 부정하는 비가비공(非假非空)에 있는 것이 아니라 공(空), 가(假), 중(中)의 3제가 원융함을 밝히는데 있다. 만일 중도라는 개념이 없다면 공제(空諦)와 가제(假諦)는 무의미한 대립에 불과한 것이 될 것이며, 3제설도 성립할 수 없을 것이다. 이것을 천태는 제법이 즉공즉가즉중(卽空卽假卽中)이며, 단유(但有)도 단공(但空)도 단중(但中)도 아니라고 가르친다. 특히 제법을 떠나서 실상을 구해서는 안 된다고 보는데 이것은 『법화경』의 현실주의적인

---

23) 安藤俊雄, 전게서, p.116 참조.

사상에 이론적 근거를 두었기 때문이다. 이것은 주체적 예지의 작용이라는 측면에서 일심삼관(一心三觀)으로 표현된다. 또한 실천적으로 이 일심삼관과 원융삼제를 체증(體證)할 수 있다고 상정하고, 이것들을 실행하는 행법을 만들었는데 그것이 바로 사종삼매(四種三昧)와 십승관법(十乘觀法)이다.

물론 제법실상론은 천태 독자의 사상은 아니다. 그것은 대승불교 전반에 걸쳐서 발달되어 온 것이다. 그러나 천태의 삼제원융론(三諦圓融論)에 와서 새로운 차원으로 발전된다. 천태는 원융이제(圓融三諦)에 의해 미오염정(迷悟染淨)의 일체 제법을 그대로 실상이라고 긍정하기 위하여 동류종(同類種)과 상대종(相對種)으로 불성을 구분했다. 동류종이란 『법화경』의 오종법행(五種法行)과 같은 정행(淨行)을 말하는 것이며, 상대종이란 이러한 법행(法行)과는 정반대의 염악(染惡)의 제법을 말한다.

설잠의 『연경별찬』에는 일념삼천설에 의거한 삼천실상론(三千實相論)보다 삼제원융론(三諦圓融論)의 사상적 영향이 보이고 있다. 이에 대해서는 한종만의 연구가 있으므로 상세한 언급은 피하고자 한다. 다만 설잠의 책에서 일체를 묘법 내지 실상으로 파악하고 있는 것은 이론적 토대를 천태에서 찾아야 한다는 점이다. 예컨대 몇 가지만 천태의 주장과 대비하여 보면

〈설잠설〉		〈천태설〉
體와 用이 함께 드러나며[雙彰],	··························	雙照 (假) - 동시긍정
어리석음과 깨침이 함께 없어지며[雙泯],	·············	雙遮 (空) - 동시부정
씨 뿌림과 열매 거둠이 동시에 이루어진다[圓成]	·····	遮照絶待 (中) - 초극
······ 이것은 삼제원융의(三諦圓融義) 중에서		삼제즉중(三諦卽中)[一中一切中][29]

a) 하나의 일 하나의 모습이 묘법아님이 없으며, 한번 칭찬하고 한번 들추어 내는 것이 모두 미묘한 마음이다.[25]

b) 한 빛깔 한 향기가 실상 아님이 없고 한번 칭찬하고 한번 한탄함이 모두 보리로 나아간다.[26]

c) 일체 세간의 치생(治生) 산업(産業)은 모두가 실상과 어긋나지 않는다. 한 빛깔 한 냄새도 중도 아님이 없다.[27]

d) 바로 일체 국토의 의정(依正)이 곧 상적광토(常寂光土)임을 직설한다. 일체의 음입(陰入)이 바로 보리이며, 이것을 떠나서는 보리가 없다. 한 빛깔 한 냄새가 중도가 아님이 없다.[28]

이상의 인용문에서 처음의 것은 논리적 전개의 방식이 상통하고 있음을 살펴보고자 한 것이다. 사상을 전달하는 논리가 천태의 논리와 상통하고 있다는 것을 알 수 있다. 그리고 설잠이 말한 a) b)와 천태가 말한 c) d)의 인용문은 사상을 대비하여 보고자 한 것이다. 현실 대긍정의 사고 방식은 상호간에 별다른 차이가 있을 수 없다. 또한 천태의 사고 전개가 설잠에게서도 비슷하게 사용되고 있음을 알 수 있다. 천태는 이러한 것들을 다음과 같은 표현으로 이론적 기반을 다지고 있다.

---

24) 김시습 찬, 전게서, p.288 "體用雙彰 迷悟雙泯 種果圓成."
25) 김시습 찬, 전게서, p.288 "一事一相無非妙法 一讚一揚 皆是妙心."
26) 김시습 찬, 전게서, "一色一香無非實相 一稱一歎 咸趣菩提."
27) 천태지의 저, 『법화현의』권 제 1상(『대정장』 33, p.683a) "如一切世間治生産 業皆與實相不相違背. 一色一香無非中道."
28) 천태지의, 전게서, p.688c "卽直說一切國土依正卽是常寂光. 一切陰入卽是菩提 離是無菩提. 一色一香無非中道."

혹은 즉공(卽空)에 들어가고 혹은 즉가(卽假)에 들어가며 혹은 즉중(卽中)에 들어간다. 오직 부처의 성상(性相)만이 즉공즉가즉중(卽空卽假卽中)에 들어갈 수 있어서 두 가지 방편을 띠기 때문에 무상(無上)이 아니다. 이 『법화경』은 아홉가지 성상을 밝히니 모두가 즉공즉가즉중에 들어간다. 너희들은 사실 나의 아들이며, 나는 사실 너희들의 아버지이다. 한 빛깔 한 맛이 순전히 불법이니 나머지 법은 없기 때문이다.[29]

일체의 현상을 중도의 현현 즉, 부처의 성상(性相)이 드러난 것으로 본다. 따라서 어느 한 가지 부처님의 법이 아니라고 할 수 없다.

설잠의 『연경별찬』은 선의 입장에서 『법화경』을 해석한 것이라는 주장[30]이 있는데, 이것을 전적으로 긍정하더라도 이상에서 천태의 3제원융론에 입각해 비교해 보았듯이 그 영향이 없었다고 부인할 수 없다. 논리가 전혀 사용되지 않았을 것같은 『연경별찬』도 그 내용을 분석하여 보면 천태사상의 논리적, 혹은 개념적 바탕 위에 전개되고 있다는 사실을 알 수 있기 때문이다. 기타 설잠의 『연경별찬』에 보이는 유관 구절들도 동일한 논리상에서 이해할 수 있으므로 상세한 분석을 생략한다. 다만 비유품을 찬탄하는 구절에서 상근기는 법설로 이미 깨달았고, 중근기는 비유설로 비로소 알게 된다는 구절[31]도 천

29) 천태지의, 전게서, p.695c "或入卽空 或入卽假 或入卽中. 唯佛性相得入卽空卽假卽中. 而帶二方便故非無上. 此法華經明九種性相. 皆入卽空卽假卽中. 汝實我子我實汝父. 一色一味純是佛法 更無餘法故"

30) 한종만, 「雪岑 김시습 천태사상연구」, 『한국불교학』 20집, 한국불교학회, 1995. 이 논문에서 발표자는 설잠의 천태사상이 선사상의 강한 영향 아래 있으며, 제법실상론도 선사상의 입장에서 해석하고 있다고 주장한다. 그러나 이 논문은 3제원융론에 대한 체계적 분석과 그것과의 세세한 대비가 부족하다. 따라서 발표자의 의견을 십분 따른다고 하더라도 천태의 3제원융론의 영향을 배제해서는 곤란할 것이라 본다.

태사상의 영향이라 말할 수 있다.

V. 연경별찬의 불신관과 그 특징

『연경별찬』에 나오는 불신에 관한 언급을 압축하면 첫째 법신불을 표현하는 것이 있다. 이것에도 무정설법을 나타내는 것과 법신이 즉사이진(卽事而眞)해 있는 것을 표현한 것으로 구분할 수 있다. 두 사상은 밀접하게 관련되어 있어서 분류한다는 것이 작위적인 성격이 강하게 나타나지만 편의상 구분하여 살펴보기로 하겠다. 두 번째는 중생을 제도하기 위한 본원력으로 들어나는 불신인데 보신, 응신, 색신 등의 용어를 혼용하고 있다. 이러한 두 가지 구분 아래 정리를 하기로 한다.

첫째, 법신불의 무정설법 내지 즉사이진(卽事而眞)을 나타내는 것.

정(情)과 무정(無情)이 모두 묘법을 설한다. 또한 능히 법을 듣는다.[32](해설)

산, 강, 대지, 밝고 어두움, 색과 공이 모두 묘체(妙體)을 나타낸다. 생사와 열반 보리와 번뇌가 모두 미묘한 작용이다.[33](7축 대의)

한 빛깔 한 냄새가 실상 아님이 없다. 한번 칭찬하고 한번 탄식함이 모

---

31) 김시습, 앞의 책, p.289c. "上根法說已悟 中根喩說方知". 법운 이래 중국법화사상가들의 일반적인 견해이지만 천태가 정리한 이후 세대는 대다수 천태의 영향을 받는다.

32) 김시습, 전게서, p.288상 "情與無情 皆說妙法 亦能聽法."

33) 김시습, 전게서, p.289상 "山河大地 明暗色空 皆顯妙體 生死涅槃 菩提煩惱 皆是妙用."

두 보리로 향한다.[34](「방편품」)

어떠한 것이 견고한 법신입니까. 답하여 가로대 '산꽃은 비단과 같이 피었으며 윤수(潤水) 쪽빛과 같이 맑다'.[35](「분별공덕품」)

모든 부처의 마음 속에서 중생들이 때때로 성불하여 나와 남을 떠나며, 중생들의 몸 안에서 모든 부처들이 생각 생각마다 참을 깨닫는다.[36](「상불경보살품」)

대지와 산과 내가 모두 응신이다.[37](「촉루품」)

계곡물 소리가 문득 부처님의 설법이며, 산 색깔이 청정한 법신 아님이 없다.[38](「보현보살권발품」)

대지와 산과 내가 높고 맑은 해와 같으니 바로 이것이 여래의 미묘한 설법이다.[39](법설송)

둘째 본원력으로 시현하는 응화신(應化身)

사나(舍那)의 옷을 벗고 열응신을 나타냈다.[脫舍那服 現劣應身]

한 빛이 동로 비추니 법체를 완전하게 드러내고 한 번의 비에 두루 자라게 하니 뭇 근기에 응하여 교화하니라.[40](이상 7축 대의)

먼저 깨치고 뒤에 증득하는 것도 모두가 과거의 본원으로 말미암나니 국토를 변화시키고 사람을 옮기는 것도 모두가 원력신통이다. 화불(化佛)을 모아서 물으며, 보배문을 열어 서로 바라보니 색신이 흩어지지 않았다.[41](「견보탑품」)

---

34) 김시습, 전게서, p.289중 "一色一香無非實相 一稱一歎咸趣菩提"
35) 김시습, 전게서, p.292중 "如何是堅固法身 答曰山花開似錦 潤水湛如藍"
36) 상동, p.292하 "諸佛心中 衆生時時成佛 相離我人 衆生身內諸佛念念證眞."
37) 상동, p.293중 "大地山河皆應身."
38) 상동, p.294중 "溪聲便是廣長舌 山色無非清淨身."
39) 상동, "大地山河如皐日 卽是如來微妙說."
40) 상동, "大地山河如皐日 卽是如來微妙說"
41) 상동, p.291상 "先證後證 皆由夙昔本願 變土移入 盡是願力神通 集化佛以問訊 開

여래는 다른 곳에 머물고 있지만 보살이 장차 화적(化跡)을 나타낸다.[42] (「종지용출품」)

청정한 법계의 몸은 본래 나오고 사라짐이 없지만 대비의 원력 때문에 오고 감을 보인다 …… 생이 아닌데 생을 보이고 멸이 아닌데 멸을 보인다.[43] (「여래수량품」)

어려움없이 32의 가없는 보신을 행한다.[44] (「관세음보살보문품」)

이상과 같은 불신에 관한 문구들 중에서도 설잠의 사상적 특색은 첫 번째 들었던 무정설법과 즉사이진의 법신론에 있을 것이다. 따라서 이것들에 관한 사상적 배경에 대하여 상세하게 살펴보기로 한다.

1. 즉사이진(卽事而眞)

이 말은 북주시대의 무제 때에 나온 즉사이도(卽事而道)라는 말에 그 기원을 두고 있다. '사(事)에 즉(卽)하여 말하면 도 아닌 것이 없다'는 의미이다. 구마라집의 제자인 승조(僧肇)는 『조론(肇論)』에서

세존은 부동의 진제로 제법의 입처(立處)를 삼는다. 진제를 벗어나지 않고 설 곳을 삼으니 입처즉진(立處卽眞)이다. 그러한 즉, 도가 어찌 멀리 떨어져 있을 것인가. 사(事)에 촉(觸)하면 그대로 진이니 성스러움이 어찌 멀리 있을 것인가. 이를 체득하면 곧 신(神)이다.[45]

<hr>

寶鑰而相看 色身不散…."

42) 상동, p.291하 "如來止他方 菩薩將現化迹跡"
43) 상동, p.292상 "淨法界身 本無出沒 大悲願力 示有去來 …… 非生現生 …… 非滅現滅."
44) 상동, p.293하 "無難行三十二無邊報身."

라고 말한다. 노장 사상의 지도(至道)란 개념이 일반화되어 있던 당시 중국의 지식인들에겐 자연스럽게 수용될 수 있는 것이었으며, 이것이 부지불식간에 불교에도 수용되고 있었다.

　불교에서는 도라는 용어 대신에 진(眞)이란 용어를 사용한다. 현실에 합일하여 보지 않으면 진실이나 도라는 것은 어디에도 존재할 수 없다는 사고가 무언중에 표출되고 있는 것이다. 이러한 사고의 유형은 중국 제종파의 조사들 어록에는 풍부하게 나타나고 있으며, 그것은 강한 주체적 역사의식의 발로라 할 것이다.

　천태도 즉사이진의 사상을 중시하였다. 『마하지관』에 나와 있는 해당문구를 인용하여 보기로 한다.

　　무명이 곧 법성이며 번뇌가 바로 보리이다. 만약 중생으로 하여금 사(事)에 즉하여 진(眞)이게 하고자 한다면 법신의 현현이라 할 것이다. 이렇기 때문에 자(慈)를 일으며 구경의 락을 주는 것이다.[46]

　라고 말한다. 이것은 물론 전술한 바가 있는 제법실상론과 사상적으로 동일한 것이라 할 수 있다. 살아가는 일체의 모습이 실상과 어긋나지 않는다는 말을 비롯하여 일거수 일투족 심지어는 산하대지가 모두 실상의 현현으로 보는 것이 3제원융론이었다. 따라서 새삼스럽게 다른 것을 인용하지 않더라도 즉사이진의 사상이 제법실상론과 동일한 사상임을 알 수 있는 것이다. 당시의 세계와 인간을 어떻게

---

45) 僧肇, 『肇論』(『대정장』 45, p.153a) "世尊 不動眞際爲諸法立處 非離眞而立處 立處卽眞也 然則道遠乎哉 觸事而眞 聖遠乎哉 體之卽神."

46) 천태 지의, 『마하지관』 권 제10상(『대정장』 46, p.131a) "無名卽法性 煩惱卽菩提 欲令衆生卽事而眞 法身顯現 是故起慈與究竟樂."

보았는가는 이러한 사상을 통하여 알 수 있다.

즉사이진의 사고는 천태사상에 그치는 것이 아니라 화엄종에도 수용되었다. 즉 『섭대승론』을 인용하면서

> 생사가 바로 열반이며, 둘이 아니요, 피차가 없다는 것은 즉사비진을 밝히고자 함이다.[47]

라 말하고 있다. 참다운 진은 사(事)에 즉하여 있을 때 발견될 수 있다는 논법에 다름 아니다. 이러한 것은 화엄사상의 이(理)와 사(事)의 융합으로 발전하게 되는 계기가 되었다고 본다. 법장은 이것을 상즉(相卽)의 원융논리로 전개하고 있는데 예를 들면

> 이(理)와 사(事)는 부동하지만 상즉하고 상융(相融)하여 서로 방해되거나 걸리지 않는다. 또한 서로 방해되지 않지만 사(事)의 의(義)는 이(理)의 의(義)와 다르지 않다. 보법중(普法中)의 사리(事理)는 이즉사(理卽事), 사즉리(事卽理)로서 이(理)는 사(事) 가운데 있고 사(事)는 이(理) 가운데 있다. …… 心으로 일체법을 말하면 심(心) 아님이 없다. 색으로서 일체법을 말하면 색 아님이 없다.[48]

고 한다. 색심(色心)을 별개로 보지 않고 일체를 융섭(融攝)하고 있는 것이다. 물론 천태사상에서 색심불이(色心不二)를 주장한 바 있으

---

47) 지엄, 『화엄공목장』(『대정장』 45, p.586b) "生死卽涅槃無二. 無彼此故者 欲明卽事備眞矣."

48) 지엄, 『화엄경문답』 상권(『대정장』 45, p.598b) "雖理事不同而相卽相融不相妨碍 亦不相妨而事義非理義也. 普法中事理者 理卽事事卽理 理中事事中理 …… 以心言一切法而無非心 以色言一切法而無非色."

며, 이러한 사상의 영향을 받아 성숙한 사상이란 것도 알 수 있다.[49] 이러한 사고는 청량 징관도 마찬가지로 수용하고 있다. 그는 선과 악을 끊는 것이 바로 진여를 끊는 것이라고 보고, 불성이나 진실지성(眞實之性)은 제일의제요 공이므로 그것에는 일체의 것이 포함된다고 한다. 즉 망법(妄法)이 본래 진(眞)이라 하여 즉사이진(卽事而眞)의 사고를 적극적으로 수용한다.[50]

즉사이진의 사고는 한편으로 초목성불론(草木成佛論)으로 발전하여 삼론종의 길장은 『대승현론』 권제3 '불성의(佛性義)'에서 불성에 관한 열 가지 문제를 제기하고 있으며, 이 중에서 제7 '변불성내외유의(辯佛性內外有義)'에서 초목성불을 언급하고 있다. 이러한 사상들이 후대의 선사상에 직접적인 영향을 미치고 있다는 점은 당연한 일이라 할 것이다.

그러나 설잠의 말처럼 '영산은 비록 멀다고 하지만 눈을 비비고 보면 도량 아닌 곳이 없다'는 사상이나 '산 빛이 청정한 법신 아닌 것이 없다'는 고원한 사상이 아무런 저항 없이 발전해온 것은 아니다. 화엄종의 일부에서는 초목에는 법성은 있어도 불성은 존재하지 않는다고 주장했는가 하면 선종 중에서도 6조 혜능의 제자인 하택 신회를 비롯하여 마조 도일의 제자였던 백장 회해(百丈 懷海)도 초목 성불 내지 무정성불을 반대하고 있다. 그의 고언을 들어보자.

노란 꽃이 만약에 반야라면 반야는 바로 무정(無情)과 같다. 푸른 대나무가 만일 법신이라면 법신은 바로 초목과 같다. 사람들이 죽순을 먹듯이 마땅히 법신을 먹어야만 한다. 이렇게 말한다면 어떻게 어록이 씹히는 것

49) 木村淸孝 저 · 정순일 역, 『중국불교의 사상』(민족사, 1989), p.50 참조.
50) 징관, 『화엄경대소초』(『대정장』 35, p.612b).

을 견딜 것인가.[51]

라고 말하고 있다. 불신을 실체론적으로 이해한 측면도 있으려니와 부처와 인간, 부처와 사회, 부처와 존재라는 문제에 보다 철저하게 대결하지 못했던 데서 기인하는 것이라고 볼 수 있다.

2. 무정설법(無情說法)

즉사이진(卽事而眞)의 사상적 기반과 열반경의 일체중생, 실유불성설(一切衆生 悉有佛性說)에 의해 초목 내지 무정도 불성이 있다는 생각이 선조에 보편화 되었던 것은 선종의 발생 이래 많은 시간을 기다리지 않았다. 우두(牛頭), 도신(道信), 홍인(弘忍), 신수(神樹), 남양 혜충, 백장 회해, 동산 양개, 현사 사비 등의 선사들이 무정에도 불성이 있다고 적극적으로 개진하였다. 이들 가운데에서도 남양 혜충, 동산 양개, 현사 사비 등의 선사들이 무정도 불성이 있다고 적극적으로 개진하였다. 이들 가운데서도 남양 혜충, 동산 양개, 현사 사비는 무정도 불성이 있다는 차원에 그치는 것이 아니라 무정이 직접 법을 설한다고 설법하고 있다. 일체의 존재가 법신불 비로자나불의 현현으로서 중생을 중생답게 부처를 부처답게 만들어 줄 뿐만 아니라 개개의 존재에 대한 최상의 가치를 확인시켜 준다.

무정설법을 처음으로 설파한 남양 혜충스님은 무정설법의 근거로 『화엄경』의 '찰설, 중생설, 삼세일체설(刹說, 衆生說, 三世一切說)'을 거론하고 있다.[52] 그러나 이것은 화엄사상의 상즉상입(相卽相入)의 원

---

51) 『고승전』(『대정장』 51, p.247c) "黃花若是般若 般若卽是同無情 翠竹若是法身 法身卽同草木 如人喫筍 應總喫法身也 如此之言 寧堪齒錄."

융사상에 그 사상적 기반을 두고 있는 것이라고 생각한다. 즉 『화엄경』의 「불부사의법품(佛不思議法品)」에서

> 일체의 제불은 하나의 작은 티끌 속에서 두루 3세의 일체 불찰(佛刹)을 드러낸다. 하나의 작은 티끌 속에서 두루 3세 제불의 자재한 신력을 드러낸다. 하나의 작은 티끌 속에서 두루 3세의 일체 중생을 드러낸다. 하나의 작은 티끌 속에서 두루 3세의 일체 제불의 불사(佛事)를 드러낸다.[53]

라는 것이다. 물론 『화엄경』에는 여러 곳에서 상즉상입의 사상을 설파하고 있다. 이상에서 언급한 바 있듯이 설잠도 무정설법을 여러 곳에서 언급하고 있다. 특히 이상에서 언급한 남양 혜충국사의 주장과 마찬가지로 화엄 돈교의 사상적 내용을 언급하면서 '찰설, 진설, 불설, 보살설, 삼세일시설(刹說, 塵說, 佛說, 菩薩說, 三世一時說)'을 언급하고 있다. 이것은 『화엄경』「십지품」에 나오는 열 가지 부처 즉 중생, 국토, 업보, 성문, 벽지불, 보살, 여래, 지(智), 법, 허공 등의 불신을 법계연기론의 입장에서 파악하여 인식하고 있는 것이라 보인다. 이런 점에 주목을 하면서 무정설법의 또 다른 사상적 근원에 대하여 살펴보기로 한다. 천태종은 색심불이론(色心不二論)에 의거하여 의정불이(依正不二)를 논하고 있다. 즉 부처의 몸과 마음인 정보(正報)와 그것의 소재지인 산하대지를 의보(依報)라 하는데 그것은 서로 다른 것이 아니라고 말한다. 형계 담연은 말하기를

---

52) 김동화 저, 『선종사상사』(석림회, 1982), p.179.
53) 『60화엄경』 권32(『대정장』 9, p.601a) "一切諸佛 於一微塵中 普現三世一切佛刹, 於一微塵中 普現三世諸佛自在神力. 於一微塵中 普現三世一切衆生 於一微塵中 普現三世一切佛佛事."

만법은 진여이다. 불변이기 때문이다. 진법은 만법이다. 수연(隨緣)이기 때문이다. 그대가 무정은 불성이 없다고 믿는다면 어찌하여 만법에 진여가 없다고 하지 않는가.[54]

라고 말하고 있다. 진여의 불변상(不變相)과 현상으로 들어날 때 역사적 의미를 지니게 된다는 현실의식이 결부되어 있다. 『법화경』에서는 「방편품」에 나오는 '法住法位 世間相常住'[55]라는 문장에 의거하고 있다. 이러한 사상은 거슬러 올라가면 천태의 색심불이론이나 길장의 사상에서 기인한다고 볼 수 있다. 길장은 『대승현론』에서

마음 이외에 별도의 법은 없다. 이내(理內)의 일체 제법이 의정불이(依正不二)임을 밝힌다. 의정불이이기 때문에 중생이 불성이 있으면 초목도 불성이 있어야 한다. …… 만일 중생이 성불할 때는 일체의 초목도 성불해야 한다. 그러므로 경전에서 말하기를 '일체제법은 모두가 여(如)이다. 미륵에게 이르면 역시 여(如)이다. 만일 미륵이 보리를 얻으면 일체 중생 모두가 마땅히 보리를 얻어야한다'고 말한다.[56]

라고 하고 있다.

이상에서 언급한 『화엄경』의 일체불사상이나 천태의 제법실상론, 길장의 초목성불론 등의 논리에 따르면 부처가 설법하듯이 초목도

---

54) 담연, 『金剛錍』(『대정장』 46, p.782c) "萬法是眞如 由不變故, 眞如是萬法 由隨緣故 子信無情無佛性者 豈非萬法無佛性耶."
55) 『묘법연화경』 「방편품」(『대정장』 9, p.9b).
56) 길장, 『대승현론』 권3(『대정장』 45, p.40bc) "心外無別法 以明理內一切諸法依正不二. 以依正不二故. 衆生有佛性則草木有佛性. … 若衆生成佛時 一切草木亦得成佛 故經云 一切諸法皆如也 至於彌勒亦如也 若彌勒得菩提 一切衆生皆亦當得."

설법한다는 것은 지극히 당연한 일이라 할 것이다. 주객을 대립적으로 파악하지 않고 상보적 긴장관계 속에서 개개인의 가치와 존엄성 최대한 승화시키고자 하는 것, 실존의 본질을 주체적으로 인식하고 대우주와의 합일을 통하여 확장하고자 하는 이러한 사상의 총합으로 설잠은 불신관 중에서도 무정설법을 자연스럽게 피력하고 있다. 더구나 『법화경』 자체의 불신관이나 전래의 3신사상에 얽매이고 있지 않은 것은 그것이 무엇이든 본원력에 의한 법신의 화현이라는 생각에서 볼 때 구태여 나눈다는 것 자체가 대상에 끄달리어 본질을 외면하게 되는 것이라는 선종의 사상에 익숙해진 것이라 볼 수 있다.

VI. 맺는말

이상에서 설잠의 불교사상을 불신관을 중심으로 살펴보았다. 설잠(雪岑)은 배불의식이 고취되어 있던 당시에 독자적인 불교의 세계를 보여주고 있다. 그것은 『연경별찬』을 저술하면서 철저하게 천태의 기본사상에 충실하고 있는 한편으로 대승돈교인 화엄사상까지 융합하여 선종으로 회통하고 있다는 점이다.

물론 한국불교의 흐름은 일반적인 어느 한 종파의 독주를 허용하지 않았으며, 대립과 상대를 초월한 화쟁불교의 사상적 연장선에 있다. 그런 점에서 본다면 설잠의 불교사상도 이전 고려시대의 고승들이나 이후 서산대사의 사상처럼 선을 주축으로 교를 수용하고 있는 입장에 서 있다.

그럼에도 불구하고 설잠의 독자성은 시대적 환경을 초월하여 교종을 대표하는 천태와 화엄의 논리적 바탕 위에서 선사상으로 회통하고 있다는 점이다. 그것도 즉사이진(卽事而眞)과 무정설법(無情說法)을 완전하게 용해시키고 있다는 사실을 역연하게 느낄 수 있다. 즉사이진이나 무정설법은 얼핏 그 사상 자체가 신비적이거나 초논리적인 것으로 느껴질 수 있지만 그 이전의 사상체계나 불교사상사를 이해하지 못한다면 감히 접근할 수 없는 깊고 오묘한 세계라는 것을 알 수 있다. 또한 역사성과 사회성을 결핍한 것으로 느껴지는 이러한 사상들의 발생 이면에는 종교의 사회적 기능이나 부처와 인간, 불교와 존재라는 것의 상관관계를 정립하고자 하는 보다 본질적인 문제의식이 제기되어 있다는 점을 간과해선 안될 것이다. 설잠은 바로 이러한 점에서 많은 경전들이 있음에도 불구하고 『연경별찬』을 저술했는지도 모른다.

일체를 부처의 절대적 현현으로 보고자 하는 그의 불신관은 그러나 시대적 환경 속에서 그의 방황을 불러일으켰을 것은 분명하다. 그의 삶이 승속을 자유자재로 넘나들었다면 그것은 그에게 아무런 문제도 될 수가 없었다고 볼 수 있다. 부처의 당당한 한 당체로서 일체의 중생들을 위하여 보살도를 실천하고 살 수 없다면 그것은 오히려 부처라고 느끼기 이전의 삶으로 돌아감만 못할 것이다. 실제 설잠의 일생이 그러했는지도 모를 일이다.

시대적 사회적 한계가 그의 삶의 축을 흔들었다고 하더라도, 아니 그의 사상적 지평을 현실 속에서 구축할 수 없다는 절망감이 그를 방황하게 만들었다고 하더라도 그는 선종이라는 일반적인 불교의 흐름 속에서 대승의 돈교와 원교, 내지 일체의 사상을 법신사상으로 총합하려 했다는 것을 알 수 있다. 이것이 한국불교사상사에서 그의 위치가 새롭게 부각되는 것이 분명할 것이다. 조선시대 초기의 그가 살았던 사회를 법신이 충만한 불국정토로 만들고자 하는 고심이 불신관에 나타나 있음을 알 수 있다.

법화천태사상의
일본적 전개

동아시아 천태사상

스에키 후미히코

동아시아 천태사상

스에키 후미히코

1. 시작하며

본고에 『동아시아 천태사상』이라는 논제(論題)를 붙였지만, 이는 반드시 그 전체를 빠짐없이 논하고자 함이 아님을 밝혀둔다. 먼저 교리적 해석학의 문제보다는 실천사상을 중심으로 논하고자 한다. 천태는 화엄과 나란히, 동아시아 이론 불교를 대표하는 것으로 여기지기 마련이지만, 지관(止觀)을 중심으로 한 실천을 갖추고 있어 교관겸수(敎觀兼修)라고 일컬어지듯 논리적인 면과 실천적인 면을 겸비하고 있는 점이 특징적이다. 말하자면 이론이 뒷받침된 실천사상이라고 볼 수 있다. 이러한 관점에서 고찰할 필요가 있다.

또한 중국과 한국의 사정도 언급하지만, 일본의 경우를 조금 더 자세히 소개하고자 한다. 이는 논자의 전공이 일본불교사인 점도 있지만, 그와 더불어 중국 천태의 개요가 중국과 한국에도 잘 알려져 있는 것에 비해 일본 천태의 실천에 관해서는 반드시 널리 알려졌다고는 할 수 없기에 그 특징을 고찰하는데 의의가 있다고 생각된다. 한국의 사정은 논자 개인의 지식이 부족한 관계로 간략하게 언급하고 있는 점을 사과하고, 또한 기조 강연의 성격상 자세한 고증에 이르지 못하고 개론적으로 논하고 있는 점을 양해 바란다.

2. 중국 천태의 선관(禪觀)과 지관(止觀)

천태종의 실질적 개조는 지자대사(智者大師) 지의(智顗, 538~597)로, 그는 남북조 시대에 발전한 경전주석학(經典註釋學)을 계승·종합하는 한편, 실천적인 면에서도 당시에 발전한 선관(禪觀)을 종합하고 체계화했다. 교학 면에서는, 『반야경(般若經)』·『유마경(維摩經)』 등의 대승경전에는 정통했지만 『법화경(法華經)』을 특히 중시하였던 점에 특징이 있다. 『법화경』 「방편품(方便品)」의 사상은, 회삼귀일(會三歸一)·개삼귀일(開三歸一)이라고 말하듯이 성문·연각·보살승의 삼승이 일불승(一佛乘)으로 통합되는 점에 있다고 이야기되는데, 지의는 이러한 종합성을 특히 중시했다. 『법화경』은 실천적인 성격이 강하고, 특히 일본에서는 실천면이 발전했다.

중국 천태에서도 교학상의 계보보다도, 혜사(慧思)의 제자로서의 실천적인 계보를 중시한다. 혜사(慧思)(515~577)는 혜문(慧文)에게 사사하였는데, 말법의식(末法意識)을 바탕으로 하여 『반야경(般若經)』·『법화경(法華經)』 등에 기초한 선정(禪定)·삼매(三昧)의 실천으로 알려져 있다. 지의는 560년, 23살의 나이로 대소산(大蘇山)(河南省南部)에서 혜사(慧思) 밑에서 법화삼매(法華三昧)를 수행하고 깨달음을 얻었다고 전해진다.

지의의 초기 실천 사상은 『석선바라밀차제법문(釋禪波羅蜜次第法門)』(『차제선문(次第禪門)』)에 정리되어 있다. '선바라밀(禪波羅蜜)'은 6바라밀의 다섯 번째로 구체적으로는 남북조시기의 선관(禪觀)사상의 전개를 이어받고 있다. 남북조시기에는 많은 선관(禪觀) 경전이 전래되어 실천되었고, 또한 혜사(慧思)에서 볼 수 있는 대승경전에 기초한 삼매의 실천도 널리 행해졌다. 선관과 삼매의 엄밀한 구분은 없지만 대략적으로 말하자면, 선관은 관찰하는 대상을 정하여 순서에 따라 정신을 집중하는 것임에 대해 삼매는 반드시 그 같은 순서에 의하지 않고 경지의 체득을 지향하는 것이라고 생각된다.

『마하지관(摩訶止觀)』은 만년(晚年)의 강의록으로, 호칭이 '선(禪)'에서 '지관(止觀)'으로 변하고 있다. 이는 종래 선관(禪觀)의 흐름과 차별화를 꾀한 것이라고 여겨진다. 지관의 방식에는 순서와 단계를 정하여 지관을 행하는 점차지관(漸次止觀)(『차제선문(次第禪門)』), 능력에 따라 순서에 상관없이 실천하는 부정지관(不定止觀)(『육묘법문(六妙法門)』) 등이 있는데, 『마하지관(摩訶止觀)』은 처음부터 실상(實相)을 대상으로 하여 원만한 깨달음의 세계에 들어가는 원돈지관(圓頓止觀)을 설하는 것이라고 한다. 『마하지관』의 구성은 오략시광(五略十廣)이라고 이야기된다. 십광은 대의(大意)·석명(釋名)·체상(體相)·섭법(攝法)·편원(偏圓)·방편(方便)·정관(正觀)·과보(果報)·기교(起敎)·지기(指起)로, 이중 첫 번째인 대의는 발대심(發大心)·수대행(修大行)·감대과(感大果)·열대강(裂大綱)·귀대처(歸大處)라는 5항목으로 구성되어 있으며, 이것은 오략이라고 불린다.

가장 중심이 되는 것은 일곱 번째인 정관(正觀)으로, 여기서는 관상(觀想)하는 10개의 대상(十境)에 관한 10개의 수행법(十乘)을 설하고 있다. 십경은 음입계(陰入界)·번뇌(煩惱)·병환(病患)·업상(業相)·마사(魔事)·선정(禪定)·제견(諸見)·증상만(增上慢)·이승(二乘)·보살(菩薩)이다. 이중 음입계(물질과 마음의 모든 요소)가 가장 중심으로서 자세히 설명되어 있으며, 번뇌 이하는 지관 수행 중에 번뇌가 생기거나 병이 나거나 했을 때, 그것을 대상으로 지관 수행을 진행해가는 것이다. 다만 제견(諸見)에서 끝나고 나머지는 설하지 않고 있다. 십광(十廣)의 여덟 번째 이하도 설하지 않고 있다. 십승관법(十乘觀法)은 관부사의경(觀不思議境)·발진정보리심(發眞正菩提心)·선교안심(善巧安心)·파법편(破法遍)·식통새(識通塞)·도품조적(道品調適)·대치조개(對治助開)·지차위(知次位)·능안인(能安忍)·무법애(無法愛)의 10종(種)으로 그 첫 번째인 관부사의경(觀不思議境)이 가장 자세히 설해지고 있다.

이상이 『마하지관(摩訶止觀)』의 체계로, 어떤 의미에서는 번쇄하지만 결코 추상적인 이론이 아니라, 어디까지나 지관을 실천하여 이를 통해 경지(境地)를 다지는 것을 목표로 하고 있다. 다만 전체적으로 너무 광범위하여 그 모두를 실천하기가 어렵다. 하여 그중 핵심적인 부분이 중시되게 된다. 이 점에서 우선 주목되는 것이 대의오략(大意五略) 중의 수대행(修大行)에서 설해지는 사종삼매(四種三昧)이다.

1) 상좌삼매(常坐三昧) − 좌선하여 지관(止觀)을 행한다. 특히 일불(一佛)의 명호를 외며 마음을 집중시키는 일행삼매(一行三昧)가 권장된다. 오늘날에도 히에이잔(比叡山)에서는 90일간 아미타불을 대상으로 한 상좌삼매가 수행되고 있다.

2) 상행삼매(常行三昧) − 아미타불의 명호를 외고, 아미타불을 마음으로 염하며 90일간 본존 주위를 계속해서 걷는다. 『반주삼매경(般舟三昧經)』에

의거하고, 부처가 눈앞에 나타나는 점에서 '불립삼매(佛立三昧)'라고도 불린다. 오늘날에도 히에이잔의 죠우교우잔마이도우(常行三昧堂)에서 수행되고 있다.

3) 반행반좌삼매(半行半坐三昧) — 좌선(坐禪)과 행도(行道)를 조합한 것으로, 『방등다라니경(方等陀羅尼經)』에 의거한 방등삼매(方等三昧)와 『법화경』에 의거한 법화삼매(法華三昧)가 있다. 히에이잔에 전해지고 있는 법화참법(法華懺法)이 이에 상응한다.

4) 비행비좌삼매(非行非坐三昧) — 그 밖의 행으로 인연에 따라 내키는 대로 지관(止觀)을 수행한다.

이들 행법은 이처럼 오늘날의 일본 히에이잔(比叡山)에서 실천되고 있다.

지관(止觀)은 실천적인 명상법(瞑想法)이지만, 단순한 기법으로서가 아니라 깊은 교리 이해와 밀접한 관계를 가지고 있다. 이 점에 관해서 주목되는 것은 일심삼관(一心三觀)이다. 이는 공(空)·가(假)·중(中)의 삼제(三諦)를 마음에 관상하는 관법(觀法)으로, 구체적으로는 종가입공관(從假入空觀)·종공입가관(從空入假觀)·중도제일의관(中道第一義觀)으로 구성된다. 하지만 이들을 순차적으로 관하는 것은 아직 수준이 낮은 것으로 여겨져, 동시에 이들 세 진리를 마음에 관상하지 않으면 안 된다고 한다.

또 하나 주목되는 것은, 음입계(陰入界)에 관하여 설하고 있는 일념삼천(一念三千)이다. 이것은 범부의 소소한 심 작용에 3천의 방식이 갖추어져 있다고 관상(觀想)하는 것이다. 3천이란 삼세간(三世間)×십계(十界)×십계(十界)×십여시(十如是)이다. 일심삼관(一心三觀)도 일념삼천(一念三千)도, 중생의 범부심(凡夫心)을 관하여, 거기서 궁극의 진리를 보고자 하는 것으로, 지관의 복잡한 실천체계를 간략화 할 때 열쇠가 되는 사상이다. 일본에서는 그것을 구체적으로 어떻게 체득할 것인가의 문제에 큰 관심이 모아져 새로운 전개가 제시되었다. 일심삼관을 염불로 집약하는 아미타 삼제설(三諦說)이나 니치렌(日蓮)에 의한 쇼우다이(唱題, 『法華經』의 제목을 소리 내어 읽는 것)를 일념삼천(一念三千)으로 하는 설 등이 그것이다.

중국의 천태는, 지의(智顗)의 사후 잠시 정체되지만, 당대(唐代)에 육조형계(六祖荊溪) 담연(湛然)(711~782)에 의해 부흥된다. 당대(唐代)에는 실천적으로는 정토염불(淨土念佛)이 융성하였으며 지의(智顗)의 저술이라고 전해지는 『관무량수경소(觀無量壽經疏)』도 그 시기에 성립되었다고 여겨진다. 여기서는 정토염불을 일심삼제와 결부시키는 등, 후대의 천태정토교(天台淨土敎)의 기초가 만들어졌다. 나중에 조송천태(趙宋天台)의 사명지례(四明知禮)에 의해 주석서인 『관무량수경소묘종초(觀無量壽經疏妙宗鈔)』가 저술되어 관념염불(觀念念佛)의 방법이 확립되었다. 담연은 '제교소찬(諸敎所讚), 다재미타(多在彌陀)'라고 하며, 사종삼매(四種三昧) 모두를 미타(彌陀)를 대상으로 하여 실천할 것을 설하였다. 일본의 천태는, 사이쵸우(最澄)가 담연의 제자들의 교설을 전하였기 때문에 기본적으로 담연의 설을 기반으로 하게 되었다.

3. 한국 천태의 교관겸수(敎觀兼修)

다른 여러 종파가 형성된 지 얼마 되지 않아 한국이나 일본에 전해진 것에 반해 천태종은 그 전래가 늦은 점이 특징적이다. 일본에도

9세기 초엽이 되어서야 본격적으로 전해졌지만, 한국의 경우는 더 늦다. 한국 천태종의 초조(初祖)로 여겨지는 의천(義天)(1055~1101)에 의해 확립되었다. 그 이전에도 제관(諦觀)이, 당말오대(唐末五代)의 법난(法難)에 의해 잃어버렸던 천태전적(天台典籍)을 중국에 가져와, 그대로 천태산에서 수학하고 『천태사교의(天台四敎儀)』를 저술하여 명성이 자자했지만, 그 교학을 고려에 가져오지는 못했다.

의천은 고려의 선종이 교학을 무시하는 상황을 걱정하여, 천태의 교관겸수(敎觀兼修) 입장을 호소해서 왕실의 지지를 얻었고, 법안종(法眼宗) 등의 선종 승려들이 전종(轉宗)하여 일대 세력을 형성했다. 한국에 천태종의 도입이 늦어진 것은, 이처럼 천태종이 교관겸수의 입장을 취하고 있어, 한쪽에만 치우친 제종(諸宗)과 비교하여 복잡한 구조를 가지고 있었기 때문이라고 여겨진다.

의천은 천태종을 일으켰지만 화엄(華嚴)에도 정통하여 제종겸학(諸宗兼學)과 융화(融和)의 입장을 취했다. 『신편제종교장총록(新編諸宗敎藏總錄)』을 작성하여 제종(諸宗)의 경소(經疏)를 수집해서 『속장경(續藏經)』으로 간행하고, 또한 주로 화엄 관계 전적(典籍)을 모은 『원종문류(圓宗文類)』를 편찬하는 등의 활동은 종합적인 불교의 확립을 목표로 한 의천의 이상에 의거한 것이다. 이러한 종합성은 일본 천태에도 공통되는 점이다.

4. 일본 천태에서의 실천의 전개

(1) 사이쵸우(最澄)의 종합불교 형성과 초기 천태

일본에 천태종이 전래한 것은 율종(律宗)을 전하였던 간진(鑑眞, 688~763)이 천태도 배웠기 때문에 어느 정도 도입되었기는 하지만, 본격적으로 전래한 것은 전교대사(傳教大師) 사이쵸우(最澄, 766/67~822)의 등장에 의해서이다. 사이쵸우는 오우미(近江)에서 태어나 오우미 고쿠분지(近江國分寺)의 교우효우(行表)를 스승으로 하여 출가해, 19세 또는 20세에 토우다이지(東大寺)에게 수계(受戒)했다. 여기까지는 순조로웠는데, 출가 후 얼마 지나지 않아서 히에이잔(比叡山)에 들어가 12년 간 산 속에서 수행과 면학에 힘썼다. 804년 제자인 기신(義眞)을 데리고 견당사(遣唐使)를 따라 입당(入唐)하여 1년 남짓 천태산과 그 주변에서 여러 불교의 가르침을 받아 다음해 귀국하였다.

사이쵸우(最澄)가 받아들인 불교는 원(圓)·계(戒)·선(禪)·밀(密)의 넷이라고 한다. 원(圓)은 천태원교(天台圓教)로, 담연(湛然)의 제자인 도수(道邃)와 행만(行滿)에게 배웠다. 계(戒)는 도수(道邃)로부터 보살계(菩薩戒)를 배우고, 선(禪)은 일본에서 이미 교우효우를 통해 북종선(北宗禪)을 배웠지만, 당에서는 소연(修然)에게서 우두종(牛頭宗)이라는 일파의 선을 받아들였다. 밀교(密教)는 순효(順曉)와 유상(惟象)에게 배웠다. 이처럼 사이쵸우는 천태종뿐만 아니라 다른 실천법도 전하였으며, 이 때문에 일본 천태종은 다양한 실천을 포함한 종합불교로서 발전하게 되었다. 806년에는 천태종에 두 명의 넨분도사(年分度者, 매해의 출가자)가 허락되었는데, 그 중 한 명은 시칸고우(止觀

業), 다른 한 명은 샤나고우(遮那業, 密敎)였다. 이처럼 일본의 천태종은 처음부터 지관(止觀)과 밀교(密敎)를 중심으로 하고 있었다는 것이 알려져 있다.

다만, 사이쵸우(最澄)가 수학한 천태산을 중심으로 한 강남지역은 수도 장안에서 멀리 떨어져 있던 관계로 그가 배운 스승들이 반드시 최신의 학식을 지니고 있었던 것은 아니다. 당시 천태종은 담연에 의해 부흥되기는 했지만, 그 시대의 첨단에 서는 것이라고는 말할 수 없었다. 동시에 입당한 쿠우카이(空海)가 수도 장안에서 가장 새로운 밀교를 배운 것과 비교하면, 사이쵸우가 배운 것은 오히려 시대에 뒤떨어진 것이었다. 그 때문에 천태종은 사이쵸우 이후에도 엔닌(円仁), 엔친(円珍) 등이 입당(入唐) 구법(求法)하여 새로운 밀교를 구해와야만 했다.

① 천태 원교(天台 圓敎)

이제 사이쵸우(最澄)가 전한 원(圓)·계(戒)·선(禪)·밀(密)에 대해 각각 고찰해보자. 천태 원교에 대해서는, 담연(湛然)의 증손 제자에 해당하고 기본적으로 담연의 교학을 도입하였지만 단순히 거기에 그치지 않는다. 사이쵸우는 만년에 두 개의 큰 논쟁을 일으키는데, 그 하나는 천태종의 일승주의(一乘主義)의 입장에서, 법상종(法相宗)의 삼승주의(三乘主義) 입장을 취하는 토쿠이츠(德一)와 벌인 논쟁이다. 이 논쟁에 관해서는 토쿠이츠 측의 자료가 남아있지 않아, 반드시 충분하다고 할 수는 없지만, 사이쵸우 측의 자료가 다수 남아 있어 그로부터 복원할 수는 있다.

삼승(三乘)과 일승(一乘)의 문제는 동아시아 불교에 있어서 기본적인 문제이긴 하지만, 지의(智顗)의 시대에는 삼승주의(三乘主義)를 강하게 주장하는 법상종(法相宗)이 아직 존재하지 않았기 때문에 큰 논쟁은 없었다. 당대(唐代)에 현장(玄奘)이 전한 신역(新譯) 유식전적(唯識典籍)을 토대로, 법상종(法相宗)이 삼승주의(三乘主義)를 주장하였고 거기서 일승(一乘)과 삼승(三乘)의 논쟁이 발생했다. 그때 일승주의(一乘主義)측은, 당시 그다지 세력을 가지지 못했던 천태종이 아니라, 유식계(唯識系)이긴 하지만 현장(玄奘) 이전의 섭론종(攝論宗) 유파에 속하는 논자(論者)였다. 이 논쟁에 관한 사이쵸우(最澄)의 마지막 저술『법화수구(法華秀句)』(821) 권중(卷中)은 일승(一乘)·삼승(三乘) 논쟁(論爭)에 관한 인도·중국의 자료를 모은 자료집이다. 이처럼, 우선 일승·삼승 문제를 거론해야만 했던 점에서, 중국 천태와 다른 문제의식이 명료하다.

그와 동시에 『법화수구(法華秀句)』에서 또 하나 주목되는 것은, 천태(天台) 교의(教義)를 떠나서 『법화경』의 뛰어난 점을 10개의 항목으로 논하고 있는 점이다. 여기서는 교리적인 문제를 넘어서 『법화경』 신앙의 입장이 강하게 엿보인다.『화엄경』 신앙은 일본 불교의 하나의 큰 특징이라고도 할 수 있는 것으로, 니치렌(日蓮)에서 전형적으로 보이듯 크게 발전한다. 그 원류는 이 같은 사이쵸우의 태도에서 볼 수 있다. 그것에 의해, 일승주의는 단순한 교리문제를 넘어 실천문제로 이어지고 있다.

『법화경』이 뛰어나다고 여겨지는 점의 하나는, 「제바달다품(提婆達多品)」에서 용녀(龍女)의 성불이 설해지고 있는 것으로, 사이쵸우(最澄)는 이것을 '즉신성불(卽身成佛)'로 해석했다. 즉신성불은, 거의 같은 시기에 쿠우카이(空海)가 밀교의 관점에서 설하였는데 사이쵸우는 그것을 『화엄경』에 의거해서 설하고 있으며, 후대에 큰 영향을 주었다.

② 대승계(大乘戒)

만년(晩年)의 또 하나의 큰 논쟁은, 엔랴쿠지(延曆寺)에 대승계(大乘戒)를 설립하는 것을 둘러싸고 난토(南都)의 승강(僧綱)과 주고받은 격렬한 논쟁이었다. 인도의 대승불교뿐 아니라 티벳과 중국, 한국 등의 대승불교권에서는 대승(大乘)에도 계율에 관해서는 부파(部派)의 율(律)을 사용하는 것이 보통이었고, 동아시아에서는 법장부(法藏部)의 사분율(四分律)이 널리 이용되고 있었다. 간진(鑑眞)이 전한 것도 사분율이다. 이에 대해 사이쵸우(最澄)는, 대승은 대승 자체의 계율을 가져야 한다고 주장하고 『범망경(梵網經)』의 대승계(大乘戒)(범망계(梵網戒))에 따라 수계(授戒)하는 계단(戒壇)을 엔랴쿠지에 설치하도록 요구했다. 그때 사이쵸우가 정했던 것이 로쿠죠우시키(六條式)·하치죠우시키(八條式)·시죠우시키(四條式)로 구성된 『산게가쿠쇼우시키(山家學生式)』인데, 이에 난토(南都) 측이 반발하여 논쟁으로 발전했다. 그 기록이 『켄카이론(顯戒論)』이다. 결국 사이쵸우 사후에 대승계단(大乘戒壇)이 인정되었다.

범망계(梵網戒)는 십중사십팔경계(十重四十八輕戒)라고 하는데, 『사분율(四分律)』에 따른 구족계(具足戒)에 비교했을 때 출가 수행자의 계로서는 반드시 충분하지는 않았지만, 재가자들에게도 전수되어 보살로서의 마음가짐으로서 받아들여졌다. 간진(鑑眞)이 일본으로 건너왔을 때 쇼우무죠우코우(聖武上皇) 등에게 전수한 것도 범망계였다. 사이쵸우(最澄)는 그것을 출가자용의 계로서 사용할 것을 주장했던 것이며, 출가자에게도 재가자에게도 통하는 것이 오히려 대승계의 뛰어난 점이라고 하며 '진속일관(眞俗一貫)'(사조식(四條式))을 설하였다. 이점은 그 후 일본 불교에 있어서 출가자의 계율이 느슨해져, 파계나 무계(無戒)가 일반화함과 동시에 출가자와 재가자의 거리가 가까워져 불교의 세속화가 진척하는 한 요인이 되었다.

또한 로쿠죠우시키(六條式)의 서두는, '국법(國法)'이란 무언인가? 도심(道心)을 중시하는 것이다. 도심이 있는 사람을 일컬어 국보라고 한다' 며, 도심이 있는 대승 수행자를 '국보(國宝)'로 여기고 있다. 대승의 수행과 세속 국가와는 불가분의 관계로, 뛰어난 종교상의 지도자는 동시에 국가의 정신적 지도자라고 한다. 국보에 이르지 못한 수행자는 국사(國師)·국용(國用) 등의 자격으로 지방의 지도에 임하여 지방 산업의 융성에도 마음을 써야 한다고 한다. 여기에도, 불교가 좁은 종교의 영역에 틀어박힐 것이 아니라 사람들의 생활 속으로 들어가 힘을 다해야 한다는, 오늘날의 사회참여불교와도 통하는 이상이 표명되어 있다. 하지만 그것은 수행이 안이화된 것은 아니다. 사이쵸우(最澄)는 자신이 히에이잔(比叡山)에 들어갔던 것처럼 제자들에게도 12년간의 옹산(籠山)을 명하여 난토(南都)보다도 혹독한 수행의 실천을 요구했다. 이 전통은 오늘날에도 전하여, 12년 옹산(籠山)은 카이호우교우(回峰行)와 함께 천태종의 중요한 수행이다.

③ 선(禪)

사이쵸우(最澄)는 천태(天台)를 전했는데, 실천적으로는 지관(止觀)만이 아니라 선(禪)을 중시했다. 이 경우의 선은, 지의(智顗)의 경우와 같은 남북조(南北朝)의 선관(禪觀)이 아니라 달마계(達磨系)의 이른바 선종(禪宗)이다. 하지만 그가 받아들인 선의 전통은, 하나는 입당(入

唐) 전부터 수학하였던 북종선(北宗禪)이고 다른 하나는 소연(修然)으로부터 받아들인 우두종(牛頭宗)으로, 모두 선의 정통이라고 하는 남종선(南宗禪)의 주요한 흐름에서는 벗어난 것이다. 그렇기는 하지만 사이쿄우에 의해 선종의 선이 중시된 점은, 나중에 일본에서의 선의 융성을 이끄는 기반을 만드는 것이 되었다.

달마계(達磨系)의 선에 관해서는, 이미 나라시대에 달마가 일본에 도래했다는 전승이 있고, 쇼우토쿠타이시(聖德太子)가 혜사(慧思)가 환생한 것이라는 설과 결부되어 설해지고 있었다. 사이쿄우의 제자로, 대승계단(大乘戒壇) 설립에 공헌했던 코우죠우(光定, 779~858)는 일본 천태의 대승계(大乘戒)에 대해, 구체적인 계의 조목(條目)을 지키는 것이 아니라 그 근본정신이야말로 중요하다고 하여 그것을 '일심계(一心戒)'로 규정하고 달마(達磨)로부터 유래한다고 주장했다. 이처럼 달마계의 선은, 일본 천태종에 있어 매우 중요한 것이다. 안넨(安然)은 제종(諸宗)의 논쟁에 대해 서술한 『쿄우지죠우(敎時諍)』에서, 일본에서 유행하고 있는 종파로서 화엄(華嚴)·성실(成實)·구사(俱舍)·법상(法相)·삼론(三論)·율(律)·진언(眞言)·천태(天台)의 팔종(八宗) 외에 선(禪)을 들어 구종(九宗)이라고 하고, '삼국 제종의 흥폐는 9종의 병행에 있다. 오직 우리는 천조(天朝)뿐이다.(三國諸宗興廢有時九宗並行. 唯我天朝)'라며 자랑하고 있다.

일본에서 선종이 독립하는 것은 12세기 후반이지만, 그때 일본 천태종에서 구종(九宗)의 하나로 선종을 꼽고 있었다는 점이, 선종이 자립하는 큰 근거가 되었다.

④ 밀교(密敎)

넨분도샤(年分度者)의 한 명은 밀교행(密敎行)이 되었듯이, 당시 강력한 주력(呪力)을 가진 밀교는 무엇보다도 지배층이 강하게 요구하고 있었다. 사이쬬우(最澄)가 가져온 것이 반드시 충분히 체계화된 것이 아닌 것에 대해 쿠우카이(空海)는 장안(長安)의 가장 새로운 장대한 밀교 체계를 가져왔기 때문에, 천태종은 그에 비해 뒤처지게 되었다. 그래서 사이쬬우의 후계자인 지카쿠다이지 엔닌(慈覺大師 圓仁, 794~864)이나 치쇼우다이지 엔친(智証大師 圓珍, 814~891)은 입당(入唐)하여 밀교 섭취에 노력을 쏟았다. 진언종(眞言宗)의 밀교를 토우지(東寺)가 중심이었기 때문에 토우미츠(東密)이라고 부르는데 대해 천태 밀교를 타이미츠(台密)라고 부른다. 토우미츠에서는 금강계(金剛界)와 태장계(胎藏界)의 양부(兩部)로 이루어지는데, 타이미츠에서는 거기에 『소실지갈라경(蘇悉地羯囉經)』에 근거한 소실지법(蘇悉地法)을 더하여 삼부(三部)를 이룬다. 또한 천태에서는 밀교와 천태(天台) 원교(圓敎)의 우열이 문제가 되었던 곳도 토우미츠와 다른 점이다. 당초에는 밀교와 원교가 동등하다고 여겨졌지만, 점차 밀교가 우위를 점하게 되었다.

타이미츠(台密)는 9세기 후반에 안넨(安然, 841~?)에 의해 완성되었다. 안넨은 『신곤슈우쿄우지기기(眞言宗敎時輕義)』『쿄우지몬도우(敎時問答)』에 의해 밀교이론(敎相)을 대성하였다. 그것은 모든 불교를 밀교 안에 포섭하는 것으로 사일교판(四一敎判)이라고 불린다. 즉, 모든 불교는 일불(一佛)·일시(一時)·일처(一處)·일교(一敎)의 4개의 '일(一)'로 통합된다고 한다. 그 의도는, 서두의 문답에 '진언종(眞言宗)은 일불(一佛)·일시(一時)·일처(一處)·일교(一敎)를 세워서 삼세(三世)·시방(十方)의 일체불(一切佛)의 가르침을 헤아려 취한다」고 말하고, 그 뜻을 묻는 두 번째 문답에서 '일체(一切)의 부처를 일불(一佛)이라 이름짓고, 일체(一切)의 때를 일시(一時)라 이름짓고, 일체(一切)의 장소를 일처(一處)라고 이름짓고, 일체(一切)의 가르침을 일교(一敎)라고 이름짓는다'고 답하고 있는 곳으로 요약된다. 즉, 모든 부처의 가르침은 어떠한 장소에서, 또 어떠한 상황에서 설한 가르침도 오로지 대일여래(大日如來)라는 '무시무종본래상주(無始無終本來常住)의 부처'가, '무시무종평등(無始無終平等)의 때'에, '무중무변법계(無中無邊法界)의 궁(宮)'에서, '편일체승자심성불(遍一切乘自心成佛)의 가르침'을 설한 것으로 귀착된다는 것이다. 그 대일여래의 유일성은 진여(眞如)가 수연진여(隨緣眞如)로서 세계에 전개하는 것이며, 세계의 다양성은 유일한 진여로 귀착한다. 안넨(安然)은 이러한 절대적인 일원론 사상을 전개했다.

안넨은 이와 같은 밀교 이론과 함께 구체적인 밀교 의례(事相)도 완성시켰다. 그 후, 밀교의 흐름은 사이쵸우 계통의 근본대사류(根本大師流), 엔닌(圓仁)의 자각대사류(慈覺大師流), 엔친의 지증대사류(智証大師流)의 근본 삼류(三流)로 나뉘고, 엔닌의 계통으로부터 카와류우(川流, 慈慧大師流)와 타니류우(谷流, 코우케이류우(皇慶流))로 나뉘고, 타니류우는 또 렌게(蓮華)류(流)·호우만(法曼)류(流)·붓쵸우(佛頂)류(流)·인손(院尊)류(流)·치센(智泉)류(流)·산마이(三昧)류(流)·아노우(穴太)류(流)·아키오카(味岡)류(流)·쿠도쿠(功德)류(流)·아시노모토(梨本)류(流)의 십류(十流)로 나뉘어 이 십류(十流)와 근본대사류(根本大師流)·지증대사류(智証大師流)·천류(川流)를 합하여 타이미츠쥬우산류우(台密十三流)라고 한다. 또한 애초부터 히에이잔(比叡山)은 산악 신앙적인 요소를 가지고 있어, 그 흐름상 오늘날의 카이호우교우(回峰行)의 바탕이 되는 수행도 형성되었다.

밀교는, 중국에서는 당나라 시대에 일시적으로 융성기를 맞이하지만 그 후 쇠퇴하였다. 한국에서도 불교계의 중심은 되지 못했다. 그에 비해 일본에서는 밀교가 큰 영향을 미쳐 강한 세력을 지니게 된 점이 특징적이다. 밀교 이외의 불교는 '현교(顯敎)'라고 불리며, 현교의 쌍수(双修)가 이상(理想)으로 여겨졌다. 이처럼 일본의 천태종은, 이론과 실천을 함께 행하는 것인데, 그 실천도 지관(止觀)만이 아니라 다양한 행(行)을 포함하는 것이었다. 그러한 종합성에 일본 천태종의 특징이 있으며, 그로부터 염불, 선 등과 같은 특정한 행의 실천도 가능해져 이윽고 제종(諸宗)이 분립하기에 이른다. 일본의 천태종은 이들 다양한 실천의 근본을 만든 것으로서, 일본 불교의 원류라고 부를 수 있다.

(2) 헤이안(平安) 중기(中期) 이후의 천태종의 전개

① 정토교(淨土敎)의 전개

히에이잔(比叡山)은 안넨(安然) 이후 일시적으로 쇠퇴하였지만, 10세기 중엽 자혜대사(慈慧大師) 료우겐(良源, 912~985)에 의해 부흥되었다. 료우겐은 가람의 복구에 힘쓰는 동시에 교학의 진흥도 꾀하여, 논의에 의한 연찬(硏鑽)을 정착시켰다. 논의는 교학적인 문제를 문답을 통해 의논하는 것으로, 점차 의식화되어 가는데 오늘날까지 계승되고 있다. 히에이잔은 논(論)·습(濕)·한(寒)·빈(貧)이라고 일컬어지듯이, 혹독한 풍토에서의 엄격한 수행이 특징적이다.

일본 천태의 실천에는, 또 하나 정토염불(淨土念佛)의 발전이라는 것이 거론된다. 사이쵸우(最澄)는 정토염불을 가지고 오지 않았고, 히에이잔의 염불은 엔닌(圓仁)이 중국 오대산의 법조류(法照流)의 염불을 전한 것이 최초로, 죠우교우잔마이도우(常行三昧堂)에서 행해졌다. 즉, 사종삼매(四種三昧)의 죠우교우잔마이(常行三昧)로서 자리하게 된다. 이것은 음악적인 염불로 고카이넨부츠(五會念佛)라고 불린다.

헤이안(平安) 중기가 되면, 쿠우야(空也, 903~927)가 민간에 쇼우묘우넨부츠(稱名念佛)를 퍼트리고, 료우겐(良源)의 제자인 에신소우즈 겐신(惠心僧都 源信, 942~1017)이 정토교의 이론을 집대성했다. 겐신은 니쥬우고잔마이에(二十五三昧會) 등에서 염불의 실천을 지도함과 동시에 『오우죠우요우슈우(往生要集)』으로 이론화되었다. 『오우죠우요우슈우』는 다음의 십문(十門)으로 이루어진다.

1) 엔리에도(厭離穢土) - 지옥(地獄)·아귀(餓鬼)·축생(畜生)·아수라(阿修羅)·인(人)·천(天)의 육도(六道)가 고통으로 가득 차 있다는 것을 서술한다. 특히 지옥의 서술이 유명하다.

2) 곤구죠우도(欣求淨土) - 예토(穢土)와 대조적으로, 극락정토의 훌륭한 모습을 10 항목으로 분류하여 서술하고 있다.

3) 고쿠라쿠쇼우코(極樂証據) - 극락세계를 그 밖의 다른 세계와 비교하여 극락세계가 더 뛰어나다는 것을 서술하고 있다. 특히 미락의 도솔천세계와의 비교가 상세하다.

4) 쇼우슈우넨부츠(正修念佛) - 본서(本書)의 중심이 되는 장으로, 염불의 방법을 다섯으로 나누어 상세히 서술하고 있다.

5) 죠넨호우호우(助念方法) - 염불의 보조수단이 되는 다양한 행법을 서술하고 있다.

6) 베츠지넨부츠(別時念佛) - 특별한 시기에 행하는 염불을 서술한

다. 진죠우베츠교우(尋常別行, 평상시에 특정 기일을 정하여 행한다)
와 린쥬우교우기(臨終行儀)가 있다.

7) 넨부츠리야쿠(念佛利益) – 염불에 의해 발생하는 공덕을, 메츠자
이쇼우젠(滅罪生善)・겐신켄부츠(現身見佛) 등의 7개 항목 들고
있다.

8) 넨부츠쇼우코(念佛証據) – 다양한 행법 중에서, 왜 염불만을 권
장하는지에 대한 질문에 답하고 있다.

9) 오우죠우쇼교우(往生諸行) – 염불 이외의 왕생(往生)의 제행(諸行)
을 설명한다.

10) 몬도우료우칸(問答料揀) – 문답형식으로 이상의 장(章)들을 보
충 설명한다.

중심이 되는 제4문(第4門) 쇼우넨호우호우(正修念佛)는 다음의 오
문(五門)으로 나뉜다.

(1) 라이하이몬(礼拜門) – 신(身)・구(口)・의(意) 삼업 중 신업(身
業). 일심(一心)으로 아미타부처를 예배한다.

(2) 산단몬(讚歎門) – 삼업(三業) 중 구업(口業). 오로지 아미타부처를
찬탄한다.

(3) 사쿠간몬(作願門) – 삼업 중 의업(意業). 보리심(菩提心)을 발한다.

(4) 칸사츠몬(觀察門) – 아미타부처를 관상(觀想)한다. 오문(五門)의
중심이다.

(5) 에코우몬(廻向門) – 선근(善根)을 자신의 깨달음과 중생의 구제
로 돌린다.

이들 중 중심이 되는 칸사츠몬(觀察門)은 또한 베츠소우칸(別想觀)·소우소우칸(總想觀)·자츠랴쿠칸(雜略觀)으로 이루어진다. 별상관(別想觀)에서는 아미타부처의 신체적인 특징(相好)을 순차적으로 하나하나 관상한다. 총상관(總想觀)에서는 그것을 종합적으로 관상한다. 하지만 실제로는 이러한 관상이 결코 쉽지는 않다. 그래서 보다용이한 방법으로서 잡략관(雜略觀)이 중요해진다. 여기서 주로 설명되는 것은, 뱌쿠고우칸(白毫觀)이다. 백호(白毫)는 부처의 미간에 있는 둘둘 말린 털로, 광명(光明)을 발하고 있다고 한다. 겐신(源信)은 『아미다부츠뱌쿠고우칸(阿弥陀佛白毫觀)』이라는 단편을 저술하고 있으며, 실제로 가능한 행(行)으로서 백호관(白毫觀)을 중시하였다고 생각된다. 『아미다부츠뱌쿠고우칸(阿弥陀佛白毫觀)』에 의하면, 백호(白毫)의 본질은, 공(空)·가(假)·중(中)의 삼제(三諦)로, 백호(白毫)를 관하는 것은 마음으로 삼제를 관하는 잇신산간(一心三觀)의 실천으로 이어지게 된다. 이처럼 『오우죠우요우슈우(往生要集)』의 체계는, 그 기본으로서는 어디까지나 아미타부처를 마음으로 관상하는 것에 주안점이 있으며, 그 같은 측면에서는 천태의 관심(觀心)의 흐름을 이어받아 거기서 발전한 것이라고 생각할 수 있다.

게다가 『오우죠우요우슈우(往生要集)』에서는 백호관(白毫觀) 조차도 곤란한 이에게는 '잇신쇼우넨(一心稱念)'을 권하고 있다. 이것은 귀명(歸命)(아미타부처에게로의 귀의)·인죠우(引攝, 臨終을 맞이할 때, 아미타부처가 맞이하러 와서 극락으로 인도하는 것)·왕생(往生) 등을 생각하면서, 오로지 아미타부처를 염하고, 입으로 그 명호를 부르는 것이다. 이렇게 해서 호우넨(法然) 이후, 정토교의 주류가 되는 쇼우묘우넨부츠(称名念佛)가 등장하게 된다. 하지만 이 경우에도 처음부터 천태의 관심(觀心)에서 발전한 것이라고 생각할 수 있다.

② 본각사상(本覺思想)의 전개

12세기경부터 중세에 걸쳐 크게 발전한 것이 본각사상이다. '본각(本覺)'의 개념은 『대승기신론(大乘起信論)』에서 유래하는 것으로, 여래장(如來藏)·불성(佛性) 사상을 전개시킨 것이다. 즉, 중생에 내재하는 깨달음 그 자체로, 번뇌를 뿌리치고 그 본각을 현현시키는 것이 '시각(始覺)'이다. 이러한 '본각(本覺)' 개념은 중국이나 한국에서도 중시되었다. 하지만 일본 천태의 본각사상(혼가쿠몬, 本覺門)은 중국이나 한국의 경우와는 조금 달라서, 중생의 본연의 상태를 깨달음의 발로라고 보고, 수행도 불필요하다고 하는 것이다. 이에 대해 수행을 한 후에야 비로소 깨달음에 이른다고 하는 것이 시카쿠몬(始覺門)이다.

천태의 본각사상은 구전법문(口傳法門) 형식을 취하여 전개하였다. 그 전승에 의하면, 사이쬬우는 천태의 교학(敎門)을 중국의 행만(行滿)으로부터, 일심삼관(一心三觀)의 실천사상(觀門)을 도수(道邃)로부터 전해 받아 그 후 료우겐(良源)에게까지 계승되었는데, 료우겐은 교문(敎門)을 제자 카쿠운(覺運)에게, 행문(行門)을 겐신(源信)에게 전수했다고 한다. 겐신의 계통을 에신류우(惠心流), 카쿠운의 계통을 단나류우(檀那流)라고 부르며, 전자가 본각문(本覺門), 후자가 시각문(始覺門)의 입장에 선다고 한다. 실제로 중세에는 이 두 계통이 인정되었는데, 양자 모두 본각문(本覺門)의 입장에 서있어 사상적으로 그다지 큰 차이는 없다.

본각사상의 구전법문(口傳法門)이 최종적으로 체계화된 것은 13~14세기로, 삼중칠개법문(三重七箇法門)가 가장 잘 알려져 있다. 이것은 천태에서의 지관(止觀)과 『법화경』 해석의 근본을 구전으로 전하는 것이다. 예를 들어, 잇신산간(一心三觀)은, '아침에 일어나 저녁에 눕고, 꽃이 피면 열매가 맺는 것, 모두가 지(智)의 일심삼관(一心三觀)이다'며, 일상의 있는 그대로가 지(智)의 일심삼관(一心三觀)이라고 한다. 또한 지관(止觀)의 이해에 상(上)·중(中)·하(下)의 삼근(三根)을 세워, 하근의 지관은 『마하지관(摩訶止觀)』 10장에 의한 것으로, 그것은 '일을 거치며 탐진치가 발생하는 것, 이것이 곧 지관(止觀)의 전체이다' 라고 이해되고 있다. 이처럼 범부의 있는 그대로의 일상성이 그대로 수행의 자세이고, 깨달음의 자세라고 해석하는 것이다.

정토교(淨土敎)도 또한 본각사상과 관계함으로써 역행화(易行化)된다. 종래 겐신(源信)의 저작이라고 전해졌던 『칸진랴쿠요우슈우(觀心略要集)』는 실제로는 12세기경에 성립되었다고 여겨지는데, 거기에서는 '아미타(阿彌陀)'의 세 글자를 각각 공(空)·가(假)·중(中)에 적용시키는 아미타 삼제설(阿彌陀 三諦說)을 설하고 그것에 기반하여 명호를 관하는 것으로부터 일심삼관(一心三觀)으로 깊어져가는 관심법(觀心法)을 설명하고 있다. 이는 마치 어려워 보이지만, 역전(逆轉)시키면 아미타불(阿彌陀佛)의 명호 속에 삼제(三諦)가 담겨져 있다는 것이 되고, 그러한 관점에서 보면 곤란한 관심(觀心)을 실천하지 않아도 아미타 부처의 명호를 외우면 근본 진리를 체득할 수 있게 된다. 이는 쇼우묘우넨부츠(称名念佛)를 단순히 범부를 위한 역행(易行)으로 여기는데 그치지 않고, 그곳에 불교의 최고 진리가 들어있다고 하여 염불을 이론적으로 기초 짓는 것이 된다.

이러한 아미타 삼제설(阿彌陀 三諦說)의 이론을 계승하면서 전수염불(專修念佛)을 설하고 정토종(淨土宗)을 확립시킨 이가 호우넨(法然)

이다. 호우넨은 아미타부처의 명호에는 아미타부처의 모든 공덕이 들어있다고 설하고, 그렇기 때문에 쇼우묘우넨부츠(称名念佛)는 역행(易行)임과 동시에 승행(勝行)이기도 하다고 논하고 있다.

③ 다양한 실천의 전개

염불만이 아니라 그 후의 일본 불교의 다양한 실천은, 원래 천태종으로부터 출발하고 있다. 특히 선은 처음부터 지관(止觀)과 같은 종류의 정신집중으로, 사이쵸우(最澄) 자신이 전하여 그 후에도 중시되었다. 그것이 독립된 행법으로서 주목받게 된 것은, 12세기 후반에 들어서이다. 독자적으로 선을 수행하였던 다이니치 노우닌(大日能忍)이 1189년에 제자를 송나라로 파견하여 졸암덕광(拙庵德光)으로부터 인가를 받아서, 그 일파는 다르마슈우(達磨宗)라고 불렸다. 또한 에이사이(榮西)는 입송(入宋)하여 허암회창(虛庵懷敞)의 인가를 얻고 1191년 귀국하여 『코우젠고코쿠론(興禪護國論)』을 찬술(撰述)하고 선의 필요성을 설하였다.

또 니치렌(日蓮)에 의해 널리 퍼진 『법화경』 신앙은, '나무묘법연화경(南無妙法蓮華經)'과 『법화경』의 제목을 외우는 쇼우다이(唱題)를 근본 행법으로 삼는다. 니치렌은 지의(智顗)의 일념삼천(一念三千)은 어디까지나 이론으로, 현실적이지 못하다고 생각하고[理의 一念三千], 그에 대해 쇼우다이(唱題)의 행법은, 다름아닌 일념삼천(一念三千)이 사실로서 구체화된 것[事의 一念三千]이라고 주장했다. 그것은 천태를 받아들이면서, 그 교리를 용이한 실천 속으로 집어넣고자 한 것으로, 그러한 점에서 『칸진랴쿠요우슈우(觀心略用集)』로부터 호우넨(法然)에게로 연결되는 정토염불(淨土念佛) 사상과 유사하다. 니치렌의 이와 같은 입장을 계승해서, 천태종으로부터 독립한 니치렌슈우(日蓮宗)가 형성되었다.

여기서 한 가지 주의해야 할 것은, '정토종(淨土宗)', '선종(禪宗)' 등이 중세에 독립한 것이라고 하는데, 그것은 결코 오늘날의 종파라고 여겨지는 것들이 아니라는 것이다. 오늘날의 종파는 각각 배타적으로 독립하여, 하나의 종파에 속하는 사람이 다른 종파에도 속하는 일은 있을 수 없지만, 중세의 '종(宗)'은 그러한 성질의 것이 아니었다. '종(宗)'은 교리적으로 체계화된 이론·실천의 입장을 이르는 것으로, 한 개인이 복수의 '종'을 배우는 것은 결코 문제가 되지 않았다. 예를 들어 에이사이(榮西)는 선종을 전하였다고 하는데, 입송(入宋) 이전부터 심도 있게 밀교를 배웠고, 그에 관한 저작도 많다. 또한 『코우젠고코쿠론(興禪護國論)』을 보면, 협의의 선뿐만 아니라 계율이나 청규에 관해서도 상세히 설하고 있어, 에이사이에게 있어서 선은 계율과 불가분의 관계에 있는 것으로 받아들여지고 있다.

에이사이의 『코우젠고코쿠론(興禪護國論)』과 호우넨(法然)의 『센챠쿠혼간넨부츠슈우(選擇本願念佛集)』가 각각 선종과 정토종의 입종선언(立宗宣言)으로 여겨지는데, 그것들은 선이나 정토염불이 체계적인 이론에 의해 기반을 다지게 되고, 또한 부처 이래의 바른 계보를 계승하고 있는 점을 명확히 하는 것이다. 따라서 결코 하나의 종(宗)만에 속박되는 것을 요구하지 않았고, 제학겸학(諸學兼學) 제행겸수(諸行兼修)는 바람직한 것이지 부정되는 것이 아니었다.

그것이 후대로 내려오면서 점차 종파화되고, 하나의 종에 대한 귀속의식(歸屬意識)이 강해지게 되었다. 그러한 동향은 13세기 후반에는 보여지며, 14~5세기에는 그들 종파가 대립하는 체제로 이행한다.

종파 간에 서로 논쟁하고 세력 다툼을 하게 되었다. 각 종파는 거대해졌고 잇코우잇키(一向一揆) 등으로 이어지게 되었다.

이러한 동향을 받아서 중세 후기에는, 그때까지 강력한 권력을 자랑하던 히에이잔 엔랴쿠지(比叡山 延曆寺)도 그 힘을 지닐 수 없게 되었다. 그것이 결정적인 타격을 입게 된 것은 오다 노부나가(織田信長)에 의한 히에이잔의 토벌(1571)이다. 그것에 의해 히에이잔이 모든 건물이 소실되었고 승려는 살해되고 불상이나 서적도 모두 소실되었다.

그것에 의해 천태종의 힘은 크게 쇠퇴했지만, 결코 사라지지는 않았다. 칸토우(關東)를 기반으로 하였던 텐카이(天海, 1536~1643)는 토쿠가와(德川) 막부의 초창기 수뇌로서 큰 힘을 발휘하였고, 막부의 정치기반을 견고히 함과 동시에 칸에이지(寬永寺)를 중심으로 한 에도(江戶)의 종교체제나 토쿠가와 이에야스(德川家康 [토우쇼우다이곤겐 동조대권현(東照大權現)])에 제사지내는 토우쇼우구우(東照宮)의 확립에 힘썼다.

④ 신부츠(神佛) 관계

일본 천태의 실천으로서, 또 하나 잊어서는 안 되는 것으로 히에이잔(比叡山) 기슭의 사카모토(坂本)에 위치한 히요시타이샤(日吉大社, [산노우샤(山王社))를 중심으로 한 산노우신토우(山王神道)의 확립이다. 히요시타이샤는 하치오우지산(八王子山)을 신타이산(神體山)으로 하여 오오미야가와(大宮川) 강변을 따라, 니시혼구우(西本宮, 대궁(大宮))와 히가시혼구우(東本宮, [니노미야 이궁(二宮)])를 중심으로 하는 시치샤(七社, [산노우시치샤 산왕칠사(山王七社)])가 있으며, 나아가 전체로서는 산노우니쥬우잇샤(山王二十一社)라고 불린다. 산왕사(山王社)는 히에이잔의 수호신으로 여겨졌기 때문에 일찍부터 혼지수이쟈쿠세츠(本地垂迹說)가 전개되었다. 즉, 오오미야(大宮 [서본궁(西本宮)])는 석가, 니노미야(二宮 [동본궁(東本宮)])는 약사, 쇼우신시(聖眞子 [우사구우 우좌궁(宇佐宮)])는 아미타의 화신으로 여겨졌다. 혼지수이쟈쿠(本地垂迹)는 원래 천태에 의한 『법화경』 해석에서의 혼몬(本門) · 샤쿠몬(迹門) 관계에 의거한 것인데, 더 거슬러 올라가면 곽상(郭象)에 의한 『장자주(莊子注)』에 '적(迹)'과 '소이적(所以迹)'이 나오고 있어 중국적인 발상에 근거한 것으로 알려져 있다. 또한 위경(僞經)인 『청정법행경(淸淨法行經)』에는, 석가가 가섭(迦葉), 광정(光淨), 월광(月光)이라는 세 보살을 먼저 파견하였고 이들이 각각 노자(老子), 공자(孔子), 안회(顔回)가 되어 사람들을 교화했다는 이야기가 있는데, 이러한 이야기가 힌트가 되고 있는 듯하다.

산노우신토우(山王神道)는 본각사상과도 관련이 깊고, 중세에 크게 발전했다. 중세 천태의 백과전서라고도 할 수 있는 코우소우(光宗)의 『케이란슈우요우슈우(溪嵐拾葉集)』는 천태에서 배워야 할 것으로, 현(顯) · 밀(密) · 계(戒) · 기록(記錄)이라는 4부문(部門)을 들고 있다. 현(顯) · 밀(密) · 계(戒)는 지금까지의 천태 전통으로부터 이해되지만, 기록은 중세 일본의 독특한 부문이다. 이것은 히에이잔에 관한 역사적 기록인데, 그 중에서도 산노우신토우에 관한 부분이 가장 중핵을 이루고 있다.

본서(本書)에서는, '산노우(山王)'란 '삼제원융(三諦圓融)'의 심지(心地)'이고, '텐신도쿠로우(天眞獨朗)로써 법계력력(法界歷歷)'이라고 설하고 있고, 본각사상적인 있는 그대로의 범부의 마음을 산노우(山王)라고 부른다고 해석하고 있다. 이러한 입장에서, 종래의 혼지수이쟈쿠세츠(本地垂迹說)를 전환하여 역으로 일본의 신이야 말로 부처의 근본이라는 설이 나오게 된다. 예를 들어, '신명(神明)은 대일(大日)이다. 석가(釋迦)는 응적(応迹)의 불(佛)이다. 그때, 우리나라는 대일(大日)의 본국(本國), 서천(西天)은 석가응적(釋迦応迹)의 국(國)이다' 라고 하여, 일본의 신이야 말로 본원(本源)이고 석가는 신이 모습을 바꾸어 현현한 것이라고 한다. 이러한 설을 한혼지수이쟈쿠세츠(反本地垂迹說)라고 부르고, 중세 신토우(神道) 이론의 불교로부터의 독립이라는 점에서, 큰 의미를 가지게 되었다.

이상과 같이 일본의 천태는 제종(諸種)의 실천을 종합하는 한편 혼지수이쟈쿠 이론을 발전시켜 신부츠슈우고우(神佛習合)에 더하여, 일본이라는 장소에 정착한 불교로 발전했던 것이다.

(3) 오늘날의 천태종의 실천수행

마지막으로 오늘날의 천태종 실천수행에 관해 간단히 언급하고자 한다. 일본 불교라고 하면 종종 수행을 소홀히 여기기 일쑤인 듯 여겨지기 쉽지만, 그것은 일방적인 견해이다. 천태종에서는, 에도(江戶) 시대에 수행체계가 정비되어 오늘날까지도 기본적으로 계승되고 있다.

오늘날, 천태종 승려가 되기 위한 기본적 수행은 케교우(加行)라고 불리며 출가득도(出家得度) 후, 히에이잔에서 60일 간의 행을 거행한다. 거기서 각종 경전(經典)의 독송(讀誦), 지관(止觀), 산토우카이호우(三塔回峰) 순례(巡禮)나 시도케교우(四度加行 [18도(十八道)·태장계법(胎藏界法)·금강계법(金剛界法)·호마법(護摩法)])라고 불리는 밀교의 기초를 배운다. 그런 다음 뉴우단칸죠우(入壇灌頂)나 덴뽀우칸죠우(傳法灌頂)를 받고 보살계를 수계한다.

이것은 가장 기본적인 행(行)으로, 천태종 승려가 모두 닦는 것인데, 예로부터 전해오는 고된 수행이 지원자를 통해 오늘날에도 계승되고 있다. 우선 사이토우(西塔)의 죠우교우잔마이도우에서 거행되는 죠우교우잔마이(常行三昧)가 있다. 이것은 시슈잔마이(四種三昧)의 하나로, 홀로 전당에 칩거해서, 아미타불을 본존으로 하여 90일 간 마음으로 아미타부처를 염하고 입으로 '나무아미타불(南無阿彌陀佛)'을 외우며 계속해서 전당 안을 도는 행(行)이다. 그러는 동안, 휴식하는 것도 눕는 것도, 또 다른 말을 하는 것도 허용되지 않는다. 수면은 전당 내에서 2시간 정도 가면을 취할 뿐으로 식사도 전당 내에서 한다. 죠우자잔마이(常坐三昧)는 사이토우 홋케잔마이도우(西塔法華三昧堂で)에서 역시 90일 간 혼자서 계속 좌선한다.

더 장기간에 이르는 행으로는 12년의 로우잔교우(籠山行)과 센니치카이호우교우(千日回峰行)가 있다. 옹산행(籠山行)는 본래 사이쵸우(最澄)가 정한 것인데, 현재의 방식은 1699년 레이쿠우 코우켄(靈空 光謙, 1652~1739)에 의해 제정되었다. 레이쿠우는 사분율(四分律)을 부활시킨 안라쿠리츠(安樂律)라 불리는 계율부흥운동(戒律復興運動)을 일으켜 수행의 엄격화를 꾀한 것으로 유명한데, 그 일환으로서 로우잔교우를 정했다. 이는 덴교우다이시(傳敎大師)의 묘소인 히에이잔 죠우도인(比叡山 淨土院)에서 대사(大師)의 '진영(眞影)'을 모시는 것을 목적으로 하는 것이기에 '지신(侍眞)'이라 불리며, 그 승려는 '지신소우(侍眞僧)'라고 불린다. 로우잔(籠山)에 들어가기 위해서는, 우선 '코우소우교우(好相行)'를 행한다. 이것은 과거·현재·미래의 삼천불(三千佛)을 오체투지를 하면서 예배하고, 부처의 모습을 눈앞에서 감득(感得)할 때까지 계속하는 것이다. 여기에는 보통 수개월에서 3년 가까이 시간이 소요되는데, 그 동안 식사나 용변 이외에 짧은 가면(假眠)이 허용될 뿐이다.

부처를 감득(感得)하면, 부처로부터 대승계(大乘戒)를 받아 드디어 옹산(籠山)이 허용된다. 로우잔(籠山) 중에는 독경이나 좌선, 청소, 혹은 대사(大師)에게 식사를 올리는 등, 엄격히 정해진 일과에 열중한다.

센니치카이호우교우(千日回峰行)는 원래 엔닌(圓仁)의 제자인 소우오우(相応, 831~918)가 시작한 것이라고 한다. 소우오우(相応)는 『법화경』「상불경보살품(常不輕菩薩品)」에서, 상불경보살(常不輕菩薩)이 모든 사람들의 성불을 믿고 박해에도 굴하지 않고 계속해서 사람들에 예배했다는 이야기에 감명을 받아 라이하이교우(礼拜行)에 뜻을 두었다고 한다. 소우오우는 부동명왕(不動明王) 신앙에 독실하여, 무도우지다니(無動寺谷)에 초암(草庵)을 짓고, 또 카츠라가와(葛川)에 머물러 기도하여 부동(不動)을 감득했다고 하는 까닭에, 카이호우교우(回峰行)무도우지다니묘우오우도우(無動寺谷明王堂)를 근거지로 하여 카츠라가와묘우오우도우산로우(葛川明王堂参籠)를 행한다. 카이호우교우(回峰行)에는 슈겐(修驗)적인 산악신앙적 요소가 강하고, 애초부터 순례수행이라고 불렀듯이, 히에이잔 내부의 당우(堂宇), 신사(神社)나 바위, 나무 등의 신이 깃든 자연물 등을 예배하고 도는 행으로서 발전하여 카마쿠라(鎌倉), 무로마치(室町) 무렵에는 그 기본이 거의 형성되었다. 현재의 형태는 오다노부나가(織田信長)의 히에이잔 소탕 이후, 근세가 되어 확정되었고 카이호우교우라는 말도 그 이후에 사용되었다.

일천일(一千日)이라고 해도, 연속해서 행하는 것이 아니라, 1~3년째에는 100일씩, 4~5년째에는 200일씩으로, 그 동안 매일 히에이잔 산토우(比叡山 三塔)와 히요시타이샤(日吉大社)를 약 30km 돌고, 300여 장소에서 예배한다. 5년째에 합계 700일이 끝나면 무도우지묘우오우도우(無動寺明王堂)에서 '도우이리(堂入り)'가 거행된다. 이것은 9일간, 단식

(斷食)・단수(斷水)・불면(不眠)・불와(不臥)로, 부동(不動)의 진언(眞言)을 10만 번 계속해서 외운다. 도우이리(堂入り)가 끝나면, 일단의 수행이 달성된 것으로 간주되고, 이후에는 케타교우(化他行)에 들어간다. 6년째는 100일 간 세키잔쿠교우(赤山苦行)를 행한다. 이것은 히에이잔의 순례에 교우토(京都)의 세키잔젠인(赤山禪院)까지가 더해지는 것으로 하루 60km에 이른다. 7년째에는 200일로, 처음 100일은 쿄우토오오마와리(京都大廻り)로, 교우토 시내의 불각(佛閣)까지 도는 것으로 하루 84km가 된다. 마지막 100일은 최초의 일정으로 되돌아가, 만행(滿行)하면 쿄우토고쇼(京都御所)에 신발을 신은 채 들어가, 교쿠타이카지(玉体加持)를 행한다. 카이호우교우샤(回峰行者)는 부동명왕(不動明王)과의 일체화를 목표로, 손에 아직 피지 않은 연꽃을 상징하는 우산을 쥐는데, 300일까지는 머리에 쓰는 것이 허용되지 않는다. 생사초월을 나타내는 시니쇼우조쿠(死裝束)로서의 백마(白麻)로 만든 옷을 입고 허리에는 새끼줄을 매고 부동(不動)의 보검(寶劍)을 찬다.

이와 같은 고행적인 행 이외에, 교학적인 면도 의식화하여 거행된다. 특히 홋케다이에코우가쿠류우기(法華大會廣學竪義)는 4년에 한번 거행되는데, 고승(高僧)이 『법화경』을 강의하는 「홋케짓코우(法華十講)」와 일반 승려의 구두시험에 해당하는 「코우가쿠류우기(廣學竪義)」로 구성된다. 후자는 릿샤(竪者)라고 불리는 수험자(受驗者)로, 질문자들의 물음에 즉석에서 답하지 않으면 안 된다. 그 결과를 최고지도자인 탐제(探題)가 판정한다. 이 문답은 정해진 방식에 따라, 범패로 음률(音律)을 붙여 행해지고, 합격자는 하나다보우시(縹帽子)라고 불리는 모자(현재는 목도리 형식)를 쓰는 것이 허락된다.

이처럼 교학(敎學)・지관(止觀)・밀교(密敎)・염불(念佛)・선(禪)으로부터 엄격한 고행에 이르기까지, 다양한 행(行)의 형태가 발전하여 오늘날에 이르기까지 전통에 따라 실천되고 있는 점이 일본 천태종의 특징이다.

【참고문헌 및 약호】

법화천태사상의 중국적 전개
『묘법연화경』「제바달다품」후대 삽입설 재고

T：大正新修大藏經
X：卍續藏經
鳩摩羅什 역,『妙法蓮華經』, 大正藏 9.
崛多・笈多 添品,『添品妙法蓮華經』, 大正藏 9.
智者大師 說,『妙法蓮華經文句』, 大正藏 34.
吉藏,『法華義疏』, 大正藏 34.
基,『妙法蓮華經玄贊』, 大正藏 34.
湛然,『法華文句記』, 大正藏 34.
灌頂,『國淸百錄』, 大正藏 46.
費長房,『歷代三寶紀』, 大正藏 49.
慧皎,『高僧傳』, 大正藏 50.
僧祥,『法華經傳記』, 大正藏 51.
法經 등,『衆經目錄』, 大正藏 55.
隋翻經沙門・學士 등,『衆經目錄』, 大正藏 55.
靜泰,『衆經目錄』, 大正藏 55.
道宣,『大唐內典錄』, 大正藏 55.
智昇,『開元釋敎錄』, 大正藏 55.
僧祐,『出三藏記集』, 大正藏 55.
笠道生,『法華經疏』, 卍續藏經 27.
『晉書』,『欽定四庫全書』.

『中文大辭典』, 臺北：中國文化大學出版部, 1973.

『(望月)佛教大辭典』, 東京 : 世界聖典刊行協會, 1974(개정1쇄).

『佛書解說大辭典』, 東京 : 大東出版社, 1967.

홍승현 [2006] 「삼국시기 孫吳政權의 수립과 고대 중국의 疆域변화」, 『중국
　　　사연구』 제44집.

洪庭植 [1974] 『法華經 成立過程에 관한 硏究』, 동국대 박사논문.

金炳坤 [2012] 『法華章疏の硏究』, 일본 大正大 박사논문.

후세 고오가꾸(布施浩岳) [1934] 『法華經成立史』, 東京 : 大同出版社.

히라까와 아끼라(平川彰) [1989] 『大乘仏教の教理と教団』, 平川彰著作集5,
　　　東京 : 春秋社.

히비 센쇼(日比宣正) [1966] 『唐代天台學序說』, 東京 : 山喜房佛書林.

법화천태사상의 한국적 전개
고려 백련결사의 사상적 연원에 대한 일 고찰

知禮, 『觀無量壽佛經疏妙宗鈔』, 대정신수대장경(T) 37.

知禮, 『金光明經玄義拾遺記』, T39.

宗曉 編, 『四明尊者教行錄』, T46.

최자(崔滋), 「만덕산백련사원묘국사비명병서(萬德山白蓮社圓妙國師碑銘幷
　　　序)」, 『東文選』 권117.

민인균(閔仁鈞), 「官誥」, 『東文選』27.

무기(無寄), 『釋迦如來行蹟頌』, 韓佛全6.

대한불교천태종 원각불교사상연구원(2013), 『천태역대조사전-중국편』.

김성순, 2014, 『동아시아 염불결사의 연구-천태교단을 중심으로-』, 비움과소통

이영자, 2006, 『천태불교학』, 해조음

이영자, 2002, 『법화・천태사상 연구』, 동국대출판부.

최동순, 2014, 『원묘요세의 백련결사 연구』, 정우서적, 2014

고익진, 1978, 「원묘요세의 백련결사와 그 사상적 동기」, 『불교학보』15.

고익진, 1979, 「백련사의 사상전통과 천책의 저술문제」, 『불교학보』16.

고익진, 1983, 「원묘국사 요세의 백련결사」, 『한국천태사상연구』, 동국대불교
　　　문화연구원.

김은희, 1997, 「四明知禮의 天台淨土觀 硏究-『觀無量壽佛經疏妙宗鈔』를 중
　　　심으로-」, 동국대박사논문

이영자, 1983, 「천인의 법화참법의 전개」, 『한국천태사상연구』, 동국대 불교
　　　문화연구원(『한국천태사상의 전개』 재수록, 1988, 민족사).

채상식, 1991, 「백련결사의 성립과 사상적 경향」, 『고려후기불교사연구』, 일
　　　조각.

최동순, 2009, 「원묘요세 연구의 문제점 고찰」, 『한국불교학』48.

한보광, 1999, 「원묘요세의 정토관」, 『불교학보』36.

고려후기 '법화경(法華經) 계환해(戒環解)'의 유통과 사상사적 의미

『陶隱集』

『東國李相國集』

『東文選』

『牧隱集』

『陽村集』

『眞覺國師語錄』

강호선 [2001a] 「원간섭기 천태종단의 변화」, 『보조사상』 16

　　　[2001b] 「충렬·충선왕대 臨濟宗 수용과 고려불교의 변화」, 『한국사
　　　론』 46

　　　[2011] 『高麗末 懶翁慧勤 硏究』, 서울대 박사학위논문

고익진 [1975] 「法華經戒環解의 盛行來歷考」, 『불교학보』 12 ; 1987, 『한국찬
　　　술불서의 연구』, 민족사

　　　[1983] 「圓妙國師 了世의 白蓮結社 : 思想的 特質을 中心으로」, 『韓
　　　國天台思想硏究』

권희경 [2006] 『고려의 사경』, 글고운

김광식 [1995] 「崔瑀의 寺院政策과 談禪法會」, 『고려무인정권과 불교계』, 민족사

김영미 [2008] 「靜和宅主 王氏의 삶과 불교신앙」, 『이화사학연구』 37

김창현 [2004] 「고려말 불교의 경향과 문수신앙의 대두」, 『한국사상사학』 23

남권희 [2002] 『高麗時代 記錄文化 研究』, 청주고인쇄박물관

남동신 [2006] 「목은 이색과 불교 승려의 시문(詩文) 교유」, 『역사와 현실』 62

　　　　[2007] 「여말선초기 懶翁 현창 운동」, 『한국사연구』 139

도현철 [2008] 「고려말 염흥방의 정치활동과 사상의 변화」, 『東方學志』 141

리영자 [2009] 『천책스님의 호산록』, 해조음

동국대 불교문화연구원 [1967] 「法華經展觀目錄」, 『韓國大藏會 佛書展觀目錄 II』,

박광연 [2010] 『新羅 法華思想史 研究』, 이화여대 박사학위논문

박용진 [2012] 「고려 우왕대 大藏經 印成과 그 성격」, 『한국학논총』 37

변동명 [1999] 「高麗 忠烈王의 妙蓮寺 창건과 法華信仰」, 『韓國史研究』 104

송일기 · 정왕근 [2010] 「영광 불갑사 복장 불서의 성격」, 『서지학보』 35

吳亨根 [1983] 「了圓撰 法華靈驗傳의 史的 意義」, 『韓國天台思想研究』

이기운 [2011] 「고려의 법화삼매 수행법 재조명-새로 발견된 법화삼매 수행집을 중심으로-」, 『동서비교문학저널』 24

　　　　[2012] 「새로 발견된 묘법연화경삼매참법을 통해 본 고려후기 법화신행」, 『한국선학』 30

이병희 [2007] 「高麗後期 寺院의 重修 · 重創과 經濟 問題」, 『文化史學』 27

이승희 [2011] 『高麗後期 淨土佛敎繪畵의 研究-天台 · 華嚴신앙의 요소를 중심으로』, 홍익대 박사학위논문

장동익 [1981] 「혜심의 大禪師告身에 대한 검토-고려 승정체계의 이해를 중심으로」, 『한국사연구』 34

정왕근 [2012] 『朝鮮時代 『妙法蓮華經』의 板本 研究』, 중앙대 박사학위논문

정왕근 · 송일기 [2009] 「동아시아 小字本 法華經의 流通考」, 『書誌學報』 34

조명제 [1988] 「고려후기 계환해 능엄경의 성행과 사상사적 의의」, 『부산사

학』 12

조은순 [2008] 「崔瑀의 佛敎政策과 修禪社 慧諶」, 『보조사상』 30

채상식 [1991] 『고려후기불교사연구』, 일조각

채웅석 [2006] 「목은시고(牧隱詩藁)를 통해서 본 이색의 인간관계망 : 우왕 3
년(1377)~우왕 9년(1383)을 중심으로」, 『역사와 현실』 62

최병헌 [1993] 「眞覺慧諶, 修禪社, 崔氏武人政權」, 『보조사상』 7

한기두 [1983] 「여말선초의 천태법화사상」, 『한국천태사상연구』

黃國淸 [2011] 「宋代戒環的法華思想」, 『揭諦』 20

황인규 [2003] 『고려후기 조선초 불교사 연구』, 혜안

허흥식 [1995] 『眞靜國師와 湖山錄』, 민족사.

고려후기 조선초 강진 백련사의 고승과 사세

1. 원전류

『고려사』, 『고려사절요』, 『조선왕조실록』, 『만기요람』

『묘법연화경』(대자암 판본), 『호산록』, 『법화영험전』, 『함허당화상어록』, 『취
미대사시집』, 『만덕사지』, 『동사열전』, 『한국사찰전서』, 『동국이상국전집』,
『익재난고』, 『운곡행록』, 『목은집』, 『삼봉집』, 『양촌집』, 『불우헌집』, 『사가시
집』, 『점필재집』, 『동문선』, 『백사집』, 『퇴어당유고』, 『성재집』, 『순암집』, 『동
사강목』, 『다산시문집』, 『해동역사』, 『연려실기술』, 『오주연문장전산고』, 『청
장관전서』, 『운양집』, 『청권집요』, 『신증동국여지승람』, 『여지도서』, 『탐라지』
(1653년 작) 『강진군읍지』(1899년 작), 『조선금석총람』

2. 단행본류

국사편찬위원회, 1993, 『한국독립운동사』 자료 14(의병편 Ⅶ), 국사편찬위원회

권희경, 1986, 『고려사경의 연구』, 미진사

김두종, 1974, 『한국고인쇄기술사』, 탐구당

동국대 불교문화연구소, 1963, 『고려불전목록』

채상식, 1991, 『고려후기불교사연구』, 일조각.

허흥식, 1986, 『고려불교사연구』.

1995, 『진정국사와 호산록』, 민족사.

황인규, 2003, 『고려후기·조선초 불교사연구』, 혜안.

2005, 『고려말·조선전기 불교계와 고승연구』, 혜안.

2011, 『고려시대 불교계와 불교문화』, 국학자료원.

조한욱 외, 2011, 『중학교 역사』 상, 비상교육.

외, 2013, 『중학교 역사』 1, 비상교육.

이문기 외, 2011, 『중학교 역사』 상, 두산동아.

외, 2013, 『중학교 역사』 1, 두산동아.

3. 논문류

고익진, 1979, 「백련사의 사상전통과 천책의 저술문제」, 『불교학보』 6.

김영미, 2008, 「정화택주 왕씨의 삶과 불교 신앙」, 『이화사학연구』 37.

김정희, 2007, 「효령대군과 조선초기 불교미술」, 『미술사논단』 25, 한국미술연구소.

윤봉택, 2006, 「13세기 제주묘련사판 『금광명경문구』의 사실조명」, 『탐라문화』 29, 제주대 탐라문화연구소.

이봉춘, 2006, 「효령대군의 신불과 조선전기 불교」 『불교문화연구』 7, 동국대학교 불교사회문화연구원.

이영, 2010, 「동 아시아 국제 질서의 변동과 왜구」, 『한일관계사연구』 36.

이해준, 2004, 「광산김씨 분암 '영사암' 자료의 성격 -충남 논산지역 광산김씨 사례-」, 『고문서연구』 25, 한국고문서학회.

인용민, 2008, 「효령대군 이보(1396~1486)의 불사활동과 그 의의」, 『선문화연구』 5.

채상식, 1979, 「고려후기 천태종의 백련사 결사」, 『한국사론』 5, 서울대 국사학과.

1999, 「무외국통 정오의 활동상과 사상적 경향」, 『부대사학』 23.

천혜봉, 1991, 「조선전기 불서 판본고」, 『서지학보』 5, 한국서지학회

한기문, 1993, 「고려후기 상주 공덕산 동백련사의 성립」, 『상주문화연구』 3,

상주문화연구소.

    1999, 「상주 공덕사 백련사지의 연혁과 현황」, 『상주문화연구』 9, 상주문화연구소.

허흥식, 1997, 「무외국사 정오의 사업과 계승」, 『대련 이영자박사화갑기념 천태사상과 동양문화』.

황인규, 1998, 「조인규가문과 수원 만의사」, 『수원문화사연구』 2.

    1999, 「여말선초 선승들과 불교계의 동향」, 『백련불교논집』 9.

    2003, 「조선전기 천태고승 행호와 불교계」, 『한국불교학』 35.

    2004, 「조선전기 불교계의 고승탄압과 순교승」, 『불교사연구』 4·5합, 중앙승가대 불교사학연구소.

    2004, 「세조대의 삼화상고-신미와 두 제자 학열과 학조」, 『한국불교학』 26.

    2008, 「여말선초 천태종승의 동향」, 『천태학연구』 11, 대한불교천태종 총무원 원각불교사상연구원.

    2011, 「한국의 공동체 결사와 향도」, 『불교의 새로운 지평』, 원각불교사상연구원 편, 대한불교천태종 출판부.

    2013, 「고려후기 백련사 결사의 계승과 전개- 백련사 결사의 전개 재시고」, 『불교연구』 38.

    2013, 「중학교 『역사』(한국사) 교과서에 나타난 불교사 서술 체재와 내용-제7차 교육과정에서 현행 교육과정까지」, 『전법학연구』 4.

http://kyujanggak.snu.ac.kr.
http://e-kyujanggak.snu.ac.kr.
http://e-gonghun.mpva.go.kr.
http://www.hyor.or.kr.

동아시아 법화경 세계의 구축 II

2014년 10월 20일 초판 1쇄 인쇄
2014년 10월 30일 초판 1쇄 발행

엮은이   금강대학교 불교문화연구소
펴낸이   정창진
펴낸곳   도서출판 여래
출판등록   제2011-81호.(1988.4.8)
주소   서울시 관악구 행운2길 52 칠성빌딩 5층
전화번호   (02)871-0213
전송   (02)885-6803

ISBN   979-11-951177-6-5   03220
Email   yoerai@hanmail.net

값은 뒤표지에 있습니다.

▪ 이 도서의 국립중앙도서관 출판예정도서목록(CIP)은 서지정보유통지원시스템
  홈페이지(http://seoji.nl.go.kr)와 국가자료공동목록시스템(http://www.nl.go.kr/kolisnet)에서
  이용하실 수 있습니다. (CIP제어번호 : CIP2014029875)